Road Ecological Engineering

公路生态工程学

林才奎　周晓航　夏振军　主　编
王　洁　杨红军　曹子龙　副主编
陈　兵　主　审

内 容 提 要

本书从重视人与自然的和谐与统一的角度出发，全面、系统地阐述了公路生态工程学的原理及应用。全书共分7章，主要内容包括：概论、公路生态工程学原理、生物资源保护与利用、公路沿线土壤保护与利用、植被恢复、水土保持、公路污染控制。

本书可供从事公路桥梁建设工作的技术人员、管理人员或从事环境保护工作的相关人员学习参考。

图书在版编目（CIP）数据

公路生态工程学 / 林才奎，周晓航，夏振军主编. — 北京：人民交通出版社，2011.6

ISBN 978-7-114-08454-6

Ⅰ.①公… Ⅱ.①林… ②周… ③夏… Ⅲ.①公路 – 生态环境 – 环境保护 Ⅳ.①U418.9

中国版本图书馆CIP数据核字（2010）第260910号

书　　名：**公路生态工程学**
著 作 者：林才奎　周晓航　夏振军
责任编辑：韩亚楠
出版发行：人民交通出版社
地　　址：（100011）北京市朝阳区安定门外外馆斜街3号
网　　址：http：//www.ccpress.com.cn
销售电话：（010）59757969，59757973
总 经 销：人民交通出版社发行部
经　　销：各地新华书店
印　　刷：北京交通印务实业公司
开　　本：720 × 960　1/16
印　　张：20.5
字　　数：313千
版　　次：2011年6月　第1版
印　　次：2011年6月　第1次印刷
书　　号：ISBN 978-7-114-08454-6
定　　价：48.00元

序

《公路生态工程学》是《公路路域科学系列丛书》自2009年出版《公路路域生态学》以来，丛书又一著作。美国哈佛大学教授，道路生态创始人 Richard T. T. Forman 在访问中国时，与我进行了非常友好、坦诚地交流，他对中国出版的《公路路域科学系列丛书》产生了强烈的兴趣，一再祝福丛书顺利出版并获得巨大成功。

公路路域生态学是生态科学的重要内容之一，云南大学生态学家段昌群教授在今年出版的《生态科学进展（第五卷）》中撰文《路域生态学知识体系的构建与学科发展动态》，专门介绍国内外生态学科发展动态，并对其在我国发展的宏伟蓝图作了描绘。

《公路生态工程学》从大量的国内实体工程案例与经验出发，对公路路域生态学的理论观点进行实践探索，可以说《公路生态工程学》是公路路域生态学理论与方法在公路工程中的实践。

借《公路生态工程学》出版之机，希望大家记住2005年2月胡锦涛同志深情的一段讲话，“大量事实证明，人与自然的关系不和谐，往往会影响人与人的关系、人与社会的关系。如果生态环境受到严重破坏、人们的生产生活环境恶化，如果资源能源供应高度紧张、经济发展与资源能源矛盾尖锐，人与人的和谐、人与社会的和谐是难以实现的。如果不能有效保护生态环境，不仅无法实现经济社会可持续发展，人民群众也无法喝上干净的水，呼吸上清洁的空气，吃上放心的食物，由此必然引发严重的社会问题”。最后胡锦涛同志期望“要增强全民族的环境保护意识，在全社会形成爱护环境、保护环境的良好风尚”。

当前，我国公路建设仍然处于高速发展阶段，高速公路、农村公路建设正在中西部地区广泛开展，由于这些地区生态较为敏感，公路建设必然对沿线的生态环境产生影响，甚至使其遭到破坏。因此，在公路建设中，如何处理好植被恢复、野生动物通道、服务区污水处理等公路生态工程关键技术，越来越受到关注。如果缺乏相应的工程技术指南，工程技术措施不当，将会对公路沿线的生态环境产生明显的负面影响。这样既不利于资源节约型、环境友好型的公路建设，也不利于公路建设的可持续发展和生态文明战略的实施。有鉴于此，公路生态工程方面的专家组织编写了《公路生态工程学》，该书对公路生态工程的理论和关键技术进行系统地论述并对国内典型生态工程案例进行总结，为公路工程建设中有效保护生态环境提供了有益的基础资料。

《公路生态工程学》的编者们大多战斗在公路生态工程建设一线，对于我国公路建设工程中保护生态环境的技术难题有着切身体验，并对国际上学科前沿动态有深刻了解。亲身经历告诉他们，源头保护才是最有效的保护，只有坚持“设计阶段最大保护，施工阶段最小破坏，运行阶段最大恢复”才能真正做到公路工程建设的生态环境保护。

希望《公路生态工程学》的出版，能为公路生态学和工程学界各位同仁提供有益的参考；能为社会大众关注并支持我国公路生态学科发展打开一个窗口。相信我国《公路路域科学系列丛书》的出版，将促动我国公路生态学科的更好发展，并为交通建设提供技术支持。

王文璧

2011 年 3 月于北京

《公路生态工程学》
编写组名单

主　编：林才奎　周晓航　夏振军

副主编：王　洁　杨红军　曹子龙

主　审：陈　兵

编　委：雷尊贵　方建勤　徐一鸣　雷　鸣
席嘉宾　董世魁　张巨明　路瑞锁
马　进　张智才　秦晓春　贺泽敏
林俊彬　陈代露　张晓峰　张前进
伍玉容　肖　芳　佘　君　杨望涛
柴　智

前　言

随着我国改革开放事业的进一步深入和发展，我国的公路建设，尤其是高速公路建设也进入了快速发展的阶段。交通基础设施的建设，不仅方便了百姓出行，更对我国经济发展具有重要的促进作用，但同时，公路建设又会对沿线的自然环境和生态系统产生一定的不良影响，如山体大面积裸露，大量弃土、弃渣侵占耕地、植被被破坏、水土流失加剧、土壤退化、动物生境分隔、噪声污染等，这些问题如果得不到妥善解决，会给公路路域的生态安全带来长久的隐患。

随着国家对环境的重视，我国公路建设造成的生态问题引起了社会和交通部门的普遍关注。2009年，《公路路域生态学》的出版标志着我国的公路建设者和科研人员把公路的生态问题作为一个学科领域正式提出，推动了我国公路路域生态学的研究。但是，对高速发展的公路建设来说，“路域生态学”研究的深度和广度都需要进一步扩展和完善，加之我国幅员辽阔，生态类型和自然条件复杂多变，公路建设急需解决生态问题的各项技术作支持，因此编写一本工程技术方面的学术专著就显得极为迫切和重要。

本书的编写围绕公路建设可能产生的环境问题，从生态工程学原理出发，围绕公路对生态环境影响较大的影响因子和工程急需解决的问题，重点介绍了公路路域动植物资源保护和利用、公路沿线的土壤保护、公路沿线的植被恢复和水土保持等技术，最后介绍了公路的环境污染控制技术。

参加本书编写工作的有广东云梧高速公路有限公司林才奎、夏振军、杨红军、雷尊贵、方建勤、徐一鸣、雷鸣、贺泽敏、林俊彬，交通运输部科学研究院周晓航、王洁、曹子龙、路瑞锁、张晓峰、张前进、伍玉容、肖芳、佘君、杨望涛、柴智，北京师范大学董世魁，华南农业大学张巨明，中山大学席嘉宾，浙江农林大学马进，北京天灏柯润环境有限公司陈代露，华南理工大学秦晓春，北京师范大学张智才等。全书由林才奎、周晓航、夏振军统稿，由陈兵主审。

本书在编写过程中得到了交通运输部科学研究院和人民交通出版社的大力支持，在此一并表示感谢！

由于水平所限，疏漏之处在所难免，敬请广大读者批评指正。

作　者

2010 年 12 月于北京

目　录

第一章　概论

第一节　公路生态工程的概念

一、公路生态学和生态工程的重要概念

1. 公路

路（Road）又称道路，是提供给人及交通工具通行的公共地面。根据通行界面的不同，路分为水路、陆路等。在陆路中，根据服务区域不同，又可分为公路、城市道路等。在公路中，根据公路功能、路网规划和适应交通量的不同，又可将公路分为五个等级：高速公路、一级公路、二级公路、三级公路和四级公路。在一定区域内，不同标准等级的公路相互交织，构成了公路网络，简称路网。

2. 公路路界

我国《公路工程技术标准》（JTG B01—2003）规定在确定公路用地范围时应符合以下规定：

（1）公路用地范围为公路路堤两侧排水沟外边缘（无排水沟时为路堤或护坡道坡脚）以外，或路堑坡顶截水沟外边缘（无截水沟为坡顶）以外不小于1m范围内的土地；在有条件的地段，高速公路、一级公路不小于3m，二级公路不小于2m范围内的土地为公路用地范围。

（2）在风沙、雪害等特殊地质地带，设置防护设施时，应根据实际需

要确定用地范围。

(3) 桥梁、隧道、互通式立体交叉、分离式立体交叉、平面交叉、交通安全设施、服务设施、管理设施、绿化以及料场、苗圃等用地，应根据实际需要确定用地范围，这些用地范围的边界称之为路界。

公路用地范围内的土地以及公路设施，是公路管理部门依法管理、维护的路产路权。

3. 公路路域

公路路域是指公路建设、维护和运行管理过程中所改变和影响的地面自然带状空间，这种带状空间既包括公路建筑设施，还涵盖与公路产生相互作用和影响的自然生态系统相关区域。在景观生态学中，路域又可成为公路廊道（图 1-1）。

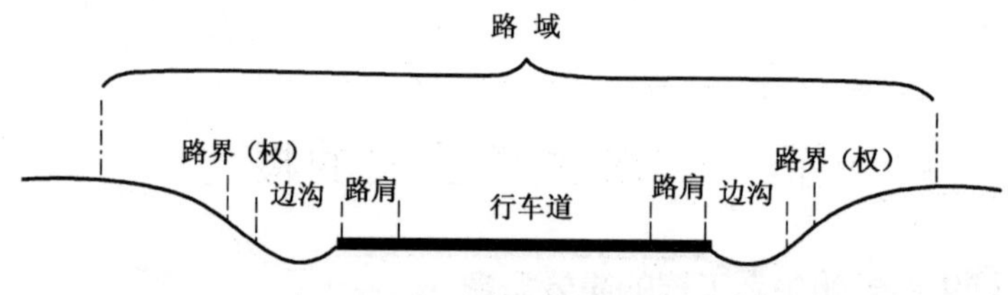

图 1-1　路域横断面示意图

公路是穿越自然环境的一个人工构造物，它在建设、维护和运行管理过程中必然要和沿线或者路网所在区域中的自然生态系统发生关系。因此，路域在空间尺度上涵盖路界，路界只是路域内人工限定其使用隶属关系的空间。

公路路域这个概念主要强调公路与自然之间的相关作用，这种作用包括两个层次，一个层次是公路与其沿线的植被、动物、水体、沉积物等生态因子的相互作用，另外一个层次是公路穿越大自然时与所在区域生态系统的相互作用。

公路的显著影响一般表现在公路用地范围内，但有些影响可延伸和跨越较远的距离。如由于公路建设所引起的人类可达性干扰、侵入性物种传播、公路对溪流的影响、公路对野生生物移动路线的干扰、公路对对流层——高层大气循环的影响等。又如有研究表明，北美路网对野生动物驯鹿的影响距离可达到 5km。

由于公路经过不同区域，对自然生态系统产生的影响范围、程度、持续时间也有所不同，因而路域范围是不规则的，同时也是动态变化的。公路本身一旦建设完成，它对周围环境的影响范围往往还因交通流量、运输物品的属性及突发事故的发生地点、人工处理生态环境问题方式的不同而产生很大差异。因此，不宜简单地确定固定的路域边界。

公路路域的大小是由公路建设和运行管理过程中公路交通系统对生态系统的扰动程度和范围所决定的。主要决定因素有：公路自身特征、交通特征、公路沿线生态系统特征和人类行为干扰特征四个方面。

需要强调的是，公路沿线生态系统的复杂性决定了路域大小和边界的复杂程度。一般来说，顺风面的路域要大于逆风面的路域；在水流侵蚀、溶解、运输与沉积共同作用影响下，公路下坡侧的路域要大于公路上坡侧的路域；草地公路的路域要大于密集森林内公路的路域。由于沉积作用、水流等物质运输的影响，在很大程度上扩大了公路影响的范围。

路域范围以影响自然生态系统的尺度和范围来界定，但也要根据所研究工作的具体需要和工程操作层面上的可行程度来矫正该范围。因此，虽然路域是客观存在的，但其研究的范围往往需要根据实际要求进行合理界定。

4. 公路路域系统

公路建设的目的是服务经济社会的发展，满足交通工具安全运行的需要，实现人流、物流、价值流的有序流动。这种由人、交通工具及其承载物、路域组成的，能够完成人类运输要求的功能体系称为路域系统。简而言之，路域系统就是由人、车、路及路域构成的复合系统。

1）公路路域系统是一个复合的、动态的系统

公路路域系统的复合性和动态性主要体现在如下方面：首先，该系统是由人工构筑物覆盖和叠加在自然生态系统上形成的，它既有人工构造物的成分，也有自然生态系统的成分。其次，公路设计、建设和运行受到经济社会等因素的驱动和约束。随着经济技术条件的不断发展，公路的宽度、桥隧的密度和高度、公路网的密度都发生着翻天覆地的变化。同时，公路产生的影响还与行驶在公路上的人流、车流密切相关，而后者显然与公路通行区域经济社会发展条件密切相关。

公路路域系统的复合性和动态性在不同阶段的影响有不同的体现。在公路的建设阶段，这个系统不仅涉及公路的用地范围、建筑限界和施工方案与所在的自然生态系统的关系，还涉及取土坑、弃土场、料场等用地对所在生态系统的扰动；在公路建设完成并投入运行以后，公路路域生态系

统就是一个由人、车、路和公路沿线的自然生态系统组成的复杂系统，同时这也是一个动态平衡的系统，在运行车辆的干扰(噪声、废气、污水、固体垃圾等)下不断变化，最终达到一种新的相对稳定的动态平衡。

2）公路路域系统是一个人工化的生态系统

公路路域系统是一个人工化的生态系统，因为任何公路都是人工构造物。对于公路穿行的自然生态系统，即使采取相应的生态保护措施也不可能完全恢复到原有状态，同时由于公路运行过程中的交通扰动等因素，自然恢复往往十分缓慢，经过长期的自然演变后公路沿线的边坡和路基上的生物和环境状况也只是部分地、逐渐地接近临近的生态系统，有些地方甚至没有恢复的可能。因此，公路路域生态系统打上了人工烙印。

公路路域系统虽然带有很强的人工色彩，但其基础仍然是自然生态系统。现代公路建设的理念就是在公路规划设计阶段最大限度保护自然生态系统，施工建设阶段最低程度破坏自然生态系统，运行管理阶段最大限度恢复自然生态系统。在确保公路畅通的条件下，建立自然生态系统和公路（人工构造物）之间的动态平衡，实现公路与生态系统的和谐共处是公路路域生态系统的根本任务。

3）公路路域系统包含的三个子系统

公路路域系统体现的是人的意志。其结合方式和形式受技术、经济、社会条件的制约，它是自然性、经济性和社会性的统一体。公路路域系统划分为三个子系统：公路路域生态系统、公路路域经济系统和公路路域社会系统，公路路域系统是由这三个子系统融合而成的有机整体。

（1）公路路域生态系统

公路路域生态系统主要强调的是路域系统中自然界的基本属性要素。支撑公路通行的自然环境具有自然生态系统的一切特点。任何公路都是在一定的自然介质中进行设计、建设和维护的。气候、地形、地质、地貌、土壤及其中的植物、动物、微生物等自然因素都与公路之间产生相互作用和相互影响，这种影响的规律和特点是公路路域生态学的基本内容。认识好、掌握好、利用好生态规律，才能更好地指导公路设计、建设和进行维护。

（2）公路路域经济系统

公路路域经济系统主要强调路域系统中的经济要素。公路建设的目的是为了满足人类的直接物质流通和人员往来需求，这种需求是建立在经济利益驱动下的，建什么样的公路、如何建、什么时候建都是经济发展中的客观要求。

（3）公路路域社会系统

公路路域社会系统主要强调路域系统中的社会性要素。任何公路建设不仅仅只是在自然地带上修筑一条满足人车通行的道路，而且要满足社会长期发展的需求。公路的走向、样式、护坡及公路沿线的绿化既是公路本身功能的要求，也包含公路经过地区的文化元素，具有一定的区域性和民族性。尤其是体现了公路经过区域的人文景观、风土人情、社会文化和民族区域特征。这些既是现代公路景观建设中经常考虑的因素，也成为公路路域社会系统的重要组成部分。

5. 公路路域生态学

公路路域生态学是研究与公路和车辆相关的有机体与所在的自然环境之间相互作用的科学。它的研究对象是公路路域生态系统。它把人—车—路这种人工系统和公路沿线的生态环境有机结合起来，综合地考虑、系统地分析研究这个统一体，使公路与自然达到和谐统一。

6. 生态工程

生态工程的概念最早是由 H. T. Odum 提出的，他应用了群落工程的概念“Community Engineering”，群落涉及生态群落或是在一个生态系统中相互作用的物种种群。生态工程的主要目的，是要解决当今世界面临的生态环境保护与社会经济发展的协同问题，也可以说是要解决现代人类社会的可持续发展问题。

大家都知道，生态环境（Ecological Environment）是指整个生物群落所在地段的、影响其发生发展的全部无机因子和有机因素的总和。生态系统（E-cosystem）是在一定的时间和空间内，生物群落与环境之间由于不断进行物质和能量流动而形成的统一有机体。工程是指人类在自然科学原理的指导下，结合生产实践中所积蓄的技术，发展形成包括规划、可行性研究、设计、施工、运行管理等一系列可操作、能实现的技术科学的总称。工程的核心是设计，关键是自然科学原理与生产实践的结合。那么，什么是生态工程？马世俊教授 1986 年指出：“生态工程是应用生态系统中物种共生与物质循环再生原理，结合系统工程最优化方法，设计的分层多级利用物质的工艺系统。生态工程的目标就是在促进自然界良性循环的前提下，充分发挥物质的生产潜力，防止环境污染，达到经济效益和生态效益同步发展。”王如松教授1997年7月25日在《中国科学报》海外版发表的《生态工程与可持续发展》一文中指出：“生态工程是一门着眼于生态系统持续发展能力的整合工程技术。它根据生态控制论原理去系统设计、规划和调控人工生态系统的结构要素、工艺流程、信息反馈关系及控制机构，在系统范围内获取高的经济和生态效益，不同于传统末端治理的环境工程技术和单一部门内污染物最小化的清洁生产技术。生态工程强调资源的综合利用、技术的系统组合、科学的边缘交叉和产业的横向结合，是中国传统文化与西方现代技术有机结合的产物。”可见生态工程中的生态是指生态系统，不是指生态环境（实际上生态系统包含了生态环境）。生态工程简单地可概括为生态系统的人工设计、施工和运行管理，它们着眼于生态系统的整体功能与效率，而不是单一因子和单一功能的解决；强调的是资源与环境的有效开发以及外部条件的充分利用，而不是对外部高强度投入的依赖。这是因为生态工程包含着有生命的有机体，它们具有自我繁殖、自我更新、自我选择，和改造环境的能力，这也是区别于一般工程如土木工程、水利工程等的实质所在。

7. 公路路域生态工程

公路路域生态工程技术是指根据公路建设和养护的特点，遵循系统优化原理和生态学原理，综合运用工程措施、生物措施与农艺措施，在完成公路工程建设的同时，对路域生态环境进行保护、恢复或重建，使公路基础设施，与周围环境在更大范围内融为一体的工程方法。

公路路域生态工程是以路域的植被恢复为核心，以路域生态系统的保护和恢复为目的，以公路景观的美化和周边自然环境的融合为特色，通过生态技术和土木工程技术的有机结合，使公路路域生态系统得到保护，使公路交通服务功能和交通安全得到保障。

二、公路生态工程与主体工程的关系

公路的生态工程建设，是正确认识人与自然关系的结果。公路生态工程设计本质上是一种系统认识和重新安排公路与环境关系的生态规划设计，也就是按照生态学原理、方法和系统科学的手段去辨识、模拟和设计公路工程生态系统内的各种生态关系，探讨改善生态系统功能，促进人与环境关系的可持续发展。

公路生态工程与主体工程的关系包括下列几点。

1. 同时性

在以往的公路建设过程中，公路生态工程往往作为附属工程而存在，成为美化环境的局部点缀和生态补救措施，导致生态工程往往在其他工程结束以后才开始实施。由于这一阶段很多生态问题已经形成，使得生态工程存在严重的后置性。根据循环经济的理论，公路生态工程是公路工程建设的一个重要组成部分，所以，应从公路建设的全过程出发，认真研究公路工程建设对自然环境及社会环境带来的影响，并结合沿线城镇居民区、工农业经济区、名胜古迹旅游区、自然保护区的现有规模及发展规划进行综合分析，以预测主体工程对生态环境短期、中期及长期的影响，将生态工程融入公路工程的决策、可行性研究、施工图设计、施工和营运的各个环节中，进行统筹安排，保证生态工程与主体工程“同时设计、同时施工、同时验收”。同时针对所修筑公路的特点，因地制宜，利用公路所在区域的现有自然资源，辅以合理的施工工艺，达到建设资源节约、环境友好的生态型公路的目的。

2. 尊重性

公路作为一种特殊的带状人工构造物，具有跨度长、影响范围大的特点，是自然环境中的一个重要组成部分。如果公路主体工程建设无视生态环境，破坏超出了环境的承载力阈值，那最终必将受到自然的惩罚。相反，如果能够充分地尊重自然，利用公路生态工程建设的契机改良不利的自然条件，则是对自然生态系统平衡稳定的促进和贡献。这不但体现人类活动与地域环境的不可分割性原则，而且使主体工程建设充分尊重公路所在区域内的土地、环境和栖息者的自然属性，使公路建设从传统的仅仅进行环境保护补偿实施的被动状态变为促进社会经济与人类环境协调发展的重要途径。

3. 灵活性

公路生态工程设计应针对主体工程的特点，因地制宜地运用标准。一般公路路线较长，地形、地貌等环境条件变化较大，设计前应明确各环境单元的设计目的和要求；避免片面追求高指标，教条化执行标准。对于不能满足规范的路段，应通过科学的论证及安全技术经济比较，可采用低标准方案，灵活地、有针对性地进行生态工程设计，做到目的性、整体性、稳定性、艺术性兼顾，充分体现地方风貌和公路景观个性。

4. 动态性

公路生态工程设计并不是一个独立的设计阶段，它融贯于公路主体工程整个过程的始终。随着时间和沿线自然环境的变迁，公路的生态影响因素也会发生相应的变化。因此，公路生态工程与主体工程要建立“动态设计”的概念，运用先进的空间设计技术，结合公路工程的实际特点，随时间、空间的推移不断地进行补充和完善，经过反复的、针对性的、可持续的设计和技术经济比较，实现公路工程的社会效益、经济效益和生态效益的统一。

第二节 公路生态工程的研究进展

公路，尤其是高速公路建设，在促进经济发展的同时也造成一系列的环境问题，如建设期的公路施工对地形、地貌、植被和景观的破坏；增加地质脆弱带公路边坡的不稳定性；引起水土流失，埋没农田，损坏水利设施；降低生物多样性；造成视觉和环境的污染等。公路建设项目是造成区域环境损坏和水土流失的重要因素之一。从影响范围来看，已不仅仅局限于公路的征地范围内，而且已与公路穿越区域的各种生态系统联为一体，从而使得这种影响更为广泛与深远。公路运营期，由于化学品运输泄漏危及人们生命的案例，或是由于公路车辆尾气排放造成公路沿线作物产量降低、品质下降的现象也不鲜见。在一些地方，为满足社会经济发展，公路改线造成原有公路废弃，为自然界与人类留下了永远的伤疤。公路的建设、运营所造成的环境影响已成为威胁地区乃至全球生态安全的重要因素之一。

公路生态工程设计，本质上可以说是一种系统认识和重新安排人与公路环境关系的生态规划设计，也就是按照生态学原理、方法和系统科学的手段去辨识、模拟和设计路域生态系统内的各种生态关系，探讨改善系统功能，促进人与环境关系持续发展的可行的调控政策。公路建设是人类文明的象征，它具有路线长、对环境影响面大的特点。公路生态工程设计应主要基于生态环境的保护、恢复及优化。在公路设计中充分考虑生态工程设计，不但体现了人类活动与地域环境的不可分割性原则，而且能够全面考虑设计区域内部与外部的各种关系，同时也尊重了设计区域内的土地、环境和栖息者的自然属性。因此本着可持续发展的战略思想，公路生态工程建设势在必行。

一、国外公路生态工程研究进展

麦克哈格最早把生态理念引入公路设计中，他在《设计结合自然》(Design with Nature,1969)一书中对公路的设计提出了自己的设想并对里士满林园大路选线方案进行了分析，他认为路线方案的选择除了考虑一般的自然地理、交通和工程标准之外，还要结合资源价值、社会价值和美学价值来考虑。他指出公路不再仅仅考虑其通行权内的一些汽车运行问题，而且要考虑它影响地区内自然生物和社会的变化过程的情况，并提出了图形叠置的环境影响评价方法。此外，生态工程技术逐渐融入公路工程设计领域，在一定程度上使具体的公路工程设计与环境有机结合，减少公路对环境的影响。20 世纪 80 年代以来，随着全球生态意识的逐渐增强，公路生态设计作为环境保护中的一项重要举措，越来越多地受到人们的重视。

西方等发达国家在公路建设中十分重视人与自然的和谐与统一，经常采用异地补偿、复原等方法解决公路建设需要占用重要生态功能区用地的问题。例如美国、加拿大采取公路建设占用多少湿地面积，就在附近补偿同样大湿地面积的方法，保护湿地的生态功能；在公路建设中强调保存自然与历史遗迹，沿公路建立生物通道(涵道),保持自然及生物的连续性，公路建设中明确规定了公路与自然区域要保持距离，将交通对环境的影响降到最低。

瑞士和德国通过在公路上修建动物桥和动物通道的措施，以利于动物通过，保证动物应具备的活动领地。瑞士根据动物出没路线，给动物修建专门的跨线桥，并在桥上覆土种植与周围环境相似的灌丛和草类，以利于动物通过。

德国在公路沿线相隔一段距离打井并设置太阳能水泵，抽取地下水对公路绿化植物进行灌溉。在公路设计过程中，需要对工程项目中如路基路面、路堑、桥梁、涵洞、防护墙、排水设施、噪声防护设施等采取相应的措施，尽最大可能减少或者避免对环境的不利影响，对于一些无法避免的侵害必须采取补偿措施。

法国在 20 世纪 90 年代中期，就注意到公路建设与生态保护的关系，在修建高速公路时，利用取土场创建了生物栖息场所。法国在交通环境保护方面形成了一套较为完善的体系——即由国家颁布的系列“环境保护法”。包括《采石场法》(1978.12)、《国内交通发展方向法》(1982.12)、《关于小土地合并置换法令》(1995.1) 等；以及相关的交通环保法规：《公路建设项目研究和批准体制通报》(1987.10)、《公路环境保护法实施细则》(1996 年制定)。并且在法国，公路建设的环保计划、内容、措施和环保效果受公众、政府部门、司法等三个方面的监督。

瑞典政府规定新建的交通运输设施必须与周围环境相适应，它们的设计也必须为各地的生态、文化与价值观所认同，并且在规划和设计阶段实施避免措施、代替措施和减缓措施等环保措施；在施工过程中实施防治性措施、恢复性措施和补偿性措施等环保措施；在营运和养护阶段实施噪声防治措施、空气污染防治措施以及水资源环保措施等，来加强对环境的保护。

加拿大的公路部门在公路建设中采取了很多简单或高成本的环保措施，如在野生动物经常经过的路段建设野生动物通道绿桥；对于给生态环境已造成不可避免影响的地段，尽量进行生态补偿建设，将损害降低到最低限度。在施工过程中，主要采取环境紧急情况警报、防止水土侵蚀、防噪声、动物保护等环保措施。

在英国，当人们开始计划修建一条新的公路时，会找专家对这个修路计划进行生态学方面的评估。评估内容包括：该计划对动植物产地和栖息地的破坏程度、由于干扰而导致动植物的死亡率、对原有林区和绿地的分割程度、对沿线水域的影响情况及可能造成的污染程度等。通过评估，可以使公路部门在修建公路伊始就能够采取正确的方法保护生态环境。

如在英国的圣拉西亚岛西海岸公路(West Coast Road)，由于严重的侵蚀现象，公路频繁阻断，沿途建筑受到破坏。从 1991 年开始，英国自然资源研究院对公路沿线分三个阶段进行了坡面生态工程建设。第一阶段，调查了沿线地质、土壤、侵蚀和自然植被的情况；第二阶段，进行了植物种类筛选和种植技术试验；最后一个阶段，实施坡面生态工程保护系统建设和跟踪监测。利用一批适合该坡面生态工程项目的乔、灌、草植物种类，通过活枝捆垛栽种、竹木扦插、乔木和草本植物种子直播等技术，建立了公路沿线保护体系，同时加强抚育天然植被，辅加工程措施，使西海岸公路的侵蚀得到控制。

欧美等发达国家比较注重公路景观规划设计，将其作为开发和保护自然资源中的审美主题，将公路融合在周围环境中，并充分利用自然环境中的地形地貌、山水草木等因素，使公路与特定地区的生态环境相协调。在公路设计中，宁愿把技术指标降低，或把工程造价提高也决不轻易大填大挖。如在奥地利境内的阿尔卑斯山区内，高速公路的纵坡最大采用到7%，平曲线半径的采用也十分灵活，宜大则大，宜小则小；法国的A14号公路，是一条典型的环保型公路，该公路地处缓丘区，森林遍布丘陵，因此所有的挖方路段均采用了明洞或浅埋隧道，工程造价十分昂贵，但自然景观和人文景观却取得了十分和谐的效果，在法国被誉为环保型公路的典范；意大利南部山区E70号高速公路，基本穿梭于崇山峻岭之中，全路段基本以分离式路基为主，或上下分离或左右分离，或远分或近分，就如两条二级公路自如地穿梭于阿尔卑斯山一般，景观效果十分明显。

日本、美国等国家在设计规范中明确了防护设计和公路园林的设计重点、原则和具体措施。如日本《高等级公路设计规范》(日本道路公团，1983年4月）中，以比较大的篇幅对护坡的方法、分类、方案设计以及公路园林设计的基本原则进行了介绍，对不同物种在本地区的适应性作出了详细的规定，具有很强的设计指导性。在边坡防护的系统设计中，国际上特别是发达国家尤为重视植物防护或植物与圬工防护相结合的防护方法，以期达到同时发挥防护与美化的作用。

总的来说，国外发达国家在边坡生态防护技术方面大体存在以美国为代表的“自然化风格”和以日本为代表的“精细化风格”两种流派，两种风格的产生与发展是与其各自的国土资源状况和传统环境审美观等因素密不可分的。

美国的公路边坡防护技术的基本特点是“自然化”，追求边坡防护与周围环境最大限度地协调，体现自然景观特点，同时又依据具体公路边坡所处环境特点的不同有所变化。

这种“自然化”风格的产生与美国特殊的国土资源状况、公路建设技术标准及美国人特有的景观审美倾向密切相关。美国国土广袤，大部分地区人口相对稀少，所以他们在修建公路时往往有比较充裕的用地对公路路线进行灵活的布设，分离式路基断面(左右分离及上下分离)是美国公路断面的基本形式，只有在靠近城市路段才采取整体式路基形式，这就决定了美国公路景观自由、舒缓的特质，自由舒缓的线形则又对附属于它的边坡产生影响，形成以舒缓、自然为主的边坡形式，进而决定了边坡生态防护形式的自然性。同时，不可忽视的是美国人传统环境观念中对自然的尊重和崇尚心理，这种对自然朴素而强烈的愿望，反应了他们对自然的热爱与好奇，人和自然的交流关系成为其民族性格中的一部分，这种环境审美观的影响深远，包括对美国景观风格、建筑风格等产生了决定性的影响，同时也对公路边坡生态防护形式的自然化产生进一步的催化作用。

而作为中国的近邻和世界上高速公路建设技术发达、成熟的日本而言，其公路边坡的生态防护技术则形成另外一种特点突出的风格，即“精细化”风格。日本这种“精细化”边坡生态防护技术的形成也是与其国土资源状况和民族的传统环境审美观密不可分的。日本作为一个岛国，国土面积相对狭小，且山地丘陵纵横，对公路线位的布设要求比较苛刻，为节省占地，其公路路线及断面形式主要以整体式为主，边坡坡率也基本上采用较单一的坡比，在这种相对苛刻的条件下，边坡生态防护形式的重点转向对坡面植被恢复群落的深入研究和植被恢复技术精细化开发方面，进而形成了日本“精细化”的边坡生态防护风格。

日本于1965年颁布了《日本干线公路环境保护法规》，提出了“环境优先，自然再生”的科学观点和指导原则，创新性地提出了诸如喷附绿化、袋筋绿化、盘岩绿化等绿化技术。绿化工作做得细致，公路上一根外露的铁丝也种上攀缘植物覆盖，建成后的高速公路就是一条绿色长廊和景观带。其路域生态环境保护和恢复良好。

不管是美国的“自然化”风格还是日本的“精细化”风格，不难看出两种迥异的风格虽然在理念和具体的工程外在表现方面各有特点，但是它们却有着一个共同点，即都是适应本国环境特点并融入了民族传统审美观念的技术风格。

二、国内公路生态工程研究进展

随着我国经济的持久、高速发展，我国的公路建设速度加快。根据交通运输部出台的《交通、水运交通发展三阶段战略目标(基础建设部分)》，2010年全国公路总里程将达180万km，其中二级以上公路达36万km；2020年全国公路总里程将达230万km，二级以上公路达55万km；2040年公路总里程将超过300万km，高速公路总里程达8万km。可见我国的公路建设任务是非常繁重的。我国有三分之二国土地处山区或丘陵地区，在公路建设中形成了和必将形成大量的边坡。边坡的开挖使地表植被遭到破坏，水土流失加剧；同时在坡度较大或构造不良的地方，还可能造成崩塌、滑坡等灾害，给工农业生产和人民生活带来严重危害。我国高等级公路建设的发展及同时带来的环境污染加剧等问题，都要求重视公路建设中的生态工程设计的理论与方法研究。

我国政府极为重视保护公路生态环境，早在1998年，国务院就发布了《国务院关于进一步推进全国绿色通道建设的通知》，对加强公路绿化工作提出了总体指导。此外，交通运输部门还出台了一些部门规章：如《公路建设项目环境保护管理办法》等，对公路生态环境保护做出了具体指导。随着环境影响评价法的颁布与实施，我国已初步建成公路环境保护法律法规体系，这一体系也贯穿于公路建设项目实施之中。其内容主要有：宪法关于环境保护的规定、环境保护基本法、环境保护单行法、环境保护行政法规、环境保护部门规章、环境标准、其他部门法中的环境保护法律规范。就目前公路建设项目实践，进行的主要环境保护程序有：

（1）建设项目环境影响评价及水土保持方案编制，按照法律规定，在项目可行性研究阶段、特殊情况下在初设阶段进行。

（2）项目可行性研究报告、初步设计、施工图设计文件中环境保护设计，分别在可行性研究阶段、初设阶段及施工图设计阶段完成。

（3）生态环境保护设计文件(通常为景观绿化设计或生态恢复工程设计)，一般在施工图设计实施期间完成。

交通运输部历来强调建设和养护并重，并提出推广公路标准化美化（GBM）工程，绿化就是其中的重要组成部分。前几年许多高等级公路强调先通车，而生态恢复工作滞后。如今管理水平提高，使有条件的公路开始逐步重视生态工程。鉴于目前缺少技术规范来指导公路生态工程的设计、施工，交通运输部最近已开始编制《公路绿化规范》。选择在公路立交区进行生态工程研究具有公路工程的典型意义，起到带头和示范作用，为技术规范提供参考依据。《中华人民共和国环境保护法》中的“三同时”原则保证了环境保护能够与主体工程同时设计、同时施工、同时验收。交通运输部提出了推广公路标准化、美化(GBM)工程的任务，其中属于生态工程的绿化部分占据了 GBM 工程的主要部分。随着人们环保意识和管理水平的提高，前几年我国许多高等级公路强调先通车而使生态恢复工作滞后的局面已有所改观，有条件的公路项目开始逐步重视生态工程。特别是在高等级公路设计中，如何处理好大规模土木工程建设与环境保护之间的关系，已成为公路设计施工及运营阶段需考虑的重要内容。

我国在 20 世纪 80 年代中期以前，主要以低等级公路建设为主，由于交通量小，深挖高填较少，投资不大，因而防护工程不作为道路建设的主体工程，由此引起的损失亦不大，所以在工程中对边坡的综合防护研究常常被忽视。20 世纪 90 年代以后，我国高等级公路建设由于缺乏对防护技术的系统研究，没有成熟的经验供设计部门应用，因此只能用低等级公路的防护技术或借鉴铁路部门的经验来实施局部防护，缺乏综合考虑，从而为工程埋下隐患，造成了巨大的经济损失和不良的社会影响，有的甚至中断交通。现在，随着人们环保意识的加强，公路建设者们在适宜植物生长的土质边坡、服务区和立交区，根据土壤、气候特点栽种了花草树木，既可防风护坡，又可恢复生态平衡，美化环境、吸收尾气、诱导视线，还可防止暴雨对路基边坡的击溅冲刷。但是，由于各处工程项目所处地理气候的差异性，以及公路植物防护与园林专业的交叉相容，导致了防护物种和设计方案的千差万别。如何处理好公路边坡的综合防护问题，使公路边坡与生态环境能够协调发展，是我们面临的一个重大的课题。

随着国家对环境的重视，我国公路建设中引发的生态问题引发了交通部门的普遍关注，一些地区根据具体的工程情况也不同程度地开展了一些公路生态保护的研究。2001 年新疆规划把“巴音布鲁克天鹅湖”建成旅游生态公路；2002 年穿越秦岭的西安到汉中高速公路提出了秦岭山区高速公路建设生态保护技术研究的课题；海南省在探索海南特色生态公路绿化的基础上，2003 年分别对海榆中线营根至五指山段公路改造工程、东线高速公路博鳌出口路工程、海文高速公路海口连接线工程、抱由至九所等 9 条公路改造工程进行生态公路建设。山东省在高速公路的生态保护与恢复方面，进行了多方面的研究，包括中央分隔带、立交区、服务区和路域范围内的生态绿化方法与技术研究。同三线栖莱段采用水泥混凝土隔梁内客土喷播绿化技术；京福高速济南段采用三维网植草技术；滨博高速公路路域带采用适生的本地植物品种组合，并大规模地采用土工网、格笼植草等技术。

目前进行的比较大的生态公路研究的课题是："三江源区公路建设与生态环境保护研究"和"秦岭山区高速公路建设生态保护技术研究"课题。

交通运输部(原交通部)2002 年实施的川(主寺)九(寨沟)公路可以说是我国第一条环保示范样板公路，是第一条舒适、美观的高原生态公路。四川省川主寺至九寨沟公路全长 94.14km，概算投资 4.1 亿元，主体为山区二级路标准，于 2002 年 10 月动工，2003 年 9 月完工，也是交通运输部重点向全国推出的第一条环保示范样板公路。

另外，宁杭高速公路也可以说是我国第一条生态高速公路，在其建设过程中，在国内首次提出了"生态高速公路"的建设理念。宁杭高速公路是中国首条依据可持续发展观修建的高速公路，引进了英国伟信公司"珠链"设计理念，通过"借景、引景、造景、遮景"等一系列手段使高速公路与周围环境有机结合，为广大使用者提供了安全舒适、畅通快捷、赏心悦目的行车环境。

我国的公路生态工程技术，经历了从简单到多样、从传统技术到现代技术的发展过程，这种发展变化是与公路绿化的模式和公路建设规模直接相关的。我国最初的公路绿化模式就是种行道树，绿化技术主要借鉴林业部门的造林技术。随着全国公路网的初步形成，绿化的范围扩展到公路边坡，园林部门的种草和铺草皮技术也被引入公路领域，并与植树技术相结合，形成了公路绿化的传统技术模式。高等级公路的建设，促使我国公路路域生态工程技术开始向现代化转变，以机械喷附为代表的新型植被建植技术在国内许多高速公路建设中被尝试应用，绿化范围也从公路边坡扩展到中央分隔带、互通立交和服务区，全方位、立体式、多功能、景观生态的设计理念和绿化模式正成为我国公路路域生态建设的指导思想。可以说，具有中国特色的现代化公路生态工程技术体系已经有了初步的框架结构。

三、我国公路生态工程应用存在的问题

虽然我国公路生态工程已取得很大进步，但在其应用的理论研究和实践方面尚存在以下问题。

(1) 缺乏专门针对公路路域生态环境的影响机理及其退化演变、恢复与重建过程等系统的、全面的研究。

由于公路线路长，跨越多种地形、地貌，气候、水文生态环境涉及面广、研究难度大，因而直至目前尚没有专门对公路路域生态环境的影响机理及其退化、演变、恢复与重建过程等进行系统的、全面的研究。正是由于缺乏路域生态环境退化、演变过程的系统研究成果，导致了现有的路域生态系统恢复和重建技术的片面性和盲目性，生态工程技术水平大大落后于国外发达国家，生态工程投资过大，而环境效应较低。

（2）各种生态工程技术在公路路域中应用的适应性研究不够。

目前在公路边坡植被防护方面的技术多种多样，但大多措施在采用过程中存在一定的盲目性，缺乏针对不同生态区域特征而选择不同防护措施的适用性评价和分析，缺乏边坡防护中生态技术与工程技术的综合系统研究，缺乏系统的防护方案、措施研究和综合设计，由此造成工程防护不当，引发工程病害，影响行车安全。在防护方案、防护形式选择方面，缺乏技术工程经济比较分析；植物物种选择方面，随意性过大，缺乏对乡土植物物种利用的探讨研究。

（3）缺乏对各种单一技术综合应用的集成研究。

目前各种生态工程技术在国内高速公路建设中已经得到比较广泛的应用，但也存在许多问题。例如片面强调机械植草技术（液压喷播等），而对与之配套的植被设计问题、客土养分配比问题缺乏系统研究；片面强调短期效果(迅速见绿)，大量使用进口草种，忽略植物群落的稳定性、自我更新能力，不考虑区域差异，路段差异，盲目使用某种技术造成返工或后期养护困难，不能将传统技术的扦插、移栽等与现代技术有机地结合，造成景观单一、水土流失、防治效果不理想等。

（4）对路域生态工程的施工方面开展的研究较多，但对工程实施后的效果缺乏系统的评价和分析研究，防护技术在理论方面尚需进一步研究。

在这方面该更好的开展边坡的侵蚀机理、边坡水力学特性研究、地区差异性以及公路与生态的专业交叉研究等，可以提供边坡综合防护的理论支持和依据。因此，为降低工程造价、减少或防止道路损害、保持生态环境的相对平衡、确保道路的安全与稳定，急需对高等级公路的边坡综合防护加固技术进行全面、系统的研究。

（5）注重园林美化和观赏效果，忽略了植物的生态保护功能和高速公路养护的特殊要求。

园林绿化工程是通过精细种植和精心养护，来使植物形态优美，实现其观赏价值，其面积小，施工难度低，养护容易。而高速公路的植物除满足行车所需动态观赏效果外，更要起到恢复自然、改善道路路域环境以及防止边坡受冲刷、减少水土流失等生态功能。植物的栽植施工及养护，其难度大，生长环境恶劣，植物施水、施肥不易操作，只能实行粗放管理，所以单纯追求园林美化效果不适于高速公路。

(6) 只注重路界内和近期的效果，对整个路域范围内物种的逐步恢复和自然演替考虑较少。

高速公路的建设和运营所形成的污染带最宽可至几百米，对带内的动植物及其他生物的生存状况可能产生了巨大变化。因此，路域生态环境的保护必须包括影响范围内的所有区域。公路建设形成的裸露土壤的植被恢复需要 2 ~ 10 年甚至更长时间，裸露岩石的植被恢复就更难。据调查，石灰岩每成土 1cm 需要约 400 年的时间，即使在云南省的亚热带气候条件下，裸露岩石的植被自然演替也要在 50 年以上。因此，高速公路的生态保护是个长期而艰巨的任务，在时间上要历经高速公路建设和使用的所有阶段甚至更长，在空间上要考虑所影响的整个范围。

(7) 植物品种均一，忽视了植物的异质性、地域性、适应性和多种植物的共生性。

生态系统在漫长的时间内不断演替进化而形成。其中的植物和动物不仅适应了当地的自然条件，而且物种间也形成了很复杂的相互依存、和谐共生的关系，系统因此而稳定。所以，生态系统中的物种组成和比例不是随意的。目前的高速公路生态建设多采用一种或很少的几种植物，这样不仅会导致景观单调、呆板，更重要的是因为物种少，而且植物间缺少了空间上和时间上必要的补充和间隔，植物群落抗病能力差，一旦发生病、虫害，蔓延很快。高速公路里程长，跨越不同地域和许多环境要素区。土质和气候等植物生长条件不同，各区域适宜的种植种类也会有差异，以往引用外生态系的物种进行绿化的失败经验也说明这一点。所以高速公路的生态恢复和建设应尽可能按照建路以前或临近区物种组合来进行。

辽阔的国土、复杂的公路生态环境和不平衡的区域经济，注定了我国公路生态工程技术必须向多种类、全方位、传统与现代相结合的方向发展，形成有多学科基础、有鲜明地域特点、满足不同标准工程要求的技术集成体系。

在公路生态工程建设中不应只采用某一个国家的模式，更不能照搬死用技术，而应综合各家之长，要通过集成化、体系化的生态工程技术实现公路路域生态环境的破坏最小化、恢复最大化和持续稳定发展。

第二章　公路生态工程学原理

公路生态工程是一个复杂的系统工程，它既涉及人工的公路建设工程系统，又涉及自然的生态系统，是由公路交通学、生态学和工程学多学科交叉的一门学科。因此，在公路生态建设工程过程中，必须遵循工程学的系统性原理、环境与生物分布的地域性原则和生态学的基本原理；必须遵循工程学的基本原理及结构调控原理，才能使公路生态系统得到保护、美化和可持续发展，确保公路交通的安全、顺畅和快捷。

第一节　系统性原理

一、系统的定义

系统是由两个以上有机联系、相互作用的要素所组成，具有特定功能、结构和环境的整体。该定义有下列四个要点。

(1) 系统及其要素。系统是由两个以上要素组成的整体，构成这个整体的各个要素可以是单个事物(元素)，也可以是一群事物组成的分系统、子系统等。系统与其构成要素是一组相对的概念，取决于所研究的具体对象及其范围。

(2) 系统和环境。任一系统又是它所从属的一个更大系统(环境或超系统)的组成部分，并与其相互作用，保持较为密切的输入输出关系。系统连同其环境超系统一起形成系统总体。系统与环境也是两个相对概念。

（3）系统的结构。在构成系统的诸要素之间存在着一定的有机联系，这样在系统内部形成一定的结构和秩序。结构即组成系统的诸要素之间相互关联的方式。

（4）系统的功能。任何系统都应有其存在的作用与价值，有其运作的具体目的，也都有其特定的功能。因此，系统的功能受到其环境和结构的影响。

二、系统的一般属性

（1）整体性。整体性是系统最基本、最核心的特性，是系统性最集中的体现。

具有相对独立功能的系统要素以及要素间的相互关联，是根据系统功能依存性和逻辑统一性的要求，协调存在于系统整体之中。系统的构成要素和要素的功能、要素间相互联系和作用，要服从系统整体的目的和功能，在整体功能的基础上展开各要素及相互之间的活动，这种活动的总和形成了系统整体的有机行为。在一个系统整体中，即使每个要素并不都很完善，但它们也可以协调、综合成为具有良好功能的系统；反之，即使每个要素都是良好的，但整体不具备某种良好的功能，也就不能称之为完善的系统。任何一个要素不能离开整体去研究，要素间的联系和作用也不能脱离整体的协调去考虑。

（2）关联性。构成系统的要素是相互联系、相互作用的；同时，所有要素均隶属于系统整体，并具有互动关系。关联性表明这些联系或关系的特性，并且形成了系统结构问题的基础。

（3）环境适应性。任何一个系统都处于一定的环境之中，或者说它是一个更大系统的子系统，它的形成与发展在不同程度上会受到环境的制约，并与环境之间产生物质、能量和信息交流，环境的变化必然会引起系统功能及结构的变化。同时，任何一个系统与同处一个类似环境的系统之间存在着竞争，只有适应环境的系统才能在竞争中取胜。一般来讲，一个系统在诞生之后，它会主动地适应环境的需要，调整自己，使自己适应环境，从而更加有利于自身的生长、发展、壮大。

（4）层次性。任何一个系统都可以在空间或时间上进行初步分解，分成次级、次次级等分系统、子系统，直至元素，并形成一系列的排列次序。

一般而言，系统的层次性表现为系统具有树状结构或金字塔结构。

系统层次性这一性质，能帮助人们在分析和解决系统问题时，将复杂问题进行剖析，划分不同层次，从而找到影响系统发展的主要问题，或者主要问题的主要方面。如公路生态工程建设，如果能从纵横交错、因素众多、关系复杂、目标多样的公路交通社会经济系统中准确划分出影响公路生态子系统环境因素及其主次关系，那么，解决公路生态工程建设中的问题就会收到事半功倍的效果。

（5）目的性。任何一个人造系统或人为系统都具有特定的目的，为了总的目的，各子系统(要素)直至元素都具有各自的目的。只有了解不同层次的目的，才能更好地对系统进行管理，才能合理地制订各项管理制度和章程。如公路交通系统，在路线部分强调路线线位应考虑同农田与水利建设、城市规划的配合，尽可能避让不可移动的文物和自然保护区，保护环境且与当地景观相协调。路基路面部分强调路基设计应重视排水设施与防护设施的设计，取土、弃土应进行专门设计，防止水土流失、堵塞河道和诱发路基病害。对于公路生态工程，植被恢复力争达到原生态系统的群落结构。由此可见，公路交通系统中既有非生命的组分，也有生命的组分。公路交通系统的建设在提供快捷、安全的交通运行的同时，也要实现公路生态的可持续性和景观的美化功能。

（6）成长性。任何系统都是从无到有、从小到大，经历孕育期、诞生期、发展期、成熟期、衰老期和更新期。系统在生命周期内有如下特征：在系统上升时期，要素在增长，层次性更分明，系统结构稳定性加强，系统与环境的联系紧密，且适应性好。反之，在系统衰老期，要素在萎缩，层次性模糊，系统结构稳定性减弱，系统与环境的联系松散，且适应性差。系统的生长曲线为S形，系统发展到一定高度后，如果不进行及时的更新改造，就将进入衰退期，系统很难再上一个层次。如公路生态工程植被的恢复，从建植、生长到成熟阶段，如果不因地制宜地在群落结构、品种选择、养护管理等方面加强、改进和完善，使植被达到一个相对稳定的成熟阶段，那么即使植被一时得到恢复，但也会很快退化、甚至消失。了解系统的成长性，有助于人们识别系统的发展阶段，以及研究在不同阶段应采取的策略。从系统要素、层次、系统结构和外部的联系以及适应性角度考察它是否进入衰退期，及时采取更新措施，维持系统的稳定性，以便延长系统的寿命。

三、公路生态工程学的系统性原理

公路生态工程是一个复杂的系统工程，包含因素很多，有生物的，也有非生物的；有社会经济的，也有政治的。如何协调这些组分使他们相互依存(即循环共生)、相互促进(在不良的生态结构上再生出优良的生态系统)，是构建公路生态工程的核心问题。在研究公路生态工程学的时候，应遵循以下基本原理。

1. 系统的整体性原理

一个高稳定的系统必然是一个和谐的整体，有相对稳定的结构和明显的边界，各组分之间必须有适当的比例关系和明显的功能分工，只有这样，系统才能顺利完成物质、能量、信息、价值的转换和流通。当一个系统的某个组分发生量的变化以后，必然影响其他组分，最终影响整个系统。公路生态工程学的一个重要任务，就是研究如何优化和重建公路生态系统的整体结构，以提高公路生态系统的效能。

2. 系统的动态性原理

运动是万物的存在形式，复杂的生态系统必然是变化着的动态系统，系统内部各要素及其相互联系与相互制约的关系实质上就是一种运动。生态系统作为一个运动着的复杂“有机体”，总是处于不断变化之中，其平衡、有序与稳定的状态是相对的，而波动、突变、矛盾、失衡的状态是绝对的。动态性是系统保持相对平衡的基本前提，是系统得以生存、发展的重要保证。

由于生态工程实施的主要对象是生态系统，而生态系统处于不断发展变化之中，因此生态工程的设计和实施具有动态性和灵活性。

3. 系统等级理论

系统虽然是一个有机的整体，但任何系统都具有一定的等级，表现为一定的时间和空间尺度。等级可被看做是一个内在互相联系的系统，在系统内，上一个等级在不同程度地制约着下一个等级。在一个等级系统中，不同的等级水平，其过程的行为、频率和强度是不同的。

生物世界是具有等级结构的。任何等级的生物系统，它们都由低一等级的组分组成。等级理论在生态学探究跨越不同水平和时空尺度的许多格局和过程方面具有重要作用。

等级理论最根本的作用在于简化复杂系统，以便理解和预测其结构、功能和行为。等级理论的关键是将那些复杂系统，包括公路路域生态系统中繁多而又相互作用的组分按照某一标准进行组合，并赋之以层次结构。基于等级理论，在研究复杂系统时一般至少需要同时考虑三个相邻层次：核心层、上一层和下一层预测。首先关注的应当是核心层，核心层被定义为问题的函数或研究的目标，一般将研究核心放在具体的研究对象或与之相联系的研究整体上。然后我们还必须考虑另外两个层次：核心层之上的那个层次，它制约和控制着它的下一层次，是核心层的背景；核心层之下的那个层次，它为核心层提供了细节，这些细节可以解释在核心层上观测到的行为。

来自等级理论的另一个主要的信息是：虽然影响一个过程的变量可能随着尺度变化，也可能不随尺度变化，但不同变量的相对重要性却会随着时空尺度的变化而变化。例如，当在一个局部尺度上预测植物组织的分解率时，需要知道这一地点的许多详细信息，如小气候、环境变量、落叶层的特征、木质素含量等。然而，如果要在一个地区乃至全球尺度上预测分解率时，可能只需要温度和降水量数据。

因此，等级理论表明，应把注意力直接集中在事件发生的尺度上，并且对于研究的生态系统来说，如果改变了尺度，相关的过程都会发生改变。

4. 系统的功能综合性原理

作为一个完整的系统，总体功能是衡量系统效益的关键。系统的功能实际由两个部分组成：即各组分的功能和各部分结合在一起形成的综合功能。人工建造生态系统的重要目标也是要求其整体功能最高。也就是说要使系统整体功能大于组成系统各部分之和。综合功能也可以是负值或者等于零。如果出现这两种情况，就说明系统的综合功能由于系统结构不合理而没有体现出来或系统各组分结构不合理而产生拮抗作用，即内耗。

公路生态工程建设的目标是使人工控制的生态系统具有强大的自然再生产能力和社会再生产能力。在生态效益方面要实现生态再生，使自然再生产过程中的资源更新速度大于或等于利用速度；在经济效益方面要实现经济再生，使社会经济再生产过程中的生产总收入大于或等于资产的总支出，保证系统扩大再生产的经济实力不断增强；在社会效益方面要充分满足社会要求，使产品供应的数量和质量大于或等于社会基本要求，通过生态工程的建设与生态工程技术的发展使得三大效益能协调增长，实现整个系统高效益和持续稳定发展。

第二节　区域性原理

一、生态环境的区域性

我国幅员辽阔，环境复杂。水热条件的地带性变化规律，造就了我国环境特征具有明显的地域性：一是纬度地带性梯度，从南向北，依次为赤道带、热带、南亚热带、中亚热带、北亚热带、暖温带、中温带、寒温带。二是经度地带性梯度，从东南向西北降水量递减，形成湿润区、半湿润区、半干旱区和干旱区。三是非地带性梯度，由于海拔高度和地势不同，形成了平原、岗地、丘陵、山地、高原等。由于自然资源分布上的显著不同，又由于自然、历史和社会经济条件的共同作用，客观上形成了各种不同类型的生态区域。按自然环境的特点看，中国北起大兴安岭，南至云南大理及中缅边界，中间以长城、贺兰山、西宁以东的青海、甘肃交界及四川大雪山为界，可分成东部季风区和西部内陆区两部分。东部季风区又以秦岭、淮河为界，分为北方干旱区和南方湿润区。西部内陆区又可由帕米尔高原、阿尔金山和祁连山分成北部干旱区和南部的青藏高原区。北方干旱区还可进一步分成东北区、黄淮海区和黄土高原区。南方湿润区又可进一步分成长江中下游区、西南区和华南区。从景观生态学的角度看，公路生态系统是穿行于各种自然生态系统大背景下的线状斑块。根据公路生态主导环境要素的尺度不同，生态区域界定边界范围亦不同，因而公路生态环境的区域多样性亦不同。

生态区域的划分主要是从以下几个方面来分析和确定：一是气候、土壤差异。气温高低、降水多少、土壤酸碱、土质黏沙等气候土壤梯度会影响物种的生态类型，也决定公路生态工程在结构上如何利用光、温、肥、水条件中的优势，克服旱、涝、风、寒、盐碱等劣势；二是流域地形差异，以分水岭为界形成的流域，通常有高山、低山、丘陵、平原、洼地等不同的地形，由于这些流域的水文和地质、地貌特征不同，生态工程模式与技术也不同；三是经济发展水平，其水平决定于公路生态工程建设的物质基础和建设水平。

二、生物分布的区域性

环境决定生物，生物影响环境，不同的区域形成不同的环境系统，因而分布着不同的生物种群，从而形成了不同的群落结构，进而形成不同的植被类型。大的植被类型主要受气候环境的水热条件所决定，具有地带性分布规律。

地球上的气候条件按纬度、经度与高度这三个方向改变，植被及其他生物也沿着这三个方向交替分布。前两者构成生物群落分布的水平地带性，后者构成垂直地带性。植被分布的纬向地带性，在湿润的气候条件下，植被类型由南到北的顺序为：热带雨林——亚热带常绿阔叶林——温带落叶阔叶林——寒温带针叶林——极地苔原。伴随着植被分布的地带性变化，动物和微生物等生物类型也呈现类似的规律性变化。生物分布的经向地带性，主要受海陆相对位置影响下的水分变化所左右。从沿海地区的森林植被向内陆的草原植被、再向大陆中心的干旱荒漠植被逐渐演变。生物分布的垂直地带性，指在各个水平带的山地上，生物群落随海拔高度由于水热条件的交替变化而呈现的地带性分布。山地生物垂直带是以所在地的生物水平地带为基带，由此形成具有一定特点的生物垂直带系列。但是，由于山体所处的地理纬度和海陆位置不同、山体大小和高度不同，以及山地上不同的坡向和坡度等，所引起的气候垂直变化也并不都是完全一样的。

地球上有些地区，纬度地带性规律很明显，另外一些地区则经度地带性规律很明显。但是这两个规律的作用在任何地点都是存在的，只是主次程度不同而已。同时，在生物群落分布呈现地带性变化的同时，生物的种类分布也呈现地带性变化。

现以我国北方草原为例，具体说明水热条件对植被的决定性作用。水热状况通常用干燥度(蒸发量/降水量,用 K 表示)来表示。一般以干燥度为 1.0 的等值线来区分湿润地区和半湿润地区。$K<1$ 为湿润地区，$K>1$ 为半湿润地区。湿润地区原生植被为森林。半湿润地区干燥度最高达 1.5 左右，植被为森林草原、草甸、草原和比较干旱的森林；$K>1.5$ 为干旱与半干旱地区，多为干旱草原；$K>4$ 为干旱地区，为荒漠草原地带。不同的草原类型具有不同的植被特征。草甸草原主要分布有羊草、线叶菊、贝加尔针茅；典型草原群落结构主要由大针茅、克氏针茅羊草、冰草等禾草及菱蒿、冷蒿等蒿类为主；荒漠化草原以小针茅、短花针茅、冷蒿、亚菊等为主；而高寒草原则以紫花针茅和蒿属为主含有垫状植物为特征。

生物群落分布的地带性规律在公路生态工程建设中具有如下重要的作用：

(1) 该原理为公路建设识别和确定敏感保护目标提供了理论依据。地带性植物群落可以通过指示物种或标志物种来识别。原生性地带植物群落由于具有完备的生态服务功能类别和强大的生态服务能力，或具有特别重要的生境，或因生存有大量的珍稀、濒危和特有动植物，成为生态环境保护中的重要目标。

(2) 在公路建设及其环评工作中，为生态环境现状评价和预测提供背景资料或依据。目前建设项目如何评价其对生态系统的结构、功能的影响和对系统完整性影响，是生态环境影响评价中的一个难点。尚无标准方法对此进行评价。通用方法是将拟评价生态系统的组成和结构特征数据与区域内原生性地带性植物群落进行对比，并作分析评价。

(3) 为公路路域生态系统恢复和重建工程效果评价提供依据。一方面为选用本地物种提供依据，也可以帮助预测所选用物种能否正常存活、生长；另一方面为评价拟选物种的生态风险提供依据，防止引种导致生态入侵。此外，目前路域生态系统生态恢复、重建效果尚无有效可行的定量评估技术和方法。经野外调查和长期监测，对重建路域生态系统与区域内原生性地带性植物群落结构和功能特征指标定量值进行对比评估，可能是一条值得探索的途径。

三、生态区域的过渡性

生态区域差异是一个渐进的过程，生态区域间的不同特征并不是截然可分的，其间有一个量变到质变的演替，这就形成了区域间过渡的特殊性。公路往往延绵千里，穿行于不同的生态区域之间，过渡性应是其固有的特征。这些过渡带可分为几种类型：一是山地—平原过渡带，二是水—陆交错过渡带，三是城—乡交界过渡带，四是农—牧过渡带。围绕着这些区域资源的差异也形成了公路生态工程的差异与过渡性。这些过渡带的一般特征如下：

①资源、环境的多样性；

②生物种群的复杂性；

③物质能量的富集性、活跃性；

④环境、生物的敏感性与脆弱性；

⑤开发利用途径的多样性。

四、公路生态工程建设的区域性

由于公路生态工程所处的社会经济环境、自然环境及其生物类型分布具有地域性，决定了其工程建设也具有明显的地域性。区域性表现在公路所处的经济条件、自然分区以及与此相适应的各种植被及其建植技术特点上，具体体现在各种植被建植技术在不同地区、不同路段的适用程度。

1. 公路生态工程建设与社会经济发展水平相一致

与城市绿地、林区采伐后的植被恢复等其他人工群落不同，公路路域植物群落具有立地条件差、群落沿公路线性分布、中央分隔带等部分区域后期维护困难等特点。这些就决定了公路生态工程建设要充分考虑经济投入，既要考虑初期的一次性成本投入，又要综合考虑建成后的长期维护费用之间的合理平衡关系，兼顾近远期的经济、社会与环境的综合效益，从而确定与社会经济发展水平相一致的公路生态工程建设方案。

2. 以整体植被景观为参照选择植物类型

环境因子(如气候和土壤)的地带性决定了植被类型的地带性，这种地带性特征在很大尺度上决定了物种选择的基本对象。因此，在进行公路生态工程建设时，应以当地的整体植被景观作为参照，选择乡土植物或相近的植物类型。

3. 以局部环境背景为基础选择具体植物种类

植物的生长与分布除受地带性因素的影响外，地形地貌等非地带性因素也会对其起一定作用。山地、丘陵、盆地等地貌类型会形成一定的局部环境或微环境，从而改变植被的地带性分布规律。因此，公路生态工程中具体植物的选择应考虑以整体自然景观中的局部差异为基础。

4. 以水热因素的地域分异规律为依据选择建设方法

水热条件反映各区域生态环境特点，尤其是区域植被类型的差异，决定了植被恢复最终目标的不同，从而体现出植被建植技术应用上的区域差异性。因此，在确定公路生态工程建设方案时，要考虑水热因素的地域差异，采用针对性的生态工程建设方法。半湿润气候区地带性植被为森林草原或草甸草原，自然状态下的地表植被覆盖率可以达到80%以上，实践证明，在这一地区采用喷播技术使作业面完全被植被(草本、灌木、地被植物等)覆盖是可行的。半干旱气候区地带性植被为干草原，自然状态下的地表植被覆盖率为50%～60%，从理论上来说，这一地区在没有人为干预条件下采用喷播技术使作业面完全被植被(草本、灌木、地被植物等)覆盖是不可能的，即便采用喷播技术进行植被恢复施工也难以达到湿润气候区和半湿润气候区那种植被恢复效果。干旱气候区地带性植被为荒漠草原，自然状态下的地表植被覆盖率为20%～30%，部分地区甚至更低，在这一地区是不适合采用喷播技术的，而采用植生袋技术效果较好。

5. 根据施工段情况确定具体工法

施工段情况主要是指公路生态工程施工地段的边坡情况，包括边坡类型(土质边坡、石质土边坡、岩石边坡等)、坡率、坡高及边坡稳定性等方面。不同的边坡状况应选择适合的施工方法。从边坡类型来看，铺草皮、人工播种、人工移栽、液压喷播和纸质植生带等技术适用于土质边坡；三维土工网、土工格室、客土喷播和六角形混凝土空心块植草等技术适用于石质土边坡；植生基质喷播、连续纤维喷播、刚性骨架植草和混凝土预制件植草等技术适用于岩石边坡。从坡率来看，植生基质喷播、连续纤维喷播、刚性骨架植草和混凝土预制件植草等技术适用于1∶0.8～1∶1.0的边坡，其他技术适用的坡率一般都在1∶1.0以下。

第三节　生态学原理

公路路域生态系统是一个半人工化的自然生态系统，这个系统里既有高度人工化的成分，如人、车、路；也有比较自然的成分，如在公路穿越地可以看到的各种生物及其栖息的生态环境。不同的要素成分通过物质循环、能流流动、信息传递形成一个有机的统一体，造就了不同的路域生态系统结构，这种结构包括空间结构、营养结构和层级结构。它除了具备一般生态系统的基本功能外，还具有交通支撑、生态服务、经济社会服务和景观美学等系列功能。同任何生态系统一样，公路路域生态系统的结构和功能都是动态变化的，尤其是在人工扰动后形成的路域生态系统与原来的生态系统之间相互融合并动态衔接，形成新的平衡，创造了新的景观，在完成公路路域生态系统社会经济功能的同时，也逐步恢复了自然生态功能。

由此可见，公路生态工程不单纯是利用工程措施简单的植被恢复，而是人们有目的地进行生态系统的重建或改造，对系统的结构、功能、生物多样性和持续性进行全面的恢复，使公路生态逐步接近甚至恢复到原有的自然生态系统。在这一过程中，必然要遵循生态学的基本原理。

1. 自组织理论

自组织是生态系统本身固有的特征，是自然界中生态系统具有一定的稳定功能的基础。每种生物对环境的适应有一定的范围，每一个生态系统对干扰具有一定的弹性。换言之，生态系统在受到干扰以后，在一定的阈值范围内，可以通过自我调整，或者说自然力的作用，使系统的功能不至于出现较大的波动，这就是所谓的生态系统自组织理论。在公路生态的恢复过程中，按照该理论，只要有足够的时间，随着时间的推进，退化生态系统将根据环境条件合理地组织自身，通过自身功能的发挥最终改变其组分，使其趋于稳定。实践证明，这一理论在中轻度退化的生态系统中作用明显，一般在消除后，很短时间内就可以恢复到人类可以接受的状态。

2. 干扰理论

在陆地生物群落中，干扰往往会使群落形成断层，断层对于群落物种多样性的维持和持续发展，起着很重要的作用。不同程度的干扰，对群落物种多样性的影响是不同的。Conell 等人提出的中等干扰假说认为，处在中等程度的干扰水平能维持高的生物多样性。中度干扰理论在生态系统管理上具有一定的指导意义。例如，在森林和草原生态系统中，通过适度的干扰，如适度采伐、刈割、火烧、开辟林窗、廊道等，可改变森林和草原生态系统的群落结构和局地环境状况，在一定程度上可提高群落的生物多样性和最大可持续收获量。但频繁、高强度的干扰是不利于生态系统的稳定发展的。公路生态系统是一个由人类活动频繁干扰的自然—人工复合生态系统。因此，一定要控制好交通运输活动对自然生态系统干扰的强度和频度，以预防造成生态的严重退化问题的发生。

3. 景观生态学的一般原理

公路生态学有很多涉及景观层次的研究内容，因此，需要景观生态学的基本理论作为指导。景观生态学是研究较大尺度上不同生态系统的空间格局和相互关系的学科，其主要研究内容包括景观结构、景观功能和景观动态。景观结构、功能和动态是相互依赖和相互作用的。景观生态学的理论主要包括景观整体性原理、景观异质性原理、景观等级性原理、景观尺度效应原理、景观格局与生态过程相互关系原理、景观动态变化原理等。

4. 岛屿生物地理学原理

在生态学中，为了研究物种的分布、数量、存活和迁徙等一系列动态平衡规律，需要有一个相对简单的自然环境，规定在该自然环境中，有比较明确的“边界”，有不受人为干扰的“体系”，有内部相对均一的“介质”，有外部差异显著的“邻域”，这就是生态学上的“岛屿”。比如沙漠中的绿洲、陆地中的水体、开阔地包围的林地和自然保护区等，都相对地符合以上假设的基本条件。事实上，由于公路建设对景观的切割作用，产生了很多生态岛屿，使得原本在一起的生境被划分成大小不等的“斑块”。这些独立的斑块就像大海中的“岛屿”一样，可以借用岛屿生物地理学理论对这些斑块进行分析。如何保证不同岛屿之间的生物进行种群迁徙，实现基团交流，减少因片断化生境引起生物的消亡，是公路生态工程学必须解决的问题。

5. 生态系统的结构理论

生态系统是由生物组分与环境组分组合而成的结构有序的系统。生态系统的结构是指生态系统中的组成成分及其在时间、空间上的分布和各组分能量、物质、信息流的分布方式和特点。生态系统的结构包括物种结构、时空结构和营养结构。物种结构又称组分结构，是指生态系统是由哪些生物组成的以及和它们之间的量比关系；生态系统中各生物种群在空间上的配置和在时间上的分布成为生态系统的时空结构；由生产者、消费者、分解者三大功能群体组成的食物网、食物链是生态结构的营养结构。

建立合理的生态系统结构有利于提高系统的功能。生态系统结构是否合理，体现在生物群体与环境资源组合之间的相互适应程度上，合理的生态系统结构能充分发挥资源优势，并保护资源的持续利用。从时空结构的角度，应充分利用热、水、土资源，提高光能利用率；从营养结构的角度，实现生物物质和能量的多级利用与转化，形成一个高效的、无废物的系统；从物种结构上，提倡物种多样性，有利于系统的稳定和发展。这些理论都能在公路生态工程中得以应用，生态系统的结构理论要求在恢复生态系统时，尽快建立合理的完整结构，如在物种的配置上，引进土壤微生物——菌肥(分解者)，引进开花结果植物，吸引动物(消费者)觅食和安扎，注意物种的代际结构和不同植物空间合理分布等。

6. 生态系统平衡原理

生态平衡是生态系统在一定时间内结构和功能的相对稳定状态，其物质和能量的输入输出接近相等，在外来干扰下能通过自我调节(或人为控制)恢复到原初的稳定状态。生态平衡是生态系统长期进化所形成的一种动态平衡，它是建立在各种成分结构的运动特性及其相互关系的基础上的，是生态系统内生物与生物、生物与环境之间的相互关系所表现出来的相对稳态特征。一个地区的生态平衡是该生态系统结构和功能统一的体现，此时，系统中的有机体充分占据所有有效的空间，环境资源能被最合理、最有效地利用。

生态平衡是一种相对平衡而不是绝对平衡。当外来干扰超越生态系统的自我控制能力，而不能恢复到原初状态时谓之生态失调或生态平衡的破坏，生态系统就会衰退，甚至崩溃。通常把生态系统所能承受压力的极限称为“阈限”。例如，草原应有合理的载畜量，超过了最大适宜载畜量，草原就会退化；森林应有合理的采伐量，采伐量超过生长量，必然引起森林的衰退；污染物的排放量不能超过环境的自净能力，否则就会造成环境污染，危及生物的正常生活，甚至造成动物死亡等。

生态系统的平衡往往是大自然经过很长时间才建立起来的动态平衡。一旦受到破坏，有些平衡就无法重建，带来的恶果可能是人类无法弥补的。因此人类要尊重、维护生态平衡，而绝不要轻易去破坏这个平衡。在进行社会经济活动时，除了要讲究经济效益和社会效益外，还必须注重生态效益和生态后果，以便保障社会经济活动的持续健康发展。

7. 生物群落演替理论

植被演替是指植被变化过程中一种群落代替另一种群落的现象。演替过程有长有短，根据调查，即使在云南省的亚热带气候条件下，演替到顶级群落——森林，这个过程最少也要50年以上。公路生态恢复工程应该被看做植被在停止干扰后或者正向干扰下的一种演替过程，它遵循演替的一般规律，因此，利用演替理论指导公路生态工程可以加速植被恢复进程，促进生态系统的恢复。一方面是通过对原生植被的保护和利用，恢复地带性植被，创造地方特色；另一方面是依据群落学原理，运用人工调控手段，构建人工植被群落，如混交林复合群落等，使生态系统逐渐恢复到它原来的外貌和物种。目前实践表明，公路边坡的人工生态恢复的顺序一般应为：先锋植物(一般人工选择草类植物)——当地草种——灌木——乔木（土层太薄不能演绎到乔木)。在这一过程中先锋植物的选择尤其重要，因为它关系到初期有效保持和改良人工固定的土壤，一般应选择根系发达、生长迅速、一年生草类，为更快改善土壤结构和养分自给能力，应考虑豆科植物和菌肥的使用。

8. 限制因子定律

该定律首先于1840年由农业化学家J. Liebig在研究营养元素与植物生长的关系时发现，后被许多科学家加以研究证实和发展。最小限制因子定律认为，生物的生长和繁殖状况取决于数量和质量最不足的限制因子。例如，植物的产量高低往往受制于养分最不足、或温度最不足、或光照最不足的限制因素的影响。有人将最小限制因子定律又形象地称为“木桶定律”，即一个由分别代表生态环境因子的不同高度的木块拼合成的一个木桶，其最大储水量取决于高度最小的那块木块（图2-1)。

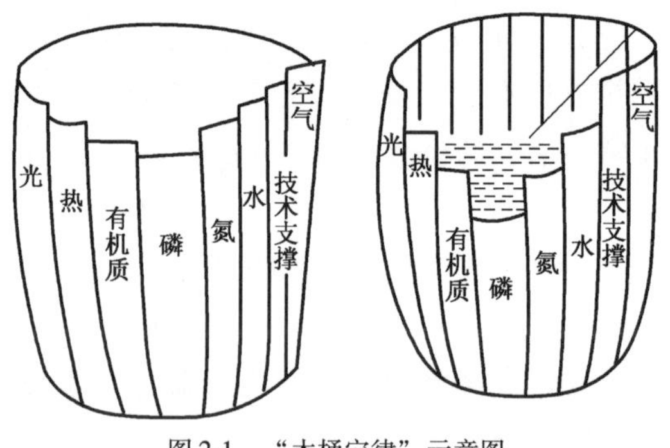

图2-1 “木桶定律”示意图

限制因子定律的主要价值是使人们掌握了一把研究生物与环境复杂关系的钥匙，因为各种生态因子对生物来说并非同等重要，人们一旦找到了限制因子，就意味着找到了影响生物生存和发展的关键性因子。但在应用最小限制因子定律的时候，要注意下列几点：①这一定律只有在相对稳定的状态下才可以使用，在不稳定状态下，许多因子的量和作用处于激烈的变动之中，很难确定哪个单因子是限制因子。②要考虑因子间的相互作用，如某些因子间的互补作用或部分补偿作用。③最小因子是可以发生转化的，也就是说，随着环境条件的变化，原来的限制因子可能变为非限制因子，原来的非限制因子可能变为新的限制因子。

随着人们环境保护意识的增强，使得公路建设中对破坏的植被进行生态恢复的呼声日益高涨，而进行人工修复的造价又非常高，所以应首先了解制约植被生长的关键因素，然后通过对这些因素的调控来促进植被生态恢复。研究证明，生态恢复工程最有效和最经济的方法应该是对某些关键因素进行有效的调控，其他因素由自然过程来完成。

当一个生态系统被破坏后，若要恢复会遇到许多因子的制约，如温度、土壤、水分、养料、空气、光照等。必须找出该系统的关键因子，才能有效、迅速地进行生态恢复。在公路建设中破坏植被演替的各个阶段，各种生物的和非生物因素的作用都至关重要。而在原生演替的早期阶段，原生裸地没有土壤、有机质及 N、P 等营养元素的积累，温度、水分条件变化剧烈，这些特征都不利于生物的进入和定居。生物的种类较少，并且它们的生产力及其对环境的影响也都比较微弱，这时非生物因素对植被的演替过程的影响可能更大。所以，在公路生态工程中应重视非生物因素在植被原生演替过程中的重要作用，通过工程措施促进或实现其功能的发挥，加速植被的演替进程。

9. 耐受定律

1913 年，美国生态学家 V. E. Shelford 提出了耐受定律。他指出，一种生物能不能生存与繁殖，依赖于一种综合的环境因子，只要其中一项因子的量或质不足或超过了某种生物的耐受限度，该物种就不能生存，甚至灭绝。生物长期适应环境使其形成了较为稳定的生态幅，在该生态幅之间的环境区域就是生物的分布区（图 2-2）。

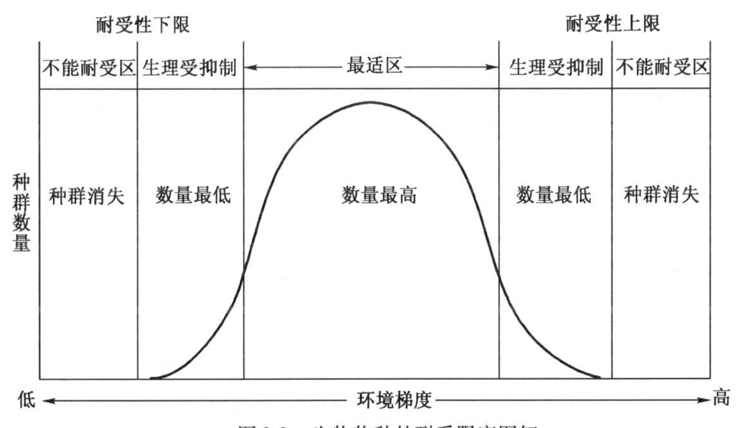

图 2-2　生物物种的耐受限度图解

耐受定律对公路生态恢复与重建实践工作具有重要的指导意义，如在公路边坡生态防护和生态恢复中，需要研究实地条件，分析影响植物生存发育的限制因子，尽可能选择生态幅广的生物作为先锋植物。

10. 生物适宜性原理

生物经过长期与环境的协同进化，对环境产生了生态依赖，其生长发育对环境产生了要求，每种生物要求在最适宜的环境中生长。目前公路生态恢复中经常忽略了这一点，引入的生物很难适应公路边坡的恶劣条件，出现了不少失败的例子。很多自然演替研究表明，在原生裸地上最先出现的植被的物种组成与裸地周围的植被密切相关。生物对原生裸地侵入只是第一步，定居成功与否还要看植物能否适应原生裸地极端的环境条件。能够成功定居的物种，一般都有适应裸地恶劣环境条件的生物学或生态学特征，它们对干旱的水分条件和贫瘠的养分条件都有较强的适应能力，如地衣和某些藻类等。一些高等植物在演替的早期能够定居成功得益于它们和一些具有特殊功能的微生物存在的共生关系，如固氮细菌、菌根真菌等。

11. 生态位原理

生态位是指一个物种在生态系统中的功能、作用以及它在时间和空间中的地位，反映了物种与物种、物种与环境之间的关系。由于公路是线形人工构造物，延绵千里，地形环境十分复杂，因此，公路生态工程涉及的地理环境、土壤条件和气候条件变化较大，应充分考虑各种植物的生态位特征，合理选配适生植物，因地制宜，适地适树；应区分植物抗污染特性，耐寒、耐旱、耐水和抗病虫等生态和生物学特性，配置于适当路段、部位。也可以利用植物在空间、时间和营养生态位上的分异进行配置，形成乔、灌、草结合的复合群落。一方面可以利用种间互惠共生的关系，优化植物生长环境；另一方面可以提高生态效率，丰富季相色彩。总之，公路生态工程应根据生态位原理，进行植物的选择和配置。要避免引进生态位相同的物种，尽可能地使物种的生态位错开，避免种群间的直接竞争，注意维持系统生物多样性，保证群体稳定。

12. 生物多样性原理

生物多样性是指生物形式的多样性，包括遗传多样性、物种多样性、生态系统与景观多样性。生态系统的多样性越高，生态系统就越稳定，表现在系统抗逆性强、有弹性、系统利用光能效率高、能量流动稳定等方面。

公路建设要体现保护公路这类特殊生境区域的完整性，又要体现景观重建的原则，这也是《中华人民共和国公路法》所赋予的义务和责任。贯穿林区或丘陵山区的公路绿化带建设，要着重于地带性植被群落的恢复，保持景观的原生状态，同时要配置作为鸟类食物或其他动物食物来源的浆果类、坚果类树种，为动物的滋生和繁衍提供食物供应。由于公路建设造成沿线的景观和环境的破坏，利用植物品种多样性进行绿化，不仅可有效地实现沿线环境再造和植被的恢复，同时也促进动物和微生物区系的多样化，形成复杂的种间关系网络，从而控制农、林业病虫害的发生或蔓延，减少农药使用及其造成的环境污染。

根据试验结果，单一种植草本植物的边坡、单一灌木边坡和草灌木混交的边坡绿化防护效果不一样。草灌结合的生物固坡技术，一方面具有见绿快、覆盖度大的特点；另一方面能很快形成比较稳定的保持水土、降低地表径流的植被群落。草灌结合的方式是行之有效的边坡生物防护方式。在公路生态工程中应力求采取草本、木本相结合的防护结构，灌木、草本相结合的固坡方式，即结合草类、灌木、乔木的各自优点，通过人工的方式诱导，加速植物的生长、演替，使植物群落与相邻地区相互吻合，以形成植被多样、边坡稳定、水土保持的生态系统。

13. 边缘效应

在不同群落交界的区域，称为群落交错区。在群落交错区常出现生物种类和种群密度增加，或群落边缘的生物个体因得到更多的光照等资源而生长特别旺盛的现象，称为边缘效应。边缘效应形成需要一定条件，如两个相邻群落的渗透力大致相似，两类环境或两种生物群落所造成的过渡地带相对稳定，相邻生物群落各自具有一定的均一面积或群落内只有较小面积的分割，具有两个群落交错的生物类群等。边缘效应的形成需要较长的时间，是协同进化的产物。

公路建设绿化带与两侧生物群落形成一定范围的过渡带。利用边缘效应原理增加过渡带中生物物种和某些种类数量，能在一定程度上补偿公路建设导致的生物多样性降低的情况，促进受影响区域自然恢复。但是，边缘效应也会引发生物入侵，这是公路路域最常见的生态现象，应采取措施预防生物入侵。

14. 密度效应

在一定时间内，当种群的个体数目增加时，就必定会出现邻接个体之间的相互影响，称为密度效应或邻接效应。种群的密度效应是由两个作用决定的，即出生与死亡，迁入与迁出动态变化。凡影响某物种出生率、死亡率和迁移的各种生物、物理和化学因子都对此物种种群密度起作用。种群的密度效应是种群适应这些闲素综合作用的表现。

密度效应在植物种群中的表现往往更加突出。两个规律最为常见，即最后产量衡值法则和 -3/2 自疏法则。

1）最后产量衡值法则

在一定范围内，当条件相同时，不管一个种群密度如何，最后生物产量总是基本一样的，即单位面积生物产量 Y 为一个常数，可用下式表示：

$$Y = W \times d \times K_i \tag{2-1}$$

式中：Y——单位面积生物产量；

W——植物个体平均质量；

d——密度；

K_i——常数。

2） -3/2 自疏法则

如果播种密度进一步提高，种群内对资源的竞争不仅影响植株生长发育的速度，而且影响植株的存活率。在高密度的样本中，有些植株死亡，出现“自疏现象”。自疏导致密度与生物个体大小之间的关系在双对数图上呈典型的 -3/2 斜率，这种关系称为“ -3/2 自疏法则”，可用下式表示：

$$W = CD^{-3/2} \tag{2-2}$$

式中：W——植物个体平均质量；

C——常数；

D——密度。

公路建设期对区域生态环境的影响表现为：植被清除导致生物量和初级生产力的损失，从而降低区域绿地的环境服务能力。努力增加和强化初级生产力是公路生态恢复和建设的重要内容，但是密度效应提示我们，在生态修复过程中，应科学地设计种植密度和空间组合方式，以降低经济成本。

15. 化感作用原理

化感作用是指生物向环境中释放某些化学物质，影响周围其他生物的生理生化代谢及生长过程的现象，若化感物质直接来源于植物的分泌或分解物，其产生的化感作用称为真化感；若化感物质是通过微生物降解植株残体而来的，其作用称为功能性化感。化感作用包括促进和抑制作用，化感物质常具选择性，影响某些特定的物种而不影响其他的物种，一般包括植物与微生物、植物间、植物与草食性动物间的化感作用。这种作用是种间和种内关系的一部分，也是生存竞争的一种特殊形式。

化感作用原理要求我们在公路路域生态系统重建和临时用地恢复中，选择和组合绿化物种时应注意化感效应，这种效应直接影响物种的存活和生态修复的效果；另外，外来入侵种的化感作用是当地生物多样性降低和物种受到威胁的重要原因，该原理也可为防治公路生物入侵提供理论指导。

第四节　技术调控原理

生态工程技术调控通常是指通过对现有生态系统中的某个环节或几个环节进行扩大、缩小、置换、添加或功能变换以及对其所处的生态经济环境进行适当的改变，最终达到不断地提高生态工程整体的生态经济效益的目的。

一、生态工程的技术调控依据

生态系统的协调稳定既受自然规律的支配，又受到社会经济规律的调节，因此生态工程的调控包括自然调控、人工调控以及自然调控与人工调控相结合的综合调控。

根据控制论观点，一切有生命与无生命的系统都是信息系统，一切有生命与无生命的系统都是反馈系统。反馈就是把系统运行中偏离目标的信息传递给控制装置，并做出下一步决策，修正下一步的行动。任何一个自然过程都是一种自然转换过程，有转换性能的结构可看作是一种转换器，对转换器性能进行调节的部件称为调节器；控制调节器的人和物称为调节者。对公路生态工程而言，乔、灌、草等各类植物是公路生态系统的转化器，转化的效率及成果则有赖于人类的调节。灌溉排水设施、养护工具及作为劳动者的人一起构成了调节器。公路生态系统的管理人员是系统调节机制的控制者。生物物种本身的巧妙控制机制使其与外界条件相适应，公路生态系统中的转换器多是从自然生态系统中继承下来的，其转换性能不能完全按人的需要进行调控。但随着科学技术的发展，人类对公路生态系统的调控作用将会越来越深刻。

二、生态工程的自然调控原理

生态系统在其自然发展过程中有趋于稳定的性能，即受到干扰后能维持稳定，恢复到原态的能力为稳态调控。一般地，这种稳态调控受到多种机制的作用，从基因、酶、细胞、组织到个体、种群、群落都有着丰富的表现形式。稳态调控中最主要的环节就是内部的反馈机制，即系统的输出成分被回送，重新成为同一系统的输入成分，成为同一系统输入的控制信息。

正反馈是系统输出的变动在原变动方向上被加速的反馈，如种群的增长在正反馈机制作用下使种群数量迅速增加，远离原来的水平(图 2-3)。

负反馈是系统输出的变动在原变化方向上减速或逆转的反馈，种群的数量在负反馈机制的作用下使种群数量增加减速，并使种群数量稳定在平衡点水平(K)。

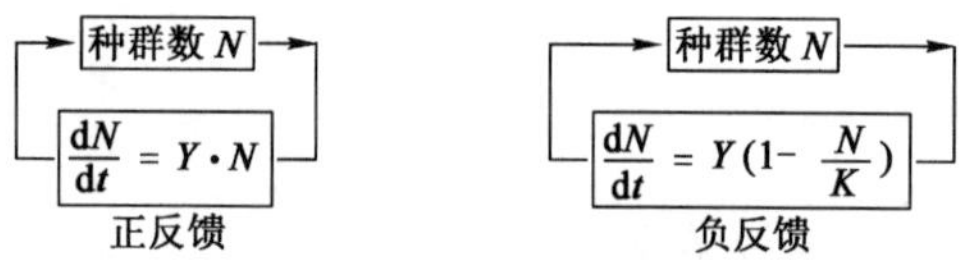

图 2-3　生态系统中生物种群的自我调节机制

现实系统中，种群数量的动态变化往往由正反馈与负反馈共同调节。一般的，在种群数量（N）低的情况下，正反馈起主要作用；随着种群的增长，因为营养与空间的限制作用，负反馈的作用越来越大，从而使种群迅速稳定地下降到接近环境容量（K），达到环境的相对稳定与平衡。

生态系统自生原理中的自我组织、自我优化、自我调节、自我再生、自我设计、自我繁殖基本上是基于上述反馈理论运行的，也是生态工程设计中应用的主要依据。这种生态系统的自生、自我设计作用对维护系统的相对稳定和工程的可持续性具有重要意义。

自我组织和自我设计是生态工程设计技术调控中的主要原理，是指系统不借助外力形成具有充分组织形态的有序结构，也即生态系统通过反馈作用，依照最小能耗原理建立内部结构和生态工程的行为。自我优化是具有自组织能力的生态系统，在发育过程中，向能耗最小、功率最大、资源分配和反馈作用分配最佳的方向进化。例如，如果生态工程的目标是植被

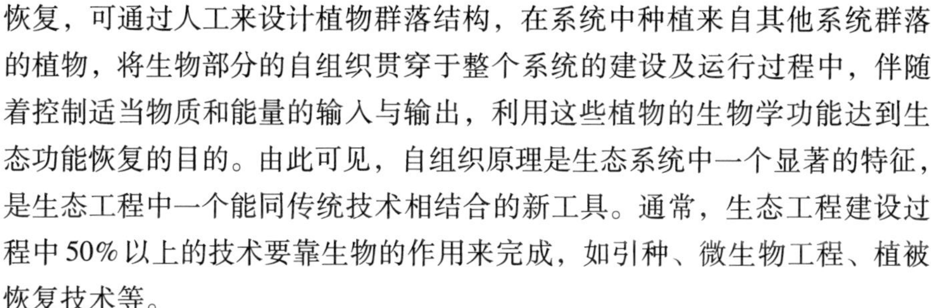

恢复，可通过人工来设计植物群落结构，在系统中种植来自其他系统群落的植物，将生物部分的自组织贯穿于整个系统的建设及运行过程中，伴随着控制适当物质和能量的输入与输出，利用这些植物的生物学功能达到生态功能恢复的目的。由此可见，自组织原理是生态系统中一个显著的特征，是生态工程中一个能同传统技术相结合的新工具。通常，生态工程建设过程中50%以上的技术要靠生物的作用来完成，如引种、微生物工程、植被恢复技术等。

三、生态工程的人工调控原理

在生态工程的设计建设与技术调控中，必须以自然生态系统稳定性的调节机制为基础，人工调节必须与系统内部的自然调控相结合。人工调控途径按其对象分为环境调控、生物调控、系统结构调控、输入与输出调控和复合调控等。

1. 生物环境调控

生物环境调控能改善生态环境，满足生物生长发育的需要。如公路生态工程建设中通过表土回填、播种覆盖、改善土壤水分状况、增加土壤肥力与改善土壤结构等措施创造有利于植物生长发育的良好条件。

2. 生物调控

生物调控是通过选用转化效率高、能适应外界环境的优良物种，达到对资源充分利用的效果。在公路生态工程中，应充分利用适应性良好的乡土植物，适当引入适应当地环境条件、与乡土植物协调共生、抗逆性强的新品种，从而构建良好的群落结构。

3. 结构调控

结构调控是通过调整生态系统结构，来改善系统中能量与物质的流动与分配，以增强系统的机能。如在公路生态系统的土壤子系统中，引入土壤促生菌，增加土壤微生物分解能力，改善土壤的肥力条件，从而促进植物的生长。

4. 输入与输出调控

生态系统工程中输入的光、热、水、气等因子非人工所能控制，但输入的部分肥料、水源、土壤、种子等在其质与量上可以部分地受到人为调控。如输入符合系统的内部运行机制与规律，其输出则有利于环境质量的改善和系统功能的增强；但如果输入不符合系统的运行规律，则输出会使环境质量降低，系统功能削弱。因此，公路生态系统的持久性有赖于系统建成后的施肥、水分涵养、病虫害防治等输入性养护措施的科学性和适宜强度。

5. 复合调控

生态工程的复合调控是自然调控与社会调控两者之间交互联结而成的调控，不仅要考虑系统的自然环境，还要考虑各种社会经济条件，如社会需求、环境政策、经济发展等影响系统的运行规律及机制。复合调控的机制也明显地在三个层次上进行，在基础层次的自然调控、经营者直接调节的第二层次与社会间接调控的第三层次相互之间联系密切。因此，在进行公路生态工程建设与技术调整时，建设者在制订计划和实施直接调控中，除了要考虑系统的自然状况外，必须考虑各种社会条件，其行为和决策总是不同程度地受到市场、经济等因素的制约。

生态工程的目的，就是通过复合调控，在达到良好的生态效益的基础上，实现良好的社会效益和经济效益。从经济学的角度来看，生态环境也是具有价值的，其价值是通过生态环境的质量来体现的。生态环境的质量受人类有目的的各类经济活动的影响。当人类经济活动对生态系统的影响超过它所能承受的阈值时，系统功能就会严重退化甚至崩溃，表现为环境污染、水土流失、资源衰减、草原荒漠化等，生态效益严重恶化。为了扭转这一局面，人类必须通过一定的社会劳动来保护和建设生态环境，才能获得良好的生态效益。公路生态工程的建设，就是为了在发展交通的同时恢复被破坏的生态环境，使生态环境的质量有所提高并保证公路正常运行和社会可持续发展。

第五节　公路工程学原理

公路建设涉及的工程内容十分广泛而复杂，既涉及用传统的力学、水文、地质学原理解决具体的工程技术问题，也涉及运用现代工程学原理。因此，应从系统、整体、全过程的宏观角度来探寻解决公路建设存在的生态环境问题。

一、传统工程学原理

公路生态工程技术是基于生态工程学、工程力学、植物学、水力学等学科的基本原理，利用活性植物材料，结合其他工程材料在边坡上构建具有生态功能的护坡系统的一门学科。通过生态工程的维持、自组织与自我修复等功能来实现边坡的抗冲蚀、抗滑动和生态恢复，以达到减少水土流失、维持生物多样性和生态平衡及美化环境等目的。一般认为，生物防护的主要作用机理是依靠植物地下根系及地上茎叶的作用护坡，可概括为根系的力学效应和植被的水文效应两个方面(图2-4)。根系的力学效应分草本类植物根系和木本类植物根系两种，根系对边坡土体起三维锚固的作用。植被的水文效应包括降雨截留、削弱溅蚀和抑制地表径流。图2-4中，点画线框内描述的植被功能主要用来控制坡面岩土的侵蚀，双虚线框内描述的植被功能主要用来提高边坡浅层岩土体的稳定性。

另外，植被的蒸腾作用对地下水系的影响以及微生物对土体的自我调节功能也对边坡防护起着不可忽视的作用。

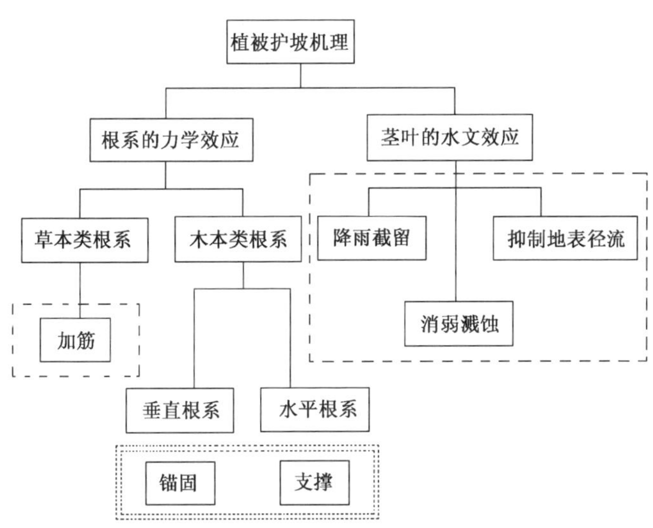

图2-4　植被护坡机理框图

1. 植物根系加筋原理

植物的根系在边坡表层岩土体中盘根错节，使表层岩土体在根系延伸范围之内形成由根系连接的整体，可有效防止表层的溜坍。在根系盘结范围内，边坡土体可看作由土和根系组成的根—土复合材料，草本植物的根系如同纤维的作用。因此，可按加筋土原理分析边坡土体的应力状态，即把土中草根的分布视为加筋纤维的分布，且为三维加筋。这种加筋为土层提供了附加“黏聚力”Δc，它一方面使原土体的抗剪强度向上推移了距离Δc，另一方面又因限制了土体的侧向膨胀而使σ_3增大到σ_3'。在σ_1不变的情况下使最大剪应力减小，这两种作用使边坡土体的承载能力提高(图2-5)。

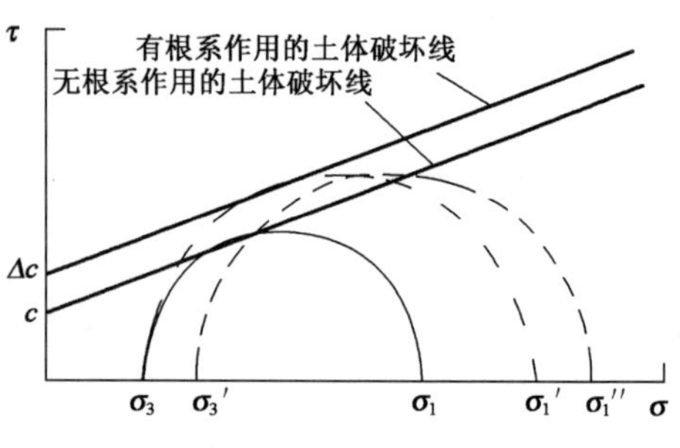

图2-5　根系对土体的加筋作用

2. 不同结构类型边坡植被护坡机制

公路边坡的表层岩土体直接影响植物根系的生长状态，进而影响植物防护的护坡效果，因而不同结构类型的植被恢复机制也不同。在公路生态恢复工程中，首先要确定公路边坡是土质边坡还是岩质边坡。其次是边坡的高度、坡率等，一般而言，土质边坡较岩质边坡植被恢复容易，而岩质边坡植被恢复非常困难，特别是对于整体结构、层状和大块状结构的硬质岩边坡，岩体完整性好，节理裂隙不发育，其坡面完全没有土壤层，植物根系难以扎根，只能采取工程措施在其表面移植并固定客土。第三，还要进行边坡稳定性分析计算，确定边坡的适宜坡度。最后，综合以上分析，制订具体的植被恢复技术措施，一是采用恰当的工程措施，确保边坡稳定，为植物的生长提供安定的环境；二是选择适宜的植物种类进行植被恢复。

3. 植被的水文效应

水文效应指植被的降雨截留作用、削弱溅蚀功能和抑制地表径流功能。一部分降雨在到达坡面之前就被植被茎叶截留并暂时储存在其中，截留作用降低了到达坡面的有效雨量，从而减弱了雨水对坡面土体的侵蚀。植被截留降雨量同降雨量的关系如下：

$$E = \begin{cases} \lambda^* \cdot P & P \leqslant P^* \\ E^* & P > P^* \end{cases} \tag{2-3}$$

式中：E——截留降雨量；

P——降雨量；

P^*——临界降雨量；

λ^*——最大截留系数。

同时，植被能够通过地上茎叶的缓冲作用拦截高速落下的雨滴，从而把雨滴的动能大大降低，削弱甚至消除雨滴的溅蚀。如，一质量为 m 的雨滴从距地面 H 的高度落下，若无植被覆盖直接到达地表，雨滴的动能为：

$$E_1 = mgH \tag{2-4}$$

若地表有植被层，植被层距地表高度为 h，则雨滴落到植被后由于其动能被覆盖植被的缓冲作用所消耗，因此雨滴的速度减少为零。假设雨滴又被分散为 n 个质量相等的小雨滴，则每个小雨滴到达地表时所具有的动能为：

$$E_2 = \frac{1}{n}mgh \tag{2-5}$$

对于草本覆盖层，可认为 $h=0$，则雨滴到达地表时的动能 $E_2=0$，可认为植被完全消除了雨滴的溅蚀。

在抑制地表径流对坡面的冲蚀方面，由于草本植物分蘖多，丛状生长，能够有效地分散、减弱径流，改变径流形态，增大流程，减慢流速，增加雨水入渗，从而有效减弱土体受到的冲蚀。

二、现代工程学原理

公路生态工程不仅仅只是涉及生态问题，而是一个集生态、经济、社会于一体的非线性的复杂难题，在解决这种问题时，除运用传统的工程学方法外，更强调运用整体性、源头性、全程性等现代工程学理念。

1. 整体性和协调性

公路建设是一个系统工程，系统工程就要按照系统学的原理进行总体设计，并对全过程进行规划。系统工程学涉及很多原理，这里主要强调两个方面，即整体性和协调性。

整体性原理是系统科学方法论的根本性原则，也是首要原则。系统理论认为：系统是由两个或两个以上相互联系、相互依赖、相互制约、相互作用的要素所组成的具有特定功能的有机整体。作为一个稳定的系统，其基本特性就是集合性，表现在系统各组分间相互联系、依赖、作用、制约，成为一个不可分割的整体；整体作用和效应大于部分之和，即 $1+1 \geqslant 2$。

协调性原理主要包含以下几点：

（1）明确协调目的。协调的目的在于使系统的整体功能达到最佳。

（2）确定协调对象。协调的对象是系统内相关因素之间的关系以及系统与外部相关因素之间的关系。

（3）建立协调基本关系。相关因素之间需要建立相互一致关系（连接尺度）、相互适应关系（供需交接条件）、相互平衡关系（技术经济平衡、有关各方利益矛盾的平衡），为此，必须确立各种关系作用的条件。

（4）采用有效协调方式。包括有关各要素的一致协调、多因素的综合效果最优化，以及多因素矛盾的综合平衡等。

采用系统工程的整体性和协调性原则是化解道路建设生态环境问题的重要理念。保护环境是公路建设追求的目标之一，但该目标的实现需要整体协调各方面关系。公路在建设期、运行期必然会影响周边环境，但不同的路线方案对环境的影响是不同的，甚至某些环境破坏因素是完全可以避免的。按照这一特定目标，应遵循系统的整体性和协调性原则，在一定的限制条件下，对系统的构成因素及其关系进行选择、设计或调整，使之达到最理想的效果，才能实现公路生态系统的最优化。为此，在公路建设过程中，要始终贯穿公路生态优先的理念。在规划布局阶段，力求保持拟建道路与区域自然环境的协调，同时尽量避免对现有生态系统的严重干扰；在规划设计阶段，重点从优化路线方案入手，通过工程、经济、环保等各方面的综合分析，确定最佳的路线方案，解决好动植物资源的保护问题；在施工阶段，通过一系列工程措施和生态恢复技术，确保公路生态工程的质量。

2. 安全性与稳定性

安全性是人类任何行为活动的基本出发点，而稳定性是指系统的运行状态，它们都是现代工程学的基本要求。公路工程只有给人以安全的感觉，且功能发挥状态稳定，才能体现“以人为本”的原则，也才能发挥其最大效益。安全在公路建设中有狭义和广义之分。狭义的安全主要是指主体工程的安全、车辆和人身在公路行驶中的安全；广义的安全不仅仅包含上述两个方面的安全，而且还包括生态环境的安全及稳定。

1）主体工程的安全

作为大型的土木工程，公路工程建设人员最关注工程本身的安全。公路的主体工程包含路线、路基路面、桥涵、隧道、路线交叉、交通工程及沿线设施等，它们的安全性是公路建设的灵魂和生命。我国的公路工程建设者经过多年实践，在工程安全方面已经积累了许多成功的经验，也有一系列的法律、制度和技术规范予以保障。

2）运行安全

公路运行安全的前提是公路勘察设计科学合理。公路工程勘察设计不应当强迫驾驶员用改变行车状态的方法来适应道路缺陷；相反，道路设计应当减轻驾驶员的工作，帮助驾驶员选择适当的运行路线与状态，从路线线形、技术标准、道路轮廓、指示标志、视野景观、景观色差等入手，在为驾驶员提供连续、顺适、舒畅的行车视线和舒适环境的同时，充分重视潜在的不良效应，避免给行车安全造成负面影响。

为了保证道路的运行安全，公路沿线居民的公众参与是必要的，通过与沿线居民不断沟通，减少公众对公路建设的抵触情绪，同时改善公路设计水平，保持和提高公路生态环境质量水平，从而增加居民对道路交通的认同感和运行安全的自我维护意识。

3）生态环境的安全及稳定

近年来，公路生态环境的安全及稳定越来越受重视。在公路建设和运行期间，已经把公路建设、景观开发和生态保护融合在工程整体设计和施工管理的始终。尊重自然，充分利用自然环境中的地形地貌、山水草木等因素，使公路与特定地区的生态环境相协调，对生态受损地段通过生态工程措施进行生态恢复，是确保公路生态安全及稳定的根本。建设期间破坏得越小越少，维护的成本和代价就越低，公路的生态安全及稳定性就越有保障。

国外发达国家早期公路交通先污染后治理、先破坏后恢复的教训是惨重的，有些对生态环境的破坏达到了不可修复的地步。经过几十年的发展，国外在维护生态安全及稳定性方面有一些成功做法值得我们借鉴。譬如，美国在公路设计中，尽量避免对原地形、地貌的破坏，公路排水设计非常注重对水体的保护；瑞典非常注重公路建设与当地的生态、文化与价值观相互协调，在规划、设计、运行和养护阶段实施各种防治性、恢复性和补偿性等环保措施来加强对环境的保护；加拿大采取建设野生动物通道等很多特殊环保措施保护动植物资源，对于已经给生态环境造成影响的地段，尽量进行补偿或替换，将损害降低到最低限度。通过这些措施使公路的生态安全及稳定性得到维护。

我国的大部分地区，特别是西部地区，其自然条件恶劣，生态环境极为脆弱。我国公路建设应探索一条可持续发展的道路，在确保区域生态安全的基础上构筑道路体系，强化生态设计的理念，最大限度地减少对原有生态的破坏，对不可避免的破坏要进行修复和补偿，以减少公路对生态环境的影响，确保公路生态环境的安全性及稳定性。

3. 设计的规范性与灵活性

公路设计和建设是在多种法律制度、工程标准、技术规范、实施规则指导下的一种工程实践。公路设计灵活性并不是试图去创建一个新的标准，而是在遵循现有的规范、标准、规章制度和法律规定基础上和不降低安全性的前提下，在这些“刚性”指标的约束下，实现多目标、多重变化环境中要求的灵活性，因地制宜进行设计，从而实现公路沿线的可持续发展。

美国联邦公路管理局为此编写了《公路设计的灵活性》一书，从许多方面对设计的灵活性进行了说明。如，各个州可根据实际情况，自定设计标准的取值范围；针对环境条件严格限制特殊设计；允许降低设计车速以确保安全性；维持现有道路的平、纵、横断面，只做重新罩面、修复和更换标志工作，减少工程成本及对周围环境的破坏；注重评估景观道路中的设计参数和指标在安全和运行中的效果，以便进行修订。所有这些方法的目的是让设计者灵活运用他们的专业知识与判断能力进行设计，不仅能有效发挥公路的交通功能、保证运行安全，还可使公路与自然和人文环境相协调。

交通运输部要求公路设计应遵循“在保护甚至是加强建设环境、自然风景、人文历史及社会资源的同时，为公众提供安全、高效的交通运输服务”的宗旨，强调运用公路设计灵活性的思想。例如，在西(安)汉(中)高速公路的建设中，为了减轻工程建设对地形、植被的破坏，减小对自然水系水质的影响，运用灵活设计的思想，采用适宜指标，应用灵活的路线布设方法，充分顺应地形、地貌，以整体式与分离式路基相结合，使路线与环境融为一体，在设计灵活性思想应用方面进行了创新性探索。

4. 选线的统筹与兼顾

在公路建设中，传统上考虑以最小投入来规划和设计道路的线位。随着经济社会的发展，不能仅从经济角度考虑道路线位，还要考虑环境和安全等问题。

公路的线位直接决定公路对环境影响的大小，地形和地质条件是决定路线的主要因素。在我国山区高速公路建设初期，由于对地质灾害的严重性缺乏充分认识、研究和预测，导致不少工程项目在建设时即遭遇地质灾害。在接受教训后，我国公路勘测设计部门开始运用“地质选线”，在了解区域地质条件，明确地质灾害的可知性、可治性的基础上，通过综合比较论证，最终合理选择路线位置和工程方案。如，在我国西汉高速公路的勘察设计中，由于地貌及地质构造极其复杂，大型断裂及滑坡等地质灾害发育，应用常规方法在短期进行方案比选十分困难，甚至难以完成。设计者引进卫星遥感技术，运用地质生态选线技术，对全线进行遥感解译和遥感图像综合分析，很快查清了区域地质构造特征，使土门关、铁锁关等5座长隧道避开了大型断裂带，并提出积极的秦岭隧道群方案，用3座5～6km的较短隧道群代替穿越秦岭的17km特长隧道，这一方案既减少了开挖量，还降低了建设和运行管理费用。同时，采用生态选线确定路线方案，避开或远离主要珍稀动物（大熊猫、金丝猴、朱鹃、羚羊等）保护区，从根本上减轻项目建设对重点保护区珍稀动物的影响。

现在，生态环境保护越来越成为公路设计、施工、运行中重点考虑的问题。美国从20世纪30、40年代就意识到了保护生态平衡的重要性，经过不断地探索和实践，到目前已形成一整套较为成熟的公路环境保护和综合治理模式。在公路网规划初期就同步开展战略性的环境影响评价，再通过项目阶段的环境影响评价、环境恢复与治理，从而真正体现“环保优先”的理念。同时各州交通部门下属的环境机构拥有环境管理和监督职能，在环境管理上基本不受其他部门的干扰，直接负责项目规划和实施过程中的资源环境保护问题（包括物理环境、生态环境、社会环境和生活环境等），从而能够有效地保证“环保优先”理念的实现。

20世纪50～70年代，我国公路建设主要任务是以通为主，建设投资少，建设技术和工艺水平相对落后，建设标准多为三、四级公路。这个阶段的设计理念是“设计的公路应该是经济的公路”。改革开放后至20世纪90年代中期，公路建设由以前的“以通为主”向“提高公路的通行能力”转变，主要任务是提高公路的等级、质量和通行能力，设计理念是“快速、安全、经济、舒适”。20世纪90年代中期以后，我国高速公路建设呈现跨越式的大发展，但与此同时带来了许多生态问题。尤其是随着高速公路建设向山区的发展，公路建设中存在的生态环境问题更加突出：高填、深挖常常诱发地质灾害；防护加固、地基处理反而加大了工程费用；被破坏的原有植被与水系，又进一步造成水土流失，等等。这些问题已受到公路建设部门的重视。目前，高速公路的植被恢复已成为公路建设工程中必不可少的工程内容。

当然，受经济社会条件的制约，我国目前在工程设计中，很难达到不为经济所主导的“环保优先”要求，且工程造价中环保费用较少，与国外10%以上的比例还有很大的差距，但提高环保选线的考量程度是未来高速公路建设的重要导向。

5. 资源节约与可持续性

在构建资源节约型、环境友好型社会的今天，如何在公路建设中切实保护和合理利用各种资源，以尽可能少的资源实现公路交通的可持续发展，是公路交通建设面临的一个重要课题。

资源节约要着重从以下方面挖掘潜力，降低工程成本：一是在施工技术上要积极吸收和采纳国内外先进的建设经验，尤其是在桥梁建设上要构思巧妙，多采用结构简单、能耗低的桥型，强制淘汰高消耗的落后技术、工艺和产品；二是在线形选择上要尽量避免穿越城镇乡村(近村不进村)，尽量少占用农田，条件允许的情况下多考虑隧道和桥梁；三是在建筑材料的选用上，推广新型建材，尽量使用可重复利用的材料，减少污染，避免浪费；四是不搞政绩工程、形象工程，高速公路原则上不搞雕塑景观，取消不必要的隧道内装饰，尽量减少高速公路不必要的附加设施；五是按照节约的原则，选择工程造价低、实用性强的生态防护和绿化方案，尽量采用本地草种和树种。

可持续发展，应通过各种生态工程措施，如构筑稳定的坡面、土壤层，设置蓄水、排水设施，构建合理的植物群落，选择合理的种植方式，进行科学的养护管理，给动物建设专门通道等，实现公路生态的自我维持和良性发展，降低公路长期的生态维护成本。

总之，公路工程是一项系统工程，要统筹考虑规划、建设 、养护、运行的全过程，运用项目全寿命周期成本的观念，进行技术方案比选，合理确定项目的功能，实现技术与经济的有机结合；既要注意建设成本、维修成本、养护成本的控制；还要注意环境成本和社会成本的控制，运用科学的方法合理评价技术方案。在确保安全和功能的前提条件下，通过提高技术含量，采用合理、灵活的设计，确保勘察设计工作质量。最后通过科学合理的施工组织及建设、养护措施，使公路交通达到最佳的技术效益、经济效益和生态效益。

第三章　生物资源保护与利用

第一节　植物资源的相关概念和调查方法

植物资源是自然历史的产物，植物资源的分布不仅取决于植物的生境条件，也决定于不同地质历史时期的古地理因素，如，气候、土壤、海洋、大陆、山岳等的变化。植物是生物界的主要组成部分，和我们人类的关系也最为密切，也是最原始的生产力。世界上只有绿色植物才能以太阳能作为能源，利用二氧化碳、水和其他无机盐类为原料，经过复杂的生理生化过程，合成植物体自身所特有的产品及其他成分。据调查统计，世界上现存的植物种类约55万种，其中高等植物近30万种，这些种类是地球在漫长的演化变迁过程中，由简单到复杂，由低级到高级逐渐形成的，并在进化过程中通过植物本身的遗传变异和自然选择，适者生存繁衍下来的。因此，它们是大自然为我们人类留下来的极为宝贵的财富。

我国在地球演变过程中，受冰川期影响较少，幅员广阔，横跨寒温、暖温、亚热和热带，气候地势较为复杂多样。因此植物种类也相对较多，仅高等植物就近3万种之多，植物资源极为丰富。这些宝贵的植物资源除了直接用于我们的衣、食、住、行之外，也是发展工业生产的重要原料来源，一些成分更是目前工业生产中不可替代的基本原料。

公路作为一个国家重要的基础设施之一，其建设规模和速度已对一个国家的社会经济、政治、文化等领域的发展起到了很大的促进作用。各级公路的建设不仅影响一个国家的城市化布局、国土的整治和利用，而且直接影响公路沿线地区的区域规划、建设以及经济带的形成，同时不可避免地对当地的政治和文化等领域形成一定的影响。

公路的加速兴建，给一个国家的方方面面带来极大促进和方便的同时，也必将对周围的生态环境产生一些不利的影响。主要表现在对公路沿线地区的植物群落、人文景观、生态环境及生活环境等诸多方面的负面影响。

在我国公路加速建设时期，有效解决公路建设过程给周围景观、生态、环境等领域带来的负面效应，已成为我国今后公路建设中的一个至关重要和亟待解决的问题。因此，以保障公路沿线生态安全、社会与经济的可持续发展为根本目标，以全面保护与可持续利用公路沿线植物资源为基点，以科学性、系统性、可操作性和前瞻性等为基本原则，对公路沿线植被（主要包括林木资源、药用植物、观赏植物、重要作物种质资源、特有种、珍稀濒危植物、水生植物、外来种等）、种群特点、群落类型以及群落动态等进行翔实的勘查，对典型群落样地进行调查与分析，搞清公路沿线主要植物群落类型、种群特点，并统计各主要植物群落及植被类型的面积、种类、分布特征以及植被动态等，便显得具有非常重要的现实意义。在此基础上，提出公路沿线植物资源的保护和可持续利用的战略性规划，并建立相应的监督管理体系，是目前乃至未来生态公路建设中的主要任务和发展趋势。

一、植物资源的基本概念

1. 植物的概念

植物是生物界中的一大类。一般有叶绿素，没有神经，没有感觉。分为藻类、菌类、蕨类和种子植物，种子植物又分为裸子植物和被子植物。据估计，地球上的植物约有55万种。

2. 植物资源的概念

植物资源是自然资源的一部分，通常是指在一定时间、空间、人文背景和经济技术条件下，一切对人类有开发利用价值的植物的总称。广义地说，即地球上或生物圈内的所有植物都是植物资源。狭义地讲，是指经过人类活动或生产实践，筛选出来的某些植物种类，可为人类提供各种原料，并在国民经济中占有一定地位，具有生产价值的再生资源，即一切有用植物的总和。

通常将在市场上出售，具有商品价值的植物称为经济植物；国家特有、珍稀、濒危物种，或是重要栽培植物的野生原种或近缘属种，具有巨大的科学价值和潜在社会经济价值的称为种质植物；在环境保护、培肥地力和降解环境污染等方面，具有重要价值的称为环境植物或者生态植物。

植物资源作为自然资源的一部分，过去、现在和将来，人类都始终离不开它。由于地球上的植物有地域性和各自不同的生物学特性，也就形成了植物丰富的多样性，更形成了各地区、各民族的特产性植物资源。因此，在谈论某种植物或某些植物资源时，应该与一定地区、一定社会、甚至一定的政治和经济发展水平以及生产技术条件等联系起来认识和评价它，同时受不同的社会和生产力条件的影响，在不同的民族习惯、区域经济、文化背景、宗教信仰以及科技发达水平等的差异下，对某种植物或者某些植物资源的认识和利用方式也是完全不同的。

植物资源作为一种可再生的资源，因它可以给人类无限度地提供“绿色物品”、“绿色能源”及“绿色环境”等，因此在社会发展的各项建设中，有责任对涉及的相关植物资源进行科学地保护，最大限度地保护植物资源，使其呈可持续发展，在此基础上再行使其利用价值。

3. 物种的概念

物种是植物分类的基本单位，是植物各分支学科得以建立的基础。是互交繁殖的自然群体，与其他群体在生殖上相互隔离，并在自然界占据一个特殊的生态位。

该定义的本质在于，同一物种的个体享有一个共同的基因库，该基因库不与其他物种的个体所共有，这是由于生殖隔离不同物种具有互不依赖的、各自独立进化的基因库。

4. 珍稀植物的概念

珍稀植物通常是指在经济、科研、文化和教育等方面具有特殊重要价值，而其分布有一定局限性，种群数量又很少的植物。

中国珍稀濒危植物分别采用“濒危”、“稀有”和“渐危”三个等级。其定义为：濒危(即临危)种是指物种在其分布的全部或显著范围内有随时灭绝的危险，如天目铁木等。稀有(罕见)种是指那些并不会立即有绝灭危险、中国特有的单型科、单型属或少种属的代表种类，但在它们分布区内只有很少的群体，或是由于存在于非常有限的地区内，可能很快地消失；或者虽有较大的分布范围，但只有零星存在着的种类，如银杏等。渐危（即脆弱或受威胁）种是指那些因人为的或自然的原因所致，在可以预见的将来，在它们整个分布区或分布区的重要部分很可能成为濒危的种类。

这些濒危等级之间并没有明确的界限，很难真正反映物种在自然中的状况，尤其是在目前对物种的认识还很欠缺的情况下，在实际操作中困难很大。因此，物种受威胁等级的划分还有待进一步研究。

5. 植物种群的概念

地球上任何一种植物都是由许多个体组成的，这些个体在地表总是占据着一定的地区。把占据着一定环境空间的同一种植物的个体集群称为种群。换句话说，种群就是特定空间同种植物的集合体，其基本构成成分是有潜在互配能力的植物个体。

种群是由个体组成的，但是当生命组织进入到种群水平时，植物的个体已成为较大和较复杂植物体系中的一部分，此时，作为整体的种群出现了许多不为个体所具有的新属性，如出生率、死亡率、年龄结构、分布格局等特征。

在自然界，种群是物种存在、物种进化和表达种内关系的基本单位，是植物群落或生态系统的基本组成部分，同时也是植物资源开发、利用和保护的具体对象。因此，种群已成为当前各种生态学领域中一个重要的研究对象。

6. 植物种群结构的概念

种群结构是种群的基本特征，种群的数量、年龄、性比、密度、高度、盖度、多度以及优势度等特征都是种群结构要素。对种群结构的调查和分析，可以从不同的角度反映种群结构的状况。这也是在公路生态建设中，进行植物资源调查和保护的主要观测指标。

7. 植物种群分布的概念

种群分布是指种群在空间的分布状况，它涉及种群的传播、分布类型和歌剧等要素。在一些特殊环境下分布的植物种群，还需要依赖本植物种群对其生存环境的特殊适应能力。

植物种群的分布一方面要求具备该种所适合的生态条件，另一方面并不是所有适合某种或者某一类植物种的生态环境中都具有这一类植物，这

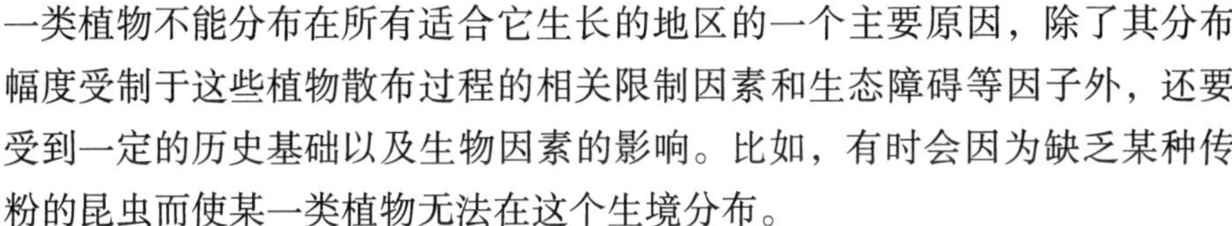

一类植物不能分布在所有适合它生长的地区的一个主要原因，除了其分布幅度受制于这些植物散布过程的相关限制因素和生态障碍等因子外，还要受到一定的历史基础以及生物因素的影响。比如，有时会因为缺乏某种传粉的昆虫而使某一类植物无法在这个生境分布。

8. 植物群落的概念

植物群落是指在特定的空间或特定的生境下植物种群有规律地组合。它们由一定的植物种类组成，物种之间及其与环境之间彼此影响，相互作用，具有一定的外貌及结构，执行一定的功能。换言之，在一定的地段上，群聚在一起的各种植物种群所构成的一种有规律的集合体就是植物群落。

9. 植物多样性的概念

通俗地讲，植物多样性是指地球上的植物及其与其他生物、环境所形成的所有形式、层次、组合的多样化。

通常从三个方面理解，即植物的遗传多样性、植物的物种多样性、植物生态习性和生态系统的多样性。

植物的遗传多样性也称基因多样性，是指种内个体之间或一个群体内不同个体的遗传变异的总和。一个物种的遗传多样性是非常丰富的，人类可以诱导、积累并丰富栽培植物的遗传多样性。

植物的物种多样性是指植物在物种水平上的多样性，可以指一个地区内物种的多样化，也可以指全球范围内的物种的多样化。中国高等植物约 3 万余种，占世界总数的 10.5% 左右，保存了许多特有的植物类群，这些物种有可能具有某些对人类有用的潜在价值。

植物生态习性和生态系统的多样性是指植物长期进化过程中和生态环境之间所形成的多种多样的生态适应性以及植物群落、生态过程变化的多样化。植物生态适应性使得它们在各自的生态系统中占据了一定的生态位，让它们能够稳定地生存在各自特定的环境条件下。如寄生植物、腐生植物、共生植物、食虫植物以及热带雨林中的绞杀植物等。

植物是生态系统中的生产者，生态系统通常是以植物的物种或者生活型来命名的，因此，生态系统的多样性离不开植物。我国国土辽阔，气候和地貌类型复杂，南北跨越热带、温带和寒带三带，高原山地约占 4/5，河流纵横，湖泊星罗棋布，海岸线漫长，复杂的自然条件使得我国的生态系统极其丰富多样。我国的陆地生态系统中，有森林 212 类、灌丛 113 类、草甸77类、沼泽19类、红树林18类、草原55类、荒漠52类、冻原及高山垫状植被17类；在水生生态系统中，有各类河流生态系统、湖泊生态系统以及海洋生态系统等；此外还有各种各样的农田、果园、防护林等农田生态系统，不胜枚举。

10. 生态系统的概念

生态系统是指在一定的空间内，生物成分和非生物成分通过物质循环和能量流动相互作用、相互依存而构成的一个生态学功能单位。它把生物及其非生物环境看成是互相影响、彼此依存的统一整体。生态系统不论是自然的还是人工的，都具有下列共同特性：

（1）生态系统是生态学上的一个主要结构和功能单位，属于生态学研究的最高层次。

（2）生态系统内部具有自我调节能力。其结构越复杂、物种数越多，自我调节能力越强。

（3）能量流动、物质循环是生态系统的两大功能。

（4）生态系统营养级的数目，因生产者固定能值所限及能流过程中能量的损失，一般不超过5~6个。

（5）生态系统是一个动态系统，要经历一个从简单到复杂、从不成熟到成熟的发育过程。

11. 植物保护的概念

植物保护是综合利用多学科知识，以经济、科学的方法和手段，保护人类目标植物资源免受有害生物危害，提高和维护植物的再生能力以及它存在和形成的生态环境条件，以维护人类物质利益和环境利益的可持续发展。

二、植物资源的调查原则

1. 科学性原则

（1）要科学全面地对公路沿线的植物资源进行调研，就必须科学配置和利用各种资源，充分利用现有的植物资源调查与编目资料和公路沿线各市县的植物资源调查成果（全面收集公路沿线各市、县的农业、林业、畜牧、环保、园林绿化等政府部门关于林业、农业、畜牧业、园林与国土绿化业等领域的相关资料，同时可以参考公路沿线各高校和研究单位的馆藏标本以及国家和地方植物志等文献），结合对公路沿线关键地区、重点植物资源的实地调查完善相关资料。

（2）在进行资源调查时，要充分、全面参照国家和国际的相关工作标准与规程，以保证工作程序的科学性。

（3）组织高水平的专业调研队伍，保证项目实施主体的科学性、专业性和权威性。

（4）结合实地调查研究，认真分析、谨慎采用历史资料数据，并充分给出数据源，保证结果的科学性。

2. 系统性原则

（1）调查与分析的系统性

全面有序地安排各类植物资源的调查与结果整理，在植物资源调研资料力求完整的基础上，重点突出对具有重要经济性状、珍稀濒危、有害和外来物种的调查和资源状况的描述。

（2）调查内容的系统性

公路沿线植物资源的调查和动态分析、保护与利用以及相关体系的建立等工作，要有机结合，形成统一的整体。

3. 前瞻性原则

由于公路建设的特殊性，使得对沿线植物资源的调查和保护利用也要特殊对待。植物资源调查，必须站在科学前沿与社会发展的高度，在力求保持公路沿线生态安全、可持续发展的基本目标下，对公路沿线植物资源的保护与利用规划要有前瞻性。甚至可以利用公路沿线便捷的交通运输优势，提出可能支撑当地经济发展的优势植物资源的规模化产业方针。

4. 可操作性原则

因公路网络是关系着国计民生的特殊领域，因此，在进行公路植物资源调查时，与其关联的公路沿线植物的调查和保护利用规划以及其他相关体系的建立，不仅要考虑公路沿线植物资源的自然动态规律，同时还要密切结合当地的社会经济发展现状和未来发展趋势，在高度强调与国际接轨的同时，充分考虑与当地政府各级部门近期、中期和远景规划目标的结合，实现前瞻性与可操作性、有效性和经济适用性的平衡和科学耦合。

三、调查方法和技术路线

植物资源调查的基本方法，主要包括现场调查、路线调查、访问调查和野外调查取样技术等，概括起来就是点、线、面、访问相结合的综合调查法。

1. 现场调查

现场调查是植物资源调查工作的主要内容，分为踏查和详查两种方式。

（1）踏查

踏查也称概查，是对所调查公路地区或区域进行全面概括了解的过程，目的在于对调查地区野生植物资源的范围、边界、气候、地形、植被、土壤，以及野生植物资源种类和分布的一般规律进行全面了解。在进行公路植物资源的踏查时，应配合分析各种有关地图资料进行，如植被分布图、土壤分布图、土地利用图和地形图，甚至可以利用遥感图像资料等，这样可达到事半功倍的效果。

踏查，从调查全局来讲是认识整个调查地区，选择重点取样区域的过程；从调查局部来讲是认识取样区域，选择具体调查样地的过程。因此，进行踏查的人员应由有关专业人员与熟悉当地情况的专业技术人员共同进行，以便更好地了解情况，在保证调查结果科学性的同时，少走弯路。

（2）详查

详查是在踏查的基础上进行的更深阶段的调查方式，是在具体调查区域和样地上直接完成野生植物资源种类和储量等指标调查，是植物资源调查的主要工作内容。

2. 路线调查

植物资源的调查是遵循一定的调查路线有规律地进行的，并在有代表性的区域内选择调查样地，进行植物资源种类及储量的详查。

（1）选择调查路线的基本原则

植物资源的分布及其种群数量通常受区域生态环境的影响，特别是地形变化的影响。而植被类型是植物资源分布的重要参考依据，不同的植被类型分布有不同的植物资源种类或资源量不同。因此，选择调查路线的基本原则，是能够垂直穿插所有的地形和植被类型，不能穿插的特殊地区应给予补查。

在调查前决定调查路线，相关调查人员一定要进行慎重的研究和协商。因为不管是植物资源种类分布的调查还是植物资源储量的详查，都基本上是在调查路线上，因此，调查路线对调查区域的覆盖及代表性直接影响调查结果的客观性和准确性。踏查、访问和阅读各种参考图件资料，如地形、植被分布图等，是正确确定调查路线的必要保证。

（2）路线的布局方法

植物资源调查路线的布局方法通常分为路线间隔法和区域控制法两种。

①路线间隔法。该法是植物资源路线调查的基本方法，是在调查区域内按路线选择的原则，布置若干基本平行的调查路线。通常这种方法采用的基本条件是地形和植被变化比较规则，植物资源的分布规律比较明显，穿插部位有道路可行。当然调查路线之间的距离，通常因调查地形和植被的复杂程度、植物资源分布的均匀程度以及所要求调查精度的要求而决定（表3-1）。

常用不同精度调查路线间距参考数据　　表3-1

调查精度（比例尺）	中比例尺（万）			大比例尺（万）			超大比例尺（万）		
	1:25	1:20	1:10	1:5	1:2.5	1:1	1:0.5	1:0.25	1:0.1
路线间距（km）	7~8	5~5	2~3	1~1.5	0.5	0.2	0.1	0.05	0.02

②区域控制法。当调查地区地形复杂，植被类型多样，植物资源分布不均匀，无法从整个调查区域按一定间距布置调查路线时，可按地形划分区域，分别按选择调查路线的原则，采用路线间隔法进行路线调查。公路建设贯穿祖国的大江南北，许多公路沿线的地形都非常复杂，植物分布类型也因我国丰富多样的物候条件而显得非常多样，因此，区域控制法也是公路植物资源调查中一个非常重要的方法。

（3）在调查路线上的主要工作内容

在调查路线上，选择具有代表性的地段作为样地，并做一定数量的样方，记录植物资源种类的各种数量要素，主要包括密度、盖度、高度、生物量、利用部位生物量、植被类型、地形条件和土壤条件等，为定性和定量分析调查地区野生植物资源储量及变化规律准备数据资料。代表性样地的选择，既要反映植物资源分布的普遍意义，又要反映其集中分布的特点。

在调查路线上，应按一定的距离，随时记录植物资源种类的分布情况和多度情况，并采集植物标本和需要做试验分析的样品。

路线调查按在地图上布置好的调查路线进行，首先找到路线的位置，对好方位，沿路线前进，借助汽车里程表，记录前进距离，当路线有所修改时，在地图上应及时注明。

3. 访问调查

访问调查是向调查地区有经验的农林等行业的技术干部、生产技术人员、采集者和苗木集贸市场及收购部门等，进行口头调查或书面调查。这是调查工作中不可忽视的重要手段，许多有关植物资源利用现状的资料，就是通过访问调查，收集有关部门的资料获得的。

访问调查应贯穿调查工作的始终，同时，也可以集中一批问题，组织调查会和个别访问，作为一个独立的阶段，安排在路线调查和现场调查时穿插进行。访问调查应有详细的提纲，事先提供给被调查人，以便有所准备，提高访问调查的质量。无论采用座谈会或个别访谈的方式，都要认真做好记录，并及时整理出调查专题材料。对被调查人员的身份、经历、工作单位等也应做好记载，以便今后核实有关内容。并对一些名称上或不认识的植物采到证据标本，带回来让相关专家鉴定（表3-2）。

植物资源访问调查记录表 表3-2

访问日期：	被访问者姓名：	年龄：	职业：（职务、单位）	
植物学名：	俗名：		科名：	
证据标本号：	采集人：	采集日期：	采集地点：	省　县　乡
生境条件：		海拔高度：		
习性：	体高：	胸径：	发育阶段：	多度：
根：		茎：	叶：	
花：		果实：	种子：	
用途：		利用部位：	利用方法：	
市场销售情况：				
加工处理方法：				
备注：				

4. 取样原则、技术与方法

在植物资源调查中，所面对的是一个分布零散的、各物种之间相互作用的和几乎无法确知其真实数量的庞大群体，由于时间、空间、人力以及财力等条件的限制，不可能将全部对象都进行调查研究，只能从中选取一小部分作为样地，从样地调查数据的分析中得到对总体的判断。对选取样地的要求，应该是既能代表总体，又要使样地的数目尽可能少，以减少人力和物力，在具体的调查实施中，如何同时较好地满足这两个要求，是取样要解决的问题。

（1）取样原则

植物资源调查非常关键的一步是选择调查样地，这是决定调研结果可靠性、准确性和代表性的核心部分，一般有如下几点应注意的原则：

①两个步骤。先踏查，后详查。即一般了解，重点深入；大处着眼，小处着手；动态着眼，静态着手；全面着眼，典型着手。

②三个一致。外貌一致，种类成分一致，生境特点一致。

③五个接近。种类成分接近，结构形态接近，外貌季相接近，生态特征接近，群落环境接近。

（2）取样技术

取样技术分为主观取样和客观取样两种。

①主观取样。主观取样是根据主观判断选取“典型”样地，其优点是迅速简便，有经验的工作者来做有时可以得到很有代表性的结果。其缺点是无法对其估量进行显著性检验，因而无法确定其置信区间，应用的可靠性无法事先预测。主观取样常受到工作熟练程度、精力饱满程度、偏见以及种群分布格局等影响，容易出现误差，但主观取样通过有经验的判断可减少一定的取样数目，减少调查工作量，提高调查效率。

②客观取样。客观取样也称为概率取样，这是因为每一个样地被选择的概率是已知的。它不但可以得出一个估量，而且能计算估量的置信区间和进行样本间显著性检验，并可明确知道样本代表性的可靠程度。因此，在植物资源调查时，如果条件许可，应该尽可能采用客观取样方法。

一般常用的客观取样有以下三种：

a. 随机取样。要求每一样本有同等选择的机会。可在相互垂直的两个轴上，利用成对随机数作为距离来确定样地的位置。一般认为随机取样是最理想的取样技术。

b. 规则取样。也称系统取样。在调查时首先要确定一个调查样地，然后每隔一定距离取一个样。通常所调查的植物资源分布基本上是随机分布，变异不大的情况下，用规则取样可获得满意的结果。

c. 分层取样。是根据对总体特性的了解，将总体分成不同的区组，在区组内随机取样或规则取样。在植物资源变化比较复杂的情况下，特别适用分层取样。

（3）取样方法

取样方法可分为无样地取样和有样地取样。所谓无样地取样是指没有规定面积的取样，如点四分法；所谓有样地取样是指有规定面积的取样，如样方法、样带法等。这里以植物资源调查中最常用的取样法——样方法为例重点介绍。

样方法是适用于乔木、灌木和草本植物的一种最基本的调查取样方法。一般采用正方形样方。调查时样方大小的设置为：一般草本植物采用1～4m^2；灌木为16～40m^2；乔木和大型灌木为10～200m^2。取样数目因调查地区的植被特点和群落复杂程度而不同，但一般不能少于20～30个。在一个新的地区进行植物资源调查时，建议首先研究应采用的取样面积(即样方大小)和取样数目，等经过研究确定下来之后，再进行具体的调查实施。采用样方法进行植物资源调查时，必须严格依照样地选择的原则、取样技术和公路沿线调查植物的性质以及调查地区的特点等进行相应样方大小以及数量的确定，然后将调查内容记录在调查表中。

（4）取样面积

取样面积是指调查中样方面积的大小，一般根据植物群落最小面积原则确定，最小面积是指基本上能表现出群落植物种类的面积。在调查时如果超过最小面积当然很好，不过也因此加大了工作量，如果小于最小面积则不能充分反映各种野生植物资源的实际数量特征。确定最小面积的方法是巢式样方法(图3-1)。其具体做法是逐渐扩大样地面积，随着样地面积的增大，样地内植物的种数也在增加。但当增加到一定程度时，种类增加变缓，通常把种—面积曲线陡度转折点作为取样最小面积(图3-2)。

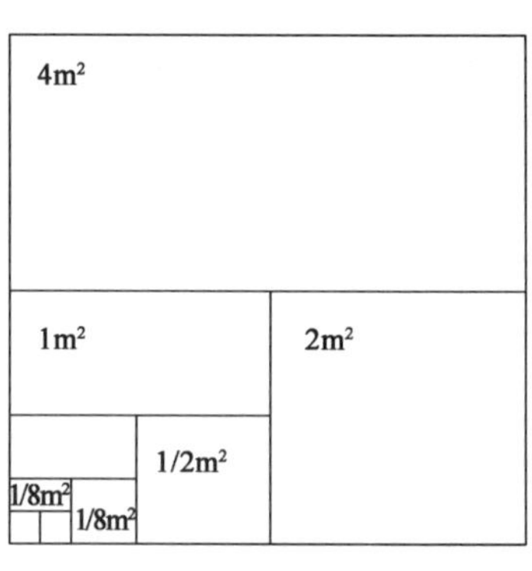

图3-1　巢式样方法模式图

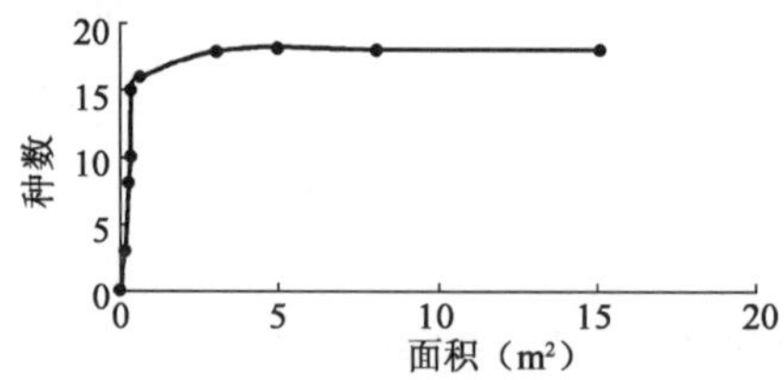

图3-2　草本野生植物种—面积曲线参考图

（5）取样数目

取样数目的问题是比较复杂的，它取决于研究对象的性质和所预期的数据种类。一般来讲，取样数目越多，代表性越好。但取样的目的是为了减少所花费的时间和劳动。取样误差和取样数目的平方成反比，如想减少1/3的误差，就要增加9倍的取样数目。为了使取样数目具有代表性，又能节省劳动和时间，应确定适宜的取样数目。

取样数目可在确定最小取样面积的基础上，用取样数目与野生植物资源某种的相对储量特征关系曲线确定。具体做法是用最小取样面积样方测定野生植物资源储量，换算成相对量，即占取样单位所有植物生物量的百分比，并不断累加样方，计算累加后平均相对量，以取样数目为横坐标，相对储量值为纵坐标作图，得到取样数目与野生植物资源某种的相对储量特征关系曲线（图3-3）。野生植物资源相对储量最初变化较大，但随取样数目的增加其平均值逐渐趋于平稳，其转折点即为最小取样数目。

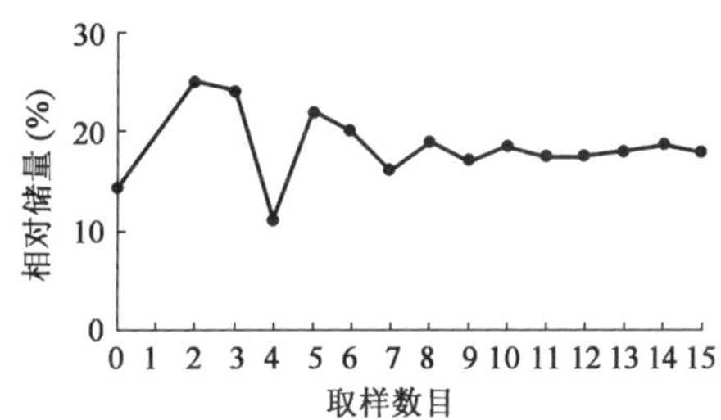

图3-3　草本野生植物相对储量—取样数目曲线参考图

前苏联学者瓦利西耶夫提出了确定植物调查取样数目的公式如下：

$$n = V^2/P^2 \tag{3-1}$$

式中：n——所需要的样方数；

V——所测得的标准差；

P——要求的标准差。

四、植物资源调查的主要内容

根据公路建设的特点，初步确定公路建设领域植物资源野外调查的内容主要有：植物的种类及其分布、植物的生态环境、不同区域植物资源的储量和更新能力等。

1. 植物资源种类及分布调查

植物资源的种类及分布调查是在路线调查、现场调查和访问调查过程中，通过采集植物标本，记录公路沿线植物的分布地点、生长环境、群落类型、植物多度、花期、果期及主要用途等，了解调查地区的野生植物资源种类数量、分布规律、种群数量和用途用法及开发利用情况等。采集标本应带回单位制成蜡叶标本，一般3～5份。在标本制作条件不成熟的单位，可以委托相关植物博物馆或者大学制作，也可以考虑制成压制标本；同时在调查采样的时候一定要做好野外记录（表3-3），挂好号牌。必要时选择适当的时期，收集利用部位带回试验室进行试验分析。

采集标本野外记录表 表3-3

标本室：	标本编号：	采集人：	采集日期：
采集地点： 省 县 乡		海拔高度：	生境条件：
习性：	体高：	胸径：	发育阶段：
植物学名：		俗名：	科名：
根：		茎：	叶：
花：			果实：
用途：		利用部位：	利用方法：
备注：			

针对一条或几条公路完成当地植物资源种类与分布调查后，应立即进行相关资料的整理并编写植物资源名录。编写前，要仔细核对植物标本，对不能确认的种类，应送有关专业单位进行专家鉴定。统计每种植物资源在调查区域内的分布情况，分布地最好以乡镇为单位。植物资源名录应按某一分类系统编写，先低等后高等。每种植物应包括植物名、俗名、拉丁学名、生境、分布、花果期、用途、利用部位和利用方法等。

2. 植物资源储量调查

植物资源储量调查是植物资源调查的重要内容。它对于认识公路沿线植物资源现状，评价植物资源在开发利用中存在的问题及其资源开发利用潜力，制订充分开发利用和保护植物资源计划，均是第一手翔实的资料，是一个极其重要的数量指标。植物资源的调查不可能也没有必要对所有的野生植物资源都调查，而是主要调查一些重要的、有开发潜力、供应紧缺、珍稀濒危或已受到威胁的资源种。

（1）植物资源储量调查内容

植物资源的调查一般采用样方法。采用样方法进行植物资源的调查时，必须严格依照样地选择的原则、取样技术和公路沿线调查植物的性质以及调查地区的特点等进行相应样方大小以及数量的确定，然后根据调查表记录有关内容，主要包括样地地理坐标、样地与样方号、样方面积、调查地点、时间、群落类型，以及样方内植物的高度、盖度、密度、生物量、利用部位生物量、物候期限、生活力、生活型、胸径、冠径等。如，样地总记录表(表3-4)、草本样方记录表(表3-5)、灌木样方记录表(表3-6)和乔木样方记录表(表3-7)。

调查样地总记录表　　表3-4

样地编号：	地理坐标：东经　北纬	所在行政区：　省　市（县）　乡（镇、村）
调查者：	调查时间：　年　月　日	海拔高度：　坡向：　坡度：
群落类型：		主要层优势种：
外貌特点：		
群落动态：		
小地形及样地周围环境：		
土壤及地被层特点：		
突出生态现象：		
人为活动影响：		
备注：		

草本类植物样方调查记录表　　表3-5

样方编号：　样方面积：　总盖度：　群落名称：　调查时间：

序号	植物名称	物候期	生活力	高度（cm）		盖度（%）	密度（株）	生物量（g）	利用部位生物量（g）
				营养茎	生殖茎				
1									
2									
3									

灌木类植物样方调查记录表　　表3-6

样方编号：　样方面积：　总盖度：　群落名称：　调查时间：

序号	植物名称	物候期	生活力	高度（cm）		盖度（%）	密度（株）	生物量（g）	利用部位生物量（g）
				营养茎	生殖茎				
1									
2									
3									

乔木类植物样方调查记录表 表3-7

样方编号： 样方面积： 总盖度： 群落名称： 调查时间：

序号	植物名称	物候期	生活力	高度（cm）		盖度（%）	密度（株）	生物量（g）	利用部位生物量（g）
				营养茎	生殖茎				
1									
2									
3									

调查样地总记录表中，对记录内容说明如下：

①样地编号：指调查中有许多调查样地，为防止混乱而给每个样地在调查中人为拟定的代号。

②地理坐标：要求写明调查样地的经、纬度位置。

③所在行政区：要求写明样地所处的省、市、县、乡、村等名称。

④调查者：指参与项目调查的主要人员。

⑤调查时间：指项目调查的具体时间。

⑥海拔高度：指调查地区的具体海拔高度。

⑦坡度和坡向：指具体调查地区的坡度和坡向，也可以标注具体的坡面类型等。

⑧群落类型：根据组成植物群落各层的优势种命名，野外调查时先初步确定，室内可根据样方数据，重新命名。

⑨主要层优势种：指群落的建群种，如森林群落指乔木层优势种。

⑩外貌特点：指群落外貌整齐否，层次清楚否，层片清楚否，色调一致否。

⑪群落动态：指群落为原生还是次生等不同演替阶段。

⑫小地形及样地周围环境：指地形微小变化，包括洼地、小丘等不超过1m的地面起伏。周围环境指是否有河流、侵蚀沟、居民点及其他群落类型等。应尽可能反映对群落及野生植物资源分布可能产生的影响。

⑬土壤及地被层特点：指土壤的类型、地被物（枯枝落叶）覆盖情况及地表岩石裸露风化情况等。

⑭突出生态现象：指树形和植物体的变化，动物影响，病虫害发生情况，特殊自然现象，如，风、雪影响等。

⑮人为活动影响：指砍伐、采集、放牧、挖掘等。

各样方调查记录表中，对记录内容说明如下：

①样方编号：应包括所在样地号和样方号，如样地号为10，样方号为5，应记为10-5。

②样方面积：指调查时所采用的具体调查面积。

③总盖度：指草本(层)、灌木(层)或乔木层对地面的总覆盖度，用百分比来表示。

④群落名称：指所调查植物群落的具体类型。

⑤调查时间：指项目调查的具体时间。

⑥物候期：指调查时每种植物所处的发育阶段，如营养期、现蕾期或抽穗期、开花期或孢子期、结果期、果实成熟期、种子成熟期、落叶期、休眠期和枯死期等。

⑦生活力：通过对生长发育态势的判断，如生长繁茂与否、与周围植物竞争能力强弱及受到病虫危害情况等。一般生活力是指在植物所在的生长地能否顺利良好地完成有性和无性系列等生活史的过程。通常可分为三级：即生活力强、中、弱。生活力强，指生长旺盛，能用种子繁殖，营养繁殖也好；生活力中，指能正常生长，但不结实或弱，主要靠营养繁殖；生活力弱，指不能正常生长，不结实，营养繁殖也差。但在调查中由于各种植物处于不同的发育生长阶段，很难准确判断生活力情况，但可根据长势结合专家经验作出初步判断。

⑧高度：指植物生长的自然高度，包括生殖枝高(花序、果序等高)和营养枝高。

⑨盖度：指样方中每个植物种的分盖度，即其枝叶所能覆盖的地面面积比。

⑩密度：指样方内每个植物种的株数。

⑪生物量：指样方内每个植物种收割地上现存量。

⑫利用部位生物量：指样方内每个作为资源种的可利用部位的质量。利用部位生物量是比较复杂的，不同种利用部位不同，且利用季节不同，一次调查很难理想地获得全部植物资源的利用部位生物量。尤其是当利用部位是树皮、大树果实、树根等时，就更难获取了。在具体的调查中可用取样办法进行估计。但无论如何，利用部位生物量是植物资源调查中非常重要的指标。应尽可能地获得准确全面的数据。

⑬冠径(幅)：主要指灌木和乔木种类树冠的直径。但树冠一般不是绝对圆的，每株应至少测量两个直径，即长和宽度。

⑭胸径：指乔木从地面算起 1.3m 高度处的树干直径。如遇到有多个萌干的大树，必须测量每一个萌干的胸径，并记录其萌干数。树高在 2.5m 以下的小乔木，一般放在灌木层调查。

⑮基径：指乔木树干距地面 30cm 处的直径。

(2) 植物资源储量的计算方法

计算植物资源储量主要有下列几种方法。

①单株产量：指一株植物利用部位(如全草、根、茎、叶、花、果实和种子等)的平均产量(g/株)。调查株一般不得少于 30 株，并应具有随机性。

②单位面积产量：指植物资源种单位面积或样方平均利用部位生物量。有时可以用全株地上生物量估计或换算。无论利用什么部位，其一般与全株生物量成正比，只有个别例外应加以注意。这样可以减少调查的工作量。

③储藏量：指某一时期内一个地区某种野生植物资源的总利用部位生物量。可通过下列方式计算：

a. 用实测利用部位单位面积生物量计算，也即储藏量 = 单位面积平均产量 × 分布面积。这是最准确的计算方法，但工作量大。

b. 用单株产量计算，也即储藏量 = 单株平均产量 × 单位面积平均密度 × 分布面积。这是其次选择使用的方法。

c. 用盖度估计法计算，也即储藏量 = 1% 盖度产量 × 平均盖度 × 分布面积。这是最快捷的方式，一般可不作典型的样方调查，但准确度较差。

④经济量：指某一时期内一个地区有经济效益的那部分储藏量。即只包括达到采收标准和质量规格要求的那部分储藏量，不包括幼年株、病株和未达到采收标准和质量规格要求的那部分储藏量。经济量 = 储藏量 × 达到采收标准的比率。要求在调查中分别统计达到和未达到采收质量标准植株所占比例。

⑤年允许量：指在一年内允许采收的储藏量，即不影响其自然更新和保证持续利用的采收量。年允收量需在植物资源种群更新能力或种群增长能力的基础上确定，是最理想的采收强度，但目前多数植物资源没有这方

面数据资料，需加强研究。可采用下式估计：年允收量 = 经济量 × 比例。比率参考经验数据，茎叶类为0.3~0.4，根及根茎类为0.1。

3. 植物资源更新能力调查

植物资源更新能力的调查关系到野生植物采挖后能否迅速得到恢复和确定合理的年允收量等问题，也是保证植物资源持续利用和保护的重要技术依据。植物资源的更新能力与采挖利用强度有直接关系，应设计不同的采挖强度加以研究，才能更好地认识在利用过程中，植物资源的变化情况和种群的增长潜力，为制订持续利用生产计划和提高植物资源的利用效率提供理论和技术依据。另外，还应注意研究植物组织，如茎皮等利用部位的更新能力研究。下面仅介绍有关地下和地上器官更新能力的一般调查方法。更新能力的调查一般采用设置固定样方跟踪调查的方法。其样方的大小和数量与一般调查相同。样方的布局也应随机设定，或有经验的工作者可主观选择代表样地。

（1）地下器官的更新调查

在固定样方进行地下器官更新能力的调查时，首先要考虑采挖强度。如果样方内被调查植物的株数较少就不能全部采挖，否则更新便不可能。地下器官更新调查，主要是调查其根及地下茎的每年增长量。由于地下器官不能连续直接观察，因此，需采用定期挖掘法和间接观察法。定期挖掘法是在一定时间间隔挖取地下部分，测量其生长量，经过多年观察得出其更新周期。这种方法适用于能准确判断年龄的植物。

间接观察法又称相关系数法。许多野生植物其地下器官和地上器官的生长存在着正相关。因此，可以找出其相关系数。调查时，只调查其地上部分的数量指标，通过有关公式，推算出其地下部分的年增长量。

（2）地上器官的更新能力调查

地上器官的更新调查，由于每年增长的数量可以连续测量，因此比地下器官的更新调查容易得多。地上器官更新调查，首先要调查它的生活型、生长发育规律，然后调查它的投影盖度和伴生植物。调查要逐年连续进行，一般应包括单位面积植物资源产量、单位面积的苗数及苗的高度等，并分析各种生态因子对野生植物生长发育和产量的影响。

4. 植物资源利用现状调查

植物资源利用现状调查的数据资料主要是通过对收购利用企业、收购者、集市和采集者等的访问调查获得。

主要调查内容有利用种类、用途、利用方法、产品性质、销售去向、市场价格、栽培情况、保护情况、收购量和需求量等。表3-8植物资源利用现状调查内容说明如下：

（1）植物名称：指植物学名、中文名、俗名及商品名。

（2）用途：指按植物资源用途划分。不同的专家提出不同的植物资源分类系统，具体调查中可选用适合本调查结果要求的分类系统。目前，国内应用最多的是吴征镒的植物资源分类系统，他将植物资源分为食用植物资源、药用植物资源、工业用植物资源、防护及观赏植物资源以及植物种质资源五大类型。

（3）利用方法：指采收加工方法和生产的产品。

（4）产品性质：指在当地是以原料、半成品还是成品形式出售。

（5）销售去向：指进入国际市场、国内市场、地方市场、乡镇集市、民间利用等。

（6）市场价格：指近几年来的市场价格情况及其变动。

（7）栽培情况：指栽培种类、面积、品种选育、栽培基地及在产品中所占比例等。

（8）收购量：指年收购量及近几年收购变化情况。

（9）需求量：指年需求量及近几年需求变化情况。

（10）生产企业：包括规模、产品和综合利用情况等。

（11）保护情况：指制订的一些保护措施和保护区建设情况等。

植物资源利用现状调查　　表3-8

序号	植物名称	用途	利用方法	产品性质	销售去向	市场价格	栽培情况	收购量	需求量	生产企业	保护情况
1											
2											
3											

另外，因公路建设的特殊性，植物资源利用现状调查涉及面比较广，因此，还应注意非经济用途植物种类的利用情况、环境保护种类和植物种质资源领域的利用情况等。总之，具体调查过程应根据调查的任务要求有重点地进行。

5. 植物资源调查成果图的绘制

植物资源调查的成果图主要有植物资源分布图、植物资源储量图和植物资源利用现状图等。无论哪一种成果图，都是将一定的调查内容转绘到一定比例尺地理底图上所制成的。地理底图是指用来转绘专题内容的地图，它可以是地形图、行政地图或植被分布图等，并在转绘专题内容时，原地理底图上与专题内容及使用目标无关紧要的内容被简化掉，以便更清晰地表达专题内容。这里所指的专题内容就是植物资源的分布、储量和利用现状等。采用地图的形式表达植物资源的区域变化规律具有一目了然、信息量大、现实性强等优点，并容易比较不同地区(行政区)植物资源的差异。植物资源调查的各种成果地图，不仅是调查结果非常好的表达形式，而且是进行植物资源总体开发利用和保护等规划的重要参考资料。

(1) 植物资源分布图的绘制

植物资源分布图是表达调查地区植物资源分布特点和规律的地图，是在植物资源种类和分布调查的基础上，将调查结果按一定的行政区划绘制到地理底图上制成的。一般可以用行政地图，如能选用植被分布图当然更好，因为植物资源的分布与植被分布有着极其密切的关系，但遗憾的是，目前我国并非所有地区都已制出植被分布图。

植物资源分布图，通常用范围法来表达。所谓范围法，又称区域法或面积法，是用轮廓界线、颜色、纹理、注记及面状符号等方法在地图上表示间断、成片或零星散布制图对象的分布范围及状况的一种表示方法。范围法表示的范围有绝对和相对之分，绝对区域范围是指要素仅仅分布在所标明的地区范围内；相对区域范围是指地图上勾绘出的范围仅仅是要素的集中地区，在范围以外还有零星分布无法确定的同类要素。即有精确和概略两种范围。前者一般尽可能地勾绘出范围界线，而后者常不绘出轮廓线，用散列的符号或文字表示。范围法能通过符号的色彩、尺寸、排列形式等表示多种制图对象的分布范围。植物资源从个体角度看是零散分布的，但从种群角度看都有一定的分布面积和分布区域。

(2) 植物资源储量图的绘制

植物资源储量图是表达调查地区植物资源储量特点及区域变化规律的地图，是在植物资源储量调查的基础上，将调查结果按一定的行政区划绘制到地理底图上制成的。选用的地理底图一般可与范围法相同。

植物资源的储量图与分布图不同，储量是一种数量特征，一般可用分区统计图法来表达。分区统计图法把制图区域分成若干小区，根据各区统计资料，绘制统计图，以表达并比较各区现象的数量差异。采用这种方法，首先要有清晰的分区界限(这里可以是不同的行政区)，然后，根据统计资料设计相应的统计图形，并将统计图形放在相应的分区中部。统计图形的形式有很多种，但一般大家都习惯用圆形图形，该类图形易于表达现象的相对特征，同时所能表达的信息量较大。

（3）植物资源利用现状图的绘制

植物资源利用现状图是表达调查地区植物资源利用情况及区域差异的地图，是在植物资源利用现状调查的基础上，将调查结果按一定的行政区划绘制到地理底图上制成的。选用的地理底图一般可与范围法相同。

植物资源利用现状图与储量图基本相似，也是一种数量特征图，一般可用分区统计图法和定位图表法来表达。定位图表法是将固定地点的统计资料用图表形式画在地图的相应的点上，以表示现象的数量特征和变化。常见的定位图表有柱状图和曲线图等。

6. 植物资源调查报告的撰写

植物资源调查报告是调查工作的全面总结资料，内容包括：工作任务、调查组织与调查过程简述，调查地区自然地理条件概述，调查地区社会经济条件概述和植物资源调查的各种数据、标本、样品及各种成果图件等，最后应对调查地区植物资源开发利用与保护管理工作中存在的问题进行分析评价，并提出科学可行的意见和建议。植物资源调查报告的主要内容及写作格式简述如下。

（1）前言

①调查的目的和任务；

②调查范围(地理位置、行政区域、总面积等)；

③调查工作的组织领导与工作过程；

④调查内容和完成结果的简要概述；

⑤调查方法。

（2）调查地区的社会经济概况

包括调查地区的人口、劳动力、人民生活水平、植物资源在社会发展中的地位、有关生产单位等。

（3）调查地区的自然环境条件

①气候：包括热量条件、降水和生长期内降水的分布、霜冻特征和越冬条件等。

②地形：地形变化概貌，巨大地形和大地形概貌，地形特征与植物资源分布的关系，可附地形剖面图加以说明。

③土壤：包括土壤类型和肥力条件，调查地区土壤侵蚀、盐碱化、沼泽化等生态因素，植物资源与土壤条件的关系，以及在开发利用中对土壤环境的影响等。

④植被：调查地区植被的类型（森林、草地、农田、荒漠等）及其分布，以及各种植被条件与植物资源的关系等。

（4）调查地区植物资源现状分析

主要包括：调查地区植物资源种类、数量、储量、用途、地理分布规律、开发利用现状、引种栽培生产现状等。附各种数据表格及分析结果。

（5）调查地区植物资源综合利用与保护评价与意见和建议

主要对调查地区植物资源的开发利用现状、保护管理现状以及稀有濒危植物种类的保护与科学利用进行分析与说明，在此基础上提出科学可行的意见和建议。

（6）调查工作总结与展望

对调查结果的准确性、代表性作出分析和结论，对调查工作中存在的问题、今后要补充进行的工作等，要明确提出。

（7）各种附件资料

附件资料主要包括：调查地区植物资源名录、调查地区植物资源分布图、储量图和利用现状图等成果图、分析测试数据以及各种统计图表等。

第二节　植物资源的保护及合理开发利用

一、植物资源的基本特点

植物资源作为生物资源中的一个重要组成部分，它和其他生物资源一样，具有生命现象，也就是说具有生长发育、遗传变异和自我繁衍后代的能力。同时，植物资源也不同于其他生物资源，它还具有把无机物和太阳能转化为物质和能量的特性。植物资源从其保护和开发利用方面来看，具有以下一些基本特点。

1. 植物资源的再生性

植物资源的再生性，是指在自然和人为条件下所具有的自然更新和繁殖能力，它是植物资源的基本属性。植物为了繁衍后代，在其生长发育过程中，常常形成了独特的有性繁殖和无性繁殖能力，同时也具有遗传和变异的特性。因此，植物资源可以为人类提供无穷无尽的植物性产品，也就是说是一种可以长期利用的资源，如果利用得合理，将会使资源常在、永续利用，使有限的资源为人类提供无限的财富。

现在的一些栽培植物，就是利用了植物的再生性，通过人工长时期的引种栽培和培育驯化，形成目前极为丰富的粮食、蔬菜、水果和林木以及工业上的这种原料，这也是人类赖以生存的基础。

2. 植物资源的可解体性

植物资源的可解体性，是指植物受自然灾害和人为的破坏而导致某些植物种类逐渐减少、濒危以至灭绝的特性。这是因为每一种植物资源都具有自己独特的遗传基因并存在于该种植物的种群之中，任何植物个体都不能代表其种的基因库。当该种资源受到自然灾害和人为的破坏，或受到不合理的开发利用、过度采挖砍伐时，就会引起物种的世代顺序的破裂，从而威胁到种的生存与繁殖。当种群减少到一定数量时，其遗传基因库便有丧失的危险，从而导致物种的解体。物种的解体，也就是植物资源的解体和消失，也就意味着人类将永远失去这个物种，失去它们给人类提供财富的能力。

植物资源受到人类活动或者自然灾害的严重破坏后，很难在短期内得以自然恢复。从这一点看，植物资源又是有限的。要想使有限的资源长期无限地为人类所开发利用，就要坚持保护与合理利用相结合的原则，在保护资源再生能力的前提下，进行合理而适度的开发利用。那种认为植物资源是取之不尽、用之不竭的资源，可以任意而无止境地采挖砍伐的观点是极其有害的。对植物资源的可解体性，必须引起足够的重视，尤其是在各类公路的建设中，大量的环境破坏将会对沿线植物造成严重的破坏，如不合理地进行保护，许多极其宝贵的珍稀植物资源，就有可能受到严重的破坏，甚至发生灭绝的危险。

3. 植物资源分布的区域性

植物资源与其他生物资源相比，具有强烈的地域性。植物生存的四周空间所存在的一切事物，包括气候、土壤、生物等因子的综合，称为环境。植物与环境之间存在着相互矛盾又相互统一的辩证关系。一方面，环境可以塑造植物，对植物的形态特征和生物学特性的产生、类型的形成及分布都有深刻的影响，称为环境对植物的生态作用。另一方面，植物在同化环境过程中，形成了植物生长发育的内在规律，并以其自身的变异来适应外界条件的变化，称为生态适应。如果外界环境的变化超出了植物的适应能力，就会影响植物的正常生长，甚至死亡。这说明了每种植物对生态环境有着严格的数量要求，也就是说每种植物都有自身的环境要求，或者说不同的生态环境中分布着不同的植物，从而形成了植物资源的地域性分布。植物资源的分布区域性是开发利用植物资源的重要依据之一，也是资源植物繁殖种群、扩大分布和提高品质的限制因素之一。

我国幅员辽阔，气候条件复杂，不同的物候区域内都有着不同的资源植物种类。因此，在公路建设中，保护当地植物资源将成为一个重中之重。

4. 植物资源的多样性与多用性

植物资源是多种植物的总和，有其独特的多样性，即物种多样性、遗传多样性和生态环境的多样性。植物种类的多样性和植物功能的多样性，决定了植物资源用途的多样性。它是我们对植物资源进行综合开发、多种经营的重要依据。所以要利用它，更要保护它。对某一地区植物资源的保护来说，既要着眼于这个地区的植物种类数量的保护，又要着眼于具体一个植物种的遗传多样性和生态环境多样性的保护。

植物的多用性是以植物给人类提供财富为标准，包括植物各种营养器官的利用以及植物本身满足人和环境或者人类活动的需要等。

从整体上看，大部分植物资源是可供直接利用的各种原料植物；还有相当一部分虽然是非原料性质的植物资源，但它们以某种植物功能的特殊方式为人类服务。如防风固沙、保持水土、护堤护坡、消除污染、保护环境、绿化观赏以及植物种质等，这些植物虽然不为我们提供某种商品，但是却以其特有的生态学功能保护或供养其他植物、动物，甚至提供工业生产、交通安全、环境卫生等项生产、生活的良好条件。

5. 植物资源近缘种化学成分的相似性

植物化学分类学是从分子水平来探索各分类群的亲缘关系的一门新兴

科学。它的理论依据是从生物化学角度研究，发现植物遗传物质DNA中的碱基对的排列顺序，不仅决定植物的形态、结构和遗传，而且决定植物代谢产物的积累。所以在形态、结构相似的植物中，其代谢产物也具有相似性，从而反映出一定的亲缘关系。亲缘关系越近，则所含化学成分越相似，这一规律的发现，不仅是进行植物化学分类的依据，也为在植物资源开发利用上，寻找具有相似化学成分的新植物资源提供依据，更是一种既省时间又省人力、财力的一条捷径。

6. 植物资源的复杂性

植物资源是植物界中具有经济价值的一些植物，尤其是随着科学技术的发展，越来越多的植物种类被发现具有极其重要的经济、生态以及社会效益。这就使植物资源越来越复杂，若从研究的角度来看，任何一种植物都有开展深入研究的必要。所以，从植物资源的复杂性来认识植物界，就必须对每一种植物进行研究，特别是每一种植物都有自己遗传潜力的基因，任何种都不能代替他种的基因库。这一点必须清楚地认识，否则就会失去一些极有价值的植物种类。

7. 植物资源采收利用的时间性

植物生长发育过程中，不仅形态结构变化、体积增大、质量增加，而且其植物体内的化学成分也在不断地变化。不同的植物种类，不同的植物器官，在不同的时期所积累的代谢产物都不相同。这就决定了植物资源采收利用的时间性。

采收时期的确定因植物种类、生长发育阶段和所利用的植物器官的不同而不同。掌握采收时期，总的原则是按照经济目的要求，选择植物含有效成分最多、单位面积产量最高的时期进行采收，以取得最好的经济效益。总之，采收时期服从于经济目的，以获取优质高产的植物原料或产品为目的。

8. 植物资源的种质性

植物的种质不仅存在于繁殖器官中，而且还存在于营养器官、组织和细胞中。在自然条件下，植物的营养繁殖往往也是物种延续种质的方法。在人工条件下，人们可以利用生物技术来建立种质库，将离体培养的植物器官、组织和细胞在低温或超低温下保存，需要时可以随时取出，再生成植株，发挥保存物种的作用。

9. 植物资源的光转换性

植物资源与其他生物资源相比，它是自养型的，它能直接利用太阳能制造有机物，将太阳能转化为化学能加以储藏，在一定条件下再释放出来或转化成热能。植物的这种特殊功能，是动物和大部分微生物所不具备的。

10. 植物资源的可栽培性

植物资源的可栽培性，指野生植物资源通过人们的引种驯化，使野生变成栽培植物。根据植物对环境的生态适应原理，只要人们给他创造与原产地相似的生境，所有野生植物都是可以栽培的。现在的栽培植物，都是野生植物经过人们驯化培养起来的。当前，国内外都很重视引种驯化工作，它不仅可以解决野生植物资源分布零星、不易采收的困难，还可以拯救濒危植物，扩大分布区和提高产量；不仅应用于发掘和扩大驯化乡土植物，而且可以引种国外经济价值高的植物，以扩大我国的植物资源。

二、植物资源的保护

1. 植物资源保护的意义

绿色植物是地球生态系统中第一性有机物质的生产者。植物资源不仅具有重要的经济效益，而且更重要的是它的社会效益和生态效益，诸如防风固沙、保持水土、调节气候、消除污染、保护环境、绿化观赏、保持生态平衡等功能，对人类的生存和发展起着决定性的作用。

人类利用植物资源的历史悠久，在长期利用过程中遇到的一个最大问题，就是利用与保护的矛盾。实质上保护和利用是矛盾的统一，是长远利益与近期利益的合理调节，只要协调得好，是完全可以解决的。充分利用植物资源是社会生产的需要。保护是为了保护植物资源的再生能力和它的存在及形成的生态环境，有利于人类长期地利用植物资源，而不是消极地让其自生自灭，永远处于自然状态。因此，保护也是为了利用，是为了长期、稳定地利用植物资源，生产更多的产品，这就是保护植物资源的目的。然而，由于人类利用植物资源的不合理，使人类赖以生存的植物资源遭到严重破坏。公路网络横穿大江南北，覆盖整个地球表面，在提高人类的活动性和物质流的同时，也对自然生态系统产生重大的影响。尤其是对公路沿线植被群落的影响，而这种影响随着公路建设的加速发展而显得更加突出。

如何在公路的建设和运营过程中最大限度地减少对沿线自然生态系统的影响，使公路沿线各类植被群落最大限度地降低干扰和破坏，一些特有种、珍稀濒危种等植物类群尽可能地得到保护和利用等，不仅仅是公路建设中面临的重要课题，也是全球化环境保护工作的重要内容。

当今世界上存在着六大危机，即能源耗费、资源枯竭、人口膨胀、粮食短缺、环境退化和生态平衡失调。这六大危机无一不与植物资源有关，实质上是由于植物资源危机所引起的。这些问题的解决，关键在于人们如何合理地开发利用植物资源，并且在开发利用过程中，时刻注意加强保护，不断地发展新的种植业，扩大资源量，只有这样才能达到资源常在、永续利用的目的。

2. 植物资源保护的措施

（1）植物资源的就地保护

自然保护区是指对具有代表性的自然生态系统，珍稀动、植物的天然分布区，重要的自然风景区，具有特殊意义的地质构造和化石产地，以及其他需要特殊保护和管理而划出的地域，进行封闭保护管理。公路建设不可避免地对沿线各种植物的栖息地造成巨大影响，甚至造成毁灭性的破坏。对公路沿线植物的栖息地进行仔细的分析和研究，就地建立各种类型的自然保护区便显得尤为重要。

不同国家给予各种不同植物保护途径的权重是不同的，尤其与各国的经济状况、文化背景以及各国植物区系的特点等有关。从 20 世纪 20 年代起，世界各国都相继建立国家公园和保护区，并相继成立了保护濒危植物委员会或小组，调查统计各地区已灭绝的种和临危种的植物名录，提出保护措施，对一些珍稀濒危植物进行就地保护。我国从 1956 年建立第一个自然保护区——广东鼎湖山自然保护区起，以后陆续建立了许多类型的自然保护区，对保护自然生态系统起到了很大的作用。但是，以保护野生植物资源为目的的自然保护区还为数不多，划建自然保护区是野生植物资源原生地最有效的保护措施。我国在这方面与发达国家比还有巨大的差距，今后在公路的建设中，要有计划地在不同气候带，选择生态环境复杂、植物种类丰富的地域建立野生植物资源保护区，借以保护我国的种质资源。

（2）植物资源的迁地保护

迁地保护是指在其自然生境外对生物多样性各成分所进行的保护措施，

也即通过建立各种种子库、野外基因库、植物园、树木园、百草园等措施，对各类珍稀濒危植物进行保护的一种措施。据预测，随着气候的变化、植物生存环境的破坏以及其他一些不利于植物生存因素的出现和加剧，越来越多的野生物种濒临灭绝或受到威胁，迁地保护工作将会变得越来越紧迫。可以根据其机理从生理化等方面进行保护，通过人工授粉、嫁接、分株、扦插、组培养或对一些种子休眠期很长的物种通过人工调控等措施，解决它们的繁殖困难。当然，要获得保护珍稀濒危植物种质的完全成功，仅保存在植物园等方式还不够，必须将那些人工繁殖的种群再移植到其原有的生境中，使其再度归化自然，生长繁衍，恢复为原来的野生植物状态。

与就地保护相比，迁地保护最主要的优点是利用的空间比较少，有时对确保长期的种质资源的保护会产生更好的效果，从而使研究或发展项目中利用这些种质资源更为容易。现在世界各国都有不同类型和大小的植物园。多数发达国家都在开展对植物种群的搜集、保存和应用的研究。我国从 1927 年起，最早开始建立南京中山植物园，后在 1934 年又建立了庐山植物园，至目前我国已建成 200 余个各类植物园，但具有科研、植物保护、科普教育等综合功能的植物园仅 40 个左右。

（3）建立统一的管理监督机构，科学保护和利用植物资源的多样性和生态环境

目前，有关野生植物资源开发利用方面的单位很多，但大都是各自为政，以本单位的近期利益为重，缺乏整体效益和从长计议的思想，搞掠夺式经营。而公路建设本身从某种意义上来说对沿线的植物资源具有一定毁灭性的破坏，因此，要在公路的建设中形成生态友善型的模式，尽量减少对沿线植物群落的破坏，保持公路沿线生态环境的和谐和环保，就必须在相关法律法规的指导下，建立统一的管理监督机构，科学保护和利用公路沿线植物资源，尽可能保持公路沿线植物资源的多样性和沿途生态环境的平衡，打造中国特色的生态公路建设模式。

（4）制定和完善保护植物资源领域的法律法规及有关规章制度

交通运输是国民经济的基础性、先导性产业。但由于我国目前的交通增长方式还比较粗放，资源消耗较多，与环境友好型的发展要求还有一定的差距。因此，如果想要不再延续西方那种“先破坏，后治理的”的老路子，就必须建立健全相关的法律法规，做到有法可依，有法必依。

关于保护植物资源方面的立法工作，新中国成立以来已做了不少工作。在中华人民共和国宪法第九条中明确规定："国家保障自然资源的合理利用，保护珍贵的动物和植物，禁止任何组织或者个人利用任何手段侵占或者破坏自然资源"。根据宪法精神，近年来先后制定了《森林法》、《草原法》、《野生植物保护条例》和《农业野生植物保护办法》等一系列法律法规。这些法规对于保护森林和草原等资源起到了积极作用，不过对于保护野生植物资源还有很多不足之处。为了保护野生植物资源的长期存在和发展，保证野生植物资源的有效利用，必须制定《野生植物资源保护法》，把保护植物资源纳入法治轨道。通过立法和制定有关的规章制度确定植物资源的所有权和使用权，明确规定合理利用方式和开发量，以及资源更新措施。严禁任何单位或者个人任意采挖破坏植物资源。立法之后要严格按照法律程序办事，做到有法必依，执法必严，违法必究。只有这样才能达到有效保护野生植物资源的效果。

（5）加强保护植物资源的宣传教育

植物资源保护涉及各个层次的人员。首先，要提高领导干部的认识，由于人口急剧增长，生活资料匮缺，文化水平低，就会迫使人们去对野生植物资源采用破坏性的利用方式。因此，必须加强宣传教育，使广大群众都知道保护植物资源的重要意义。它不仅是保护植物资源本身的存在和发展，还是保护环境、维持生态平衡和人类生存所必需的。其次，可以通过广播、电视、电影、科普期刊等多种形式，普及植物资源保护知识与管理法规，增强全民族的资源保护意识，形成领导干部与人民群众齐抓共管的局面，只有这样，才能最大限度地使公路沿线植物资源的破坏最小，也才能最大限度地维持公路建设中的生态平衡，保护植物群落，营造绿色环保的生态公路，使有限的植物资源在得到合理地利用与保护的同时，我国的公路建设也得到加速的发展。

三、植物资源的合理开发利用

植物资源的合理开发利用，是在保护植物资源再生能力的前提下，优化生产过程，以最少的资源消耗，获取最大的经济效益。这就是植物资源的合理开发利用。

我国野生植物资源种类很大部分至今没有被开发利用，因此，植物资

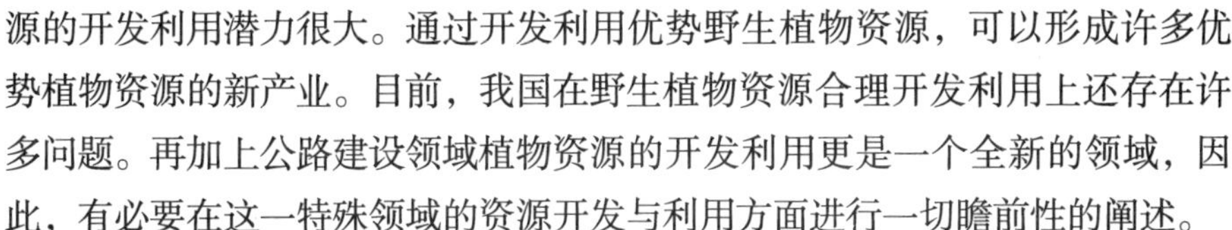

源的开发利用潜力很大。通过开发利用优势野生植物资源，可以形成许多优势植物资源的新产业。目前，我国在野生植物资源合理开发利用上还存在许多问题。再加上公路建设领域植物资源的开发利用更是一个全新的领域，因此，有必要在这一特殊领域的资源开发与利用方面进行一切瞻前性的阐述。

根据我国公路建设特点以及野生植物资源的现状与特点，提出以下开发利用的原则与方法。

1. 植物资源合理开发利用的原则

（1）植物资源增长量与植物资源开发利用量相一致的原则

植物资源是可再生资源，能借助于植物自身的生长和繁殖而不断地得到更新，但更新的能力是有限的，并且需要一定的时间。当外界干扰超过其再生能力和更新周期，则资源储蓄量下降，甚至遭到破坏。这就要求我们在开发利用植物资源时，必须在保护植物资源再生能力的前提下适度开发利用。其标准是资源开发利用的速度与资源增长的速度相一致，以维持资源的长期有效性，保持生态平衡。

（2）局部利用与整体利益统一的原则

植物野生资源的利用往往会顾此失彼，资源和人力浪费较大。因此，在可能的条件下，对野生植物资源的利用要有整体观念，尽可能地利用现代高新技术，将植物资源当做统一的生态系统和经济体系来对待。如果在公路的建设中，能够合理地将资源的开发和利用结合起来，不仅可以为我们提供农、工、商、医药等原料，还可以为我们提供生存的良好生态环境。

（3）植物资源的综合利用、高效利用原则

植物向我们提供商品生产，是以植物种为单位，而植物的每一个种，在生长发育过程中往往积累多种代谢产物，在开发利用时不应只利用其一部分，而将其他部分废弃，而应该综合开发利用，形成多种产品优势。这样既减轻了对资源的压力，又提高了经济效益。

综合开发利用的另一层意思，是搞多种植物资源的立体开发利用。自然界中的植物很少是以单种存在，都是以群落的组合存在于各地的，一种植物常常伴生其他种资源植物。因此，综合开发利用公路沿线的植物资源，可以大幅度提高单位面积的生产力。

公路建设在我国已经呈加速度发展趋势，至 2008 年底，我国公路通车总里程已近 400 万 km，其中高速公路突破 6 万 km，通车里程已居世界第二，仅次于美国。公路建设过程在造成沿线植被和生态系统不同程度破坏的同时，也应看到如此庞大的公路建设网络，关联着非常巨大的植被恢复工程。而对公路沿线植被的科学管理和合理利用，不仅有利于公路沿线植被群落、植被类型和结构以及生态环境的平衡保持和延续，而且有着非常巨大的经济效益、生态效益以及社会效益。让公路行车安全得到保障的同时，也使公路沿线的生态环境保持良性循环状态。

（4）发挥区域地方特色，立足发展本地资源优势的原则

在纵横大江南北的公路建设中，错综复杂的公路所形成的廊道，将自然景观和植物群落瓦解得支离破碎，虽然边建设、边绿化的理念最大限度地降低了公路建设对沿线植物群落和环境的破坏，但要真正地恢复自然景观和生态和谐还需要做大量的工作。

近年来，我国公路生态恢复的理念也发生着重大的变化，已经逐渐由传统的外来种绿化为主逐渐向利用乡土种和当地种绿化为主转变，绿化形式也由原来单一的以草本植物为主向草、灌、乔综合结合过渡，这一趋势也为将来我国公路建设的生态化和环保化以及绿色化等趋势打下良好的基础。

我国自然环境多样复杂，公路沿线植物的恢复和重建将跨越不同的土壤类型、物候条件和立地条件等，也因此形成非常丰富的植被类型和沿线植物资源，尤其是具有各地地方特色的植物资源。而对这些资源的保护和利用，也一定要发挥地方优势，突显地域特色，发展与之相关联的产业链条，提高综合开发和利用效益，让保护和科学利用同时并举。

（5）根据市场需求，依托科技平台，实行利用与保护并举的原则

社会的发展和进步不可避免地要求公路建设的生态化和环保化越来越发达和完善。而对公路沿线绿化带植物资源的科学保护和合理利用，虽然目前在国外还是一个基本上空白的领域，但不久的将来，这一领域必将会引起社会各界的高度重视。

目前，国内外在植物资源的合理开发利用上，多采用多学科多层次的途径，以植物化学、植物亲缘学、植物化学分类学等基础学科为其理论依据，把植物资源开发利用提高到一个新水平。未来我国的公路建设不仅要顺应市场的需求和变化，公路沿线植物资源的保护和利用也一样要适应市场的变化，力争打造出具有中国特色的生态公路植物资源的保护和利用模式。

2. 植物资源开发利用的途径

在各类公路的开发与建设中，公路沿线植物资源合理开发利用的目的，就是要坚持保护生态系统中各个物种的平衡、符合经济开发中的物尽其用、综合开发、产生最大经济效益的原则，最充分、最科学、最合理、最有效地开发利用公路沿线丰富的植物资源，使其在社会主义建设中发挥更大的作用。所以，合理的开发和利用就是要走综合开发利用之路，概括起来有以下几个途径。

（1）公路沿线野生植物资源的调查与编目

野生植物资源调查，是植物资源开发利用前必须进行的基础工作。调查的目的是查清不同公路沿线、不同物候条件以及立地条件下公路沿线野生植物资源的种类、储量和分布规律以及开发利用价值等，并进行科学的统计和编目，为合理地开发利用与保护植物资源，发展相关产业和经营提供科学依据。

在调查之前，首先，要组织有关领导干部、科研人员和熟悉情况的当地技术人员参加的调查队伍，并且要进行技术培训和试点工作，使参加调查的人员熟悉技术规程，明确调查方法，掌握操作要领，保证调查质量。其次，要做好资料收集工作。收集调查地区的地形图、林相图、植被图、草场图、土地利用现状图、航空片、卫星片等图像和气象、水文、地质、植被等文字资料。再次，还要调查沿线地区历年来对主要资源植物采集、收购、储运、加工、市场和野生家植等方面的基础资料。最后对所有相关的资料进行整理并编目。

调查方法通常采用地植物学调查方法，在样地内采用样方法进行调查，详细填写各种调查表格。特别要注意样方内调查对象的株数、采集测量经济利用部位的质量(包括鲜重和干重)，外业调查时还要同时采集植物标本和拍照，养成把所有基础资料拿到手然后进行内业汇总的习惯。

通过调查应提供下列成果：

①野生植物资源名录。通过对公路沿线植物群落的翔实调查，应形成一份比较完善的植物资源名录，名录要按植物的科进行排列和编目，记载公路沿线各个科属植物的学名、中名、俗名、生境、分布规律及经济利用部位等。

②主要野生植物资源储量。

a. 经济储量，指某种植物资源可利用部位，符合有关质量标准的质量等。

b. 总储量，指公路沿线所调查的范围内某种植物资源现存经济储量之总和。亦称之为总蓄积量或总蕴藏量。

c. 经营储量，指总储量中，可以被采收利用的部分。那些在公路沿线因全封闭管理或其他交通等条件下不能采收利用的部分不计其内。

③野生植物资源分布图，应明确表示出公路沿线主要植物资源的分布位置及规律、分布面积及储量。低于最小面积不能上图，但比较重要的一些物种，可用符号标定其分布位置，并注明储量或面积。

在编制野生植物资源分布图的同时，还要写出“野生植物资源分布图说明书”，对主要资源植物尤其是公路沿线的一些珍稀濒危物种要进行详细说明与评价，以供开发利用参考。

（2）制订科学可行的开发利用规划

在已经查清植物资源种类、储量、分布规律和生态条件的基础上，在科学保护的基础上，结合市场需求，制订出开发利用规划。因为公路领域的植物资源保护与利用是个特殊而全新的领域，因此，规划要有科学性、先进性和可行性。要做到保护与利用并举，生态效益与经济效益统一；既有近期开发利用目标，又有长远发展方向。规划的具体内容应包括以下几个方面：

①直接开发利用的资源。对那些公路沿线具有较大储量，分布相对集中，经济效益大，又是市场短缺的一些植物资源种类，可根据利用量与再生量相平衡的原则，在不对公路两边绿化和环境造成影响的前提下，可以进行合理的开发利用。

②近期开发利用的资源。对于经济效益大但前期储量小的某些资源植物种类，尤其是那些在高速公路绿化中人工栽植的一些比较优良的草灌类植物，马上开发利用不能形成一定生产能力，但几年以后具有一定的开发利用价值的，可以根据不同植物的生长习性和生长发育规律，制定近期开发利用目标，使公路景观再造、植被重建、边坡防护等工程的建设与相关植物的保护利用科学地结合起来。

③远期开发利用的植物资源。公路建设中，涉及生态公路建设的相关植物资源种类繁多，数量巨大，不管是沿线的植物资源，还是在公路建设中人为栽植的绿化植物种类，对于储量较大、利用价值较高，但生长周期

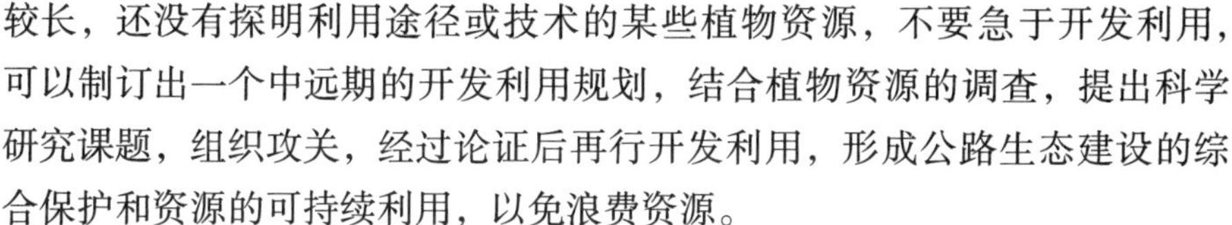

较长，还没有探明利用途径或技术的某些植物资源，不要急于开发利用，可以制订出一个中远期的开发利用规划，结合植物资源的调查，提出科学研究课题，组织攻关，经过论证后再行开发利用，形成公路生态建设的综合保护和资源的可持续利用，以免浪费资源。

（3）确定植物资源的生产工艺流程

植物资源开发利用所形成的商品，包括原料和工业制成品两大类。原料生产，指将资源植物采收后不经加工处理，或只进行简单加工处理以后，作为原料提供给加工产业部门。这类资源只是作为原料基地进行原料生产，比如在公路建设中，各类坡面绿化所形成的大量的草灌类植物资源，可以作为非常优良的饲用植物资源、燃料资源等加以利用。生产工艺流程指对需要深加工的一些植物资源进行工厂化生产的技术过程。如公路建设中，沿线大量栽植的乔木资源以及部分灌、草、花资源，许多乔木资源可以是复合板合成的优良材料，一些乔木资源可以加工成中药材，一些乔、灌、花植物资源可以提取芳香油、植物胶等。这些生产工艺流程，在确定开发利用的同时，应由科技人员提出总体设计与生产工艺流程，以便组织建厂生产。将后期公路沿线植物的养护管理和保护利用有机地结合起来，形成一定的经济效益，进而保证公路的生态养护领域更加保质完善。

（4）开展引种驯化与栽培工作

我国公路建设中，大量应用了国外优良的草灌类植物品种资源。虽然近年来越来越多的人主张应用国内种和本地种进行公路领域的生态恢复和景观再造，但受各种因素的限制，目前仍然有大量的植物品种，仍然是从国外进口，尤其是草本类植物资源。

从外地或国外引入大量的植物资源，对发展我国公路建设领域应该有着重要意义，但早期在这些资源的利用过程中，出现一些不应出现的问题，如对植物生物学特性的不明确，生态适应性没有进行科学的引种试验，因此，造成生产中的诸多损失。引种驯化是植物资源开发利用中的一个重要环节，在引种驯化工作中要注意以下几个原则。

①气候相似的原则。气候相似主要是指温度相似。因为温度是植物分布的限制因子，它决定植物的分布区，所以在纬度相似地区之间引种，容易得到成功，而在不同纬度之间引种，要从垂直带谱上寻找气候的相似性，否则不易获得成功，尤其是会造成具体生产实践中的经济损失。

②北种南引比南种北引容易成功。因为南种北引有能否越冬和成活问题，而北种南引都能成活，只是存在产量和品质问题。如荔枝、芒果、椰子等原产热带的植物种类，北引到温带就不能存活。而原产于温带的一些植物种类，向南引种到亚热带都能生长。

③草本植物比木本植物容易引种成功。因草本植物相对矮小，越冬芽位置低，抗低温能力强。并且大部分草本类植物以种子越冬，适应性更强，所以容易引种成功。而木本植物一般都为多年生植物，如果用种子引种栽培和驯化的话，一方面，种子的采集以及田间播种管理工作有一定的难度；另一方面，如果利用营养繁殖进行引种驯化的话，繁殖运输等成本也较高。因此在具体的生产实践中，尤其是在公路领域的生态治理和覆绿工程中，一般乔木资源基本上都是利用本地资源，一方面，适应性强，另一方面，各类综合成本也低，也更能体现当地人文风格，营造和谐的绿化生态环境。

第四章　公路沿线土壤保护与利用

土壤是基本环境要素之一，又是连接自然环境中无机界和有机界、生物界和非生物界的中心环节。环境中的物质和能量不断地输入土壤体系并在土壤中转化、迁移和积累，从而影响土壤的组成、结构和性能。同时，土壤也向环境输出物质和能量，不断影响环境的状态、性质和功能。在正常情况下，两者处于动态平衡状态。但是，人类的强度干扰会打破土壤环境中的能量和物质输入和输出平衡，使土壤生态系统的结构和组成发生变化，最终导致土壤功能的失调和土壤质量的下降。

公路建设将不可避免地对路域土壤生态环境产生影响，主要表现为改变原地形地貌，破坏土壤结构，改变土壤养分组成，污染土壤环境，降低地表覆盖，增加水土流失危险性等。同时，在坡度较大或构造不良的地方，还可能引发崩塌、滑坡等次生地质灾害，给区域生态安全和社会经济发展带来严重危害。如不对公路路域土壤系统实施保护措施，不仅对公路周边地区的生态环境带来不利影响，而且还使公路自身的设施安全和行车安全得不到保障。做好公路周边土壤环境的保护和持续利用工作，对促进持续交通建设和区域社会经济可持续发展具有积极意义。

第一节 土壤调查

土壤调查是野外研究土壤的一种基本方法，是认识和研究土壤的一项基础工作和手段。它以土壤地理学理论为指导，通过对土壤剖面形态及其周围环境的观察、描述记载和综合分析比较，对土壤的发生演变、分类分布、肥力变化和利用改良状况进行研究、判断及分类和制图。

一、土壤调查的目的

一般意义上的土壤调查，其目的主要在于：了解土壤的一般形态、形成和演变过程，查明土壤类型及其分布规律；查清土壤资源的数量和质量，为研究土壤分类、合理规划，利用、改良、保护和管理土壤资源提供科学依据。公路路域土壤调查的目的主要在于：了解土壤的类型、土壤资源的数量和质量，为公路路域的土地利用规划、公路路域土壤资源的保护、公路边坡防护与生态恢复提供基础性资料。

按土壤调查目的和要求，通常分为详查与概查。土壤详查指在一定区域内，以大比例尺地形图（≥1/25 000）为底图的土壤调查，特点是调查范围较小、成图精度要求高，通常采用航空图片结合地形图的方法进行。土壤概查是在大区域或中小河流域范围内，以中、小比例尺地形图（≤1/50 000）为底图的土壤调查，具有区域范围广、工作流动性大、综合性强等特点，多采用卫星图片结合地形图的方法进行。对于公路路域土壤调查而言，多数情况下一般进行土壤详查。

二、土壤调查的内容

土壤调查由野外调查和实验室分析两部分组成。野外调查是在野外（田间）条件下，通过对土壤形成因素和剖面形态的观察，并结合对周围自然地理环境和土壤利用情况的综合分析来掌握土壤的基本特征，主要包括土壤类型、分层状况、土壤质地、土壤结构等内容。试验室分析，是在试验室内，借助各种仪器设备对土壤的物理、化学、物理化学和生物学性质等进行定量或定性测定，或对土壤肥力水平进行生物学试验（水培、砂培或土培）和模拟试验等，分析土壤的理化性状、肥力状况和环境质量。

三、土壤调查的方法

1. 野外调查

（1）路线选择和剖面制作

土壤调查，一般采用点线结合的办法。调查路线的选择应垂直等高线布置，山区选定路线要从山麓到山顶，以便通过不同海拔高度的各种母质和植被类型，并了解不同坡向和坡度以及局部地形对土壤形成和发育造成的影响；平原区最好能垂直河流进行，以便通过不同的地貌单元、地形部位和母质类型，全面地调查各种类型的土壤。

观察点要选择在最有代表性的地段上。自然土壤的观察点的选择一般应以地形和植被为依据，选择在植被典型、地面平坦、无强烈侵蚀和堆积、排水良好、土壤湿度正常的地段内。农业土壤的观察点，一般应选择在地面平坦的、具有代表性的典型地块中间，切忌在村口、路边等地层受到破坏，或地表切割剧烈，土壤受到侵蚀的地段设点观察。无论是路线观察还是定点观察，都有必要对周围环境进行调查。内容包括：植被类型和优势植物的种类；地貌类型和地形部位；地表状况和侵蚀类型及程度；基岩和成土母质以及地面排水状况和水质等。

（2）土壤构型的观察

在选定的观察点上，如有自然剖面可资利用，当然应充分加以利用。在缺乏自然剖面的情况下，就需要在选定的地点上挖土坑，形成人工剖面。土坑一般是长 2m、宽 1m 左右的长方形，其宽边为观察面（图 4-1）。土坑挖好时，要使观察面正好朝向太阳，才能便于观测。其深度以清楚地看清土壤发育特征为限。对挖好的土壤剖面，立即进行观察和描述。办法是根据颜色、结构等肉眼易于分辨的形态特征将土壤分层。土壤的发生层次基本可以分为表土层、芯土层和底土层，在剖面上呈水平延伸或弯曲带状，中间具明显或不明显的界线。所谓观察和描述，就是针对这些不同层次的颜色、质地和结构进行的观察与描述。

土壤剖面形态特征包括土体构型、各发生层次的颜色、质地、结构等，是野外鉴别和划分土壤类型的主要依据。剖面发生层次及构型、土壤发生层次及其排列组合特征（或剖面构型），是长期而相对稳定的成土作用的产物。由于各类土壤的成土条件、成土过程的差异，土壤发生层次及其剖面构型亦不相同。它是鉴别和划分土壤类型的重要形态特征之一。带有某土类或亚类成土条件、成土过程的土壤发生层次，可称之为该类型的诊断土层。如寒温带针叶林成土条件下的灰化过程形成的灰化层、腐殖质淀积层，就是灰化土的诊断层；温带草甸草原植被条件下的腐殖质化和钙化过程形成的暗色腐殖质层和钙积层，就是草原土壤的诊断层。根据土壤剖面发生层次的基本图式，结合剖面观察点的成土条件、各土层综合特性等来划分发生层次，用符号加以标记，例如：O 或 A_0 表示枯枝落叶层或草毡层，A 代表腐殖质层，B 代表淀积层，C 代表母质层，D 或 R 代表母岩层，H 表示泥炭层，E 代表淋溶层。另外，还有 AB 层代表腐殖质层和淀积层的过渡层；BC 层代表淀积层和母质层的过渡层。土层划分之后，采用连续读数，用钢卷尺从地表往下量取各层深度，单位为 cm，将量得的深度记入剖面记载表，并将土体构型画成剖面形态素描图或拍摄数码照片后做成实物图（图 4-1）。

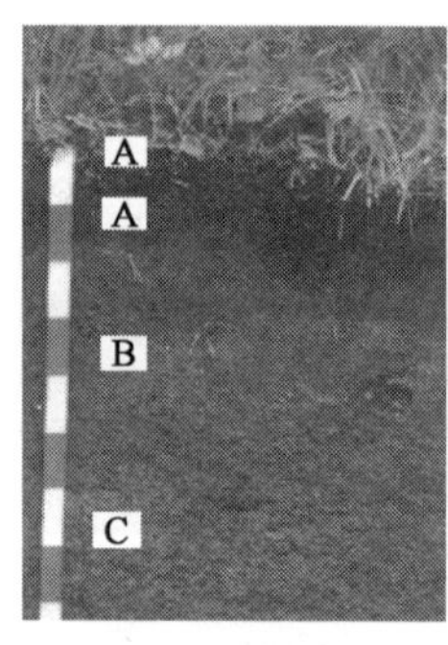

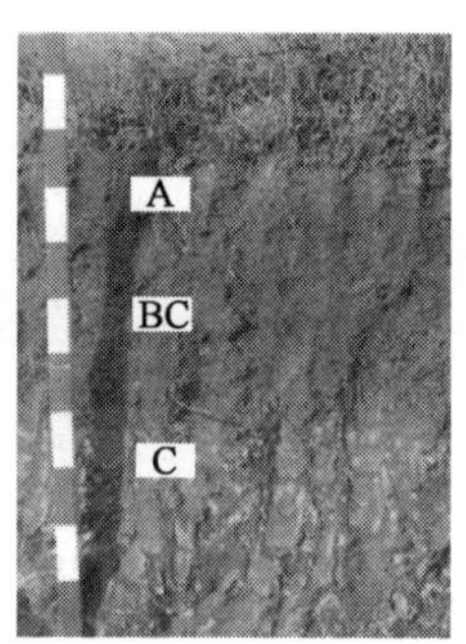

图 4-1 暗棕壤剖面图（左）和红壤剖面图（右）

（3）土壤颜色的识别

土壤颜色是土壤物质成分和内在性质的外部反映，是土壤发生层次外表形态特征最显著的标志。许多土壤类型的名称都以颜色命名，例如黑土、红壤、黄壤、棕壤、褐土、紫色土等。土壤颜色是十分复杂而多样的，绝大多数呈复合色彩，其基本色调是红、黑、白三种，其复合关系可用土壤颜色三角图式来表示。为了使土壤颜色的描述科学化（避免主观任意性），真正能反应土壤颜色的本质，目前普遍采用以门塞尔颜色系统为基础的标准色卡比色法，它包含有 428 个标准比色卡。命名系统是用颜色的三属性，即色调、亮度和彩度来表示的。

色调：指土壤所呈现的颜色，又叫色彩或色别，它与光的波长有关。包括（红）、黄（Y）、绿（G）、蓝（B）、紫（P）五个主色调，还有黄红

（YR）、绿黄（GY）、蓝绿（BG）、紫蓝（PB）、红紫（RP）五个半色调或补充色调，每一个半色调又进一步划分为四个等级，如2.5YR、5YR、7.5YR、10YR等。

亮度：也叫色值，指土壤颜色的相对亮度。以无彩色（符号N）为基准，把绝对黑作为0，绝对白作为10，分为10级，以1/、2/、3/、4/、…、10/表示由黑到白逐渐变亮的亮度。

彩度：指光谱色的相对纯度，又叫饱和度。即一般所理解的浓淡程度，或纯的单色光被白光“冲稀”的程度。土壤彩度在0~8范围内按间隔一单位分级，以/1、/2、/3、/4、…、/8表示，由浓到淡。土壤颜色命名法是：颜色名称+门塞尔颜色标量，如，淡棕（7.5YR5/6）、暗棕（7.5YR3/4）、5/6和3/4不是分数关系。土壤颜色的比色，应在明亮光线下进行，但不宜在阳光下进行。土样应是新鲜而平的自然裂面，而不是用刀削平的平面。碎土样的颜色可能与自然土体部的颜色差别很大，湿润土壤的颜色与干燥土壤的颜色也相同，应分别加以测定，一般应描述湿润状态下的土壤颜色。土层若夹有斑杂的条纹或斑点，其大小多少和对比度，影响到土色时，亦应加以描述。如根据明显度（即按土体与斑纹之间颜色的明显程度）划分为：不明显，土体与斑纹的颜色很相近，常是同一色调；清晰，即相差几个色值和彩度；明显，即不仅色值和彩度相差几个单位，而且具有不同的色调。根据丰度，即按单位面积内斑纹所占面积的百分数，可分为少，即少于2%；中，即2%~20%；多，即多于20%。根据大小，即按斑块最长轴直径分为：细，即小于5mm；中，即5~15mm；粗，即大于15mm。

（4）土壤质地的识别

土壤质地是指土壤固体矿物颗粒的大小组合，即土壤的机械组成，分为砂土、壤土、黏土等三类11种。野外鉴定土壤质地，一般用目视手测的简便方法，其标准参考表4-1。此法虽较粗放，但在野外条件下还是比较可行的。鉴定者经过长期训练，也可达到基本鉴别质地类别的目的。土壤质地的鉴别应注意“细土”部分的鉴定和描述。砾质土壤质地描述，要在原有质地名称前冠以砾质字样，如多砾质砂土、少砾质砂土等。少砾质即砾石含量1%~5%；中砾质即砾石含量5%~10%；多砾质即砾石含量10%~30%。砾石含量在30%以上的土壤属砾石土，则不再记载细粒部分质地名称，而以轻重相区别。如，轻砾石土即砾石含量30% ~50%；中砾石土即砾石含量50% ~70%；重砾石土即砾石含量>70%。

土壤质地目视手测标准（我国土壤质地分类的初订标准）　　表4-1

质地组	质 地 名 称	颗粒组成（粒径mm）（%）		
		砂粒 (1 ~0.05mm)	粉粒 (0.05 ~0.01mm)	黏粒 (<0.001mm)
砂土	粗砂土 细砂土 石砂土	10 60 ~70 50 ~60		
	砂粉土 粉土	20 20	40	30
壤土	粉壤土 黏壤土 砂壤土	20 20 50	40	30
黏土	粉黏土 壤黏土 黏土			30 ~50 35 ~40 40

（5）土壤结构的观察

土壤结构是土壤中土粒和胶体矿物互相胶结或排列的形式。土壤的形成条件不同，结构的形状、大小、稳定性也不同。不同的土壤类型，它们各个不同的发生层的结构都会各具特点。一般的，土壤结构分为非团粒结构和团粒结构两类。其中，团粒结构包括块状结构体、片状结构体、柱状结构体和棱状结构体。

块状结构体：近似立方体形，长、宽、高大体相等，直径一般大于3cm，1 ~3cm之内的称作核状结构体，外形不规则，多在黏重而乏有机质的土中生成，熟化程度低的死黄土常见此结构，由于相互支撑，会增大孔隙，造成水分快速蒸发跑墒，多有压苗作用，不利植物生长繁育。可在墒情合适时耙耱，冬季冻土后碾压，以提高土壤有机质含量，也可掺河沙或炉渣灰来改良。

片状结构体：水平面排列，水平轴比垂直轴长，界面呈水平薄片状；农田犁耕层、森林的灰化层、园林压实的土壤均属此类。不利于通气透水，造成土壤干旱，水土流失。可进行透气铺装、种植地被植物或进行必要的围栏保护，结皮和板结的可采取适墒深翻，增施有机肥解决。

柱状结构体和棱状结构体：沿垂直轴排列，垂直轴大于水平轴；土体直立，结构体大小不一；坚实、硬，内部无效孔隙占优势；植物的根系难以介入、通气不良；结构体之间有形成的大裂隙，既漏水又漏肥，可以通过深翻施肥和深翻种植绿肥来改良。

团粒结构体：是最适宜植物生长的结构体土壤类型，它在一定程度上标志着土壤肥力的水平和利用价值。其能协调土壤水分和空气的矛盾；能协调土壤养分的消耗和累积的矛盾；能调节土壤温度，并改善土壤的温度状况；能改良土壤的可耕性，改善植物根系的生长伸长条件。

（6）土壤松紧度的观察

土壤松紧度反映土壤物理性状的指标。目前测松紧度的方法、名词术语概念尚不统一。有的用坚实度，有的用硬度。坚实度指单位容积的土壤被压缩时所需要的压力，单位用 kg/cm^3；硬度指土壤抵抗外压的阻力(抗压强度)，单位用 kg/cm^2 表示。因此，松紧度应用特定仪器来测试。在没有仪器的情况下，可用采土工具(剖面刀、取土铲等)测定土壤的松紧度。其标准可概括为极紧实、紧实、稍紧实和疏松四个等级。

极紧实：用土钻或土铲等工具很难楔入土体，加较大的力也很难将其压缩，用力更大即行破碎。干时结成坚硬的块状，很难用手弄碎；块体外表呈光滑面，质地为黏土；往往形成棱块状、柱状等结构，多出现于土层中部，有时成硬盘层，湿时泥泞，可塑性强；泥团用刀切割会留下光滑面，黏着性强。

紧实：土钻或土铲不易压入土体，加较大的力才能楔入，但不能楔入很深。干时也很紧实甚至坚硬，用手很难捏碎，加压力也难缩小其体积；湿时可塑性、黏着性较强，属黏土或黏壤质地。

稍紧实：用土钻、土铲或削土刀较易楔入土体，但楔入深度仍不大。干时较紧，但不坚硬，可以用手捏碎，形成一定形态的结构体，如团块结构。质地属壤土，湿时可塑性较差，用刀切割形不成光滑面，加压力会使体积缩小，但缩小程度不太大，用土钻取土能带出土壤。

疏松：土钻、削土刀很容易楔入土体，而且楔入深度大，易散碎，加压力土体缩小较显著，湿时也呈松散状态。若含大量腐殖质，则形成团粒结构，土体易散碎，缺乏可塑性，透水性强。

(7) 土壤空隙度的描述

土壤剖面描述孔隙时，必须对孔隙的大小、多少和分布特点，进行仔细地观察和评定。土壤孔隙的大小分级标准为：小孔隙，孔隙直径 <1mm；中孔隙，孔隙直径 1~2mm；大孔隙，孔隙直径为 2~3mm。

土壤孔隙的多少，用单位面积上孔隙的数量来划分，一般可分为：少量孔隙即孔隙间距约 1.5~2cm，每 $10cm^2$ 有 1~50 个孔隙，或 $2.5cm^2$ 面积上有 1~3 个孔隙；中量孔隙即孔隙间距约 1cm 左右，$10cm^2$ 面积上有 51~200 个孔隙；孔隙间距约 1cm 左右，$10cm^2$ 面积上有 51~200 个孔隙，或 $2.5cm^2$ 内有 4~14 个孔隙；多量孔隙即孔隙间距约 0.5cm，$10cm^2$ 内有 200 个以上的孔隙，或 $2.5cm^2$ 内有 14 个以上孔隙。

土壤孔隙的形状有：海绵状，孔隙直径 3~5mm，呈网纹状分布；穴管状，孔隙直径 5~10mm，为动物活动或植物根系穿插而形成的孔洞；蜂窝状，孔径 >10mm，系昆虫等动物活动造成的孔隙，呈网眼状分布。

在观察孔隙时，对土壤中的裂隙也应加以描述。裂隙指结构体之间的裂缝，其大小可划分为：小裂隙，裂缝宽度 <3mm，多见于结构体较小的土层中；中裂隙，裂缝宽度 3~10mm，主要存在于柱状、棱柱状结构的土层中；大裂隙，裂缝宽度 >10mm，多见于柱状碱土的柱状结构层内。寒冷地区的冰冻裂缝也大于 10mm。动物穴及其填充物即土壤剖面层次中，往往有土壤动物活动形成的洞穴和填充物，它反映土壤形成特性(尤其是土壤松紧度和有机质含量状态)。

(8) 土壤湿度的描述

土壤湿度即土壤干、湿的程度。通过土壤湿度的观测，可以运用 TDR (时域反射) 土壤水分仪测定土壤水分含量。不但可了解土壤的水分状况和墒情，而且有利于判断土壤颜色、松紧度、结构、物理机械性等。因此，在土壤剖面描述中，必须观测土壤湿度。在野外可以用速测方法测定土壤湿度，但通常只是用眼睛和手来观察和触测，其标准可分为：干、润、湿润、潮湿、湿五级。

干：即土样放在手掌中，感不到有凉意，无湿润感；捏之则散成面，吹时有尘土扬起。

稍润：即土样放在手中有凉润感，但无湿印；吹气无尘土飞扬；手捏不成团，含水量约 8%~12%。

润：即土样放在手中，有明显湿润感觉，手捏成团，扔之散碎。

潮：即土样放在手中，有明显湿痕，能捏成团，扔之不碎；手压无水流出，土壤孔隙50%以上充水。

湿：即土壤水分过饱和，手压能挤出水。

（9）土壤酸碱度的描述

剖面观测中，速测土壤的酸碱度即pH值，不但可帮助了解土壤的性质，而且可作为土壤利用的基础。测定方法可采用简易速测法——用混合指示剂比色法，或用pH广泛试纸速测法。采用比色法测试时，事先应混合指示剂和相应的色表，测试时取土样少许，放在白瓷皿中，滴入适量混合指示剂，用小玻璃棒充分搅拌，稍事澄清后，倾斜瓷皿，将溶液和比色卡比较，确定pH值，从而判断该土属于酸性、微酸性、中性、微碱性、碱性。

（10）植物根系和新生体的描述

对土壤剖面的观察，还应将土体中新生体、侵入体的大小、多少和分布，以及植物根系的种类和分布情况包括在内。

新生体：新生体不是成土母质中的原有物质，而是指土壤形成发育过程中所产生的物质。比较常见的新生体有石灰结核、石灰假菌丝体、石灰霜；盐霜、盐晶体、盐结皮；铁猛胶膜、铁锈斑纹、铁锰还原的青灰色或灰蓝色条纹及二氧化硅、铁锰硬盘、黏土硬盘等。新生体的种类、形态及存在状态和成分，因土壤形成过程与环境条件而异。描述新生体时，要指明是什么物质，存在形态、数量、分布状况及颜色等特征。

侵入体：指由于人为活动由外界加入土体中的物质，它不同于成土母质和成土过程中所产生的物质。常见的侵入体有砖瓦碎片、陶瓷片、灰烬、炭渣、焦土块、骨骼、贝壳、石器等。观察侵入体，首先要辨别是人类活动加入土体的物质，还是土壤侵蚀再搬运沉积的物质。由于其来源的不同，可说明土壤形成发育所经历过程的差异。对侵入体的观察和描述，不但要弄清是什么物质、数量多少、个体大小、分布特点，而且应探讨其成因，这样做有助于对成土过程的深入了解。

植物根系：植物根系的种类、多少和在土层中的分布状况，对成土过程和土壤性质有重要作用，因此，在土壤剖面的形态描述中，需观察、描述植物根系。植物根系的观察、描述，主要应分清根系的粗细和含量的多少，其标准可分为：按植物根系的粗细分等，极细根即直径小于1mm，如草原土壤中的禾本科植物毛根；细根即直径 1～2mm，如禾本科植物的须根；中根即直径 2～5mm，如木本植物的细根；粗根即直径 >5mm，如木本植物的粗根。按植物根系的含量多少，可分三级描述：少根即土层内有少量根系，有 1～2 条/cm^2 根系；中量根即土层内有较多根系，有 5 条/cm^2 以上根系；多量根即土层内根系交织密布在 10 条/cm^2 以上。此外若某土层无根系，也应加以记载。

2. 土壤分析样品的采集和保存

为了全面了解土壤资源和肥力情况，除在野外进行实地土壤剖面形态的观察外，还需要采集土壤分析样品，在室内进行各项理化性质的测定。土壤的差异性很大，要使分析的结果能够正确反映土壤的组成及特性，不仅决定于分析方法的选择和测定过程中是否严格按照要求进行，而且在很大程度上决定于采集的代表性(即选择有代表性的地点和代表性的土壤)，因此，应严格对待采样工作，采集时要慎重、仔细地进行。

土壤分析样品的采集，是根据研究的目的要求和采样地的特点不同，而决定采样规则的。但是无论什么情况，采集的土样不应少于 1kg。野外采集到的土样，带回室内后要逐袋进行登记，并立即进行风干，以防微生物作用引起土壤生化性状发生变化，待土样完全干燥后，按分析项目的要求，将土壤捻细过筛，然后放入广口瓶中密装保存，留待各项分析使用。

(1) 土壤样品的采集

土壤剖面样品采集：土壤样品的采集方法是根据分析目的决定的，为了研究土壤资源，了解土壤发生、发育的化学过程和理化性质，必须按照土壤发生层次采样，对于每一种土壤类型，至少应取三个重复剖面，各重复剖面的同一层次样品不得混淆。

原状土壤样品采集：为进行土壤某些物理性质的测定，需要采集原状样品，如测定土壤重度和孔隙度等物理性质，可直接用环刀在各土壤中部采样。为研究土壤结构性的样品，采集时必须注意土壤湿度，不宜于过干或过湿的情况下采集。在采集和携带过程中应保持土块不受挤压而变形，与土铲接触变形的部分都应弃去，将样品放于铝盒中，携回室内进行处理。

平均(混合)样品采集：为了研究植物生长发育的土壤条件，在样地或观察点中分数处采集土壤，然后进行混合。通常采取一定深度(随植物根系深度而定)的土壤，具体包括选点和取样两个过程。选点过程中，为了获得平均样，必须采用多个点的混合样品，样品的选择可依地块的不同情况，集“之”字形横过地块布点[图4-2a)]，倘若沿对角线或规则地往小区中安排样点，往往会遇到肥堆，条状施肥或因样点太少，使所取的图样没有代表性[图4-2b)、图4-2c)]。布点的多少视土地面积和土地平坦或起伏状况决定。每亩地上约选取5~10个样点，选取样点时，应避免在非代表性的地方布点。取样过程中，每一样点采取数量应大致相等，可用小铲挖取10cm×10cm×20cm的土体，若取来土样则可由上向下铲取一片土壤，将各样点所取土壤放在油布上均匀混合，用四分法逐次弃去多余部分，将最后剩余的大约1kg的平均样品装入样袋中，然后填写标签，整理后带回室内。

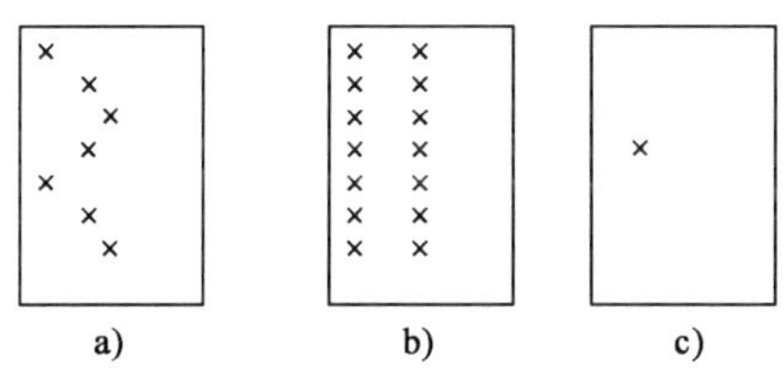

图4-2　土壤采样布点的方式

a）正确布点；b）、c）不正确布点

（2）土壤样品的处理

风干：除了某些项目（如田间水分、硝态氮、铵态氮、亚铁等），需用新鲜土样测定以外，一般项目都用风干样品进行分析。潮湿的样品易发霉和受微生物活动而引起变质，因此，不可长时间储放在土袋中，应立即使之风干。风干的方法是将土壤样品弄成碎块平铺在干净的纸上，堆成薄层放于室内阴凉通风处，经常加以翻动，以加速干燥，并随时拣去粗大的植物残体、结核等物。在有条件的地方也可在通风橱中风干，切忌阳光直接曝晒，也勿使酸碱、蒸汽或氮等气体侵入。风干时在土面上盖上薄纸，以防尘土落入。风干时间约3~5d，潮湿季节时间可长久些，待土样半干时，须将大土块捻碎(尤其是黏性土壤)，以免完全干燥后结成硬块，难以磨细。

磨细过筛：用四分法取500克干土样放在硬木盘上，用木棒捻压(不可用铁棒或岩石粉碎机，以防压碎石块或铁污染)，用孔径为2mm的筛子过筛，直至全部筛完(检验方法是用手搓石块时，无土粒黏附在手上)，持>2mm石砾集中称重，求石砾与总土重的互分含量，然后弃去，<2mm的

土样破碎经充分混合后，置于广口瓶中，贴上标签，就能用作速效氮、磷、钾、土壤酸度、盐基饱和度和土壤机械组成、吸湿水等一般常规项目使用。土壤有机质及土壤全磷、全钾等全量分析称量很少，或样品分解困难，需进一步磨碎，方法是，从 <2mm 土样中用方格法（即将 <2mm 土样铺成薄层，划分许多小方格，在每一个小方格内均匀取样），取 60 克样土，全部研细通过 0. 25mm 筛孔的筛子。该样可用于有机质总量、腐殖质测定，也可用作全氮测定。用于全磷、钾及矿物含量的样品，还要从 <0. 25mm 土样中，再用方格法取 20 克，全部通过 0. 15mm 筛（0. 1mm 孔径）。以上土样分别用广口瓶保存备用。多余的原状土要保存好，以备土壤团具体分析和将来补测微量元素等测定用（图 4-3）。

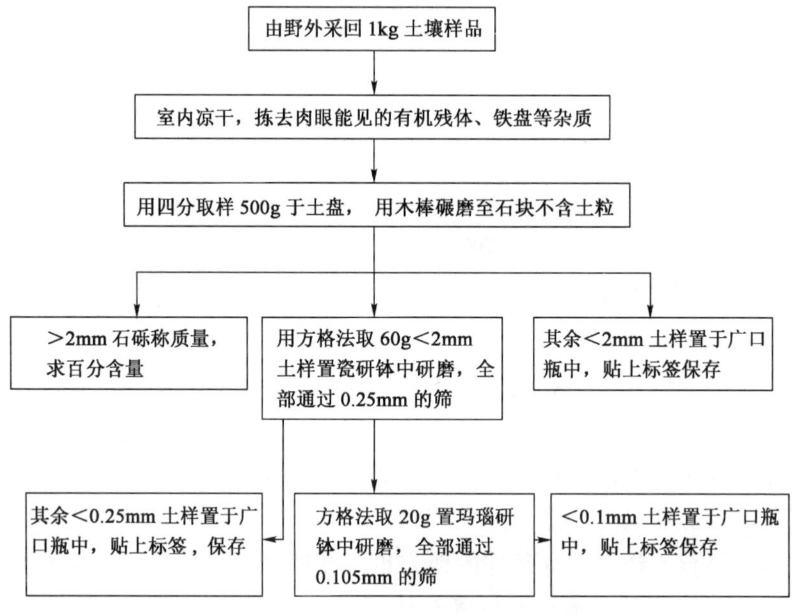

图 4-3　土壤样品处理流程图

（3）土壤样品的保存

采集后的土壤样品通常应保存半年至一年，以备必要时查核。标准样品或对照样品则需长期妥善保存，保存的分析样品须密装在磨口塞的广口瓶中，瓶上贴有标签，瓶内放有一张同样的标签，以防瓶外标签脱落。标签上记明土样号码、土类名称、采样土点、采土深度、采样日期，采样人等项目，一般样品在分析后，剩余部分也可装入纸袋保存。瓶装或纸袋样品，应避免存放在受日光、高温、潮湿和酸碱气体等影响的环境中。

3. 土壤理化性质快速测定

掌握土壤的性状特征，通常可以进行常规分析或是特别项目的分析。但是，有时野外常受到设备条件和时间的限制，不能及时提供有关的土壤资料，为此，土壤理化性质野外快速诊断就十分必要。土壤理化性质野外诊断不需要很多大型、复杂的设备，鉴定方法快速、简洁，可以及时得出必要的土壤数据。

但是，也正因为快速诊断不采用精密仪器测定，对各种土壤处理方法也不进行区别，所以土壤快速诊断的结果是不够精确的。例如 pH、有机质、磷、钾等只是半定量的指标，而 NO^{3-}、NH^{4+} 等只能代表这些成分在不同季节的变化。快速诊断的结果作为结论或用它作为指定影响较大的技术措施的主要依据，都是不全面的。因此，土壤理化性质的精确测定需要在试验室内用精密仪器实现。

（1）快速诊断的土壤采样

进行土壤快速诊断应该使用新鲜样品，采样后立即测定，不宜放置过久，以免受微生物的作用使其中成分泯生转化而影响诊断的结果。为了使采得的土样有较好的代表性，应该根据采样地区的条件（地形、植被、母质等），在一定面积上采取多个点的混合样品，在面积较大且平坦的地块上通常每公顷可按对角线挖取 5～7 个点的土样。在地形复杂，地块较小或土壤变异很大的情况下，可分别在不同的地形部位上选取土样，并酌情增加取样点。采集土样应避开堆放过肥料的地方，局部清水地、小土丘或道路旁等非代表性的地方，一般取土深度为 0～20cm，各采样点取土 0.5kg 左右，随即将各点样品混合成该块地的综合土样，以四分法弃去多余的土壤，余下 500g 左右。在实际情况下，可根据需要，适当增加取土深度，但底层土样不应与表层土样掺混。将采集的新鲜土样弄碎，通过 2mm 或 3mm 土壤筛，挑去残根、枝叶等杂物，将土样混合均匀，即可供诊断测定使用。

（2）土壤含水率的测定

测定土壤含水率，可以及时了解采样地块的自然水分状况，以便采取必要的技术措施。在进行土壤快速诊断项目的测定时，称量样品和加入浸提液均需计入土样含水率，为此，必须选用简单快捷的测定方法。现将土壤含水率的快速测定方法——定容称量法介绍如下。

定容称量法适用于由速测土壤比重的原理反推测得土含水率，当用比重瓶测定土壤比重时，其计算公式为：

$$D = \frac{B}{A + B - C} \tag{4-1}$$

式中：D——土壤比重；

A——比重瓶注满水后质量，g；

B——绝对干土质量，g；

C——比重瓶加入测试土样后再注满水后的质量，g。

由式（4-1）可得：

$$B = \frac{D}{D - 1}(C - A) \tag{4-2}$$

由于土壤比重一般变化不大，常在 2.60 ~ 2.70 之间，多取 2.65。故可令：

$$K = \frac{D}{D - 1} = \frac{2.65}{2.65 - 1} = 1.606$$

将 K 代入式（4-2），则：

绝对干土的质量　　$B = 1.606\ (C - A)$

C 和 A 值可在测定中测量而得，因此，得知土样的绝对干重及土样本身质量（即湿土重）即可求出土壤含水率。

具体测定方法如下：

取一个 100mL 或 150mL 的三角瓶，用玻璃铅笔在其颈画一刻度，向瓶中注水至刻度，擦干瓶外的水滴，在台上称得质量 A。

将瓶中水倒出，放入湿土样品 100g，加水使土壤浸没水中，摇动使土壤充分分散，排出空隙中的空气，用滴管加水至刻度将瓶外擦干称得质量 C。

结果计算：

以湿土计，土壤水分(%) $= 100 - 1.606 \times (C - A)$　　(4-3)

以干土计，土壤水分(%) $= \frac{100 - B}{B}$　　(4-4)

$$= \frac{100 - 1.606 \times (C - A)}{1.606 \times (C - A)}$$

$$= \frac{62.27 - (C - A)}{C - A}$$

(3) 土壤相对密度的测定

土壤颗粒与同体积水(4℃)的质量比值称为土壤相对密度，其值常在2.60～2.70之间变动，多取2.65。具体测定方法如下：

将通过2mm筛孔的风干土样，在纸上平铺成一薄层，由其中不同点上选取平均试样两份，其中一份为10g，放入干燥的小烧杯内——测定相对密度用（因为比重通常是以绝对干土重来计算的）。另一份是2～10g放入称量瓶内，供测定水分用。该两份样品均须用分析天平称得质量（精确度达到0.0001g）。

将蒸馏水在250mL烧杯中煮沸5min，以除去水中的CO_2，冷却至室温，注入比重瓶中，注满后加塞，使瓶内蒸馏水沿瓶塞中毛细管流出(毛细管中也需充满水)，用滤纸擦干比重瓶，在分析天平上称得质量。

然后倾出约一半水量，将已称好的10g土样经干漏斗倒入比重瓶中，黏在瓶壁和漏斗的土粒用水倒入比重瓶内，将比重瓶放在电热板的砂盘上加热，沸腾后保持30min(或1h)。煮沸过程中要经常摇动比重瓶，驱逐土中的空气，使样品和水分更好地接触混合。

从沙盘上(电热板)上取下比重瓶，待冷却后注入水至漏斗，插入比重瓶，使多余的水分沿毛细管孔中排出，但应注意切勿使比重瓶中留有气泡，擦干比重瓶外壁，称重，测定瓶内水温。

含可溶盐及腐性胶体较多的土样，须用惰性溶液(如煤油、石油)代替蒸馏水，而用真空抽吸法排除土中空气，抽气时间不得小于0.5h，并经常摇晃比重瓶，直到无气泡逸出为止。停止抽气后仍需在干燥器中静置一刻钟以上。

真空抽气也可以代替煮沸法，排除土壤中的空气，并且可以避免在煮沸过程中由于土液溅出而引起的误差，同时比煮沸法快。

风干土样都含有不同数量的水分，不适于惰性液体测定相对密度，而需用烘干土进行。

(4) 土壤密度的测定

土壤密度是指土壤在未破坏自然结构的情况下，单位容积中土壤的质量，通常以g/cm^3表示。土壤密度的大小与土壤质地结构、有机质含量、土壤坚实度，耕作措施等有关。砂土密度较大，黏土密度较小，一般有机质多的表层密度较小，耕作层密度一般为1.00～1.30g/cm^3，深层土壤则密度较大，可达 1.40 ~ 1.60g/cm^3。

测定土壤密度的方法很多，如，环刀法、蜡封法、土坑法等。由于土壤重度变化较大（同一层次），因此，测定土壤重度时，必须进行三次以上的重复。环刀法或采土筒法的测定方法为：

先量取采土筒（环刀）的高度与内径，并计算出其体积：

$$V = S \times H = \pi r^2 \times H \tag{4-5}$$

式中：V——采土筒体积，cm^3；

S——采土筒的横断面积，πr^2，cm^2；

H——采土筒的高度，cm。

然后将采土筒在台秤上称质量（质量为 a）。在野外采样时，先在现场选择适当的地点，挖一个 50 ~ 100cm 宽的土壤剖面，在剖面上画出欲采样的层次界限，依照单面画出的平面高度，把土壤上方铲平，采土筒即放在上面。向下插入时应保持采土筒垂直下移，不可左右移动，以保持土壤自然结构，直到采土筒全部压入土壤中，再用小铲将采土筒从土中轻轻取出，用小刀仔细切除多余部分（b），带回室内，将铝盒与湿土一起称重（c），然后烘干称取铝盒与土直至恒质量（d）。

$$\text{土壤密度} = \frac{c - d}{V} \quad (\text{g/cm}^3)$$

有时因采土筒体积过大，土壤全部烘干费时较大，亦可在野外采土后，立即将采土筒与筒内土壤迅速称质量（c），由 a 与 c 之差计算出湿土质量 f，由湿土中取一部分土壤放入已知质量的铝盒中，烘干测其含水率 w，由其含水率计算出整个采土筒内绝对干土质量，以此计算土壤密度。

$$\text{土壤密度}\ D = \frac{f(1 - w)}{V} \quad (\text{g/cm}^3) \tag{4-6}$$

（5）土壤总孔隙度与通气度的测定

测定了土壤相对密度和密度后，即可计算出土壤总孔隙度（P）的密度百分率：

$$\text{总孔隙度}\ P\ (\%) = 100 \times \left(1 - \frac{D}{d}\right) \tag{4-7}$$

式中：D——土壤密度；

d——土壤相对密度。

土壤总孔隙度中除了水分占有一部分外，其余为土壤空气所占据，所以由总孔隙度减去水分容积后，即为土壤通气度。

（6）土壤速效养分含量的速测

测定土壤中速效性氮、磷、钾的含量，可以了解有效养分的供给情况，为施肥提供必要的参考资料。土壤速效养分的具体测定方法如下。

①土壤浸提液的制备。根据含水率计算湿土样质量及浸提液用量。

应称湿土质量 = 欲称干土质量 ×（1 + 土壤含水率）

应加浸提液 = 欲加浸提液 -（应加湿土质量 - 欲称干土质量）

浸提液的深度由于湿土中水分的稀释，可以忽略不计，但水土比例必须要求准确，否则影响测定结果。为进行土壤速效养分的速测，可根据不同的土壤性质采用各种浸提液，石灰性及碱性土壤可以用 0.5N $NaHCO_3$ 溶液，酸性及中性土壤使用 10% 醋酸钠溶液浸提，基本能得到较理想的结果，并且可以在同一种浸提液中，测定几种成分，步骤简便省时。

浸提步骤：按水土比例 1:5，称取相当于 5g 干土的新鲜土样，放入干燥的三角瓶中，如三角瓶不甚干燥，可加入几滴 95% 酒精沿瓶壁旋转数次，倒出剩余酒精后，放置片刻待酒精蒸发，即可使瓶内干燥，加入相当于 25mL 的 10% 醋酸钠摇动 2min，用干滤纸过滤上液，承接于干燥的三角瓶中，或经摇动后，倒入离心管中，在离心机上离心 3 ~ 5min，以澄清浸提液。

②土壤铵态氮的速测。土壤浸提液的铵离子与奈氏试剂（碘汞化钾的碱性溶液）可形成黄色络合物（碘化氨基氧化汞），其颜色深浅可进行比色测定。

测定方法为：取浸提液 4 滴，放在比色瓷板穴内，加 10% 酒石酸钾钠 1 滴，再加萘氏试剂 2 滴，1min 后与标准色卡进行比色。由浸提液比色读数换算成土壤铵态氮含量。

计算方法：土壤中 NH_4 - N 含量（ppm）

= 浸提液的比色读数 ×5

③土壤硝基氮的速测。土壤浸提液当加入硝酸试粉后，硝酸根被还原成为亚硝酸根，与试粉中的氨基苯璜酸甲萘胺作用形成桃红色的偶氮化合物，形成的颜色可进行比色测定。

测定方法为：取浸提液 4 滴，放在比色瓷板上，加入硝酸试粉 0.1g 左右，用干净的玻璃棒搅匀，放置 3 ~ 5min，当出现粉红色时即可与标准色卡比色。

计算方法：土壤中 NO_3—N 含量（ppm）

= 浸提液的比色数 ×5

④土壤速效磷的速测：通常测定土壤速效磷的速测方法是钼兰比色法，即在土壤的浸提液中加入酸性钼酸铵，在用锡还原磷钼酸铵形成钼兰，按钼兰的深浅进行比色。

测定方法：用刻度吸管吸取浸提液2mL，放入小试管中，加钼酸铵试剂2滴，立即用锡棒搅拌0.5min（锡棒每次使用前均应用砂纸擦过，并用蒸馏水冲净），当溶液呈现稳定色时，即可与标准色卡进行比色。

计算方法：土壤速效磷含量（ppm）= 浸提液的比色读数 ×5

⑤土壤速效性钾的速测：浸提液中的钾离子与四苯硼苯，在pH值为8的碱性条件下可形成四苯硼钾白色微细颗粒，利用其悬浮液可进行浊度测定。

测定方法：用刻度吸管吸取浸提液1mL，放入口径1.2～1.5cm的平底小试管中，加5% EDTA碱溶液2滴（以消除Ca^{++}，Mg^{++}的干扰）及37%甲醛4滴（以掩蔽NH_4^+），然后加入2%四苯硼酸钠6滴，摇匀后放置3～4min，用简易字迹法进行比浊测定。比浊时将管底紧贴于字迹上，透过1cm的液层，用试管吸去多余的悬浮液观察字迹的清晰度，按表4-2中的标准记录浸提液的含钾量。

计算方法：土壤中速效性钾含量（ppm）

= 浸提液中含钾量 ×5

浸提液的含钾量估测 表4-2

字迹清晰程度	浸提液中含钾（ppm）	字迹清晰程度	浸提液中含钾（ppm）
较清晰，容易看出字形	5	很模糊，看不出字形	20
模糊，但能看出字形	10	看不见字形	40

（7）土壤有机质含量的速测

土壤中有机质含量的速测方法，多以碱液浸提，经加热或不加热等步骤，浸出碱溶液有机质，用浸提液进行比色测定。

测定方法：称取相当于1g干土的新鲜土样放入100mL三角瓶中，用量筒加入15% NaOH溶液10mL，摇匀后在文火上加热煮沸，微沸10min，放置冷却，分别放入两支离心管中，经离心3～5min后取清液5滴于比色盘中，与标准比色卡进行比色。

四、土壤调查总结

野外调查结束后，将剖面调查结果进行整理、记录，总结成表4-3。

土壤调查记录表（样表）　　表4-3

调查日期：　　天气：

剖面编号：　　地点：

剖面位置图：

平面及断面图：

大区地形：　　小区地形：

坡向、坡位、坡度：　　海拔高度：

母岩种类：　　母质类型：

地面侵蚀情况：

地下水位深度及地表水情况：

土地利用情况：

植被情况	优势种、植被类型及其组成、林木盖度等		
层次描述	层次厚度（cm）	土壤剖面形态特征	采样记事
		颜色、结构、湿度、质地、紧实度、新生体、侵入体、pH值、根量、砾石含量、层次过度情况等	样本种类、采集深度、数量等

各项土壤理化成分分析结束后，需要进行细致的结果计算和数据整理。各项分析结果初步计算完毕后，可将具体数据填写在“土壤理化分析结果”登记表上，根据数字的综合审查进行结果合理性判断，并根据结果撰写土壤调查报告。

第二节　土 壤 保 护

土壤保护是指采取工程或生物措施使土壤免受水力、风力等自然因素和人类不合理生产活动的破坏，且使土壤肥力、土壤生产力以及环境景观都得到改善和提高的过程。土壤保护包括保土措施和改土措施两方面的内容。保土措施是指采用工程或生物技术，使土壤流失量控制在容许流失量范围内或将土壤污染降到可以接受的水平。改土措施是指通过生物、物理和化学手段，增加土壤有机质和养分含量，改良土壤性状，提高土壤肥力。对于公路路域的土壤环境，必须采用保土措施和改土措施相结合的方法，降低土壤生态环境退化的生态风险。

一、土壤保护的目的

公路路域土壤环境保护的目的在于：防治土壤环境污染和土壤生态破坏，从源头上降低路域土壤质量下降、水土流失增加、生产力降低的风险；排除引起土壤退化和影响植被生长的不利因素，改善土壤结构和性状，提高土壤肥力，为路域植被生长创造良好的土壤环境条件；修复退化土壤的生态环境，改善路域土壤生产性状和公路行车环境，保证路域土壤—植被系统生态服务功能的正常发挥，促进路域生态系统的良性发展。

二、土壤保护的原则

1. 因地制宜原则

土壤的发生、发展及演变受地形地貌、水热条件、地震灾害、滑坡泥石流等自然因素及土地开发利用、整理改造及工程建设等人为因素的多重影响，因此，需要考虑当地自然环境条件、社会经济发展水平以及历史文化传统等因素对土壤保护的直接或间接影响，因地制宜地制订保护方略、实施保护措施。

2. 效益最大化原则

土壤系统的复杂性决定了保护结果和演变方向的不确定性，从而使得土壤环境保护具有周期长、风险大、投资高的特点。因此，需要从社会、生态和经济系统进行整体分析，将近期利益与远期利益相结合，通过费用效益分析对现有货币条件下的费用、效益进行比较，根据土壤保护规划提出的最佳方案，获得最大的保护成效，实现社会、经济和生态环境效益的最大化。

3. 可持续发展原则

可持续发展不仅要求人与人之间的公平，还要求人与自然之间的公平，即人类的经济活动和社会发展不能超出自然资源和生态环境的承载能力。因此，土壤资源的永续利用是公路交通可持续发展的重要保证，公路建设与交通发展必须充分考虑土地资源的临界性，必须适应土壤环境的承载能力。同时，人类在发展公路建设的进程中，应根据可持续性原则调整自己的发展策略，有节制地消耗土壤资源，减少土壤环境破坏污染。

4. 坚持“3R”原则

3R 原则就是把可持续发展的战略思想落实到实际操作层面的具体表

现。3R 原则是减量化（Reduce）、再利用（Reuse）、再循环（Recycle）原则的简称。减量化原则要求用较少的原材料和能源投入来达到既定的经济目的，从而在经济活动（如公路建设）的源头就注意节约资源和减少污染。再利用原则，要求制造产品和生产过程中（如公路建设），能够以初始的形式被多次反复使用产品及其包装，减少污染和能耗。再循环原则，就是生产过程中或产品使用过程中，使产品（包括副产品如公路弃渣等）在完成其使用功能后，重新变成资源可以被再循环利用，以减少能耗和污染。

三、土壤保护的理论

1. 土壤学理论基础

土壤学的一些基本理论，如土壤肥力学说、土壤侵蚀原理、土壤化学和土壤物理学的原理，特别是土壤发生学说，是分析各种土壤退化的影响因素，揭示各种影响因素的作用和土地本身对土地退化的影响因素或驱动力的响应机制，阐明土壤退化过程、土壤退化结果及其生态环境效应，提出科学可行的土地保护技术措施（包括工程措施和生物措施等）的科学基础。

2. 生态学理论基础

研究土壤退化和恢复问题，必须应用生态学的理论和方法，研究土壤生态系统内部发生的各种物理、化学、生物的过程，以及土地生态系统与环境之间的物流、能流交换对维护生态系统平衡的重要作用和意义。因此，需要从生态系统整体性和系统性出发，提出路域土壤系统保护和修复的基本策略。

3. 经济学理论基础

任何土地利用，包括公路建设，都会产生外部效应，即有社会成本。而要保护公路路域的土壤资源和环境，也要付出一定的成本。因此，必须利用生态/环境经济学上的成本—效益分析方法来分析土壤退化造成的内部损失和社会成本，核算土壤保护带来的成本和效益，包括外溢效益，从而提出经济合理的土壤保护措施。

四、土壤保护的方法

土壤保护的方法主要有管理措施和技术措施两个方面。

1. 土壤保护的管理措施

（1）统筹路网规划，确定合理线位

公路路网规划应该根据国民经济的长远发展利益，协调好区域和整个规划期的社会、经济、环境之间的关系，处理好短期和长远利益的关系，做到宏观目标与微观目标相统一。路网的规划既要使公路的使用性能得到最大限度发挥，同时又要避免破坏公路沿线的自然环境。因此，在确定路网规划时，要从全局出发，树立公路建设与自然协调发展的系统观念。同时，必须考虑将拟建公路占用农田数量减少到最少，将公路对自然景观、文物古迹及国家自然保护区所造成的影响降到最低。减少公路建设对环境破坏的最经济、最有效的途径就是合理选线。首先，线位的选择要避开环境敏感区，包括水源涵养区、野生动植物栖息或生存区域等诸多方面。其次，要避开自然保护区和风景名胜区等。另外，尽量少占用农田，少砍伐树木，少破坏林区也是选择线位所考虑的因素。

（2）建立环境保护评估制度，进行公路建设项目环境评价

在路网规划或线位选定后，应对环境所造成的影响进行评价。设计单位在项目的可行性研究、初步设计、详细设计等阶段应该作出环境保护评估报告，并且在设计的各阶段邀请环境保护专家对设计项目进行评审，对达不到要求的要及时更改设计，直到达到要求为止。同时，公路建设项目的负责人还要强调公众参与原则，应让受影响的群众充分了解项目的概况、项目的目标、工程建设规划以及国家相关的法律和规章制度，并充分听取公众对公路建设项目的意见和合理化建议。

（3）做好公路环保设计

成功的环保设计不仅可以巩固路基、保护路面、美化路容，更重要的是可以降低和防止环境污染。树木或草坪通过树冠、根系、地被覆盖等可以固着土壤、涵养水源、阻止或减少地表径流、降低雨水冲刷路基的危害，对公路路域土壤环境起到保护作用。同时，做好公路水保设计，可以用工程防护、结构防护以及综合防护措施控制坡面面蚀和沟蚀的形成，有效控制水土流失。

（4）加强公路施工管理

选择具备环境保护资质的施工单位，建立完善的施工管理制度和监测制度。在施工中，严格地执行有关环境保护标准、操作规程，不得有违规行为，并且制订紧急情况处理措施。在施工中对水、土壤、大气等污染进行监控，按时作出监测报告，如出现问题，及时采取措施进行处理。在施

工作业中，采取洒水或整修等养护措施，行驶车辆若装载石灰等扬尘物也要遮盖。临时用地，在施工完毕后要及时对其恢复原状，尤其是堵截的河道沟渠等应及时疏通。弃土场要整平并要尽量用公路弃土填上，而且要及时还林或者还田。总之，在整个公路施工中应加强施工管理，将土壤污染程度降到最低。

（5）加强公路营运管理

公路建成以后，要及时建立环境评价体系，并对每条公路设立环保档案，设立相应的环境测评指标。当这些指标超标后，应采取相应的措施进行整改处治；在公路投入使用后，对环境保护所设立的构造物、栽植的树木花草等应不断加以维护修复；严格执行车辆排放检验制度，利用收费站对汽车排放状况进行抽查，限制尾气排放严重超标的车辆上路。

2. 土壤保护的技术措施

如前所述，公路建设对路域周边的土壤环境带来的主要影响有：改变原地形地貌；破坏土壤结构；改变土壤养分组成；污染土壤环境；降低地表覆盖，增加水土流失危险性等。因此，需要采取污染防治技术、水土保持技术、土壤改良技术和荒漠化防治技术，通过工程措施、化学措施和生物措施，减轻公路建设的不良影响。

（1）污染防治技术

公路建设和运营过程中，生活和工程污水的排放、工程废渣的堆放、汽车尾气的排放等带来的重金属和有机污染物，导致土壤性质恶化，肥力下降，并对土壤中生长的植物产生危害。污染物质的性质及其来源不同，治理起来的难易程度就有差异。所以必须根据污染物的性质和来源等实际情况，制订切实可行的措施，一般采取工程、化学和生物措施进行治理。由于土壤污染情况一般比较复杂，用某一种方法很难彻底地解决污染问题，必须根据实际情况，采用多种方法，综合治理，全面规划，使污染的土壤得到合理的利用。

工程措施：治理土壤污染的工程措施主要有客土法、换土法、水洗法、电动力学法、热解吸法等。客土法是在被污染的土壤上覆盖非污染土壤，降低土壤的污染程度；换土法是部分或全部挖除污染土壤而换上非污染土壤，彻底清除或部分减轻土壤污染程度。但在采用客土法和换土法时一定要注意，客土的物理化学性状与污染前的原土相一致或比较接近，且厚度要充分，以保证植物正常生长；应妥善处理被挖出的污染土壤，使其不致引起二次污染。水洗法是用清水灌溉或清洗受污染的土壤，使重金属或有机污染物脱离土壤或迁移至较深土层中，减轻对地表生物的危害。电动力学法是利用低强度直流电导入土壤中，以清除污染物（尤其是重金属），但对于渗透性高、传导性较差的土壤，电动力学方法所起的作用较弱。热解法是对于挥发性的污染物（如汞和烃类），采取加热的方法将其从土壤中解吸出来，然后再回收利用。

化学措施：通过施用石灰，调节土壤的 pH 值，使重金属等污染物转化为难溶的形态，降低在土壤溶液中的浓度，从而减轻污染物对生物的毒害作用。通过增施有机肥料，不仅可以提高土壤肥力、改良土壤性状，而且可使土壤溶液中的重金属离子形成络合物、螯合物，增大土壤胶体对重金属离子和有机物的吸附能力，从而减轻有机物和重金属对生物的危害。通过增施易溶性磷酸盐，促使土壤中形成难溶性磷酸盐，可使大多数重金属污染物的毒性降低。另外，通过添加化学性质相似的金属离子溶液，利用轻金属和重金属之间的拮抗作用，减轻重金属污染物对植物的毒性作用。

生物措施：利用天然存在的或特别培养的生物，在可调控环境下，将有毒污染物转化为无毒物质，或者污染物从一种介质转移到生物体的处理技术为生物措施。主要有植物修复技术和微生物修复技术两类。植物修复技术是以植物忍耐和超量累积某种或某些化学物质的理论为基础，利用植物及其共存微生物体系清除土壤环境中污染物的一种方法。植物修复技术主要通过两种途径达到土壤修复的目的，一是通过植物作用改变污染物（重金属）在土壤中的化学形态，使土壤固定，降低其在土壤中的移动性和可利用性；二是通过植物吸收、挥发及降解代谢达到对污染物的消减、净化和去除作用。根据其作用过程和机理，可以将污染土壤的植物修复技术归为三类：植物提取技术、植物挥发技术和植物固定技术。植物提取技术是利用植物根系吸收一种或几种污染物，特别是有毒重金属，并将其转移、储存到植物茎叶，然后收割茎叶，异地处理。目前常用的可以累积重金属的植物见表4-4。植物挥发技术是利用一些植物的功能来促进污染物转变为可挥发的形态，从土壤和植物表面挥发，以减少土壤中污染物的含量。如，许多植物可以从污染土壤中吸收硒并将其转化为可挥发态。植物固定技术是利用植物吸收和沉淀来固定土壤中的大量有毒污染物，以降低其生物有效性并防止其进入地下水和食物链，其中植物的作用通常是改变土壤的水流量，使残存的游离污染物与植物根系结合，以防止风蚀和水蚀等，进而增加污染物的螯合作用。微生物修复技术是指通过微生物改造或土壤微生物改良，就地净化污染土壤。微生物对重金属污染土壤的修复能力主要表现在其对重金属存在的氧化还原状态改变方面。Barton 等人对利用细菌去除土壤污染物中重金属毒性的可能性进行了研究，结果表明细菌能将硒酸盐和亚硒酸盐还原为胶态的硒，并将二价的铅转化为胶态的铅，大大降低了硒、铅对土壤环境、特别是通过食物链对人体健康产生的危害。

已知植物地上部分超量累积的金属含量　　表 4-4

金　属	植　物　种	超量积累含量（mg/kg）
Cd	天蓝遏蓝菜（Thlaspi caerulescens）	1 800
Cu	高山甘薯（Ipomoea alpina）	12 300
Co	铜星香草（Haumaniastrum robertii）	10 200
Pb	圆叶遏蓝菜（Thlaspi rotundifolium）	8 200
Mn	粗脉叶欧洲坚果（Macadamia neurophylla）	51 800
Ni	九节属（Psychotria douarrei）	47 500
Zn	天蓝遏蓝菜（Thlaspi caerulescens）	51 600

土壤污染防治技术的具体效果要用土壤环境质量标准来判定。土壤环境质量标准是土壤中污染物的最高容许含量。污染物在土壤中的残留积累，以不致造成作物的生育障碍、在籽粒或可食部分中的过量积累（不超过食品卫生标准）或影响土壤、水体等环境质量为界限。土壤环境质量标准因土壤环境质量分类和标准分级不同而不同。我国土壤环境质量根据应用功能和保护目标，划分为三类：I 类主要适用于国家规定的自然保护区（原有背景重金属含量高的除外）、集中式生活饮用水源地、茶园、牧场和其他保护地区的土壤，土壤质量基本保持自然背景水平；II 类主要适用于一般农田、蔬菜地、茶园、果园、牧场等土壤，土壤质量基本上对植物和环境不造成危害和污染；III 类主要适用于林地土壤及污染物容量较大的高背景值土壤和矿产附近等地的农田土壤（蔬菜地除外），土壤质量基本上对植物和环境不造成危害和污染。我国的土壤质量标准分级划分依据为：一级标准为保护区域自然生态，维持自然背景的土壤环境质量的限制值；二级标准为保障农业生产，维护人体健康的土壤限制值；三级标准为保障农林

业生产和植物正常生长的土壤临界值。各类土壤环境质量执行标准的级别规定为：I 类土壤环境质量执行一级标准；II 类土壤环境质量执行二级标准；III 类土壤环境质量执行三级标准。各级各类土壤环境质量的执行标准见表 4-5。

我国现行的土壤环境质量标准值 表 4-5

项　目	级　别				
	一级	二级			三级
土壤 pH 值	自然背景	<6.5	6.5~7.5	>7.5	>6.5
镉≤	0.20	0.30	0.60	1.0	
汞≤	0.15	0.30	0.50	1.0	1.5
砷 水田≤	15	30	25	20	30
砷 旱地≤	15	40	30	25	40
铜 农田等≤	35	50	100	100	400
铜 果园≤	—	150	200	200	400
铅≤	35	250	300	350	500
铬 水田≤	90	250	300	350	400
铬 旱地≤	90	150	200	250	300
锌≤	100	200	250	300	500
镍≤	40	40	50	60	200
六六六≤	0.05	0.50	1.0		
DDT≤	0.05	0.50	1.0		

（2）水土保持技术

边坡土壤侵蚀是公路建设对土壤环境带来的另外一大危害。土壤侵蚀是指表层土壤或成土母质在水、风、重力等力量的作用下，主要是水的作用下，发生各种形式的剥蚀、搬运和再堆积的现象。可见土壤侵蚀包括水力、风力、重力和冻融等类型。水力侵蚀是指由于地表水的径流，导致土壤随水流走的现象，是最普遍、最广泛、最严重的一种土壤侵蚀，所以一般将土壤侵蚀视为水土流失。风力侵蚀是指风将土壤吹走的现象，一般当风速 >4 ~5m/s 时，就会产生风力侵蚀的现象；当风速达 8m/s 时，风力侵蚀就很严重。重力侵蚀是指在重力的作用下，土体发生位置移动的现象，常常形成滑坡和泥石流等灾难。冻融侵蚀是指由于结冰和融化，使土体松散，并发生位移的现象。

公路边坡土壤侵蚀的控制技术也称公路边坡护坡技术，主要有工程措施、生物措施及生态工程措施等三种主要技术。工程护坡技术是指利用物理工程如平整坡面、修筑梯田、边坡加固等来防止公路边坡水土流失问题的技术。生物护坡技术包括植树造林、种草护坡、覆盖地表、等高种植等植被防护技术，减少雨滴对地面的直接打击，提高地表的渗水能力，从而减少地表径流量，避免土壤侵蚀。生态工程护坡技术是指将工程措施和生物措施有机结合起来，从而起到减少水土流失、美化公路景观的效果。

工程护坡技术：也称刚性护坡技术。它主要采用砂石、水泥、石灰等矿质材料进行坡面防护或加固，主要用于易风化的软质岩石或破碎岩石的路堑边坡防护，其优点在于具有较强的抗冲刷、抗风化能力，施工受季节限制小。刚性护坡技术包括封面护坡技术、护面墙技术、预制块护坡技术和砌砖护坡技术四种类型。封面护坡技术是利用矿料（主要是水泥）将坡面覆盖，起到工程防护的作用，主要包括抹面、捶面、喷浆、喷射混凝土等形式（图4-4）。捶面一般采用三合土或原土夯拍形成一定厚度的硬壳层，从而起到土质坡面防护的作用；喷浆封面施工简便，适用于易风化坡面不平整的岩石挖方边坡；喷射混凝土防护用于边坡坡面岩体裂隙和节理发育多、坡面不平整的风化岩石路堑边坡。护面墙技术适用于防护风化严重的软质岩石或较破碎岩石的挖方边坡和不稳定的土质边坡防护。该技术主要采用片石通过砂浆砌筑而成的边坡防护形式。护面墙的设置可有效地防止降水沿坡面的下渗，减轻坡面的冲刷剥蚀。这种防护要求砌石表面贴紧坡面，表面砌平，厚度可不一。沿墙体每隔10m设置2cm伸缩缝，上下每隔3m设置梅花状的泻水孔（图4-5）。水泥混凝土预制块护坡技术主要用于高速公路的高填方、立交桥头等区域。护坡底面应铺设碎石或砂砾垫层或土工织物反滤层。预制块砌缝用沥青麻筋、沥青木板等材料填塞。砖砌护坡技术主要用于石料、砂料来源困难地区小型修补工程或地形条件困难地段的边坡防护，其他地区一般很少使用。

生物护坡技术：也称柔性护坡技术，它主要通过在坡面上种植的植物的根、茎、叶来保护坡面。柔性护坡主要适用于土质边坡，石质土边坡在进行土壤改良的基础上，配合相应的工程措施，也可以开展植物护坡。该技术的作用原理是通过植物根系的力学效应加固坡面，通过茎叶及枯枝

a)

b)

图 4-4　云南大(理)保(山)高速公路的封面护坡技术——
a）喷浆；b）喷射混凝土

图 4-5　云南大(理)保(山)高速公路的护面墙技术

落叶的水文效应消减雨滴溅蚀，抑制径流冲刷(图 4-6)。植物护坡技术的类型包括地毯式草皮护坡、植生带护坡、液压喷播植草护坡、三维植被网护坡、土工格栅植草护坡、厚层基材喷播护坡等(表 4-6)。植物护坡技术的使用要求在于，植物护坡只适用于适宜植物生长的土质边坡或经改造后的石质边坡；边坡的坡度要比较缓，直接种草或铺草皮的适用坡度要缓于或等于 1∶1.0，植树的适用坡度为 1∶1.5 或更缓的坡度；树种应选择低矮灌木类，高速公路或一级公路的边坡严禁种植高大乔木(表 4-6)。该技术的优点在于，施工简单经济、有绿化、美化、景观效果，容易与道路周边的生态环境相融合。其缺点在于，养护工作量大，植被受外界环境变化影响大，一旦植被恢复没能达到要求，边坡防护效果要受到影响。

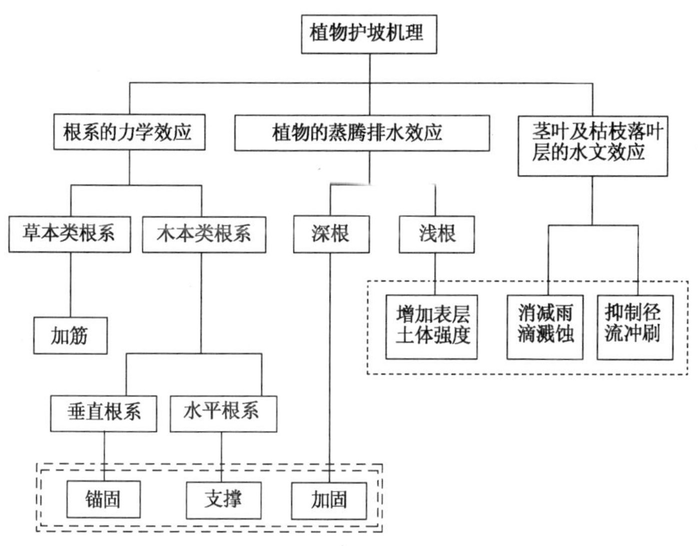

图4-6　植物控制坡面水土流失的作用机理

植物护坡技术的类型及防护要求　　表4-6

防护类型	坡体类型	坡比上限	坡度上限(m)	坡面平整度	备　注
地毯式草皮护坡	土质	1:1	10	要求	也适合砂土质混合边坡，但此类效果不理想
植生带护坡	土质	1:1.25	10	要求	也适合砂土质、强风化岩质边坡，但此类效果不理想
液压喷播植草护坡	土质	1:0.75	10	不能太差	也适合砂土混合或强风化岩质边坡
三维植被网护坡	土质	1:1	11	要求	也适合砂土混合或强风化软岩边坡
土工格栅植草护坡	岩、土质	1:1	10	要求	坡面是否细致平整是关键
厚层基材喷播护坡	岩、土质	1:0.3	35	不要求	坡面太陡的情况下挂网使用，混合物配方不同导致效果差异很大

在生物防护中，不同的植物筛选以及植被配置对公路边坡土壤侵蚀的影响不同。在对沪蓉国道主干线宜昌至长阳（白氏坪）高速公路的研究结果表明，草本混播（主要植物物种为狗牙根、白三叶等）、草灌混播（主要植物物种为高羊茅、紫羊茅、木豆、山毛豆、猪屎豆）、草灌乔混播（主要植物物种为高羊茅、紫羊茅、木豆、刺槐、马尾松）三类植物组合，在相同的气候、地形以及土壤条件下，在植被恢复第一年内，对拱形框架梁内的土壤侵蚀的影响表现出差异性。在试验的三种混播类型中，草灌混播类型在植被恢复第一年内，在防治土壤侵蚀方面效果最佳。其中，在植被筛选和配置试验中，草灌混播类型（高羊茅、紫羊茅、木豆、山毛豆、猪屎豆）保土效益最好，分析表明木豆、山毛豆、猪屎豆在该自然条件下具有较强的适应性，符合研究区高速公路边坡绿化要求（表4-7）。

不同生物防护技术的作用效果 表4-7

位　置	混播类型	代号	降雨总量（mm）	侵蚀深度（mm）	侵蚀量（t/km^2）
ZK（左线右侧）	草本混播	H-2	597．5	11．7	17 555
	草灌混播	H-10	597．5	11．0	16 505
	草灌乔混播	H-15	597．5	11．4	17 105
YK（右线左侧）	草本混播	H-1	597．5	11．7	16 386
		H-2	597．5	11．3	15 826
	草灌混播	H-7	597．5	12．8	17 926
		H-10	597．5	10．8	15 125
	草灌乔混播	H-14	597．5	11．0	15 406
		H-15	597．5	11．3	15 826

生态工程护坡技术，是指利用土工材料与植物的有机结合，在坡面构筑一个具有自生长能力的功能系统，在土工材料的辅助下，通过植物的根系固土，植物的叶茎和表皮蒸腾排水、防冲蚀和入渗，控制雨水和风对边坡的侵蚀，增加土体的抗剪强度，减小孔隙水压力和土体自重力，提高边坡的稳定性和抗冲刷能力，达到护坡的目的。该技术的主要优点在于，吸取了刚性防护技术的抗冲刷、抗风化、防护效果直接的长处，和柔性防护技术绿化、美化效果好，容易与道路周边的生态环境相融合的长处。既有较好的防护效应，又有较好的生态效应；既解决了刚性防护没有绿色和防护体与下层坡体易分离的问题，又解决了传统植物防护在植被层没形成之

前没有防护能力的问题。生态工程护坡技术的类型主要有坡面圬工防护、三维植物网防护、栽藤防护、挂网喷播防护、土工格室防护、防护板技术及综合生态防护等（图 4-7）。

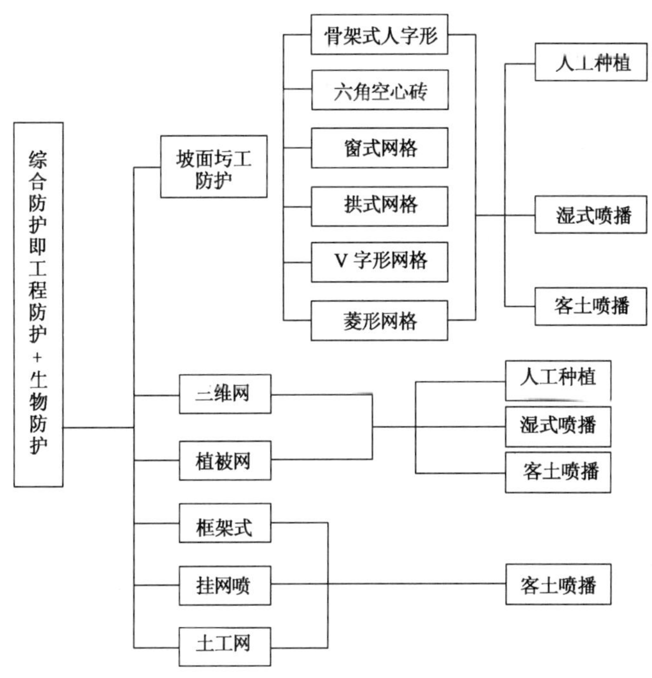

图 4-7 公路坡面生态工程防护的主要类型

坡面圬工防护即骨架植物防护，是目前最常用的一种生态护坡技术，主要采用混凝土、浆砌块（片）石等做骨架形成框格（图 4-8），框内种草、铺草皮，从而利用骨架防止雨水侵蚀坡面、维持植被稳定，达到护坡的目的。框格类型主要有混凝土预制块框格、现浇混凝土框格、浆砌块（片）框格，形状主要有拱形骨架、菱形（方格）骨架、人字形骨架、六边形（圆形、鱼鳞形等）混凝土空心块。这种护坡技术的优点在于骨架植草防护既能稳定路基边坡，又能节省材料，造价较低、施工方便、造型美观，能与周围自然环境融合，推广前景较为广阔。

三维网护坡技术是依靠三维塑料网良好的固土能力，在刚开挖的坡面上堆填一层适合植物生长的耕植土，在填土上种植植物的一种技术。三维植物网护坡的优点在于，固土性能优良，防止土粒、种子被冲刷流失；消能作用明显，凸凹不平的表层可使风和水流产生小涡流，起到消能作用；网络加筋突出，植物根系与客土、塑料网交织在一起，形成坡面加筋复合保护层；保温功能良好，三维网的地被覆盖可以起到冬季保暖、夏季降温的作用，一定程度上解决了逆季施工的难题。

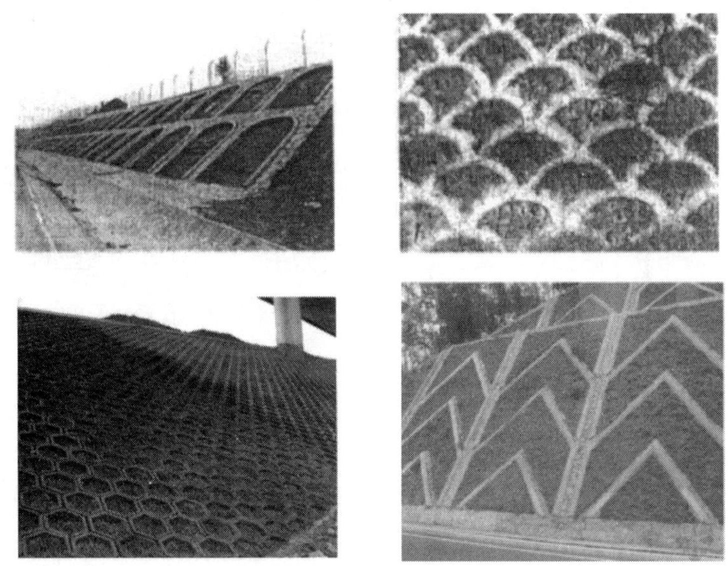

图 4-8　不同形状的骨架植物防护组合

栽藤护坡是在采用护面墙、抗滑桩、挡土墙等人工构筑物地段，栽植攀缘性藤蔓类植物，遮蔽与自然环境不协调的人造景观，达到美化环境的效果。同时，藤蔓类植物的覆盖性很强，可以防止降雨对坡面的击溅作用，在石质边坡、岩石边坡或植树种草的低矮边坡也可以用栽植攀缘性藤蔓类植物的方式降低降雨对边坡的破坏作用。

挂网客土喷播技术是在石质土或风化岩石的坡面上，铺设有一定硬度、强度和韧性的金属网或热塑性树脂（聚乙烯）网，然后再将经过改良的土壤（客土）喷射在网的表面（厚度为 15 ~ 30cm），最后在客土的表面播撒植物种子。近期由北京师范大学资源学院顾卫等发明的土壤保护纤维棉网是新型的生物工程护坡材料，它是一种由聚乙烯纯加强网、聚酯纤维棉网、含有种子和肥料以及土壤改良剂等的混合物、棉质或纸质无纺布构成的土壤保护棉网。其中聚酯纤维棉网按低密度随机方式纺弹而成，厚度为 3 ~

50mm，空隙度为85%～98%，覆盖在土壤表面能固定土壤颗粒，遇到降水时能形成导水层排除土壤积水，保护土壤不被侵蚀。植物种子及肥料构成的混合物，是根据中国不同自然区域的环境条件组合而成。该发明作为防止土壤侵蚀的生物工程技术，可用于道路护坡、绿化植树、预防水土流失、水库面源污染控制、江河湖泊堤岸防护、防风固沙以及山地特殊植物栽培等工程。

土木格室技术，是由高密度聚乙烯宽带经超声波焊接而成的具有三维蜂窝状格室结构的立体材料，结构强度和土工利用模数都较高。在展开后的格室内充填砂、泥土等材料后，两者共同构成具有强大侧向限制和大刚度的轻型网状结构体，可用于坡面防护和建造挡土墙。土木格室用于坡面防护时，可根据坡面的陡缓不同，采用平铺式与叠砌式两种形式，缓边坡采用平铺式，陡边坡采用叠砌式。

绿化防护板技术，是利用新型防护材料——防护板实施的植物护坡技术。防护板是由高分子材料挤出成条状片材，中间留有空隙，可以栽种植物。与土工格室相似，该材料具有材质轻、耐磨损、化学性能稳定、耐光氧化、耐酸碱腐蚀等优点。而且，其最大的特点是组合后构成一个半三维的立体结构，并可以固定在陡坡面上。

在实际的边坡防护工作中，对于高填路堤或深挖堑边坡，采用单一防护形式一般不能满足稳定性及水土保持的要求，多数情况下需要采用两种或两种以上的边坡生态防护技术组合，使边坡防护更加合理，有利于防止水土流失，起到绿化、美化的作用，达到综合防护的效果，而且节约造价。目前，主要组合形式有：矮挡墙＋护面墙＋骨架植草防护、护面墙＋骨架植草防护、护面墙＋挂网喷护、锚杆＋护面墙、圬工防护＋攀藤植物防护等，取得了良好效果。

(3) 土壤改良技术

土壤改良的目的是增加土壤有机质和养分含量，改良土壤性状，提高土壤肥力。对路域土壤而言，土壤改良的基本途径有：水利改良，如，建立排灌工程，调节地下水位，改善土壤水分状况，排除和防止盐碱化；工程改良，如，运用平整土地，兴修梯田，引洪漫淤等工程措施改良土壤条件；生物改良，用各种生物途径，如，种植绿肥、牧羊等增加土壤有机质以提高土壤肥力或营造防护林等；化学改良，如，施用化肥和各种土壤改良剂等提高土壤肥力，改善土壤结构等。在这些途径中，目前比较常用的措施是生物改良和化学改良。

生物措施有植物改良和微生物改良。植物改良是种植豆科绿肥或多施农家肥。当土壤过砂或过黏时，可采用砂黏互掺的办法。中国南方的酸性红黄壤地区的侵蚀土壤磷素很缺，种植绿肥作物改土时必须施用磷肥。微生物改良是利用光合菌、共生良好的乳酸菌、酵母菌、枯草芽孢杆菌、溶磷菌、溶钾菌、固氮菌、小分子甲壳素及多种分解酵素，有效分解土壤中的营养物质。通过微生物改良剂，可以有效转化底肥，释出小分子养分与活性因子，改良土壤肥分；调节土壤 pH 值，改善土壤团粒结构，营造有益菌群优势，增加土壤肥力；提高多种天然抑菌酵素强效防治土壤传染性病虫害的发生，如猝倒病、枯萎病、青枯病、线虫、根腐病等；解除化肥、农药及有害因子对土壤的破坏，克服连作障碍；挽救老化植株，配合有机肥使用，复活率可达 80%。

化学措施是用化学改良剂改变土壤酸性或碱性的一种措施，常用的化学改良剂有石灰、石膏、磷石膏、氯化钙、硫酸亚铁、腐殖酸钙等，视土壤的性质而择用。如对碱化土壤需施用石膏、磷石膏等以钙离子交换出土壤胶体表面的钠离子，降低土壤的 pH 值。对酸性土壤，则需施用石灰性物质。化学改良必须结合水利、工程、生物等措施，才能取得更好的效果。高速公路盐碱土壤绿化，全盐含量超过 1% 以上，采用综合微区改良方法，效果很好。方法是先挖 1.2m × 1.2m × 1m 的种植坑，四周围上塑料薄膜，防止四周盐碱土进水后侵害苗木根系；底部的单铺要剪上 20 个左右透水孔，圆孔径为 3.5cm 左右，底部施 15cm 厚的炉渣或麦糠做隔离层，防止地下盐碱水上返；再按照下述的操作施入有机肥料，上部按照前述的要求填好种植土约 50 ~ 60cm，然后进行栽植。在微区综合土壤改良后，增施有机肥和化学微肥是改良土壤的有效措施之一，如，牛马粪、饼肥、鸡粪等，不仅能改善土壤结构，而且在腐烂过程中，还能产生酸性物质中和盐碱，有利于树木根系生长，提高树木成活率。每穴苗木采用放射沟施肥，规格为长 50cm、宽 30cm、深 25cm，结合浇水进行。还有一种做法是，施用园艺盐碱土改良肥，这是一种新型的改良盐碱土壤的肥料，改良肥内含有现代生物技术高分子化合物及多种吸盐物料，含量为 30% 的有机质及适量的氮、磷、钾营养元素。园艺盐碱土改良肥的 pH 值为 5.5，因此能有效降低土壤含盐量，且对改良微咸水也有一定的效果。园艺盐碱土改良肥利用离子交换的方法，以转化盐类、改良盐土为原则，集改盐和培肥于一体，有效地改良盐碱土壤。操作时，将改良肥撒于地表，深翻30cm，配合有机肥使用效果更好，平整土地后进行施工栽培。例如，石黄高速公路衡水段有10km的苗木，每株施用园艺盐碱土改良肥1kg后，种植的河南桧、榆叶梅成活率达到96%，作为对照的苗木，其成活率仅为65%。

土壤改良后，根据土壤养分分级标准（表4-8）来判定其效果。一般而言，土壤养分达3级以上，改良效果较好。

土壤养分分级标准　　表4-8

级别	有机质（%）	全氮（%）	速效氮 PPM	速效磷 PPM（P_2O_5）	速效钾 K_2O
1	>4	>0.2	>150	>40	>200
2	3~4	0.15~0.2	120~150	20~40	150~200
3	2~3	0.1~0.15	90~120	10~20	100~150
4	1~2	0.07~0.1	60~90	5~10	50~100
5	0.6~1	0.05~0.075	30~60	3~5	30~50
6	<0.6	<0.05	<30	<3	<30

（4）荒漠化防治技术

在干旱半干旱地区，公路建设容易导致土壤沙化问题。土壤沙化的地区一般干旱多风，土壤植物生长缓慢，生态环境极其脆弱，恢复非常困难。植被一旦破坏，裸露的地表非常容易遭受风蚀，本来很薄的表层土壤被风吹走，剩下的就是粉沙，植被再也难以形成，土壤往往沙化。防治土壤沙化必须以防为主，治理为辅。应遵循因地制宜的原则，宜林的种树，宜草的种草，及时恢复植被，增加地表覆被。充分利用降雨，推广抗旱保墒和节水灌溉技术，改善土壤环境，降低荒漠化风险。

第三节　土 壤 利 用

土壤利用是指根据土壤性状及其分布地区的环境条件，研究、制订和实施土壤生产和管理的方式和措施。一般而言，某一地区的土壤利用模式往往取决于土地利用方向，农田、林地、草地（包括草坪）、水域、建筑用地以及裸地等不同土地利用方式决定了土壤利用的性质和方向。路域土壤受人为活动的影响强烈，其形成和性质与所处的自然环境没有必然的联系，本质上是一种泛域的人为土或人为新成土。除自然土壤物质外，路域土壤包含大量的人为物质，这些物质决定或影响着路域土壤的物理、化学和生物学特性。与自然土壤相比，路域土壤的利用具有一定的特殊性。

一、基本原理

路域土壤形成过程中，人为因素起主导作用。由于人为活动影响路域的地貌状况，这也会影响土壤的发育和形成速度。路域土壤的形成过程包括：表土丧失，养分和有机质丧失，压实结壳以及污染等。这些成土因子的作用，导致了路域土壤的异质性和多样性。路域土壤土层变异性大，呈现岩性不连续特性，这导致不同土层的结构、质地、有机质含量、pH 值、重度及与其有关的透气性、排水性、持水量和肥力状况的显著差异。路域土壤土层排列凌乱，许多土层之间没有发生化学上的联系，腐殖质层被剥离或者被埋藏，其他土层破碎且没有统一的出现规律，土层深浅变异较大。大多数路域土壤剖面中包含不同颜色和厚度的人造层次，层次之间过渡明显。

路域土壤在空间上变异十分明显，在较短距离内会出现完全不同的土壤类型。公路工程线路一般较长，同一个工程常同时跨越几个不同的土壤类型区。路域景观的改变、道路建设中的各种人为活动诸如压实、挖掘等决定着土壤发育的起止及方向。由于土壤组成来源、人为影响过程、自然影响过程都错综复杂，致使路域内土壤类型繁多，且空间变异显著，不像自然土壤在空间分布上那么均质、有一定规律。从空间位置角度出发，可以将路域土壤分为两侧隔离带土壤、路基及路堤边坡土壤、路堑边坡土壤、中央隔离带土壤、互通立交土壤、服务区土壤和取弃土场土壤。路堑边坡土壤又可以分为三种，第一种是石质边坡，下伏基岩裸露，边坡表面没有土壤；第二种是石质土边坡，基本上为岩石的风化壳，掺杂有洪积物或坡积物，严格来说这些风化物或洪积物也不能算是土壤；第三种是土质边坡，土壤的有机质层被破坏，芯土层或母质层外露，土壤的理化性质很差。路堤边坡的情况要略好于挖方边坡，但其养分情况也难以与该地的自然土壤相比。中央分隔带、互通立交以及取弃土场的土壤都是不同路段土壤的堆积，土壤空间异质性很大。尤其是中央分隔带和互通立交，依据不同的生态治理要求，其中可能是回填的肥沃回填土，也有可能是变性的工程渣土。

与自然土壤和农业土壤相比，由于在道路建设过程中挖掘、搬运、堆积、混合以及大量废弃物质填充，路域土壤即使在同一路域内，土壤性质及类型也会千差万别。如上边坡（挖方）一般为深层的生土，乃至岩石；而下边坡则往往为人工堆积填充的，或者从异地运来的混合土壤。路域土壤是在路域这个特殊的环境背景下发育起来的，它既继承了原有土壤的某些特征，又有其独特的成土环境和成土过程。由于路域土壤的成因、结构和理化性质具有十分显著的空间异质性（表4-9），因此在利用方向和模式上应采取因地制宜、分类利用的原则，充分利用路域土壤资源。

路域土壤的成因及组成　　表4-9

路域位置	土壤成因及组成
两侧隔离带	以自然土壤为主
路基及路堤边坡	由机械回填、碾压而成，沙石土混合物
路堑边坡	由机械挖掘而成，原生土壤母质部分，风化壳、基岩、心土
中央分隔带	人工回填而成，以自然土壤的表土或农田土壤为主
互通立交	人工回填而成，以自然土壤的表土或农田土壤为主
服务区	人工回填而成，以自然土壤的表土或农田土壤为主
取弃土、弃渣场	由机械挖掘或回填而成，弃土、弃渣场为沙石土混合物，取土场为心土或母质

二、表土利用

表层土壤或表土是指高速公路施工前，原生土壤的表层。它包括农用土壤的上表耕作层，林地、灌丛草地根系密集的表层，相当于土壤剖面的A层和AB层，是路域植被生长必要的土壤基质。它不仅养分充足、结构条件好，而且含有当地乡土植物的大量生物基因库，是快速恢复当地原生植物群落的重要物质基础。在以往的公路施工中，这些地表土不是被压在路堤下面就是被挖除弃掉，使宝贵的地表土白白浪费掉。近年来，国内外学者逐渐认识到利用表层土壤中的植物种子库是实现区域植被自然恢复的有效途径。土壤种子库与目前普遍采用的靠外来植物种子或种苗的大量引入相比，不存在外来植物入侵的生态风险，符合恢复生态学的基本理论。因此，对表土进行回收利用十分必要。

表土回收利用并不需要复杂的工程技术，只需在进行地表开挖、压占之前，先将0～20cm或50cm的表土铲取后，集中堆放，以后可分配在需要开展生态建设的路域各个部位。例如在伊（伊春市）嘉（嘉荫县）公路的建设中，充分利用表土做路基坡面罩土，为植物快速生长繁衍创造了条件。其具体做法是：将公路沿线用地范围内，原地面表层40～120cm以内的腐殖土、沼泽地的淤泥质土挖除，留下来做坡面罩土，与路堤土石方同时填筑，随着路基填筑完成，坡面罩土随之结束。在具体施工中，每层路基土填筑前，先人工培出一条不规则梯形带，然后，在其中填筑路基，整形后，用压路机同层碾压。为确保路基边坡的压实，使罩土与路基土密实衔接，规定在每层路基土压实完后，必须对路基边缘用小型振动夯实机具再次进行夯实三遍以上。在路基完工后，应及时整形，避免在杂草生长出来后再削坡而造成不良的后果。实践证明，伊嘉公路路基完成的当年，一些杂草就扎根生长，很快繁衍覆盖。由于充分利用了原地面表层土，由此节约了很大一部分为坡面罩土征用的土地，减少了植被破坏面，有利于防止水土大量流失，避免了路基填料的大量浪费。

回收表土有两种方法：一是块取法，另一是散取法。块取法即按块进行表土的收集，一般将表土划分并切割为一定的方格，切割深度控制为20～30cm，然后用机械或人工将表土按块取走，按一定的规则堆放在一起，以备使用。堆放期间，为防止土壤干裂松散，需定期洒水，以保持土壤的湿度和完整性，并保证土壤中草本植物的生存用水。在土地复垦时，先将地表平整后，再把土块按顺序放置并拼接成整体；定期洒水，促使草本生长发育或根据需要进行土地整理，恢复使用。散取法则不用保持土壤的完整性，只需在土地被压占前，用机械或人工将表土挖松并收集在一起，收集厚度一般为20～50cm。收集方法可以采用袋装和散堆两种形式。前者将土装入编织袋；后者直接堆放在指定场地。堆放场所选择，一般按就近但不影响施工为原则。为避免土层混乱，在表土回收过程中必须按土壤层次进行采集并进行编号标识。同时，在表土堆放期间，需要定期洒水，以防止尘土飞扬。

表土回收后可以进行回填利用或资源化处理，使之变为堆肥物质或农用土壤资源。表土回填利用处理技术最早出现在日本的农田整理中，其基本做法是在平整土地的开始阶段，先将表层土壤堆放在一块，再进行土地平整，平整达到要求后，再将表土均匀地铺上。后来，表土处理技术逐步在工程建设中得到应用，如1956～1990年间日本投入了62亿多日元和大量人力、物力治理关东足尾山矿山，其中就有相当部分的人力、物力和财力被用于表土剥离和回填利用。有关表土剥离与回填应用技术，我国在露天矿区进行了一些有益的尝试，主要研究集中在表土的剥离工艺和复垦工艺上，对表土的利用只是进行了比较简单的覆盖或回填复垦利用。公路路域的表土利用，目前表土利用还仅仅局限在公路施工初期分段集中存放。公路施工后期，将表土简单地在公路边坡、取弃土（渣）场等区域进行覆盖绿化，以及用于拌和场、施工营地等临时占地的复耕。

目前，国内外关于针对公路建设清理表土、分类资源化与深加工综合利用的研究尚未见报道。公路建设中清表处理的植物残体中含有丰富的有机质及氮、磷、钾养分，是非常优秀的堆肥原料。堆肥是好氧微生物在适宜的环境条件下（温度、湿度、氧气），将有机物质分解熟化的过程，堆肥的最终产物是类腐殖质。堆肥物有机质含量为30%～50%，氮、磷、钾含量为3%～5%，腐殖质含量为3%～5%，可以作为良好的有机肥，对于提高土壤肥力，促进土壤团粒结构形成，加速路域植被生长有重要意义。目前，国内外堆肥领域的研究主要集中于生活垃圾、畜禽粪便、城市污泥及城市绿化修剪物等环境污染治理领域，对于公路清理表土中的有机材料的资源化还没有涉及。因此，堆肥处理将是公路表土资源化利用的主要方向。另外，表土可以作为农作物、草坪绿地、果树茶园、庭院植物等的土壤基质，经客土转化后得到高效资源化利用。

三、弃土（渣）利用

弃土（渣）指的是利用挖方填筑路基所剩余的土或不适宜筑路而废弃的土石方。目前，对于废弃土石方的一般处理办法，一是将其运至指定弃土堆放场或沿公路堆放，一是对其进行资源化利用。公路弃土堆放不仅大大地增加工程造价，对于弃土场地周围的自然环境也可能产生一定的破坏，而且还会影响路线的整体美观。因此，如何因地制宜地采用多种形式对弃土进行整形改造利用及将废弃土（渣）资源化，对公路沿线的绿化美化、减少土地占用、环境保护起到重要的作用。废弃土（渣）在堆放前，先进行分类处理，将弃渣中的大型石块分拣出来砌挡墙或做建材，中小型石块用来铺路基或砌路堤，剩余的沙石或土块则进行堆放、整形、利用。一般而言，公路弃土（渣）的堆放类型有沟道型、坡面型、填洼（塘）型、平地型（图4-9）。由于每一类弃土（渣）场的特点差异较大（表4-10），其利用模式也各不相同。

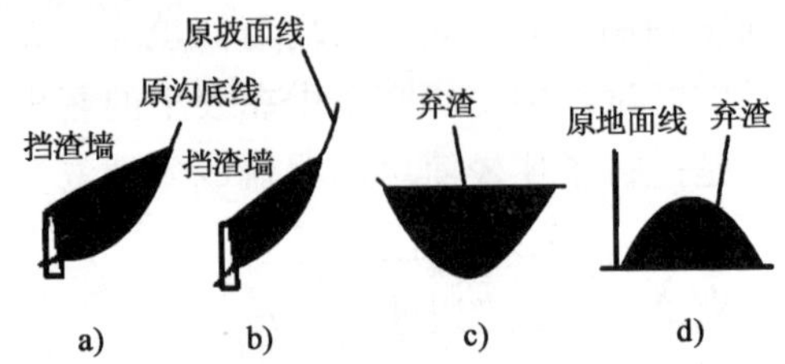

图 4-9　弃土场类型图

a）沟道弃渣场；b）坡面弃渣场；c）填洼（塘）弃渣场；d）平地弃渣场

各类弃土（渣）场的特点　　表 4-10

弃渣方式	优　　点	缺　　点	优先选择顺序
沟道弃渣	弃渣量大	1. 需设挡渣工程，投资大； 2. 需设沟内排洪工程，投资大； 3. 潜在的水土流失危害大； 4. 对周边环境影响较大	3
坡面弃渣	弃渣量较大	1. 需设挡渣工程，投资大； 2. 需设坡面坡流排洪工程，投资大； 3. 潜在的水土流失危害大； 4. 对周边环境影响较大	4
填洼（塘）弃渣	1. 不需设挡渣工程，投资省； 2. 潜在的水土流失危害较小； 3. 对周边环境影响小	1. 弃渣量小； 2. 需设排洪工程，投资不大	1
平地弃渣	1. 不需设挡渣工程，投资省； 2. 潜在的水土流失危害较小； 3. 对周边环境影响较小	1. 弃渣量不大； 2. 需设排水沟和沉沙池，投资较大	2

沟道型弃渣场：弃土(渣)场填筑前，先进行表土清理，采用弃土(渣)中的大型石块砌块石挡土墙，并布设排水系统，形成具有一定构形的坡面。弃渣堆放完毕后，再将表土回填或覆以客土，其上种植作物或牧草，发展农牧业生产；或人工恢复植被，发展经济或生态林(草)业；或者将施工场地硬化，建造观景台、路标牌等人工景观。

坡面型弃渣场：与沟道型弃渣场的处理方式类似，主要采用浆砌块石挡土墙，并布设排水系统。挡土墙的断面高度及尺寸根据各渣场的堆渣高度及地质条件等特性而确定。坡面型弃渣场顶部采用复垦和植被恢复措施，发展农牧业生产或生态建设；或者将施工场地硬化，建造观景台、路标牌等人工景观。

填洼（塘）型弃渣场：弃土（渣）填平后，通过表土回填或客土喷播，改善土壤立地条件，发展农牧业生产；或进行场地硬化及浆砌石挡土墙砌筑，作为施工场地、管理占地或服务设施用地。

平地型弃渣场：平地型弃渣场主要采取护坡工程，弃渣场填筑前，先进行表土清理，并用填土草袋作临时防护，弃渣堆放完毕后，再将表土回填。经整理后，种植作物或牧草，发展农牧业生产；或种植绿化植物，再造绿色景观。如伊嘉公路还有部分挖基产生的大量废弃土方在路线两边形成土堆，严重影响了路基两侧的美观。运用机械对其进行整形，达到景观再造的作用。整形的原则为：尽量降低土堆高度，使其低于路堤填高；随路线纵坡起伏变化；使土堆表面平整，边平整、边绿化。在伊嘉公路五汤段原为路基填筑的取土场，其位置近邻路基而且还处于平曲线路段，取土时产生的地表土堆积形成“小山”，严重影响了行车视线及路线美观，如若将“小山”随路线纵坡起伏挖除、平整，将露出开挖破烂不堪的取土场。本路对该段整形采取的办法，是将“小山”随路线纵坡挖除，降低“小山”高度使其低于路堤。将挖除土集中堆放备用，然后对取土场进行修整，运用挖掘机将可挖动的土石堆整平，将不可挖动的石方就地将周围土汇集形成台阶状。整体上逐渐形成“梯田”，再将“小山”挖除的备用土对其进行罩面。平整完毕后，在梯田上种植小麦。种植小麦是因其具有容易发芽、生长成坪快的特点。一般情况下，小麦种植3d发芽，5d出土，10～15d就成坪。成坪后坡面犹如绿毯覆盖，非常整洁美观。在小麦生长期内，野生杂草也竞相发芽，出土生长逐渐代替小麦面成草坪。实践证明，伊嘉公路经过对废弃土的整形、绿化，达到了景观再造的效果，为原有环境增加了新的色彩。

第五章 植被恢复

第一节 公路植被恢复理念

生态恢复系指一切旨在改良被损害的土地并恢复其生物学潜力的措施。高速公路建设中的生态恢复以恢复生态学为理论基础。恢复生态学研究的对象是那些在自然灾变和人类活动条件下受到破坏的自然生态景观的恢复和重建的问题。国内外有不少研究成果，为生态恢复奠定了理论基础。生态恢复过程是破坏过程的逆向演替，恢复生态学方法的主要理论意义就是说明如何实现这一逆向演替过程。

有关研究得出，人为裸露坡面植被的自然恢复过程时间长达6年，在自然植被恢复的前期，并未产生明显的水土保持效果，只有在植被完全覆盖坡面、地表草本植物落叶层出现时，土壤侵蚀才能趋于停止。由于高速公路建设中产生为数不少的人为裸露地面或坡面，其生态恢复采用人工生态恢复的方法和技术，即根据生态学原理，利用生态工程措施或生物工程措施等方法，人为地对被破坏的土地进行生态恢复或重建，使被破坏土地在短期内恢复植被和土壤，并达到一定的植被覆盖率和土壤肥力，恢复生产力。同时，以植被恢复为前提，以绿为主，恢复并形成与自然协调的植被；利用绿色植被，预防和治理水土流失，加强路基边坡的稳定性，并恢复和改善道路沿线的生态环境与景观环境。植被恢复没有一成不变的模式，在植物品种的选择上，应因地制宜，根据公路的等级、边坡的坡度、气候条件、土壤条件及地质地貌结构等而定。此外，景观美化也是一个不能回避的理由，但是公路绿化还是有章可循的。

公路路域生态设计的目的，是研究在遭到破坏的公路路域用地范围之内，如何通过人工的方法促进原有生态系统的恢复和完善，满足公路交通安全需要、固土护坡、减缓水土流失并形成良好路域景观、提高公路使用舒适度的功能。植物群落设计是路域生态恢复的最关键技术之一。

植物群落设计技术的核心是如何有针对性地选择施工路段拟种植的植物物种及其组合结构，包括边坡植被、中央隔离带植被、服务区、生活区和互通区植被等。路域生态恢复对植物群落的最基本要求有两点：一是要保证在路域裸地内建植的植物群落有较高的存活率；二是要使恢复后的植物群落具有稳定性和能够自我维持、更新的能力。要达到这样的要求，植物群落设计要遵循以下原则。

一、植被护坡的功能性

公路植被生态恢复的主要目的是保护坡面和恢复生态。在进行植被设计时必须要考虑护坡对植物的要求。这一要求体现为两方面：一是要求选用速生植物种，尽快在坡面形成植被覆盖层。因为只有当植被层迅速形成之后，外力对坡面的侵蚀才有可能由于植被层的阻挡而被化解。二是要求选用根系比较发达的植物，因为发达的根系可以牢牢地抓住土壤，与植物的叶茎的覆盖作用相结合，达到保护坡面的效果。

采用植物防护，就是利用植被对边坡的覆盖作用、植物根系对边坡的加固作用，保护路基边坡免受大气降水与地表径流的冲刷。采用植物防护，增加植被面积，减少地表径流，可从根本上减少路基的水土流失。植物覆盖对于地表径流和水土冲刷有极大的减缓作用。枝叶繁茂的树冠能够截留一部分降水量，庞大的根系能直接吸收和涵蓄一部分水分，还可稳定地表土层。而没有植被覆盖的地方，降水量全部落在地表面，形成径流，造成水土侵蚀和冲刷。植被的根系能与土层密切地结合，根系与根系的盘根错节，使地表层土壤形成不同深度的、牢固的稳定层，从而有效地稳定土层，固定沟坡，阻挡冲刷和塌陷。

工程护坡的不足之处是缺乏生态效果，但是对边坡有支挡加固作用，为植被生长提供稳定环境。特别是在高陡边坡，植被防护与工程防护有机结合尤为重要。坡面种植植被后，植物的根系增强了坡面表层的稳定，因而对边坡稳定起到重要作用。目前，学术界和工程界在考虑植被护坡时，不仅仅是做到坡面绿化，而是将工程防护和植被防护有机结合起来，形成稳固而又有生态景观效应的防护结构体系。

工程和植被结合防护方式，克服了单纯植被防护在高大边坡、土质情况松散边坡及易发生边坡滑动的边坡防护中的防护力度不足的缺陷，同时也弥补了单纯的工程防护造价高、防护景观效果不佳、对地表径流的缓冲作用差的不足。而且工程和植被结合防护达到了两种防护方式的优势互补和劣势弥补，在实际中应用较多。在公路下边坡的防护中，所用的格栅和灌木栽植的防护方式就是应用工程和植被结合的原理，在公路防护中得到了广泛应用。

二、植被的自然恢复性

长期以来，在公路植被过程中，人们把目光集中在如何在不利的自然条件下把树或草种存活为研究目的，在这样的理论指导下，在栽培方面获得很大的成功，形成一系列在不同条件下的施工工艺，如植生带、土工网、三维网、草袋、保水剂、生根粉等，这些都为将来的植被恢复提供坚实的基础。但人们在实施过程中也发现了一些问题，根据所在地的气候，经过各种努力，采取了适当的栽培措施之后，初期，苗木和草坪生长旺盛，但很快就发生衰退，快则3~5个月，慢则1~2年，更甚者2年后基本又回到裸露状态。分析这种现象发生的原因，其实这些都是必然的结果。

恢复植被的存废不能依赖人类的帮助，应充分利用自然力和自然演替规律使其逐渐演化为天然植被。惟其如此，植被才有可能真正成为自然生态系统的一部分，具有其应有的生态功能和效益。根据这一原则，“自然恢复”在各种恢复方法中是最值得推荐的方法。“自然恢复”就是无需人工协助，只是依靠自然演替来恢复已退化的生态系统。

在公路绿化初期，所栽植的苗木和草坪一般被认为是先锋植物，它们被后来的植物所替代，最后形成多种物种并存的状态，是一种组成比较稳定的植物生态系统，也是自然演替的必然规律。

三、植被恢复的地带性

在植物的搭配上，要侧重对当地树种的应用，尽管在公路施工过程中，原有的小气候发生了变化，即便是当地树种，也不是非常适应，但大的气候不大，从长远的角度来看，选择当地树种，在采取一定的措施之后，将来可以减少绿化的养护。

高等级公路建设需占用大量耕地，引起生态破坏和水土流失，破坏了地带性自然植被。因此，在高等级公路植被护坡中，需要找出在这个地方的气候和土壤等自然条件下可能的自然植被类型，这就是“自然潜在植被”，是在所有演替系列中没有人为干扰，而在现有的气候与土壤条件（包括在人为创造的条件下）下能够确定的植被类型。由于潜在植被是在人们研究了这个地区的植被现状和历史以及自然条件的基础上确定的，它反映了该地区现状植被趋势，因此，按照潜在植被类型进行高等级植被护坡建设更能适用该地的自然环境，获得稳定发展。任何一个群落的存在都需要一定的环境条件，因而每一个群落都有一定的分布区域。因此，在进行高等级植被护坡工程之前，要了解公路所在气候带、土壤和地形情况，决定土壤是否需要改良和换土以及选择适生护坡植被类型。

植被恢复应尽可能地使用本地物种，必要时经过严格的科学评估，亦可使用某些外来物种，但不能大量使用，更严禁使用外来入侵种。外来入侵种最主要的危害是采用各种方式杀死或排挤当地土著物种，从而引起生态系统中物种的单一化，进而导致很多相应的生态问题。最麻烦的，还是一旦外来物种大面积入侵，就失去了人类的控制，往往是用尽所有办法都无法将其清除，甚至无法限制其继续扩散。很长时间以来，我国在进行植被恢复和种植经济植物时使用外来种甚至入侵种。特别需要注意的是，“外来”这个概念不是以国界，而是以生态系统来定义的。如在退耕还林过程中，大量种植的国产经济树种，其中许多被错误地种植到其原来不出现的海拔或地区，这同样会导致入侵现象。

即使不是入侵种，而只是一般的外来种，也不宜用于植被恢复。因为它们仍然会占据当地植物的生存空间及养分，造成当地植物以及动物种类和数量的减少。外来物种组成的生态系统所具有的生态功能和作用要远低于天然生态系统。大面积地种植外来物种，对于资源紧缺的中国来说也是一种浪费，因为它们占用了空间，消耗了资源，却没有带来应有的生态功能。

四、植被恢复的多样性

生物多样性原理是指复杂的生态系统是最稳定的，其生物组成种类繁多而均衡，食物网纵横交织，其中一个种群偶然增加与减少，其他种群就可能及时抑制和补偿，从而保证系统具有很强的组织功能。

群落演替和生物多样性原理告诉我们：生态系统防护中其生态功能的再现，是以恢复植物群落为基础的，初期的人工再造的植物群落，不是也不可能是最终的、稳定的顶级群落，必然会沿着群落演替规律的方向发展。这就要求边坡生态群落种群的设计，要考虑群落演替的动态变化中从初级群落向顶级群落演化过程中的变异和控制；要考虑一旦出现逆演化和退化现象时的引导性养护措施的实施。路域生态系统的建群物种要丰富且适宜，种群单一或简单会导致生态系统稳定性下降，抗干扰能力下降；种群过多导致系统内生存竞争加剧，造成系统自组织能力降低，不利于植物群落健康演化。

高速公路建成以后，需要尽快恢复植被，以便尽快控制水土流失。特别是边坡，没有植被的有效保护，水土流失将很严重。因此，要求早期选用的植物材料需要有快速生长的能力，同时对其固土、护坡和抗逆能力也有很高的要求。植物材料大体可以分为四种类型：乔木、灌木、草本植物和攀缘植物。每一种植物都有自身的特点。如灌木护坡能力比较强但早期的生长能力不及草本植物，因此，在植物材料的选用上采用混播，特别在边坡上更是如此。早期利用草本植物发芽生长快、耐瘠薄的特点，尽快护住坡面，控制降雨和浇水过程中产生的面蚀，保护路基的安全，同时为后期木本植物的生长创造条件。木本植物早期生长比较缓慢，对土壤的质地、结构、土壤水分和营养等的要求相对较高，正如在施工中常遇到的那样，土质边坡出来以后，如没有人类的干扰，最早在其上定居的是一些草本植物。随着草本植物在生长过程中分泌的物质以及根系的不断死亡和再生，使土壤结构和营养成分发生改善，更利于灌木的生长。

恢复植被应具有天然生态系统所要求的异质性(或称多样性)，这包括物种组成上的异质性，年龄结构上的异质性以及资源利用上的异质性等。这些异质性为多种动植物的生存提供了各种机会和条件，因此，也有利于提高生物多样性水平。

物种多样性是生物多样性的重要组成部分，一般可以认为它是群落内物种数目和每一个物种的个体数量。把握物种多样性原则，应注重以下问题：一是避免单一种的大量使用，尽可能地采用混播。例如采取禾本科与豆科、菊科混播，乔、灌、草混播等。二是注重地区（大范围）物种的“绝对”丰富和地段（小范围）物种的“相对”丰富，即整个地区的群落类型和物种数目尽可能多，局部路段的物种数目相对稳定。例如植草的边坡，物种数目以3～5种为宜。这样可避免由于种间竞争，使初期投入的很多物种发芽后难以存活。初期投入适量的物种作为先锋种，先达到覆盖地表、为整个生态系统恢复创造条件的目的，然后经过4～5年时间的自然竞争淘汰，邻近的本地群落的物种不断侵入，最终逐渐地形成适合于当地地带性特征的植物群落。

高速公路边坡防护经历了一个从工程防护到植被防护的过程。当前，草灌混播技术成为研究的热点。与传统工程防护不同，草灌混播技术克服了造价高、工程量大、结构生硬的缺点，不仅起到防护坡面、防止水土流失的作用，而且可以绿化、美化路域景观。虽然该技术已在边坡防护工程中有所应用，但对优化植物配比，合理喷播密度等方面的研究较少，特别是从群落水平上，对喷播后植物群落的恢复效果的研究较少。

五、景观美学可观赏性

高速公路建设中的生态恢复除恢复自然生态系统外，还延伸到改善生态环境和景观环境。它具有两方面的功能，一方面，恢复工程建设中被损环境的自然生态系统及其生态功能，控制水土流失，保护路基边坡；另一方面，恢复和改善路域的景观环境，绿化美化道路沿线环境，改善道路交通环境，提高环境质量。因此，生态恢复应将植物物种的自然生态习性与其对景观的绿化、美化功能结合起来。

目前国内植被护坡发展趋势是不满足于单一品种的种草绿化，而是选用多品种结合取得综合绿化效果。正因为如此，植被护坡的景观设计应运而生。因此，在进行景观效果设计时应考虑以下两个问题。

（1）与周围环境相协调。在选择植被种类时，应考虑边坡所在地的植物类型、植被环境。这样做的目的是让边坡植被的“小环境”与当地植被的“大环境”协调一致，产生一种总体的景观效果。否则，小环境的景观设计再好，也无济于事，也不能持久。更重要的是，在一定时间后，应使“小环境”融合于“大环境”。

（2）合理选择主景。主景的选择很关键，应根据边坡所在地的环境条件来确定。例如，根据边坡环境条件，如果选择草原型植被作为护坡目标，则应以草坪为主景，将乔、灌、花按一定比例合理配置在草坪的不同位置，用来加深和衬托草坪主景的气氛。草坪草应以多种草类混栽，做到四季常青。

要考虑边坡生态恢复对道路的绿化、美化作用。利用植物的形状、颜色、花期、绿期、空间布局等特点，使恢复后的边坡植被既能与周围环境相融合，又能对道路起到指示、诱导、遮蔽、减小空气污染等作用。

此外，还可以从以下几个方面改善公路景观：

①整体景观要适应车辆高速行驶的需要，局部富于变化，保证视线良好，视野开阔。

②在保证营运安全的前提下，实现公路景观的绿化、美化。

③以灌木为主，达到美化路容路貌、生物防护的目的。

④高标准、低造价，适地适树，保证成活，尽可能达到四季常青，三季有花。

⑤绿化效果要体现见效快、寿命长，景观富于变化。

⑥要与路面设施功能紧密配合，通过绿化，加强设施功能的发挥。

⑦绿化要方便公路养护与维护并便于管理，所以，可考虑机械化作业。

六、生态评估的全面性和适应性

对公路生态恢复效果的评价是检验公路生态工程效果的重要手段。这方面的研究国内尚处于空白状态，筛选评价指标、指出获取指标的技术方法、提出定量评价的数学模型、建立我国公路生态恢复效果评价体系是当务之急。

覆盖率不应被用作唯一的评估标准，甚至不应被视为最重要的评估标准。事实上，上述的每项原则都是一个重要的方面，而针对每一个方面都有一些很好的指标。对于植被恢复的不同目的和要求，还可以采用不同的评估标准或体系。如，以水土保持为主要目标时，有效降水量系数可能是一个重要的指标，它表达了土壤吸收水分的能力。再如，监测生态完整性也很重要，这对生物多样性是一个很好的指标，因为它代表了生态系统的健康状况及其发展方向。物种多样性也是指标之一，但必须谨慎使用，因为物种种数并不一定与生态系统的健康状态成正比，外来种也可能增加当地的物种数量。而如要监测生态过程，养分和能量的流动、分解率和生产率、主要生态功能群体（分解者、植食者、种子传播者、食肉动物等）的丰富度、关键种以及被保护的特殊物种的种群数量也都是重要的指标。同时，还可以设定一些特定的指标，以了解正在进行的植被恢复工作是否按照预计的目标在进行。这些目标包括环境效益、生物多样性保护以及经济可持续能力等。

完整的植被结构和丰富的植被层次以及充分的地表覆盖，意味着植被之间、植被与其他物种之间以及植被与非生命的生态要素和环境之间，有可能存在与天然植被相似的生存空间和生态关系。从而使得在天然植被中存在的生命活动、能量及物质循环、复杂的生态关系等不致被新的植被所阻碍或打断。同样，完整的生态循环系统和丰富的生态功能群体将可能使植被获得充分的营养和能量，以及完全的自我维持与自然演替的能力。而完整的生态（服务）功能和效益产出体系，则要求在进行植被恢复工作时，不能片面地追求某些功能或效益，否则即便达到目标，也将造成生态的破坏。最后，作为生态完整性的实现者和指标性要素，丰富的生物多样性将可以证实上述生存空间生态关系和循环过程的真实性、有效性和完整性，并且其本身就是一项最重要的生态功能和效益。

在进行植被恢复的时候，必须认真而慎重地考虑野生动植物之间的相互关系，采取适当方法促进这种良好关系的建立和发展。而且，可以利用物种之间的这种关系，来加快植被的恢复工作。一个生态系统之所以具有自我更新和维持的能力，是因为生存其中的物种之间存在着紧密的交互作用关系。物种间的这些交互作用关系是维持生态系统健康的基础。如，植被恢复初期，可以选择种植具有小型果实的灌木或其他小型植物，以吸引野生动物来采食嫩叶、花卉或果实，从而带来天然林地区的植物种子，增加正在恢复的植被的物种丰富度。大多数植物的种子得以传播甚至生根发芽，依赖的是能够传播种子的媒介动物。而控制病虫害的天敌动物，控制着蚕食植被或引起疾病的生物的数量，使生态系统不会因为某种昆虫的过度繁殖而崩溃；枯枝落叶和倒木，养活了许多动物，特别是土壤动物和微生物；分解枯枝落叶，加速土壤营养循环的动物，对维持生态系统内的正常营养循环起着重要的作用。

植被恢复工作必须有计划地进行，但计划必须是适应性的计划，根据植被恢复的不同地点、不同期间和面临的不同问题来制订。必须要有严格的计划评估策略，包括独立的科学评估以及确定和解决不确定因素的过程，以对原有计划进行必要的修正。这种计划的灵活性和更新可以使植被尽可能快地实现最高水平的恢复。这要求建立国家或省一级的植被恢复科学指导委员会，以对植被恢复进程进行评估，并提出修改恢复计划的建议。

植被恢复工作应坚持以实现大范围的生态功能为最终目标，在制订任何一个小的计划或采取任何行动时，都应该评估这种行动对生态系统范围内的生态目标的贡献。

第二节　公路植被恢复工程技术

公路路域植被恢复不仅是整个公路环保的一个重要组成部分，而且还是公路边坡防护的重要措施，是公路建设中不可缺少的一项工作。在公路大规模施工时，尽管采用多种避让措施以减少对原有植被的破坏，但是在选线和施工过程中，仍不可避免地对沿线植被产生破坏，导致施工过后出现大量裸地，小气候、水文、地貌等都发生了一定的变化。如果不及时进行植被恢复，极易造成水土流失，对路面和沿线的植物造成污染；甚至会导致山体滑坡，冲毁路基，危及行驶车辆和沿线群众生命财产的安全；对沿线的生态环境也会造成较大范围的危害。公路路域植被恢复和绿化，不仅可以美化路容、净化空气、降低噪声、改善环境条件，而且有利于行车安全，为驾乘人员诱导视线，减轻眼睛疲劳，从而减少交通事故的发生。通过绿化还可以养护公路，稳固路基，保护路面，延长公路寿命。应用绿化工程技术恢复和重建植被已成为公路生态环境工程的重要内涵。

一、公路路域土壤肥力调控工程技术

土壤是岩石圈表面的疏松表层，是陆生植物生活的基质，为植物提供必需的营养和水分，对植物来说是重要的生态因子。植物的根系与土壤有着极大的接触面，在植物和土壤之间进行着频繁的物质交换，彼此有着强烈影响。因此，通过控制土壤因素就可影响植物的生长和产量。土壤是路域植被建植和生长的关键，但至今为止，国内公路生态工程对路域土壤问题的重视程度远低于植被物种选择问题，究其原因主要有三点：一是工程预算中没有这方面的投入，成本问题限制了路域土壤的改良；二是相关研

究较少，许多科学问题有待于解决；三是缺少路域土壤调控标准，施工中无所适从。

1. 公路土壤肥力特点

路域土壤问题与公路所经过区域的土壤的理化特性和当地的地质、地貌、气候条件有关，也与公路路域植被建植技术有关。传统的人工植树种草方法更多的是关注栽种问题，受技术条件的限制，难以将土壤调控和植物栽种一次性同时解决；新型的机械建植技术，如，客土喷播或厚层基材喷播，由于有机械的帮助，可以将路域土壤调控问题和植物栽种问题一次性同时解决，为路域植被的快速恢复提供了保证。从公路生态建设及植被恢复施工现场勘查来看，公路土壤肥力存在以下特点。

1）土壤无层次，密实度高，结构性差

在公路建设过程中，由于对路基的开挖，破坏了代表土壤肥力的原土壤表层，形成无层次、无规律的土体构造。另外，由于机械碾压，土粒被挤压，土壤密实度高，破坏了通透性良好的团粒结构，形成理化性能差的密实、板结的片状或块状结构，使土壤肥力大大降低。

2）公路土壤养分匮缺

土壤有机质的主要来源，是植物残体和根系，而为了保持公路的清洁整齐，公路用地内植物的枯枝落叶常被清理运走或烧掉，阻止了有机质的循环过程，降低了土壤的潜在肥力。另一方面，公路绿化区范围内的土多为生土（包括部分客土），这些土缺乏植物生长的必要元素，加之土壤团粒结构没有形成，保水、保肥性差，减少了土壤中水、气、养分的绝对含量，致使植物生长所需营养面积不足。植物在这种土壤上生长，每年都要从有限的营养空间吸取养分，势必使公路土壤越来越贫瘠。

3）公路土壤多被污染退化

公路土壤污染主要是指由于交通以及道路建设施工中引入的污染物。严重的土壤污染，特别是重金属污染是路域土壤的又一个重要特征。过量的重金属进入土壤后，超过环境背景值，产生污染，即重金属污染。重金属对土壤的污染，主要是对作物的影响，间接地就会影响人类的身体健康。此外，重金属对土壤生物有一定毒性，而且对土壤酶如过氧化物酶、过氧化氢酶、脲酶等的活性有抑制作用。土壤中不同剂量的砷及重金属，对于不同类群土壤微生物数量的变化有不同程度的影响，甚至可能引起主要生物种群的变化，以致破坏了土壤生态系统的平衡。例如，河北黄骅为产盐区，在海盐外调过程中，很多盐粒散落到经过的公路上，后被雨水冲刷，进入公路两侧绿化土壤中，经检测，国道307线黄骅段土壤表层含盐量竟高达2.2%。

4）公路土壤温度受环境影响明显

由于公路环境的特殊性，使公路土壤温度受外界环境的影响较大。冬季路面散热快，公路路基温度下降，低于附近土壤的同期温度。夏季，路面直接暴露在阳光下，由于日光的暴晒，路面吸收热量，地表温度快速升高，远远高于附近土壤的同期温度。温度过高或过低，均不利于植物的生长。

5）边坡土壤不稳定

边坡的不稳定不仅会引起道路寿命缩短、维修费用增加，而且有时还会造成严重的交通事故。施工后，公路边坡的稳定性是一个需要注意的环境因素。在云南，随着高速公路向深山里延伸，施工难度越来越大，公路护坡出现大量陡峭的高边坡，护坡上的土壤大部分是挖方之后的回填土，无植被覆盖，保水性能及排水性能差。若遇大雨，边坡上的石、沙、土等随水流一齐冲下，堵塞排水系统，造成排水不良或水流方向改变，极易导致边坡过度冲刷及坍塌。

2. 路域土壤的主要改良途径

1）针对路域土壤理化性质的调控技术

（1）对路域土壤质地的调控

土壤是固、液、气三相物质组成的自然体。土壤地理分类体系遵循地带性学说的观点，认为在不同的大气候带和生物带分布着相对应的土壤带。我国土壤的水平地带分布是由湿润海洋性逐步向干旱内陆性两个带谱演化而成的。我国东南沿海属湿润海洋性地带谱，又称土壤的纬度地带性（表5-1），其水平地带的分布大致是随热量的递减由南向北分布着砖红壤、赤红壤、红壤、黄壤、黄棕壤、黄褐土、棕壤、暗棕壤及棕色针叶林土。另一水平地带谱是干旱内陆性谱（又称土壤经度地带性），其排列顺序是从湿润温带森林下的暗棕壤开始，向西到松嫩平原大面积分布的黑土，再向西到大兴安岭一带的灰色森林土，再依次向西分布的土壤类型为黑钙土、栗钙土、棕钙土、灰棕漠土。

中国湿润海洋性地带谱　　表 5-1

气候带	植被类型	土壤类型
热带	季雨林或雨林	砖红壤
南亚热带	亚热带季雨林	赤红壤
中亚热带	常绿阔叶林	红壤、黄壤
北亚热带	常绿、落叶阔叶混交林	黄棕壤、黄褐土
暖温带	落叶阔叶林	棕壤
温带	针阔混交林	暗棕壤
寒温带	针叶林	棕色针叶林土

另一水平地带谱是干旱内陆性谱（又称土壤经度地带性）。其排列顺序是从湿润温带森林下的暗棕壤开始，向西到松嫩平原大面积分布的黑土，再向西到大兴安岭一带的灰色森林土，再依次向西分布的土壤类型为黑钙土、栗钙土、棕钙土、灰棕漠土。

土壤质地是由土壤固体颗粒大小组合的不同而表现出来的特性，对土壤肥力具有深刻的影响。在说明和鉴定土壤肥力状况时，土壤质地往往是首先考虑的项目之一。中国科学院南京土壤研究所等单位综合国内土壤情况及其研究成果，将土壤质地分为三类十二级（表 5-2）。

我国土壤质地分类方案　　表 5-2

质地类别	质地名称	不同粒级的颗粒组成（%）		
		砂粒（0.05 ~ 1mm）	粗粉粒（0.01 ~ 0.05mm）	细黏粒（<0.001mm）
砂土	粗砂土	>70	—	<30
	细砂土	≥60 ~ ≤70	—	
	面砂土	≥50 ~ 60	—	
壤土	砂粉土	≥20	≥40	
	粉土	<20		
	砂壤土	≥20	<40	
	壤土	<20		
	砂黏土	≥50	—	≥30
黏土	粉黏土	—	—	≥30 ~ 35
	壤黏土	—	—	≥35 ~ 40
	黏土	—	—	≥40 ~ ≤60
	重黏土	—	—	>60

公路路域调整土壤结构的主要措施，是增加土壤内有机质的含量，例如施用有机肥、加入腐殖土、泥炭（草炭）。再就是使用土壤结构改良剂，例如，使用一些高分子聚合物——聚乙烯醇、聚丙烯酰胺（保水剂）。改变土壤的砂黏比例也是方法之一。土壤的通透性与土壤质地有关。改善公路路域土壤通透性的主要方法是黏性土掺入砂粒，砂土中加入一些黏土，即掺砂掺黏。

（2）路域土壤养分的调控

土壤养分，是指主要依靠土壤来供给植物的必需营养元素。土壤养分的有效性是决定树木生长和土壤生产力的主要因素之一，是土壤肥力的重要因子之一。其他限制因素可以包括土壤水分的有效性、气候（如温度、降雨量等）、土壤物理（如土壤排水和土壤紧实）、化学（如土壤 pH）及生物学（如土壤微生物组成）性质，或上述因素之间的不同组合效应。

植物生长所必需的营养元素有 16 种，在这 16 种元素中，碳、氢、氧主要来自空气和水，通常不会缺乏，但其他植物必需的营养元素植物通常还是从土壤中获取的，所以，土壤中养分含量的高低对植物生长的影响非常重要。土壤中的大量营养元素（植物对它们的需求量较大）包括氮、磷、钾、钙、镁、硫；土壤微量营养元素（植物对它们的需求量很低）包括铁、锰、铜、锌、钼、硼和氯。如，磷元素是核酸、核苷酸、三磷酸腺苷的组成成分；磷素参与植物体内糖类的合成和运输过程；也与植物体内蛋白质合成过程有密切关系。当植物缺磷（P）时，植物体内碳水化合物和蛋白质的合成受阻，致使植物幼芽、幼根部分的细胞分裂和生长失常，不利于植物体内糖分运输，不利于根系生长。护坡植被因主要功能为水土保持，根系生长更为重要。根系不健，肥料再多也无法吸收促长。钾能增强植物对环境胁迫的适应力，提高植物的抗旱能力和提高植物在冬季的抗冻能力；钾还能增强植物的抗病抗虫能力。因公路边坡环境比较恶劣，而钾（K）素可以提高护坡植被的抗逆性，因此，这点在边坡防护中也显得非常重要。

土壤有机质是指存在于土壤中的所有含碳的有机化合物。它主要包括土壤中各种动物、植物残体、微生物体及其分解和合成的各种有机化合物。土壤有机质是土壤固相部分的重要组成成分。土壤有机质的来源通常为植物残体、动物、微生物残体、动物、植物、微生物的排泄物和分泌物及人为施入土壤中的各种有机肥料。土壤有机质在水分、空气、土壤动物和土壤微生物的作用下，发生极其复杂的转化过程，这些过程综合起来可归结为两个对立的过程，即土壤有机质的矿质化过程和土壤有机质的腐殖化过程。土壤有机质是土壤肥力高低的重要指标，在热带、亚热带地区，土壤有机质在保持某些养分、避免淋溶损失方面较其他地区有着明显的作用。对于边坡土壤而言，因多为新开挖的新生土，自身有机质含量很少，而所建植的边坡植被层，前期自身的有机质来源又非常有限，因此，只能通过人工补充才能保证绿化边坡植物的正常生长。研究者分别选取鸡粪有机肥和泥炭土作为岩石边坡植被恢复人工土壤的有机添加物，通过常规工程措施进行原料混配和人工土壤喷射，以研究草本植被成坪期内其对人工土壤抗蚀性的改良效果。运用水稳性团聚体含量、团聚度、分散率等指标，对人工土壤抗蚀性能进行分析，结果表明：

①两种有机添加物对于提高人工土壤抗蚀性均有显著作用；

②鸡粪有机肥组处理水稳性团聚体含量、团聚度和分散率的三项指标几乎都显著优于泥炭土组对应处理($p<0.05$)，鸡粪有机肥改善人工土壤抗蚀性效果显著优于泥炭土；

③各指标相关性分析表明，鸡粪有机肥组有机质含量与团聚度、分散率和分散系数三个指标相关性显著，而泥炭土组有机质含量与所有指标相关性均不显著；

④回归分析表明，相对于泥炭土，在人工土壤配比设计阶段，通过添加鸡粪有机肥能够更好地对人工土壤抗蚀性能进行预控；

⑤在本研究中，原料土壤:鸡粪有机肥(质量比)为2.41~2.94时，人工土壤抗蚀性能效果最好。

评价土壤养分供应状况的要求，一般土壤测定的主要项目是：土壤全氮(表5-3)、土壤水解性氮(即有效氮)、速效磷(表5-4)、速效钾(表5-5)和土壤腐殖质，其他土壤养分及化学性质则视情况而定。

土壤中氮素的丰缺指标 表5-3

丰缺等级	全氮（$g \cdot kg^{-1}$）	水解氮（$mg \cdot kg^{-1}$）	无机氮（$mg \cdot kg^{-1}$）
低	1	<30	<5
中等	1~2	30~100	5~15
高	>2	>100	>15

土壤速效磷丰缺指标（$mg \cdot kg^{-1}$）　　表 5-4

丰缺等级	中性、石灰性土壤 $NaHCO_3$ 法	酸性土壤 NH_4F-HCl 法
很低	<3	
低	3～7	<5
中	7～20	5～10
高	>20	>10

土壤中钾的丰缺指标（$mg \cdot kg^{-1}$）　　表 5-5

丰缺等级	速效钾 1M NH_4OAC 浸提	缓效钾 1M HNO_3 浸提
极低	<30	
低	30～60	<300
中	60～100	300～600
高	100～160	>600
极高	>160	

注：以上表格内容来自：中国科学院南京土壤研究所，土壤理化分析；南京农业大学，土壤农化分析。

以提供植物养分为主要功用和部分兼有改善土壤性质的物料，称为肥料。肥料通常分为下列三类：

①化学肥料（无机肥料）：以矿物、空气、水为原料，经化学及机械加工制成的肥料，简称化肥。化肥还可以按营养成分类别数量划分为单质化肥（仅有一种营养元素标明量，如尿素）和复合肥料（同时具有氮、磷、钾三种营养元素或至少有两种养分标明量，如磷酸二铵）。

②有机肥料：指来源于植物或动物残体，提供植物养分并兼有改善土壤理化和生物学性质的有机物料。如人粪尿、厩肥、堆肥、沤肥、沼气肥、秸秆肥、泥炭、饼肥、腐殖酸肥料、绿肥等。

③微生物肥料：指由一种或数种有益微生物活细胞制备而成的肥料，又称“菌肥”。菌肥这种肥料是通过微生物产生根瘤菌来固定大气中氮素或通过激活根际微生物使土壤养分有效化速度加快。

公路路域土壤养分调节的主要方法，是施加无机肥料（化学肥料），这种肥料的特点是养分含量高、肥效快、施用和储运方便。主要施用的无机肥料是氮肥（尿素 $CO(NH_2)_2$）、磷肥（过磷酸钙 $Ca(H_2PO_4)_2 \cdot H_2O$）、钾肥

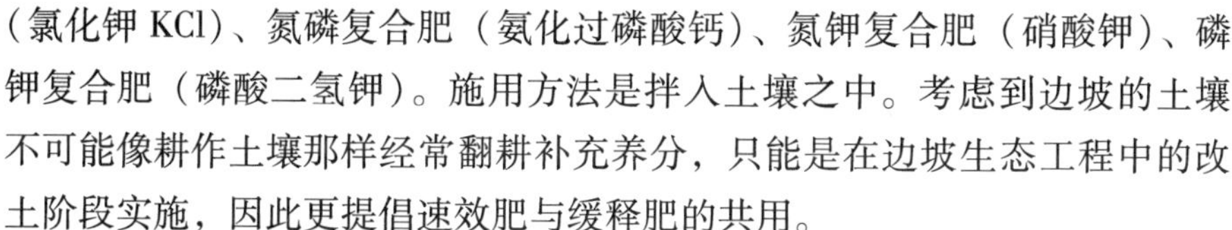
(氯化钾 KCl)、氮磷复合肥(氨化过磷酸钙)、氮钾复合肥(硝酸钾)、磷钾复合肥(磷酸二氢钾)。施用方法是拌入土壤之中。考虑到边坡的土壤不可能像耕作土壤那样经常翻耕补充养分,只能是在边坡生态工程中的改土阶段实施,因此更提倡速效肥与缓释肥的共用。

(3)路域土壤酸碱性的调控

土壤的酸碱性虽然通常是由土壤溶液反映出来,但它是土壤固相、液相和气相之间相互作用,在动态平衡过程中所表现的性质。当土壤溶液中 H^+ 浓度大于 OH^- 浓度时,土壤呈酸性反应;反之则呈碱性反应;而当二者浓度相等时,则呈中性反应。

土壤酸性形成原因有两种,一是在湿润、半湿润地区,降雨量大大超过了蒸发量,土壤及其母质的淋溶作用非常强烈,土壤中盐基离子随水淋失,使土壤中易溶性盐分减少。此时土壤溶液中的部分 H^+ 被土壤胶体吸附而取代盐基离子,使盐基饱和度(BSP)下降,H^+ 饱和度增加,导致土壤酸化。一是氢离子进入土壤吸收复合体后,随着阳离子交换作用的进行,土壤盐基饱和度逐渐下降,而氢离子饱和度渐渐提高。当土壤有机矿质复合体或铝硅酸盐黏粒矿物表面吸附的氢离子超过一定限度时,这些胶粒的晶体结构就会遭到破坏,有些铝氧八面体被解体,使铝离子脱离了八面体晶格的束缚,变成活性铝离子,被吸附在带负电荷的黏粒表面,转变为交换性铝离子。这种转变的速度是相当快的。据我国红壤的一些试验,新制备的轻质黏土,经过0.5h后,交换性酸中有52%~58%转变为铝离子,6h后,交换铝离子增加至72%~98%,即矿物晶面负电荷相结合的氢离子,迅速地被晶格中的铝离子交换。

土壤碱化与盐化有着发生学上的联系。盐土在积盐过程中,胶体表面吸附有一定数量的交换性钠,但因土壤溶液中的可溶性盐分浓度较高,阻止交换性钠水解。所以,盐土的碱度一般都在pH8.5以下,物理性质也不会恶化,不显现碱土的特征。只有当盐土脱盐到一定程度后,土壤交换性钠发生解析,土壤才出现碱化特征。但土壤脱盐并不是土壤碱化的必要条件。土壤碱化过程是在盐土积盐和脱盐频繁交替发生时,促进钠离子取代胶体上吸附的钙、镁离子,而演变为碱化土壤。

根据我国土壤的酸碱度变化情况及其与土壤肥力的关系,可以将土壤的酸碱度分为9级(表5-6)。

土壤酸碱度分级 表5-6

pH值	酸碱度分级	pH值	酸碱度分级
<4.5	极强酸性	7.0~7.5	弱碱性
4.5~5.5	强酸性	7.5~8.5	碱性
5.5~6.0	酸性	8.5~9.5	强碱性
6.0~6.5	弱酸性	>9.5	极强碱性
6.5~7.0	中性		

酸碱度是影响土壤肥力的一个重要因素，对矿物质的风化、盐基淋溶、养分形态转化等有一系列深刻的影响。一方面，酸碱程度差异可决定多种矿物质元素养分的存在形态和对植物的有效性，也影响土壤中微生物的数量、组成和活性，从而影响土壤中养分元素的转化；另一方面，植物根系与土壤直接接触，不同的酸碱度影响植物根系对养分元素的吸收能力，而且强酸和强碱还决定着植物的生长和存活。pH值还直接影响微量元素的溶解性及有效性。在酸性条件下，铁、锰、锌、铜等溶解度较大，随土壤pH值下降而增加，有效性随之提高。在强酸条件下，含量很高可能对一些作物有毒害，影响根系生长。当土壤pH值升高时，上述微量元素将逐渐转化为氢氧化物或氧化物，溶解度降低，对植物的有效性也变小。土壤的pH值低至3.68，处于极强酸性水平，对植被的营养吸收和根系的良好生长非常不利。

我国长江以北地区的土壤多属中性至碱性土壤，长江以南地区的土壤多属酸性和强酸性土壤。路域酸性土壤的调节施用石灰或石灰石粉，农村烧柴中的草木灰也有较好的效果。石灰除了有中和土壤酸性的作用外，还能增加土壤中的钙素，这样有利于土壤中有益微生物的活动，促进有机质的分解，减少磷素被活性铁、铝的固定；而且还可以改良土壤结构。石灰中和酸性土壤的作用如下：

$$\boxed{\text{土壤胶体}}\,2H + Ca(OH)_2 \rightleftharpoons \boxed{\text{土壤胶体}}\,Ca + 2H_2O$$

$$\boxed{\text{土壤胶体}}\,2Al + Ca(OH)_2 \rightleftharpoons \boxed{\text{土壤胶体}}\,3Ca + 2Al(OH)_3\downarrow$$

路域碱性土壤的调节是通过施用石膏，通过离子代换作用把土壤中有害的钠离子代换出来，结合灌水使之淋洗。在重度碱化的土壤上，除施用石膏外，还可施用其他的化学物质，如硫黄(经土壤中硫细菌的作用氧化生成硫酸)和明矾(硫酸铝钾)、磷石膏、亚硫酸钙、硫酸亚铁、工业废料等，都能降低土壤碱性。

用石膏改良碱性土的作用如下：

$$\boxed{\text{土壤胶体}}\ Na + CaSO_4 \rightleftharpoons \boxed{\text{土壤胶体}}\ Ca + Na_2SO_4$$

$$Na_2CO_3 + CaSO_4 = Na_2SO_4 + CaCO_3$$

边坡植被通常在中性土壤条件下，对营养的吸收利用最佳，其根系生长最适宜，因此，可通过掺混 50~120g/m^2 石灰或酸性土壤调理剂等方法，使土壤的酸碱度处于6.0~7.0，这样既中和了土壤酸性，降低铁、铝离子活性，提高肥料利用率，又可增强微生物活动和促进有机质的转化，还可杀灭土壤中部分害虫和病原菌。解决边坡喷播时基质 pH 值过高的问题时，可应用草碳、糠醛渣、酒糟等偏酸性材料作为添加剂，甚至应用国内外最先进的控释包膜技术包裹一些偏酸或偏碱的物质作为长期 pH 值的调节手段，通过材料之间相互作用，直接使 pH 值适合所种植物，避免通过再次的材料添加来调节 pH 值，节约施工费用、简化施工步骤。

对于我国西部盐碱地区的公路建设，首先，对公路路域气候和土壤条件进行充分调研。结合植被演替规律，由于地面覆盖度小、春秋蒸发强烈、土壤易于返盐，所以，采用生物措施，增加植被覆盖量是根本。在植被恢复的早期，采用土地覆盖可以控制向地下水系统中的排泄量。第二步，在盐碱地上引种有一定生态价值和经济价值的耐盐植物，大量种植耐盐植物以后，土壤覆盖度加大，植物蒸腾取代了土面蒸发，使地下水中的盐分不能在土壤表层积累，从而减轻了土壤表层的盐碱化。与此同时，每年的大量植物枯枝落叶，既能增加土壤肥力，又能改善盐碱土的理化性状，经过若干年，土壤盐碱化状况得到改善。在路域植被恢复过程中，应根据路域环境条件，结合改土与培肥，采用综合治理措施，提高土壤肥力，巩固改土效果；通过合理养护措施，恢复路域植被，保护路基安全，减少水土流失。

膨胀土是一种吸水膨胀软化、失水收缩开裂的特种黏性土。其主要工程性质是具有多裂隙性、强亲水性和反复胀缩性。其矿物成分是以强亲水性矿物——蒙脱石和伊利石为主。它的膨胀势（等级）明显依赖于土中的黏土矿物成分及其含量。膨胀土在世界范围内分布极广，迄今发现存在膨胀土的国家达 40 多个，遍及六大洲。我国是膨胀土分布最广的国家之一，先后有 20 多个省区发现有膨胀土。由于这种土的显著特性，使膨胀土地区的公路施工建设经常遭受巨大的破坏，研究者采用石灰改性膨胀土的生态恢复方法，进行了探索性的试验研究，提出了复合改良方法。复合改良方法主要采用磷石膏和一般生理酸性肥等作为改良剂，尝试采用的生理酸性肥有磷酸二氢钾、过磷酸钙、氯化钾、硫酸钾、硫酸铵和硫酸亚铁，各自选定了0.05%和0.1%两个水平进行试验，根据pH值测定结果，初步设计配比为：石灰5%、石膏1%、磷酸二氢钾0.1%、氯化钾0.1%。对该复合配比改良后，土壤的碱性有明显的改善，基本上可以由原来的强碱性变成弱碱偏中性，能给大部分植物的生长提供合适的环境。

2）边坡植被喷播技术的调控技术

（1）保水剂

土壤水是土壤的最重要组成部分之一，也是自然界水循环的一个重要环节。它对土壤的形成过程、土壤剖面的发育和土壤中物质和能量的运移都有重要的影响。一般来说，土壤的黏粒含量越高，同一吸力条件下土壤的含水率越大，或同一含水率下其吸力值越高。这是因为土壤中黏粒含量增多，会使土壤中的细小孔隙发育增强。由于黏质土壤孔径分布较为均匀，故随着吸力的提高，含水率缓慢减少，如水分特征曲线所示。对于砂质土壤来说，绝大部分孔隙都比较大，当吸力达到一定值后，这些大孔隙中的水首先排空，土壤中仅有少量的水存留，故水分特征曲线呈现出一定吸力以下缓平、较大吸力时陡直的特点（图5-1）。

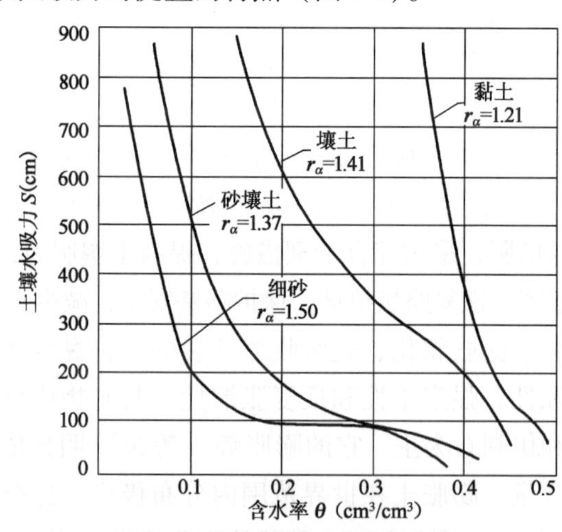

图5-1 不同土壤的水分特征曲线

保水剂由日文变换而来，英文名称为Water-retentionageni Agent。首先由美国农业部北方研究所于1974年7月研制出吸自重约1 000倍水的聚合物而令世人注目。20 世纪 90 年代开始，相继从国外引进的客土喷播、厚层基材、喷混植生等现代边坡复绿技术，为治理这些岩石边坡提供了可能，并且在工程实践中取得了较大的成功。这些边坡复绿技术与传统生态恢复方法相比，大大提高了边坡基质的附着、保水和吸水能力，使植物在严酷的边坡上得以生长。而在边坡基质中提高保水、吸水能力，主要靠的是保水剂。在岩石边坡上，也可以通过挖鱼鳞坑或穴状整地，在坑内放入疏松营养土壤和保水剂，并种植苗木，来提高苗木的成活率，恢复石漠化边坡的小范围生态环境。保水剂不仅具有吸收水分的作用，还可以将土壤中的水溶性肥料（如氮、磷、钾肥）等吸收起来，供植物使用。并且保水剂提高了土壤的孔隙度，有利于植物的生长。

常用保水剂有无定型颗粒、粉末、细末、片状和纤维状，在国内使用的只有聚丙烯酰胺型的颗粒、粉末和细末。相对应的方法有拌土、拌种或包衣和沾根。拌土又可分为直接拌土和复配拌土，复配拌土又可引出喷播。直接拌土一般是种树，采用原始粒径在 2 ~ 4mm、4 ~ 6mm 的颗粒，以 0.1% 干重拌于有效根系周围。复配拌土既可采用上述颗粒，也可采用 0.85 ~ 2mm 和 0.3 ~ 85mm 两个粒径的粉末。喷播表层时，采用粉末保水剂；喷播内层时，最好采用 0.85 ~ 2mm 颗粒，此规格保水剂有更好的保水性、更长寿命、更好的透气性。一旦遇高温干旱，土壤不易板结。0.1% 拌土可节水 50% ~ 70%，节肥 30% 以上。

目前市场上销售的喷播专用保水剂是一种无毒、无害的高分子聚合物。能够吸收自身质量 400 倍左右的水分，具有快速吸水、缓慢释放、促进植物吸收的特点。它能够增强土壤和基质的保水、保肥能力，改善土壤的团粒结构，持续供应植物生长所需水分，抗旱抗逆、节水省肥。保水剂与喷播材料中的木纤维、黏合剂等物料搅拌混合后，形成非常均匀的光滑稠化物，会使植物种子等物料均匀地悬浮其中，既保证了喷播的均匀性，又可避免草种在搅拌过程及喷送过程中破损。同时，喷播这种极光滑黏稠的混合物，还可以减少喷播时物料在管道和喷枪内的流动阻力，防止喷射泵和喷枪的堵塞。保水剂的持效期一般为 1 ~ 3 年，在逐渐降解的过程中，释放的有机大分子还可以起团粒剂的作用。

此外，市场上还销售一种喷播专用多功能保水剂，它是钾基丙烯酰胺/丙烯酸高分子共聚物，是国际上最新型的高分子保水材料。从技术角度讲，它的创新点在于以高分子技术、螯合技术、生态环境技术为基础，以有机活性基团为平衡物质，利用其有效官能团的多个配位点，将抗旱保水、营养及生根促长等多种物质配位、螯合、重组，并使其产生加合作用，以参与植物的生理代谢，促进植物生长。从功能角度讲，它的创新点在于将多种功能集于一身，兼具保水剂、抗旱剂、缓释剂和土壤改良剂等功能，给植物的成活与生长提供全面的保障。

（2）黏合剂

喷播技术采用在边坡面上建造一个既能让植物生长又不被雨水冲刷的具有多孔稳定结构的种植基质。黏合剂是一种有机高分子材料，系水溶性土壤调节剂。它施加在混合浆中可以起润滑作用，防止纤维结团，降低喷浆阻力。喷播后提供了纤维与土壤及纤维之间更强的黏合力，防止风和雨水造成的覆盖物或土壤的流失。在干燥炎热的天气里，覆盖物形成的表层膜可以封闭潮气，降低土壤及纤维的水分蒸发量。提高土壤的渗透力、保水力和缓释性能。

以喷附厚度10cm计算，黏合剂的用量必须根据土质和坡度决定：陡坡宜多、缓坡则少，沙质基质宜多、黏质基质则少。但最多不超过50g/m^2，否则会造成土壤板结；最低不少于15g，否则，效果不明显，影响工程质量。结合实际，建议施用量为15～50g/m^2。

（3）纤维材料

纤维有木纤维和纸浆两种，它是作为路域种植草种、树木、黏合剂、保水剂及肥料等材料的载体。木纤维是可分解的植物纤维物质，由秸秆、芦苇及木屑等经过精加工生产而成。标准的生产工艺流程保证了产品成分的稳定和品质的均一性。经过脱汁工艺，彻底排除了抑制草坪萌发和生长的因素，木纤维与草种、肥料和其他附加成分混合，组成均匀的喷浆，防止喷播过程中堵塞设备。播后坪床可抗风、抗雨、抗霉烂、稳定温度的波动，在土壤表面形成半渗透的保湿层，能减少水分蒸发，保持种子周围湿润，为种子迅速萌发、壮苗提供了理想的生长环境。木纤维的一般用量为100～250g/m^2，可得到最佳的覆盖率及有效性。

当选用造纸厂的纸浆作为木纤维的代用材料时，应注意可能有以下弊端：纸浆中可能含有对草种萌发、生长有害的物质，如pH值过大；纸浆纤维过于短细，易造成喷播交织性不好，并会产生板结现象；吸水、保水性能变差，在浇水和下雨时不易吸水，水分易蒸发，且在发干后产生“结壳”现象，会使草种萌发、生长困难，甚至干死；另外，纸浆因含水率过大，给供给、包装、运输和施工带来诸多不便。

我国目前也积极开发植被恢复中应用多功能复合材料，如，中国科学院兰州化学物理研究所专家，研发一种荒漠化植被恢复多功能复合材料——生态恢复剂，采用保水剂、土壤改良剂、有机生物活性材料、植物营养缓释材料、植物生长所必需的常微量营养元素等，包括甘肃储量丰富的无机矿产材料“凹凸棒”和工业上易得的有机高分子材料为原料，成功研制了新型的荒漠化植被恢复多功能复合材料，具有原料易得、成本低廉、环境友好、功能协调、使用方法简便等特点。产品采用化学耦合工艺进行材料复合，解决了多种材料的配伍性、相融性和缓释性等关键技术问题，满足了用于困难立地条件下生态恢复的多功能材料的需求，复合工艺具有创新性。试验室评价和现场应用调查表明，该材料具有保水抗旱、改良土壤团粒结构、提高土壤水肥涵养能力、抑制土壤盐碱化、缓释营养成分、促进植物地上和地下部分生长等功能，达到了改善植物生长的土壤环境和促进植物自身生长的双重功效。

二、公路植被建植方法

1. 乔、灌木种植

1）种植季节

种植季节主要集中在春、秋两季，栽植季节以早春、夏秋梅雨季节为主。秋季干旱时期，栽植时间应适当推迟，大部分地区冬季土壤不冻结，可进行冬栽。总之，只要能够保证树木地下部分与地上部分生理代谢（主要是水分）的平衡，一年四季都可以栽植树木。

2）种植质量要求

乔、灌木种植质量应符合下列规定：

（1）种植应按设计图纸要求核对苗木品种、规格及种植位置。

（2）规则式种植应保持对称平衡，行道树或行列种植树木应在一条线上，相邻植株规格应合理搭配，高度、干径、树形近似，种植的树木应保持直立，不得倾斜，应注意观赏面的合理朝向。

（3）种植绿篱的株行距应均匀。树形丰满的一面应向外，按苗木高度、树干大小搭配均匀；在苗圃修剪成型的绿篱，种植时应按造型拼栽，深浅一致。

（4）种植带土球树木时，不易腐烂的包装物必须拆除。

（5）珍贵树种应采取树冠喷雾、树干保湿和树根喷布生根激素等措施。

（6）种植时，根系必须舒展，填土应分层踏实，种植深度应与原种植线一致。

3）苗木质量要求

按图纸所规定的规格，尽可能在当地选苗，避免大调大运。如需向外地购苗时，苗木必须经过地方进行检疫，并且必须是以前在当地已引种成功的苗木。苗木质量标准见表5-7。

苗 木 质 量 标 准　　表5-7

苗 木 种 类	质 量 要 求
落叶乔木	树干：主干通直，生长健壮，无蛀干虫害，主轴明显的树种应有中央领导枝。 树冠：树冠茂密，各方向枝条分布均匀，无损伤及病虫害。 根系：有良好的须根，不得有损伤，根际无肿瘤及其他病害，带土球的苗木，球必须结实，捆绑的草绳不松脱。 不得有未愈合的伤痕和截枝
灌木	灌木有短主干或丛灌木，有主茎3～6个，分布均匀，根际有分枝，无病虫害，须根良好，株型紧凑，外观良好，土球结实（带土球的），草绳不松脱
常绿树	主干不得弯曲，无蛀干病虫害，主轴明显的树种必须有领导干，树干匀称、茂密，有新枝条，长势良好，土球结实，草绳不松脱

4）苗木选择

（1）应选择树干通直，树形完整，生长健壮，无病虫害的优良苗木。选苗时必须按设计规定的品种和规格，实地量测乔木树种的胸高直径（离地面1.3m处）、枝下高（地面至树干第一个分枝点高度）、乔灌木树种的自然高（地面至树梢高度）、冠幅（蓬径）、棕榈科植物的干高（地面至分枝处的净干高度）等。各项因子必须符合设计要求。其允许偏差值见表5-8。

植物材料的允许偏差值　　表5-8

序号	项目			允许偏差（cm）	备注
1	乔木	胸径	<5cm	-0.1	
			5～8cm	-0.2	
			8～10cm	-0.3	
			10～20cm	-0.5	
			20cm以上	-1.0	
		高度		+20，-10	
		冠幅		-10	
2	灌木	高度		+10，-5	
		冠幅		-5	
3	球状灌木	冠幅和高度	<100cm	-10	
			100～200cm	-15	
			>200cm	-20	

（2）对所选定的乔木树种按品种进行编号、登记，灌木树种进行喷漆编号，以便苗木进场时核查。

5）植树前的准备

（1）施工前要了解设计意图，由设计和有关人员进行交底。了解设计要求、配合情况、定点依据以及需说明的有关问题。

（2）施工前必须做好有关施工中的配合工作，如管线配合较复杂，施工障碍较多，应由设计与施工部门共同召开有关单位的现场配合会，解决有关问题。

（3）施工前经过现场踏察了解水源、土源等条件，随后编制施工方案和计划并报监理。

6）定点放线

定点放线时，位置要符合设计要求，定点的标记要明显。施工人员接到设计图纸后，应到现场核对图纸，了解地形、地物和障碍情况，并找出定点放线的依据和方法。可采用仪器、皮尺进行定点，用木桩、白灰等进行标记，定点后应由有关人员验点。

7）苗木挖掘和起运

苗木根据常绿树种与落叶树种的不同，执行不同的起苗、包装、栽植前的保护及运输的要求标准，一般要求用盆苗、假植苗、袋苗，不用地苗、裸根苗。常绿树或落叶树破季栽植，必须带土球移植，落叶树在落叶期可采用裸根栽植。起苗前一天将苗圃浇水以利挖掘，避免松散。具体要求如下。

（1）掘取裸根乔木、灌木的技术要求

掘取裸根乔、灌木的根系大小，应根据现场的株、行距、树木的干径高度而定。一般情况下，乔木根系可按树木胸径的8～10倍，灌木可按高度的1/3左右来定。掘取裸根苗木，根系应切圆滑，不得有劈、裂根，或将根切断。起苗工具要锋利，按规定根系长短掘苗，从四周由外向内，垂直挖掘，侧根全部挖断，将主根铲断，轻轻放倒树苗，打掉土坨。掘苗中如遇粗根，应用锯锯断。掘取裸根乔、灌木根系的规格见表5-9。

掘取裸根乔、灌木根系的规格 表5-9

苗木种类	树苗规格		根系规格（cm）
	胸径（cm）	高度（m）	
落叶乔木	3～5 5～7 7～10		50～60 60～70 70～90
落叶灌木		1.2～1.5 1.8～2.0 1.5～1.8 2.0～2.5	40～50 50～60 60～70 70～80

（2）裸根乔、灌木掘起后至栽植前的根系保护措施

裸根乔、灌木掘起后应随运随栽。如不能运走，可在原坑埋土假植或运至栽植工地假植，并将根埋严。如假植时间过长，应适当浇水，以保持根系处于湿润状态；如长途运输时，应遮阴或打浆包装。

（3）裸根苗木的装车

裸根苗木装车时，应使根部向前，树梢向后，顺序排列，防止重压；树木和车厢接触处，应用草席等软物垫好，以防擦伤树干；超高超宽树梢拖地，苗木装车后要将树干捆牢。凡运距较远时，应用湿草席等物盖好根部，以防干根。卸车时要顺序拿取，不准乱抽或整车推下。

（4）带土球移栽的乔、灌木掘苗和包装要求

土球的大小可按树木胸径的7～10倍或灌木的1/3确定。掘土球应做到土球光滑，包扎紧严，不松不裂，封底不漏土，保证土球完好。掘取带

土球苗土球规格及打包方式见表5-10。

掘取带土球苗土球规格及打包方式的规定　　表5-10

类　别	树木规格（m）	土球规格（cm）		打包方式
		直径	深度	
常绿树	1～1.2	30	20	单股单轴　6周
	1.2～1.5	40	30	单股单轴　8周
	1.5～2.0	50	40	单股双轴　间隙8cm
	2.0～2.5	60	50	单股双轴　间隙8cm
	2.5～3.0	70	60	单股双轴　间隙8cm
	2.5～3.0	80	70	单股双轴　间隙8cm

起苗前1～3d将苗床浇水湿润，以利挖掘，并避免土球松散。掘取常绿树或灌木前，先用草绳围冠，不得伤害枝条，以便于操作为宜。以树干为圆心，以规定尺寸稍大画一圆圈，先铲除表土，以不伤根为限。挖掘时，从圈外垂直挖掘，土球呈苹果形，沟宽以便于操作为准，沟以下宽度一致，随挖随修，挖够深度再向中心挖底，留底座以便于支撑。但不得踩踏、撞击土球。

包扎可用软材，如草席、草绳等。土球直径40cm以下，土质坚硬的，可抬至坑外包扎；土质松软或土球直径在40cm以上的，应在坑内包扎。包扎时先用浸湿草绳围干基，紧绕几圈固定后，沿土球垂直方向稍呈30°角捆草绳，随捆随用木槌或石头轻砸草绳捆牢固，每道草绳间隔8cm左右，直至把整个土球捆定。直径超过50cm的土球，应在土球中腰系几道腰绳，并用草绳横、纵向穿连捆紧，再推倒苗木，用软材草绳封底，将土球包严捆好，出坑待运，填平苗坑。

（5）带土球苗木掘起后、栽植前的保护措施

应随取随栽，如不能及时栽植，应尽量集中将树直立垫稳、码严，周围用土培好。假植时间较长，应经常喷水，保持土球湿润，以不泡软土球为准。

（6）带土球苗木装运的技术规定

苗木的装车、运输、卸车，都要保护树木的树冠、根系、土球的完整。不得折断树枝、擦伤树皮和损坏根系。要轻装、轻卸，不得砸散土球。

带土球苗木的装车，高度在1.5m以上的土球苗木可以立装。高2m以上的应斜装，土球朝前树干向后，土球码放层次不得过高，直径在40cm以

下的土球不得超过三层；40cm 以上的不得超过两层。土球之间排码紧密，防止摇摆。

押车人员不得站、坐在土球上，行车时与驾驶员密切配合，防止风吹日晒，遇坑、洼时行车要缓，以免颠坏土球。

8）种植穴、槽的挖掘

（1）注意事项

种植穴、槽挖掘前，应向有关单位了解地下管线和隐蔽物埋设情况，种植穴、槽的定点放线应符合下列规定：

①种植穴、槽定点放线应符合设计图纸要求，位置必须准确，标记明显。

②种植穴定点时应标明中心点位置，种植槽应标明边线。

③定点标志应标明树种名称（或代号）、规格。

④行道树定点遇有障碍物影响株距时，应与设计单位取得联系，进行适当调整。

（2）种植穴、槽的大小

种植穴、槽的大小应根据苗木根系、土球直径和土壤情况而定。

土层干燥地区应于种植前浸穴。挖穴、槽后，应施入腐熟的有机肥作为基肥。每穴施用沤熟的鸡粪 2kg 或塘泥 50kg。

穴、槽必须垂直下挖，上口下底相等，不得挖成锅底形、鸡窝形，规格应符合相关规定。乔、灌木种植穴（槽）规格大小应符合表 5-10 的规定。

（3）刨坑的操作方法

①刨坑时要找准位置，以所定位置为中心，按规定坑径画一圆圈作为刨坑的范围。

②挖坑时，应把表土与底土分别置放，如土质有好有坏，亦应分开堆放。堆放位置以不影响栽植时标直为宜，刨坑到规定深度后在坑底堆土堆。

③挖坑的坑壁要随挖随修，使其呈直上直下，不要呈锅底形。

④刨坑时如发现地下管道、电缆等地下设施，应停止操作，并及时向有关领导报告解决。

⑤在斜坡处挖坑，应先做成一平台，平台应以坑径最低处为标准做平台，然后在平台上再挖坑。

刨坑后，应换肥沃的种植土，并添加肥料。所用肥料必须是肥质高、经过充分腐熟的肥料。施肥量应根据肥效需要而定，一般每树穴施用沤熟鸡粪2kg或塘泥50kg，并加复合肥或磷肥0.25kg。施用时，与泥土拌匀，上面加10～20cm泥土后再栽苗，不得使树根直接放在肥料上，以免烧伤树根。

9）栽植前对枝条和根部进行修剪和伤口处理

栽植树木时，为平衡树势、培养树形、减少水分蒸发、减少病虫害、防止倒伏、保证树木的成活，需要对枝条和根部进行修剪。

（1）修剪原则

顺应其自然生长的规律，尊重原树型的特点。

①落叶乔木：凡属具中央领导干、主轴明显的树种，应尽量保护主轴的顶芽，保证中央领导干直立生长。

主轴不明显的树种，选择比较直立的枝条代替领导枝直立生长。

灌木疏枝修剪，保持树冠内高外低，呈半圆形。

灌木疏枝修剪，保持外密内稀，以利通风透光。

根蘖发达树种，疏剪老枝以利更新，使树木生长旺盛。

②常绿树：常绿树一般不修剪，仅剪除折枝、枯枝、病虫枝。

（2）修剪要求

高大乔木栽前修剪，小苗或灌木栽后修剪。

乔木疏枝剪口与树干平齐，不留桩；灌木疏枝剪口应与地平齐。

短截枝条注意保留外芽，剪口距芽1cm左右。剪口较大应涂防腐剂，粗大枝条用手锯锯断，保护皮层，修平锯口。

根部修剪要将主根断根、劈裂根、病虫根和过长根剪去，剪口要平滑。

10）苗木的栽植

（1）散苗

轻拿轻放，不得损伤树根、根枝、树干和土球，边散边栽，散毕栽完，减少树根暴露时间。散苗后核对图纸，发现错误立即纠正，做到对号入座不搞错。

（2）一般栽植

①栽植深度的标准：栽植深度要合适，一般乔、灌木应与原土面平，栽植地段若风大可较原土面深栽5cm。

栽植带土球树木，以球面和栽植地表上面平齐或略低2～3cm为宜。

②栽植要求：栽植裸根树木，应根系舒展，不得窝根。入坑扶直，填入好土至坑一半时，将树轻提几下，使土与根系密接，并随填土分层踏实（或用木棒捣实），踏实不得损伤树根。并用土在坑的外缘做好浇水围堰，直到填满坑后再用力踏实或夯实一次。根颈部与地面相平，使根自然向下舒展，栽植深度应符合规定。

栽植带土球苗须量好坑深与土球高度是否一致，不可盲目放坑，来回搬动土球。在土球底部四周垫少量土固定土球，脱掉包扎材料，随即填入好土至坑的一半，用木棒捣实，不得砸坏土球。继续填土，分层整实至坑满，随后围堰。

带土球苗木栽植时，包扎物的处理要求：树木放坑就位后可打开土球包扎物，并将其取出。包扎物已腐烂的，如实在有部分取不出，可留在坑底。所取出包扎物应拉回，不能丢弃在现场。

③安装支柱：栽植较大规格树木时，应在栽植时埋上支柱，埋置深度在30cm以上。装支柱要牢固，立于下风方向。支柱与树干接触处，应垫以软物捆牢，以免磨伤树皮。

④栽植后围堰和浇水：树木栽植后，应立即先用土在植坑的外缘围起高约15cm左右土堰拍打牢固，以防漏水。必须在24h内浇上第一次透水，第二次浇水隔2～3d进行。以后应视天气或土壤干湿情况决定浇水的次数和数量。如不需经常浇水时应封堰。

浇水量应根据树木品种、天气情况、土壤含水率而定。浇水时，不要使水直冲树堰，应在堰内放一蒲包或瓦片，使水冲在蒲包上再流入堰内，以免冲出树根。如为自然林，可采取畦灌，畦灌则要求地面平整。

第一遍水应注意检查有无跑水、漏水现象和塌陷下沉情况。如发现，应填土堵漏补浇，还应特别注意将树木扶正。

封堰时要用细土。如土壤中有砖石树根，应捡出，以免造成下次开堰的困难。封堰时应较地面稍高些。中耕松土时，要将土打碎，并应注意不得伤根。

（3）特别情况栽植的规定

按工程需要，在指定时间内完成的绿化工程任务，应在栽植季节时，将苗木带土球或装筐种在较大容器内进行假植，囤放在地势干燥、排水良好、灌水便利、交通方便之地。囤苗期间应加强浇水、防涝、施肥、防治病虫害、修剪等苗木管理工作，保证土球完好。若包扎材料或装筐大部腐朽，装运前一星期应停止浇水，带土球苗应重新包扎，连同原有包扎材料一并包在土球内。装筐苗木应用草绳加固，栽植时，装筐苗木可连筐一起种植在坑内（指自然的植物筐）。

2. 地被种植

地被植物是指能覆盖地面，具有一定观赏价值的多年生草本植物、低矮丛生的灌木和藤本植物。

1）栽植季节

用作地被种植的植物一般都是一、二年生的幼苗，移植易成活，一年四季均可栽植。但在夏季烈日高温天气，最好在上午 11 时之前和下午 4 时以后栽植，以避免太阳暴晒。

2）栽植苗木规格的要求

地被植物的种植，宜选用一、二年生，植株高度在 20～40cm，冠径 25～35cm 的容器苗种植。这类苗木成活率高，且栽植成本低。同一地段的同一种苗木大小、高矮应尽量保持一致，过于弱小或过于高大及苗龄大的，都不宜选用。

3）地被种植密度

地被种植密度以冠径的大小、植株高低、分蘖量的多少而定，一般以种植植物成活后不露出地面为宜。

4）栽植方法

地被植物的种植区应比所在地面高出 5～8cm，采用“品”字形种植。多年生草本、低矮灌丛及藤本植物的栽植深度，以原种植深度为宜。球茎花卉的种植深度宜为球茎的 1～2 倍。种植顺序按以下原则种植：

（1）独立地被，按先中心后四周的顺序种植。

（2）单向观赏地被，从后边向前边种植。

（3）模纹式地被，先栽模纹、图形，后栽底面植物。

（4）高矮不同品种的植物混种时，应先种高的品种，后种矮的品种。

地被植物种植后应及时浇透定根水。

3. 竹类植物种植

1）毛竹移栽

毛竹为散生竹类。毛竹的繁殖与一般乔、灌木树种不同，它是以初植的植株为母本，通过地下茎(通常称其为竹鞭)生长萌发笋芽出笋成竹而形成林分。因此，毛竹移栽成活的关键是保证母竹与竹鞭的密切联系。母竹所带的竹鞭具有旺盛发鞭生长和孕笋成竹的能力。

毛竹生长快且生长量大。一般出笋后 50d 左右就可成竹，应选择土层深厚、肥沃、排水良好的微酸性土壤种植。过于干旱土壤，含盐量在 0.1% 以上的盐渍土和 pH 值 8.0 以上的钙质土，以及排水不良及地下水位过高的地方都不宜种植毛竹。

(1) 栽植季节

在毛竹分布区，晚秋至早春，除天气过于寒冷外，一般都可以栽植。华南地区以冬季栽植效果较好。

(2) 选择母竹

毛竹移栽应选择 2 ~ 3 年生，其所连的竹鞭处于壮龄阶段，抽鞭发笋能力强，枝叶茂密，分枝较低，无病虫害，胸径 3 ~ 5cm 的疏林或林缘竹作为母竹。毛竹胸径偏大，竹杆分枝过高，挖、运、栽操作不便，栽后易摇晃，影响成活；竹龄过大，抽鞭发笋能力差，移栽后即使成活也难以成林。这些都不宜选做母竹。

(3) 母竹的挖、运

首先应判断选定母竹的竹鞭走向。一般毛竹竹杆径部弯曲，弓背内侧是竹鞭所在位置，竹鞭走向大致与分枝方向平行。根据竹鞭的位置和走向，离母竹 30cm 处破土找鞭。按来鞭(着生母竹的一端)30 ~ 35cm，去鞭(母竹竹鞭抽鞭延伸发笋长新竹的一端)60 ~ 70cm 的长度切断竹鞭，再沿竹鞭两侧 25 ~ 30cm 的地方开沟深挖，将母竹连同竹鞭一并挖出，带宿土。

毛竹无主根，须根再生能力差。一经伤根容易生成须根干燥萎缩，栽植不易成活。因此，挖母竹时要注意保护好竹鞭和鞭芽，尤其不要损伤竹与鞭连接处的“螺钉”。“螺钉”一旦损伤断裂，母竹移栽即使成活，也不能抽鞭发笋。

母竹挖出后，留枝 4 ~ 6 盘，削去竹梢，切口要光滑，不能破裂。若就近栽植，不必包扎，但要保护宿土和“螺钉”。远距离运输必须将竹鞭和宿土连同竹兜根系一起包好扎紧。搬运过程中要注意保护好“螺钉”，保持湿润。

（4）栽植母竹

毛竹栽植要做到深挖穴、浅栽竹。栽植穴的规格一般为深 80 ~ 100cm，宽 60 ~ 70cm，长度比母竹竹鞭长 20 ~ 30cm。栽植时，可根据母竹竹蔸大小适当进行调整。栽植时，先回填种植穴至适当深度，再将母竹放入穴中，解开包装物，使鞭根自然舒展，不强求竹杆垂直，再回土密实。使竹鞭与土壤密接，并浇透定根水。母竹栽植深度以略低于原地面高度为宜。栽植后要及时支撑固定竹杆，以免风吹摇晃。

（5）栽后管理

毛竹移栽后的管理与一般树木移栽相同，但要注意，如有露鞭、露根或竹蔸松动的，要及时培土填盖。松土除草时，不要伤根、伤鞭，注意保护笋芽。每年 9 月至翌年竹笋生长期间应停止松土除草。

2）丛生竹类移栽

丛生竹的种类很多，竹杆大小和高矮相差悬殊，但其繁殖特性和适生环境的差异一般不大，因而在栽培管理上大致相同。一般应选择土层深厚，水分条件好，pH 值为 4.5 ~ 7.0 的土壤种植。干旱瘠薄、石砾太多或过于黏重的土壤不宜种植丛生竹。

（1）移栽季节

丛生竹类无横走竹鞭，靠竹杆基部芽眼出笋长竹。一般 5 ~ 9 月出笋。来年 3 ~ 5 月展枝发叶。移栽季节最好在新竹发叶之前进行。一般在 2 月中旬至 3 月下旬较为适宜。在此期间移栽母竹成活率高，当年即可出笋。

（2）选母竹

丛生竹的移栽应选择生长健壮，枝叶繁茂，无病虫害，杆基芽眼肥大充实，须根发达的 1 ~ 2 年生竹作为母竹。这类竹子发笋能力强，栽后易成活。3 年生以上的竹杆，杆基芽眼已发笋长竹，残留芽眼多已老化，发笋长竹能力差，不宜选做母竹。母竹的大小以 2 ~ 3cm 为宜。

（3）母竹的挖、运

挖掘时，先在离母竹 25 ~ 30cm 处扒开土壤，由远至近，逐渐深挖。在挖的过程中，要防止损伤杆基的芽眼，尽量不伤竹根。在靠近老竹一侧，用利器切断母竹与老竹杆基部的连接点，将母竹带土挖出。母竹挖起后保留 2 ~ 2.5cm 长的竹杆，以减少水分蒸发和便于搬运和栽植。远距离运输应包装保护，防止损伤芽眼和根系失水。

(4) 栽植母竹

丛生竹的栽植根据选景需要，可单株（或单丛）栽植，也可多丛配置。栽植穴的大小就土球大小而定。一般应大于土球直径的50%，穴的深度一般在40cm左右。栽植前，穴底应回填表土，施入腐熟有机肥，有机肥可与表土混合拌匀后回填。在放入母竹时，若能判断杆基弯曲方向时，最好将弓背朝下，这样有利于加大母竹出笋长竹的水平距离。母竹放好后，分层填土踏实，浇足定根水后覆土。覆土高度以高出母竹原土卯3cm左右为宜。

4. 大树移植

大树移植，是指在工程施工过程中，根据需要，对已定植多年的大树进行迁移栽植。中华人民共和国行业标准《城市绿化工程施工及验收规范》(C55/T 82—99)的条文说明中指出：大树移植范围，落叶乔木胸径20cm以上，常绿乔木胸径15cm以上，即视为大树移植范围。对于少数特大树木和珍贵树种应予以保护，宁移构筑物不移大树。要求大树移植前进行调查研究，制订移植技术方案，目的是保成活，限制任意移植大树。但是，随着我国经济的日益发展，人们对生态环境的要求越来越高。对高速公路而言，高速公路绿化林带都以乔木树种为骨干，高大乔木做骨架，合理配置灌木、花草，从而在较短时期内体现绿地景观效果，发挥绿地生态效益。大树移植又成为一种特殊的高速公路景观绿化手段。因此，应通过加强苗圃培育，建立大苗苗圃，在苗圃中种大树，以满足现代高速公路生态景观建设对乔木大树苗的需求，充分掌握大树移植的技术方法，提高大树移植成活率。

1) 大树移植前的准备

(1) 大树选择

①大树移植前，应对移植的大树生长情况、立地条件、周围环境、交通状况进行调查研究。包括树种、树龄、树高、分枝点高度、胸径、冠幅、树形及土壤、气候等。注明树木的观赏面和树木的阴阳面。

②选择的大树必须是生长健壮、旺盛，树干形状优良，无病虫害，特别是无蛀干害虫，树冠丰满，再生力强，移植成活率高的树种。尤以浅根性、实生乡土树种为佳。

③移植大树的树龄，以生长旺盛期的壮龄树为好。这些树的可塑性很

大，并且能在较短的时期内恢复生长。一般速生树种的胸径为20～30cm，慢生树种的胸径为15～25cm较为适宜。规格及树龄过大的树木移植成本高，恢复生长慢，成活率低，景观效果差，不提倡移植。

（2）切根与修剪

①移植的大树要在移植前一到二年内分期进行切根。切根一般在初春和秋末分两次进行。在树干四周，距树干胸径2～3倍处开挖沟槽，截断粗大的侧根，切口要平齐，以利伤口愈合和生长须根。开挖深度50～70cm，然后回填肥土并分层夯实，使土壤与根系紧密接触，定期浇水保湿，以利于新根生长。

②修剪是大树移植过程中，对地上部分进行处理的主要措施。主要方法是修剪疏枝，剪去病枯枝、过密交叉缓长枝、干扰枝，收缩树冠，适当稀疏树冠内部不必要的弱枝，多留前生枝。修剪强度应考虑功能要求，如果移植后马上起到绿化效果的应轻剪，蒸发量大、不易成活的宜重剪。修剪强度一般在1/3～3/5。樟树应在移植前1周进行修剪。凡2cm以上的截面，伤口均应涂防腐剂。

（3）定方位扎树冠

①根据树冠形态和种植或造景的要求，应对树木作好定方位的记号。

②收扎树冠时应由上至下，由内至外，依次向内收紧，大枝扎缚处要垫橡皮等软物，不应挫伤树木。

（4）树穴的准备

①树穴大小、形状、深浅应根据树根挖掘范围土球大小形状而定。树穴的直径一般比土球直径要大60～80cm，树穴深度要比土球厚度大50～60cm，以作为排水层、基肥层和隔肥层用。

②树穴必须符合上下大小一致的规格，对含有建筑垃圾、有害物质的土壤均须扩大树穴，清除废土换上种植土，并及时填好回填土。

③挖好种植穴后，底部15～20cm填以碎石，然后按移植大树的胸径大小，施有机肥做基肥。有机肥和回填种植土厚度约40cm，有机肥和种植土必须拌匀。有机肥施用量：胸径20～30cm每穴40kg，胸径30～40cm每穴55kg，胸径40～60cm每穴70kg，胸径60～80cm每穴90kg，胸径80cm以上每穴120kg。在树穴的一侧底部挖宽深各30cm的盲沟，沟中填碎石15cm，其上回填种植土，胸径15cm。

④地势较低处种植不耐水湿的树种时，应采取推土种植法。推土高度根据地势而定，推土范围：最高处面积应大于根的范围(或土球大小2倍)，并分层夯实。为便于排水，在种植穴边靠地势低的一方挖一个比种植穴深20～30cm的小坑，然后用一根ϕ100mm粗的PVC管一端埋入，另一端高出地面20cm，以便抽出树下积水。

2）大树移植方法

（1）挖树、运输、种植

大树移植要做到当天挖、当天运、当天种。

①挖树。开挖前2～3d应在大树茎部适当淋水，使土壤松软。挖树时，施工单位必须安排有丰富经验的园林绿化施工技术人员到现场指导。挖树范围应以树木胸径的6～8倍、深度挖到位后将土球修整成半球状，底部铲平再用草绳扎腰箍，宽度以土球高度1/2为宜。再以45°角收底，其层次以土球大小、土质情况而定。土球打包，必须收紧绳子，第一层绳子必须入土球表土。大树起挖、整修好土球后，必须喷洒生根粉（液），要求喷洒均匀、根的截口面湿润为准。为保证大树起吊时树干不受损，包扎土球的同时，还要用草绳缠绕树干，缠绕高度自树干茎部到干高2.5m为宜。草绳缠绕要紧密。这样既可保护树干在起吊运输过程中不受损伤，又利于移植后树干保湿，减少水分蒸发。特大树木还须在绑扎起吊绳部位固定竹片或木板保护树干。

②起吊运输。起吊的机械和装运车辆的承受能力必须超过树木和土球总重的承受能力。装车时树根在车头部位，树冠在车尾部位，泥球要垫稳，树身与车板接触处，必须垫软物，并作固定。大树起吊运输，若土球和树木总重超过30t以上，除了采用双层包装外，还必须用角（槽）钢在坑内进行焊接成筐篮、吊勾抓筐（筐）篮起吊，使其倾斜小于45°，放在预先安排设计好的运输车上；在车厢内要预先放入汽车轮胎或软性材料垫于土球下部，树干部分要抬高并垫好，使树干在车厢内保持平稳状态；大树、特大树起吊、运输时，必须严守交通规则，必须避让架空线，必须避让原植点和周边民居及其他物体，必须确保人身安全。

运输时，车上必须有人押运，遇到电线等影响运输的障碍物，必须在排除后，方可继续运输。路途远、风大或过热时，根部必须盖草包等物体进行保护。

③种植。用吊机吊大树至树穴位置，并使观赏面安排适中。

a. 用软材料包装的，要先去掉包装材料，然后均匀填上细土，分层夯实。

b. 硬材料包装的，先取出包装箱板，注意抽底板时防止树木移动，然后均匀填土，分层夯实。

c. 大树、特大树移植，应严格按原生长方位种植（即阴、阳面）。

d. 土填到50%时灌水，发现冒气泡或快速流水处，要及时填土，直到土不再下沉、不再冒气泡为止。待水渗完后再加土，加到高出根部，即可围堰浇水。做堰后，应及时浇透水，待水渗完后覆土，第二天再做堰浇水、封土，以后视天气、树木生长情况进行浇水。

（2）支撑与固定

①大树的支撑宜用扁担桩十字架和三角撑，低矮树可用扁担桩，高大树木可用三脚架，也可两种结合起来用。

②扁担桩的竖桩不得小于2.3m，入土深度1.2m，桩位应在根系和土球范围外，水平桩离地1m以上，两水平桩十字交叉位置应在树干的上风方向，扎缚处应垫软物。

③三角撑宜在树干高2/3处结扎，用毛竹或钢丝绳固定，三角撑的一根撑干(绳)必须在主风向上位，其他两根可均匀分布。

④发现土面下沉时，必须及时升高扎缚部位，以免吊桩。

3）大树移植后的养护与管理

（1）大树移植后，应根据天气和树木生长状况，采取相应的保护措施。

①天气多日不下雨，土壤干旱，应及时做堰蓄足水。并用遮阳网搭庇阴棚遮盖。

②土虽不干，但气温较高，空气干燥，应对地上部分树干、树冠包扎物及周围环境喷雾，时间早晚各一次，达到湿润即可。

③久雨或暴雨时造成积水，必须立即开沟排水。

（2）大树移植后1年内，应配备专职技术人员做好修剪、剥芽、喷雾、叶面施肥、浇水、排水、防治病虫害等一系列的养护管理工作，在确认大树成活后，方可进入正常养护管理。

（3）大树移植，应建立技术档案，其内容包括：实施方案、施工和竣工记录、图纸、照片或录像资料等。大树移植记录内容有：原栽地点、移植地点、树种、规格、年龄、移植日期、施工人员、技术措施等。

5. 水生植物种植

1）水生植物的分类

根据水生植物在水中的生长状态及生态习性，可分为浮叶植物、挺水植物、沉水植物和湿生植物四种类型。

（1）浮叶植物

植物叶片漂浮在水面生长，称为浮叶植物。浮叶植物又按植物根系着泥生长和不着泥生长分为两个类型：一种叫根系着泥浮叶植物，如睡莲、王莲等；另一种叫漂浮植物，如凤眼莲、大漂、清萍等。景观绿化一般采用根系着泥浮水植物。

（2）挺水植物

植物的叶片长出水面，如荷花、香蒲、芦竹、花叶芦竹、再力花、水芋、千屈菜、鸢尾、伞萍等，这类植物具有较高的绿化用途。

（3）沉水植物

植物整个植株全部生长在水里，在水中生长发育，如金鱼藻、眼子菜、水蓼、苦菜等。

（4）湿生植物

这类植物的根系或部分树干淹没在水中生长，如池杉、落羽杉、水松等。有的树种虽不能耐长期水渍，但能在水陆交替的生态条件下良好生长，如垂柳、水蒲桃、水石榕、迎春花等。

2）水生植物种植技术

（1）种植方式

①自然式种植：即把植物直接种植在水体底泥中，这种种植方式产生的景观效果比较贴近大自然。互通区内水体的水生植物的种植均采用自然式种植方式。

②容器种植：即将水生植物放在容器中，再将容器沉入水中的种植方法。所应用的容器有缸、盆和塑料筐三种类型。容器种植方式一般用于水岸边较多。

③种植池种植：种植池种植方式的最大特点，就是可以较为有效地限定水生植物的生长范围，从而有利于保持水生植物景观的稳定性。种植池

的构筑，主要是用石材围合成一定空间，并在中间填入种植土，然后种植水生植物。

（2）种植季节

种植水生植物宜选在多晴少雨的季节进行。大部分水生植物在11月至翌年5月挖起移栽。水生植物在生长季节也可移栽，但要摘除一定量的叶片，不要失水时间过长。如需长途运输，则宜存放在带有水的容器中。

（3）繁殖方法

挺水植物和根系着泥浮水植物，如莲花、睡莲、鸢尾、千屈菜等都以根茎繁殖和分栽。大根茎可以切成若干块，每块根茎上必须留有1~2个饱满的芽和节。

（4）栽植要求

种植水生植物一般0.5~1m^{2}种植一株，栽植深度以不漂起为原则，压泥5~10cm。在种植时，用泥土压紧压好，以免风浪冲刷而使栽植的植株漂出水面。根茎芽和节必须埋入泥土内，防止抽芽后不入泥土而在水中生长。

三、公路护坡植被建植技术

公路边坡开挖的直接结果，是边坡生态环境和系统的破坏。在边坡生态系统中，从地表面到坡面底质间，构成了多层次的物质和能量的循环与交流。公路边坡生态恢复或生态重建，应当从系统功能的角度切入，着眼于生态系统功能的修复技术，通过生态功能的回归，来实现生态景观的优化。实现这一目标的技术，就是生态技术；实现恢复和重建边坡生态功能的技术，就是边坡生态防护技术。公路护坡植被是目前公路边坡防护应用最广的一项边坡防护措施，就是利用人为工程手段，在植被恢复困难的坡面上，为植物生长创造土壤环境、水分环境等一系列必要的生存条件，引入先锋群落完成裸露坡面的初期覆盖，防止该地区的侵蚀和水土流失，为本地物种的重新侵入和目标群落的形成创造前期条件。

1. 公路护坡植被作用机理

依据植物边坡稳固机理，将植物护坡总结为坡面冲刷防护与边坡加固两种设计类型。坡面冲刷防护，可根据浅根表土加筋与茎叶水文效应机理进行设计；边坡加固，可根据深根锚固作用与蒸腾排水效应机理设计。

1）绿色植被对边坡坡面的冲刷防护

（1）植被对降雨的截留作用

对于植物郁闭度良好的路基边坡来说，植物茂密的枝叶连成一片就像给边坡打了一把巨伞，一部分降雨在到达坡面之前就被植被的茂密茎叶截留并暂时储存在其中，或经过植物茎叶滑动到边坡以下，从而减少了降落到边坡地表的雨量。实践表明，对于郁闭度良好的阔叶植物林来说，植物树冠可以截留降水的10%，林下灌木、草本植物、苔藓、地衣被层等能够截留降水的20%～30%，另外植物的腐枝败叶可以吸收自身质量4倍的水。同等的降水情况下，植被良好的地表雨水量仅相当于空地的1/40。植物通过截留作用降低了到达坡面的有效雨量，从而减弱了雨水对坡面的侵蚀。

（2）植被对雨水溅蚀的抑制作用

降雨时，雨滴从高空落下，因其有一定的质量和加速度，下落时便产生一定的打击力量。裸露的表土在这种力量的打击作用下，土壤结构遭到破坏，发生分离、破裂并溅起，土颗粒能被溅到60cm高、160cm远的地方并在落地时向下滚动，造成水土流失。公路路基边坡表面的土体材料一般较差，主要由较松散的砂土（如山皮土）和线路清筛清出的污土组成，其更容易受到雨水的溅蚀作用，造成表土结构的破坏，形成鸡爪沟，严重威胁边坡的安全。边坡植物的枝叶能拦截高速下落的雨滴，通过茎叶的缓冲作用，大大降低雨滴的速度，并使大雨滴分散成小雨滴甚至雨雾，从而大大降低了雨滴的能量，减小了雨滴对边坡表面土壤的冲击动能，可以明显地减弱甚至消除雨滴的溅蚀作用。

（3）植被对地表径流的抑制作用

地表径流集中是坡面土体冲蚀的主要动力，土体冲蚀的强弱取决于径流的大小和流速。草本植物的分蘖多，丛状生长，能够有效地分散、减弱径流，而且可以阻截径流，改变径流的形态，降低径流的流速，使径流在草丛间迂回流动，并提高了雨水入渗率。径流减小，流速减缓，冲刷能量降低，从而对土体的冲蚀大大减弱，减少了水土流失。

2）植物根系的力学效应对护坡的坡体加固

（1）浅根系的坡面加筋作用

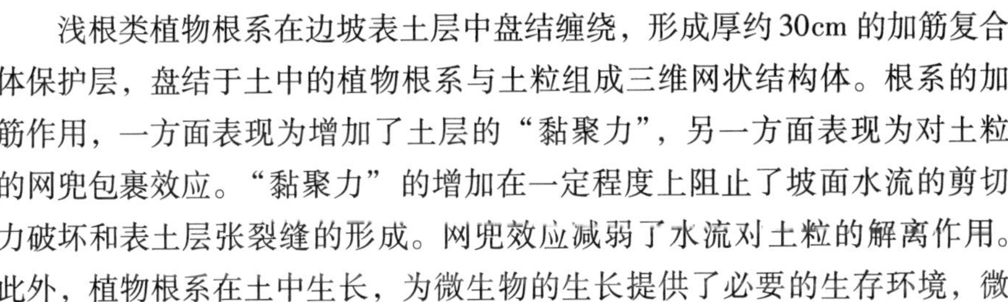

浅根类植物根系在边坡表土层中盘结缠绕，形成厚约30cm的加筋复合体保护层，盘结于土中的植物根系与土粒组成三维网状结构体。根系的加筋作用，一方面表现为增加了土层的“黏聚力”，另一方面表现为对土粒的网兜包裹效应。“黏聚力”的增加在一定程度上阻止了坡面水流的剪切力破坏和表土层张裂缝的形成。网兜效应减弱了水流对土粒的解离作用。此外，植物根系在土中生长，为微生物的生长提供了必要的生存环境，微生物可分泌出一种多糖化合物的黏液质凝胶，这种多糖化合物分子将土壤颗粒有效地黏聚起来，减弱了坡面水流对土层的解离侵蚀作用。

（2）深根系的锚固作用

木本植物的垂直根系的主根粗壮，深深扎入土层3～5m。垂直深根穿过边坡的软弱层或滑动面，以锚固与桩侧阻的方式对边坡起到加固作用，其作用类似于锚杆或抗滑桩。

3）植物根系的蒸腾排水效应

绿色植被通过光合作用与蒸腾作用，对孔隙水施加张力，大部分植物在到达凋萎点之前，能够对孔隙水施加1～2MPa的张力。植物根系源源不断地吸取土壤中的水分并通过蒸腾作用排到大气中，使得土壤中的水分减少，孔隙水压力降低，甚至为负值。孔隙水压力的降低增强了土体的抗剪强度，大大加强了边坡的稳定性。此外，植物的根系具有向水源丰富的部位生长的特性，这种向水性，特别是深根植物的向水性，还具有智能化、动态排水与加固效果。从这个角度来讲，植物深根在阻止边坡的渐进破坏方面还具有一定的预防意义。

2. 护坡植物选择与植物种子播量

护坡植物是构成坡面生态环境的重要主体。坡面环境恢复的初期，人工先锋植被占主导，这时候的坡面植物主要起到稳固表土、改良表层环境、为乡土植物的入侵创造有利条件，为目标群落开路的作用。随着时间的推移，人工先锋植被逐步被自然植被取代后，坡面的植被就逐渐与周围植被融为一体，这时候的坡面植物所起到的作用就如同周围环境中的所有植物一样，成为这个地区生态环境的重要组成部分。

1）护坡植物选择的一般原则

(1) 考虑植物的生态特性

选择护坡植物，首先要考虑植物的生态特性。植物的生态特性包括：

植物对生长环境的要求(土壤、水分、气候、海拔等)，植物对极端环境的适应能力(也称为抗逆性)，植物对病虫害的抵抗能力(抗病性)，植物的生长速度(速生性)，以及植物的自繁更新能力。

坡面的土层薄，积蓄肥料和水分的能力有限，不同的自然条件下，植物还有可能面临高温、低温、干旱、水淹、缺乏光照、盐碱或酸性黏重土壤等的恶劣的生存条件，在某些特定地区可能有风沙、霜冻危害，选择的植物必须能适应该地区特殊的自然环境以及恶劣的外部条件。所以，应尽量选择抗逆性强的植物种类(如某些菊科的干旱植物)；还有对土壤有改良作用的种类(如带有根瘤的豆科植物)。

坡面治理要求植被前期覆盖迅速，在短期内能形成致密、均匀的草层，防止刚刚经过人工处理的坡面遭到侵蚀破坏；同时，如道路护坡、风景区坡面治理一类对景观要求较高的工程，要求在短期之内就见绿化效果。因此，植被的速生性非常重要。

自繁更新能力，就是坡面植物自身的繁殖能力和植被自我更新的能力，包括植物自播和分蘖的能力。在人工植被建成以后，植被能否在以后的长时间内保存下来，取决于植被的自繁和更新能力。植物通过产生种子、分根、分栗等方式产生幼体，通过幼体补充来维持种群存续。自繁更新能力强的植物营造的坡面植被，就不容易衰退，效果保持期长。

(2) 考虑植物的形态特性

植物形态特性包括植物的生活型（草本/木本）、生活特性（直立/匍匐/蔓生/攀缘等)、生物量、根系分布特点和观赏价值等。根据坡面的实际情况，视治理的具体要求，在选择植物配置的时候，草本、木本相结合，乔、灌、草搭配，充分利用地上和地下各个高度和深度的空间，营造立体结构合理的坡面植被。

选择地上生物量大的植物有利于坡面覆盖，能有效减少表土或人工基质的流失，防止表面侵蚀。但同时，生物量大意味着水肥需求量的相应增大，在水肥供应条件差的坡面，不宜使用地上生物量过大的植物。

植株的根系发达程度与植物的固持效果密切相关，空间分布关系也影响根系对坡体不同深度的作用效果。选择植物时，注意深根与浅根植物结合，木本植物与草本植物搭配，避免使用单一植被或者根系空间分布相似的植物，这样既有利于形成立体的根系网络，有效稳定坡体结构、防止出现山扒皮或整体滑落现象，又能避免植物根系挤在一起抢水争肥。根据植株的高度和地上生物量，估算植物可能给坡面带来的荷载，尽可能地选择对坡面安全的植被。坡度大的坡面和迎风坡面不宜使用植株高大的植物。

（3）植物的地域性

生物入侵是指某种生物从原来的分布地区扩散到一个新的地区，在新的区域内，其后代可以繁殖、扩散并维持下去。据分析，造成当地许多物种灭绝，从而使得生物多样性丧失的第一位的因素，是生态环境的破坏和破碎化；第二个最重要的因素，则是生物入侵。在自然界，生物入侵是个极小概率事件。绝大多数生物入侵，是由于人类活动直接影响或间接影响造成的。公路线形长，并且各公路之间形成网状结构，生态恢复过程中，如果大量使用外来植物，引发生物大爆发，后果将不堪设想。在坡面恢复植被，必须考虑引种植被的生态安全性，尽量考虑使用乡土物种。在使用外来物种时，一定要慎重考虑引种可能带来的生态后果，避免治理工作顾此失彼。

进行坡面治理前，要充分地调查清楚当地的植物资源情况，选择护坡植物，应尽量考虑使用乡土植物，乡土植物的地域适应性好、生态安全性高，使用乡土植物可以同时解决坡面植物的初期存活、长期保存和自然更新问题。如，对广梧高速公路双凤至平台段的自然条件、植被类型及植物种类进行了全面调查，结果显示，该地域共有维管束植物 342 种，隶属于 95 科 244 属，然后结合植物本身的生物学、生态学及生理学特征，从中筛选出适于本段高速公路两侧绿化带、边坡绿化的乡土植物 53 种。目前，我国西南地区交通运输部门为加快公路路用植物新种（品种）培育的方法和途径，收集了适于路用的野生植物 100 余种，其中马棘、山毛豆和祥云狼尾草已经在全国推广应用。从 2004 年开始，云南省公路学会和中国科学院昆明植物研究所联合组成了调查研究组，对云南省的高速公路生物防护现状、沿线植物资源和自然地理环境条件进行了调查研究，提出了适于公路路用的乔木类 60 种、灌木类 92 种、草本 82 种植物资源；青海交通运输部门以黄河流域为重点，调查发现青海省有潜力的路用野生植物 40 余种，其中骆驼蓬、赖草、唐古特白刺、四翅滨藜、野枸杞、金露梅、银露梅、甘青茶镳子、美丽茶镳子、山梅花等经过研究试验，首次应用于路域植被恢复。

（4）景观性

在坡面恶劣的环境条件下，要做到四季常青、三季有花是很难的。在选择植物品种上，尽可能选择绿色期较长或带有花朵的地被植物类型；在满足护坡基础上，尽量选择具有一定观赏价值的地被植物品种。使用混合种子，早花的品种与晚花品种相搭配，错开地被绿期和延长花卉观赏期。

2）护坡植物类型

护坡植物类型很多，可以简单归纳为以下几种类型。

（1）草坪草和牧草

目前，在生态防护中草坪应用比较广泛。根据草种对气候的适应性，可将草种分为冷季型草种（早熟禾属、羊茅属、黑麦草属、胡枝子属、苔草属、三叶草属、百脉根属等）、暖季型草种（狗牙根属、狼尾草属、地毯草属、钝叶草属、假俭草属、马蹄金属、画眉草属等）、过渡型草种（野牛草属、结缕草属等）。在边坡防护工程中，大都选择一些根系发达、固土能力强的草种，如早熟禾、黑麦草、羊茅草、狗牙根、假俭草、钝叶草、马蹄金等，然后采用合理的施工技术播种，并精心呵护，以保证一定的成活率。早期，种子发芽率高、出芽整齐。如，黑麦草，播种7d后，发芽率可达90%以上，1个月后，原来裸露的边坡就披上了绿装。表面上看，植被恢复了，水土流失得到了控制，生态环境得到了改善。但这种好景不长，短则一年半载，长则2～3年就会发生衰退现象。如华南地区引进的多年生黑麦草，不耐高温、不能越夏，在夏天很快就消失，不能完成世代交替。但麦草在初期生长非常旺盛，有竞争优势。为达到四季长青的效果，在护坡工程中，还常常采取冷季型草与暖季型草混播的措施，但因暖季型草在冬天枯萎后常阻碍冷季型草的发芽、繁殖，冷季型草在夏天又阻碍暖季型草的发芽、繁殖，还是很难达到四季长青的效果。究其原因，认为这种生态防护工程旨在利用人工的方法加快植被恢复过程，往往违背了自然演替规律，在选配植物时，大多只考虑单个物种的生态习性，欠考虑物种间的竞争关系，忽略了物种多样性对生态系统功能的贡献。另外，草本植物在水土保持功能上也有一定的缺憾：一是根系较浅，固坡、护坡效果较差；二是群落易发生衰退，二次恢复很困难；三是管理费用高；四是外来种的大量采用，对生态安全有很大风险。

（2）灌木

我国的边坡坡度一般为45°，有的甚至达到60°以上，单纯用草本植物虽覆盖度大、美观，初期植被均匀整齐，但防护效果不太理想，而栽植乔木又会提高坡面负载，在风力作用下极易造成坡面的不稳定或坍塌。随着实践经验的提高，人们逐渐认识到灌木绿化具有的优势。灌木不仅具有良好的抗旱、保水、保土、防风沙、降尘土、抗盐碱等优点，而且生长快、耐贫瘠，对土壤环境要求不高。和草本植物相比，其优势相当明显：一是灌木类木本植物根系的先端部位能向土壤母质内部延伸，在吸取其营养的同时固持风化土层，增强边坡的稳定性。二是维护管理作业量小，灌木对水、肥的需求少，适应性强。三是对小气候的改善作用明显，能缓和阳光的热辐射，使酷热的天气降温、失燥，给人以舒适的感觉。同时，由于灌木的生物量比草本植物大，进行光合作用吸收的二氧化碳多，吸滞烟灰粉尘，稀释、分解、吸收和固定大气中的有毒、有害物质也较多，能更好地净化空气。但单一的灌木群落也易产生表土侵蚀，对初期的水土保持不利。因此，在边坡防护过程中，植物种的选择以草本植物与灌木配合为宜，二者结合，可起到快速持久的护坡效果，有利于生态系统的正向演替。因此，在某些发达国家已开始重视灌木的护坡作用。如，日本对灌木护坡进行了大量研究，从而使灌木在边坡防护中得到了大量的应用，起到了很好的固坡护坡作用。公路灌木护坡技术，是在人为石质边坡的坡面制造出与自然界表土结构相似的、具有抗冲刷特点的人工土壤环境，为护坡植物提供合适的生长环境，使建植层固、液、气三相物质平衡，具有设计合理、简便高效、适用范围广、施工安全、后期养护简便等特点，植被恢复快速，单位建设成本低于植被混凝土技术，具有较好的应用前景。贵州省于2009年制订了贵州省地方标准“喀斯特(KST)地区灌木护坡施工规范”，推荐灌木种类有小叶女贞、栀子花、火棘、马甲子、红继木、含笑、茶叶树、赤楠、黄花槐、刺槐、紫穗槐、荆条、珊瑚树、紫薇、胡枝子、毛鹃、马棘、木豆、木薯、刺梨等。浙江省林业科学研究院研究者根据浙江省森林植被的自然演替规律，由裸地——草本——灌丛——乔木(马尾松林——落叶阔叶林——常绿与落叶阔叶混交林——常绿阔叶林)，运用植物生态学的自然演替理论，充分利用胡枝子等豆科灌木和山类芦禾草等乡土先锋树种和草种，营建灌草复合人工群落，达到以灌养草、以草促灌的目的，同时创建了阔叶树种自然下种前期需要适当蔽荫的良好生态条件，建立适于浙江气候和岩石边坡条件的植物群落自然演替的生态系统。经研究表明，人工栽培胡枝子的林地，5年后的氮、磷、钾含量分别提高10%、12%和11%，况且胡枝子花色鲜艳、美丽，作为岩体坡面的优势种群，不仅在短期内起到了绿化与美化的双重效果，而且为森林长期自然演替创造了良好的条件。

（3）岩生植物

岩生植物能直接生长在陡峭岩石、浆砌片石上，其生长的土层不足1cm，根系发达，致密的根盘紧紧地吸附在岩石表面或部分根系渗透到岩石缝隙中，所具有的抗旱、耐瘠薄性、抗病性是其他所有草种所不能比拟的。但目前对岩生植物研究很少报道，而且仅限于岩生植物用于岩石园的研究。景天属植物多为岩生植物，自然生长于覆盖极少土壤或完全裸露岩石表面。岩生植物的共同特点为喜旱、耐旱，可以在瘠薄的土地上生长，株体低矮，生长缓慢，生长期长，因而景天属应用于岩石边坡植被恢复具有重要应用前景。

（4）苔藓植物

由于苔藓植物是分布广、适应性强的先锋植物，对于天然或人工干扰后立地条件恶劣的地段，苔藓植物是最适宜的植被生态恢复植物材料。在我国，仅九寨、黄龙风景区在专用机场跑道岩体开挖面的植被恢复工程中试验应用了苔藓植物，边坡生态恢复开始应用。

（5）藤蔓植物护坡

边坡、石壁土壤贫瘠，夏季高温灼烤造成了干热威胁；降雨对植被、坡面造成的严重冲刷等恶劣的生态环境，增大了水土保持、复垦绿化的难度，使植物的选择、应用更加重要。以往边坡的生态治理，常用播草种的方法覆盖坡体表面，已达到缓解雨水直接冲刷坡面及美化的目的。但在坡度大于55°的陡峭坡体上，喷播、植草常遭失败，即便是有三维网加固，雨水仍将网内土壤逐渐地冲刷殆尽，所剩无几。而藤本植物独具的牢固吸盘或气生根却无畏暴雨的摧残，紧密绞织覆盖在表面的枝叶也起到了缓冲的作用。因此，藤本植物已成为边坡水土保持的首选植物。

（6）景观野花

景观野花因开花而色彩丰富，季相变化明显，观赏性好。在欧、美、日等国家和地区的水土保持中应用较多。在我国，经过一段时间的摸索，也逐渐在公路边坡水土保持和岩面修复边坡植被恢复中开始应用。景观野花主要是选择种子繁殖的多年生、适应性强的花卉植物，籽播成苗后常年生长或者宿根过冬越夏。少量是一年生和越年生的花卉植物，但这类植物必须具备较强的自播繁衍能力。能比大多数草坪植物更长地保持良好的绿化、美化效果。可供选择的景观野花植物种类多，有常绿的，有夏绿冬枯的，也有冬绿夏枯的，播种期也要全年不同季节都选择。观野花植物对立地要求不同，有相对较为严格的，也有较为粗犷的，但一般都要比草坪植物对立地条件的要求要高，最好能为景观野花的播种和生长环境提供较为深厚、肥沃的土壤条件和相对充足的水分。常见的景观野花有金鸡菊、波斯菊、蛇目菊、花菱草、二月兰、紫茉莉和蓝香芥等。

3）植物种子播量及种子预处理技术

（1）植物种子播种量

植物种子播种量的大小应根据植物种子的质量、千粒重、纯净度、发芽率、发芽势及环境条件、土壤状况、施工方法、播种后的管理等多种因素而定。高速公路边坡土壤条件差，护坡植物在成活期养护以后，便实行粗放管理，若植物密度过大，坡面植物易因水分或养分缺乏而完全退化；密度过小，植物又不能完全覆盖坡面，达不到护坡效果。因此，合理的植株密度应根据不同植物各自正常生长对所需的单株营养面积来确定。

据有关调查资料显示，公路边坡上，一般草种的单株营养面积为 5 ~ 10cm^2，即边坡植被形成后，一般草种的植株密度应达到 1 000 ~ 2 000 株/m^2。因此，边坡防护植被形成后，草本植物的植株形成株数应达到 1 500 ~ 2 000 株/m^2；灌木植物混播的植株成株数应达到 3 ~ 5 株/m^2；乔木树种混播的植株形成株数应达到 1 ~ 2 株/m^2。如杭徽某标段，结合本地区的气候条件和工程实际情况，遵循适地适时的原则，多选用灌木、豆科植物和乡土植物品种，如马棘、胡枝子、紫穗槐、马尾松、火棘、海桐、女贞等。考虑前期的固定护坡能力和植物的演替过程，适当加入草本植物，如，狗牙根、高羊茅、百喜草、紫花苜蓿等。对于选用的种子应进行催芽处理，选择不同品种间的合理播深、分层喷播，确保发芽率。此次采用冷、暖两季种子混合，比例适宜，品种多样化，其中每平方米种子控制在 20g/m^2 左右，其中马棘 2g/m^2、胡枝子 3g/m^2、紫穗槐 4g/m^2、马尾松 1g/m^2、火棘 1g/m^2、海桐 1g/m^2、女贞 2g/m^2、狗牙根 1g/m^2、高羊茅 3g/m^2、百喜草 1g/m^2、紫花苜蓿 1g/m^2。

播种量以确定的几个优势种的种子为主导，一些辅助的种子为补充，而且根据各个不同季节，在上述所列的那些种子里挑选出一些合适的组合。以江南一带边坡绿化为例：春季，这是一年中相对比较容易施工的季节，大部分的植物都适宜播种施工，这个季节可以用紫花苜蓿、高羊茅、白三叶、马棘、胡枝子、紫花苜蓿、刺槐等草灌结合，用量方面也许不必面面俱到，可以挑出几个主要的种类，组成一个组合，其他的适当用些作为补充。具体的用量：紫花苜蓿 5g/m^2，高羊茅 8～15g/m^2，白三叶 3g/m^2，马棘 5g/m^2（或是用同样质量的多花木蓝亦可），胡枝子 5g/m^2，刺槐 5g/m^2 等。根据各个工程的预算，这个用量可以灵活改变，增加野花的话，可以增加一些混色波斯菊 3g/m^2，或是大花金鸡菊 3g/m^2；夏季，这个季节的特点是，炎热干旱，所以选择的草种或灌木种子要耐热、耐干旱，但是又要照顾冬季的景观效果，所以该季节考虑的绿化种子组合为：狗牙根、百喜草、画眉草、马棘、多花木蓝、小叶锦鸡儿、刺槐、紫花苜蓿等，狗牙根 5～10g/m^2，马棘 5g/m^2，刺槐 5g/m^2，紫花苜蓿 5g/m^2。也可以狗牙根换成等量的百喜草，或是画眉草，也可以这几个一起混合使用，就是单种类的数量可以适当降低，总的用量控制在 30g/m^2 左右。秋季：这个时节气温从夏季高温开始降低，气温适宜。理论上，大部分的种子都适宜播种施工，但是考虑马上要到来的严冬，所以，尽可能选择一些抗寒性强的植物：黑麦草、高羊茅、紫花苜蓿、火棘、小叶女贞、多花木蓝等。冬季：这个时候是一年中最不适宜施工的季节，干旱、严寒。但是考虑到工程的需要，有的时候必须施工。所以，该季节主要是一些抗寒性强的草本以及一些灌木种子，比如黑麦草（多年生和一年生）、高羊茅、紫花苜蓿、小冠花以及火棘等。

（2）种子的预处理技术

由于一些种子自身具有硬种皮、蜡质层而不能吸水膨胀或休眠长等原因，自然条件下，发芽持续的时间很长。同一种子由于种皮的硬度不均，所出的苗也参差不齐。为了保证种子出苗快、齐、匀、全、壮，播种前必须进行种子预处理。

①浸种催芽：浸种的目的是促使种皮变软，种子吸水膨胀，有利于种子发芽。这种方法适用于大多数行道树种子。浸种法又分为热水浸种和温水浸种。热水浸种，即为了使种子加快吸水，可以采用热水浸种，但水温不要太高，以免伤害种子。一般温度为 70～80℃。种皮坚硬的合欢、相思树等，用 70℃的热水浸种。浸种时，先将种子倒入容器内，边倒热水边搅拌，至水冷至室温为止。含有“硬粒”的刺槐种子应采取逐次增温浸种的方法。首先用 70℃的热水浸种，自然冷却一昼夜后，把已经膨胀的种子选

出，进行催芽，然后再用80℃的热水浸剩下的“硬粒”种子，同法再进行1～2次，这样逐次增温浸种，分批催芽，既节省种子，又可使出苗整齐。温水浸种，马尾松、侧柏等树种的种子宜用温水浸种，水温40～50℃，浸种时间一昼夜，然后捞出摊放在席上，上盖湿草帘或湿麻袋，经常浇水翻动，待种子有裂口后播种。紫花苜蓿种子用40℃温水浸泡0.5～3h最好。

水温对种子的影响与种子和水的比例、种子受热均匀与否、浸种的时间等都有着密切的关系。浸种时种子与水的容积比一般以1∶3为宜，要注意边倒水边搅拌，水温要在3～5min内降下来。如果高于浸种温度，应兑凉水，然后使其自然冷却。浸种时间一般为1～2昼夜。种皮薄的小粒种子缩短为几个小时，种皮厚的坚硬的种子可延长浸种时间。经过水浸的种子，捞出放在温暖的地方，将水浸的种子捞出混以二倍湿沙，放在温暖的地方。为了保证温度，要在上面加盖划时草袋子或塑料布。无论采用哪种方法，在催芽过程中都要注意温度应保持20～25℃。保证种子有足够的水分，有较好的通气条件，经常检查种子的发芽情况，当种子有30%裂嘴时即可播种。

②物理擦伤法：擦伤种子，改变其透性，增加种子的透水透气能力，从而促进发芽，常用锉刀、剪刀、小刀、砂纸等手工擦伤种子。此法简便易行，不易伤害种子；应用机械擦伤器处理大量种子，包括电动伤擦器、混有石块的水泥搅拌机，适合于豆科护坡植物的一些休眠种子。

③酸腐蚀处理：对于种皮性休眠种子，具体时间随植物而定。处理后用冷水的流水彻底冲洗种子表面，经过酸腐蚀的处理不能再储藏。常用酸处理的护坡植物有：小冠花、刺槐、紫穗槐、皂荚、结缕草等，紫穗槐用10%稀硫酸浸泡24h为最佳催芽处理方式，小冠花种子用10%稀硫酸浸泡1h，95%浓硫酸处理刺槐硬实种子时间以20min为佳。

④层积催芽法：把种子与湿润物混合或分层放置，促进其达到发芽程度的方法称为层积催芽。层积催芽又分低温层积催芽、变温层积催芽和高温层积催芽等。行道树种常用的方法为低温层积催芽法，其适用的树种较多，对于因含萌发抑制物质而休眠的种子效果显著，对被迫休眠和生理休眠的种子也适用。

低温层积催芽是综合因素的影响，其主要原理是种子在低温（0～5℃）处理的环境中，种子内部的脱落酸等萌发抑制物质的含量显著减少，抑制种子萌发的作用大大减弱，从而打破种子的休眠。在低温层积处理的条件下，还能促进产生刺激生长的赤霉素，赤霉素能解除抑制物质的抑制作用，促进种子发芽，还能增加苗木的生长量。因此，经催芽的种子发芽率高，苗木生长好。在低温层积催芽过程中，种子有了适宜的水分和充足的氧气，恢复了细胞间的原生质联系，增加了原生质的膨胀性与渗透性，提高了水解酶的活动，将复杂的化合物转为简单的可溶性化合物，促进物质代谢作用，并使种皮软化产生萌芽能力。另外一些后熟的种子，如，银杏等树种，在层积的过程中胚明显长大，经过一段时间，胚长到应有的长度，完成了后熟过程，种子即可萌发。

种子催芽必须创造良好的条件，使其顺利地通过萌芽前的准备阶段，其中温度、湿度、通气条件最重要。

3. 公路护坡植被建植模式

公路植被护坡技术由于在起到浆砌片石、喷射混凝土等边坡护坡功能的同时，又恢复了因工程建设破坏的生态环境，因此，这一新兴的护坡技术一出现就受到了广泛的赞扬。对于公路植被护坡的研究，总体上讲，我国仍处于探索阶段，土木工程、水土保持、园林等学科都针对各自学科的需要进行了一些研究。由于学科差异，因此国内目前对植被护坡的命名还比较乱，除植被护坡之外，还有生物工程、坡面生态工程、生态护坡、植物固坡、边坡绿化等称谓。公路植被护坡技术，目前仍没有统一的标准和规范，在技术应用中存在着一系列问题，但公路护坡植被建植应该以“恢复植被，保护生态”为目的。

公路护坡植被建植前要根据当地的气候条件进行详细分析，结合坡面情况制订具体的方案。目前，广泛应用于坡面人工植被恢复的主要手段有：三维植被网技术、液压喷播技术、喷混植草技术、香根草技术、框架护坡技术和植生基质喷射施工技术等，常见护坡植被建植方法如表5-11。

常见护坡植被建植方法 表5-11

复绿方法	技术要点	优点	缺点
铺草皮法	异地培育草坪，按一定大小规格铺植于需复绿的坡面上	成坪时间短；护坡功能见效快；施工季节限制少	在陡峭岩面难以施工；物种单一、不利于群落演替，根系浅；前期管理难度大

续上表

复绿方法	技术要点	优点	缺点
液力喷播法	直接将植物种子与植物纤维、保水剂、染色剂、黏合剂和肥料等混合喷播在坡面上	机械化程度高；施工效率高，成本低；成坪快，覆盖度大	基质层薄，在岩石坡面与瘠薄土层上不适用
挖沟植草法	在坡面上按一定行距或沿等高线开发契形沟，回填改良客土，并设三维网，进行喷播复绿	适应范围广；具有三维网优点	挖沟麻烦
三维网喷播法	采用特制的具有三维立体结构的固土网垫，在上面喷播基质与种子，并形成植被	固土性能优良；稳定边坡	施工质量难以控制，容易在网下形成空洞；苗期管理难度大
香根草篱法	在坡面上按一定间距，并沿等高线密植香根草带	抗逆性强，适应性广；生长迅速，根系发达，固土能力强；无需机械，种植简单，经济合理；对环境友好	对硬质岩石边坡不适应；冬季枯黄，容易引发火灾
爬藤植物法	在边坡上合适植物生长的区域，或人工营造合适植物生长的区域，依靠爬藤或悬垂植物爬蔓四周裸露岩石与挡土墙等	简单易行；对垂直坡面和反坡效果好	时间长，攀爬高度有限，速度慢
喷混植生法	采用水泥混凝土作为黏合剂，结合植物种子、有机质等喷播在岩石坡面上	边坡浅层稳定性好；适应范围大	影响植物根系的生长
植生带法	采用专门的植生机械将植物种子、肥料、保水剂等按一定比例黏合在无纺布上，形成一定规格的夹层带状产品，施工时贴附在需复绿的坡面上	精确定量，性能稳定；出苗齐。成坪快；无纺布等材料可以自然降解；不需要机械，操作简单	不方便种子处理，由于某些草、灌木种子种皮坚硬或需要打破休眠，而在植生带中不便于进行热、温水浸种或用其他药剂处理；对陡峭岩壁不适合单独使用
植生袋法	将植物种子固定在植生带的夹层中，并缝合成袋，供装土壤或客土	适应浆砌片石骨架或土工格室内种植；植被生长良好	工作量大，机械化程度低；不能因情况而改动种子配比等
客土喷播法	在边坡上固定一层金属网或塑料网，并在其上喷播客土、植物种子、保水剂、黏合剂、植物加筋纤维等进行复绿	适应 50° 以下岩石、土质边坡复绿	造价较高

续上表

复绿方法	技术要点	优点	缺点
厚层基材法	在客土喷播的基础上增加基质厚度与抗冲刷能力	植物生长环境优于客土喷播等工艺	施工效率低于客土喷播，工程造价高
鱼鳞坑栽种法	在边坡上挖鱼鳞坑，在其中填入客土并种植苗木	苗木成活率高	机械化程度低
高次团粒法	利用客土及添加材料形成较大的土壤团粒结构，利于植物生长	土壤物理结构有利于植物生长	坡面浅层容易被暴雨冲刷；造价高

1）液压喷播植草护坡

液压喷播植草护坡是国外近十多年新开发的一项机械化植草边坡防护技术。近年来，在我国开发建设项目边坡防护中得到推广应用，该技术是以水为载体的植被建植技术。将处理好的种子，配以种子萌发及前期生长所需的营养元素，加入黏合剂、保水剂、纤维材料、土壤改良剂及稳定剂等，加适量腐殖土与水混合，经充分搅拌后，用高压水枪均匀喷射到所需绿化的作业面上。液压喷播植草护坡具有以下特点：施工简单、速度快；施工质量高，草籽喷播均匀，发芽快，整齐一致；防护效果好，正常情况下，喷播一个月后坡面植被覆盖率可达70%以上，两个月后形成防护功能；适用性广；工程造价低。

（1）适用边坡状况

类型：一般用于土质填方边坡，土石混合填方边坡经处理后可用，也可用于土质挖方边坡。

坡率：常用坡率1∶1.5～1∶2.0，坡率超过1∶2.5时应结合其他方法使用。

坡高：一般不超过10m。

稳定性：稳定边坡。

（2）施工季节

由于植物的生长受降雨和温度的影响很大，而且坡地养护管理困难，一般要求在雨季完成施工，但最好是在雨季结束前1个月完成。这样既满足了暖季型草本和灌木萌发对高温和高湿的要求，又能使植物在进入冬季前达到一定生长量，以抵御冬春季节的干旱，保证第二年有较高的成活率。否则，在非正常季节施工时，需要增加保水措施，如浇水、增加种子用量、覆盖草帘等。

（3）施工方法

液压喷播植草护坡施工工序为：平整坡面→排水设施施工→喷播施工→盖无纺布→前期养护。

平整坡面：交验后的坡面，采用人工细致整平，清除所有的岩石、碎泥块、植物、垃圾。对路堤填土土质条件差、不利于草种生长的坡面采用回填改良客土，回填客土厚度为50～70cm，并用水润湿让坡面自然沉降至稳定。对于公路的上边坡，土壤硬度较大（非坚硬岩石）或坡面太光滑时，必须进行挖水平沟处理。一般水平沟间距20cm，沟深5～10cm；而对坡面极为不平整或有废渣的区域，则进行表面清理、平整。若pH值不适宜，尚需改良其酸碱度。一般改良土壤pH值应于播种前一个月进行，以增加改良效果。

排水设施施工：边坡排水系统的设置是否合理和完善直接影响边坡植草的生长环境，对于长大边坡、坡顶、坡脚及平台，均需设置排水沟。并应根据坡面水流量的大小考虑是否设置坡面排水沟。一般坡面排水沟横向间距为40～50m。

喷播施工：按设计比例配合草种、木纤维、保水剂、黏合剂、肥料、染色剂及水的混合物料，并通过喷播机均匀喷射于坡面。

盖无纺布：雨季施工，为使草种免受雨水冲失，并实现保温保湿，应加盖无纺布，促进草种的发芽生长。也可采用稻草、秸秆纺织席覆盖。

前期养护：由于边坡土质条件太差，后期植被的养护管理是建植优良植被的重要条件，也是维持植物群落持久性的基本保证。

洒水养护：用高压喷雾器使养护水成雾状均匀地湿润直面，注意控制好喷头与直面的距离和移动速度，保证无高压射流水冲击直面形成径流。养护期限视坡面植被生长状况而定，一般不少于45d。

病虫害防治：应定期喷广谱药剂，及时预防各种病虫害的发生。

施肥：在喷播实施两个月左右，进行一次施肥，要求营养全面。参考施肥量，尿素为5～10g/m^2，复合肥(10∶10∶10)约20g/m^2。对于成坪坡面植被的养护，要求每年在春季4～5月和秋季9～10月实施两次施肥。参考施肥量，春季尿素15g/m^2，复合肥(10∶10∶5)约35g/m^2；秋季施肥可适当加大磷钾肥用量，以保证草坪安全越冬。建议复合肥施肥量(10∶10∶10)约40g/m^2。但实际施肥量，需要根据植被生长情况和生长季节灵活掌握。

（4）喷播材料要求

①植物种子材料

a. 种子质量的鉴定：在喷播前一定要对批量种子发芽率进行测定，并根据实际测定的面积，计算实际种子用量。

b. 灌木种子处理：由于灌木种皮较厚，需要温水浸泡处理和催芽处理，如碾压、洗衣粉水浸泡、草木灰水浸泡等，必要时用植物生长激素打破休眠。具体措施依据种子的特性而不同，以保证灌木的正常出苗为原则。催芽时注意嫩芽不宜过长，否则在喷播搅拌时，出现幼芽受伤，影响灌木成苗率，一般种子露白即可。

②专用复合肥

针对边坡肥力差的具体情况，应根据播种的植物种类，配制专用复合肥，以促进植物生长。

③覆盖料

为了防止施工后种子裸露和流失，选用吸水性强、保水性好的植物纤维作为覆盖料，用量为 60 ~ 200g/m^2。

④侵蚀防止剂

为了防止坡面侵蚀和种子流失，可选用侵蚀防止剂，用量根据产品说明书的要求来确定。

⑤根瘤菌剂

可以采用根瘤菌剂对豆科植物种子进行接种处理，以提高发芽率，提高生长势，用量为豆科种子用量的 10%。

⑥着色剂

为了指示喷播均匀度，喷播时可适当添加绿色着色剂。

⑦保水剂

冬季播种或干旱边坡要添加保水剂。

（5）施工基本要求

①为加快种子发芽，需要在喷播机内搅拌 5 ~ 20min。

②避免暴雨时喷播施工，在种子损失严重的情况下，实施补播或重播。

③喷播施工后，及时覆盖无纺布，以免雨水冲刷，造成喷播材料流失。

2）铺草皮护坡

铺草皮是较常用的一种护坡绿化技术，是将培育的生长优良的、健壮

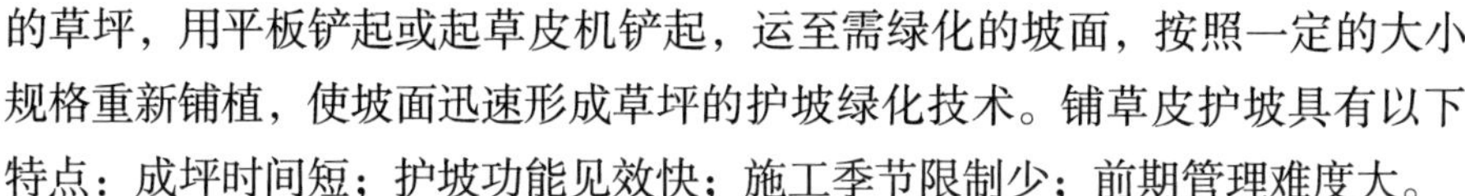

的草坪，用平板铲起或起草皮机铲起，运至需绿化的坡面，按照一定的大小规格重新铺植，使坡面迅速形成草坪的护坡绿化技术。铺草皮护坡具有以下特点：成坪时间短；护坡功能见效快；施工季节限制少；前期管理难度大。

（1）适用边坡状况

类型：各类土质边坡均可应用，强风化岩质边坡也可应用，常用于填方路基边坡。

坡率：一般不超过1∶1.0，局部可不陡于1∶0.75。

坡高：一般不超过10m。

稳定性：稳定边坡。

（2）施工季节

春季、夏季和秋季均可施工，适宜施工季节为春、秋两季。

（3）施工方法

铺草皮护坡施工工序为：平整坡面⟶准备草皮⟶铺草皮⟶前期养护。

平整坡面：清除坡面所有石块及其他一切杂物，翻耕20～30cm，若土质不良，则需改良，增施有机肥，耙平坡面，形成草皮生长床。铺草皮前应轻压1～2次坡面，将松软土层压实，并洒水润湿坡面，理想的铺草皮的土壤应湿润而不是潮湿。

准备草皮：在草皮生产基地起草皮。起草皮前一天需浇水，一方面有利于起卷作业，同时也保证草皮卷中有足够的水分，不易破损，并防止在运输过程中失水。草皮切成长宽各为30cm×30cm大小的方块，或宽30cm、长2m的长条形，草皮块厚度为2～3cm。为保证土壤和草皮不破损，起出的草皮块放在用30cm×30cm的胶合板制成的托板上，装车至施工地。长条形的草皮可卷成地毯卷，装车运输。有条件的地方，起草皮可采用起草皮机进行起草皮，草皮块的质量将会大大提高。起草皮机作业，不仅速度快，而且所起的草皮厚度均一，容易铺装。

铺草皮：铺草皮时，把运来的草皮块顺次平铺于坡面上，草皮块与块之间应保留5mm的间隙，以防止草皮块在运输途中失水干缩，遇水浸泡后出现边缘膨胀，块与块间的间隙填入细土。铺草皮时应尽量避免过分地伸展和撕裂。若是随起随铺的草皮块，则可紧密相接。铺好的草皮在每块草皮的四角用尖桩固定，尖桩为木质或竹质，长20～30cm，粗1～2cm。钉尖桩时，应使尖桩与坡面垂直，尖桩露出草皮表面不超过2cm。待铺草皮告一段落时，要用木槌把草皮全面拍一遍，以使草皮与坡面密贴。在坡顶及坡边缘铺草皮时，草皮应嵌入坡面内，与边缘衔接处应平顺，以防止水流沿草皮与坡面间隙渗入，使草皮下滑。草皮应铺过坡顶肩部100cm或铺至天沟，坡脚应采用砂浆抹面等作处理。

前期养护：洒水，草皮从铺装到适应坡面环境、健壮生长期间，都需及时洒水，每天都需洒水。每次的洒水量以保持土壤湿润为原则，每日洒水次数视土壤湿度而定，直至出苗成坪。

病虫害防治：当草苗发生病害时，应及时使用杀菌剂防治病害，常用的药剂有代森锰锌、多菌灵、百菌清、福美霜等。在使用杀菌剂时，应掌握适宜的喷洒浓度。为防止抗药菌丝的产生，使用杀菌剂时，可以用几种效果相似的杀菌剂交替或复合使用。对于常发生的虫害如地老虎、蝼蛄、蛴螬、草地螟虫、黏虫等，可以采用生物防治和药物相结合的防治方法。常用的杀虫剂是有机磷化合物杀虫剂。

追肥：为了保证草苗能茁壮地生长，在有条件的情况下，可根据草皮生长需要及时追肥。

3）三维网植草护坡

三维网喷播植草是利用三维网的网筋与植物的庞大根部系统连接在一起，形成一个土壤浅层的立体板块结构，从而增加防护层的抗张拉强度和抗剪强度，限制因冲蚀情况下引起的“逐渐破坏”现象的扩展，最终限制坡表浅层滑动和隆起的发生。

三维网是一种以热塑性树脂为原料，采用科学配方，经挤压、拉伸等工序精制而成。它无腐蚀性，化学性质稳定，对大气、土壤、微生物呈惰性。三维网的底层为一个高模量基础层，采用双向拉伸技术，其强度高，足以防止植被网变形，并能有效防止水土流失。三维网的表层为一个起泡层、膨松的网包，以便填入土壤，种上植物种子帮助固土，这种三维结构能更好地与土壤结合。在边坡防护中使用三维网能有效地保护坡面免受风、雨水和洪水的侵蚀。三维网的初始功能是有利于植被生长。但随着植被的形成，它的主要功能变为帮助草根系统增强抵抗自然水土流失的能力。

三维植网植草护坡具有以下特点：固土性能优良；消能作用明显；网

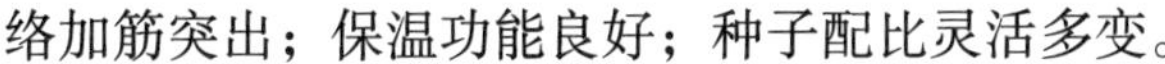

络加筋突出；保温功能良好；种子配比灵活多变。

(1) 适用边坡状况

类型：各类土质边坡均可应用，包括挖方和填方边坡，强风化岩石边坡也可应用，土石混合填方边坡经处理后可用。

坡率：常用坡率1:1.5，一般都超过1:1.0，坡率大于1:1.0时慎用。

坡高：每级高度不超过10m。

稳定性：稳定边坡。

(2) 施工季节

一般施工应在春季和秋季进行，应尽量避免在暴雨季节施工。

(3) 三维网垫部分技术参数。

三维网垫部分技术参数见表5-12。

三维网规格及相关参数要求 表5-12

型号	EM5(GTWD-01A)	EM4(GTWD-01)	EM3(GTWD-02)	EM2(GTWD-03)
材料	PE加0.5%（质量比）炭黑/绿			
层数	5	4	3	2
质量（g/m^2）	≥430	≥350	≥260	≥220
宽度（m）	≥1.5	≥1.5	≥1.5	≥1.5
厚度（mm）	≥16	≥16	≥15	≥15
坎高（mm）	9	9	9	9
卷长（m）	≥40	≥40	≥40	≥40
网丝直径（mm）	0.5	0.5	0.5	0.5
纵向拉伸强度（N/m）	≥3 200	≥2 800	≥2 200	≥1 400
横向拉伸强度（N/m）	≥3 200	≥2 800	≥2 200	≥1 400
纵向延伸率（%）	≤30	≤30	≤30	≤30
横向延伸率（%）	≤30	≤30	≤30	≤30
30min回弹率（%）	≥80	≥80	≥80	≥80
温度(保留条款80%强度)	-35~60℃	-35~60℃	-35~60℃	-35~60℃
pH值(保留80%强度)	3~12	3~12	3~12	3~12

（4）施工方法

三维植被网护坡施工工序为：准备工作——→铺网——→覆土——→播种——→前期养护。

①准备工作：为保证三维植被网与坡面的紧密结合，交验后的坡面，采用人工细致整平，清除所有的岩石、碎泥块、植物、垃圾和其他可能引起网在地面被顶起的阻碍物。

对路堤填土土质条件差，不利于草种生长的坡面，采用回填改良客土，回填客土厚度为 50 ~ 70mm，并用水润湿让坡面自然沉降至稳定。若 pH 值不适宜，尚需改良其酸碱度，一般改良土壤 pH 值应于播种前一个月进行，以增加改良效果。

在坡顶及坡底沿边坡走向开挖一矩形沟槽，沟宽 30cm，沟深不少于 20cm。坡面顶沟离坡面 30cm，用以固定三维植被网。

三维植被网护坡作为一种浅层护坡的措施来讲，能否最终发挥出效果受很多因素的制约，而边坡排水系统的设置是否合理和完善，直接影响边坡植草的生长环境。对于长大边坡，坡顶、坡脚及平台均需设置排水沟，并应根据坡面水流量的大小考虑是否设置坡面排水沟。一般坡面排水沟横向间距为 40 ~ 50m。

②铺网：挖方边坡须在边坡开挖到设计要求，监理工程师同意之后，进行三维网施工；填方边坡须在该级边坡施工完成，边坡刷坡结束，路堤激流槽完成之后，进行三维网施工。按照从坡顶至坡脚的程序进行铺设，应保持网垫端正且与坡紧贴，不允许悬空、歪斜或皱褶，上下沟槽内应使网垫有足够的反压力。相邻网垫之间要搭接，搭接宽度要大于 10cm；挖方边坡三维网，在坡顶须延伸 80cm 以上并埋入坡顶平台中；填方边坡三维网在坡顶须延伸 50cm 以上并埋入土中。

采用专用铁钉呈梅花形固定，网垫左右搭接及上下边接处铁钉需加密，然后将上下沟槽回填并夯实。若坡面不适合植草，铺网前应先覆盖一层 75mm 以上的种植土。

③覆土：覆土以肥沃表土为宜，对于瘠薄土应填有机肥、泥炭、化肥等提高其肥力。

为保证覆土充满网包，且不压包，应分层多次填土，且洒水浸润，至网包层不外露为止。

④播种：可采用人工撒播，也可采用液压喷播。采用人工撒播后，应撒5～10mm细粒土。雨季施工，为使种子免受雨水冲失，并实现保温保湿，应加盖无纺布，促进草种的发芽生长。也可采用稻草、秸秆编织席覆盖。

⑤前期养护：用高压喷雾器使养护水成雾状均匀地湿润坡面，注意控制好喷头与坡面的距离和移动速度，保证无高压射流水冲击坡面形成径流。养护期限视坡面植被生长状况而定，一般不少于45d。应定期喷广谱药剂，及时预防各种病虫害的发生。及时补播，种子发芽后，应及时对稀疏无草区进行补播。

4）客土喷播绿化

客土喷播绿化是20世纪90年代原交通部科学研究院（现更名为交通运输部科学研究院）从日本引进中国的一新型绿化技术。客土喷播技术是将客土（植物生存的基础材料）、纤维、侵蚀防止剂、长效缓释性肥料和种子等按一定比例配合，加入专用设备中充分混合搅拌后，通过空气压缩机压缩空气喷射到坡面上形成所需要的生育基础。对裂隙发育的硬岩坡面、软岩坡面、砂地、贫瘠地、酸性及碱性土壤等植物生长困难地区，技术形成的耐侵蚀性生育基础使边坡尽快恢复草本群落成为可能，从而达到防护及绿化边坡的目的。该项技术已先后在我国公路植被恢复中得到推广应用，既保护了边坡的稳定，又实现了石质边坡的绿化，还改善了公路景观，取得了良好的效益。

客土喷播的原理主要是利用土壤学原理和生态学原理，土壤是植物生长的基础，不同的植物对生长基础厚度、生长条件的要求不同，对于一般土壤而言，植物所需土层最小厚度如表5-13所示。决定喷播厚度主要有三个因素：边坡岩质情况、年降雨量及挖方边坡坡度。除厚度外，植物对土壤的化学性质和物理结构也有相应的要求。一般来说，土壤过酸或过碱都不利于植物生长；土壤过疏、过密，或团粒结构差，都会影响植物生长。因此，在客土材料的选择和配比时，要充分考虑这些因素。其次，生态学原理，稳定的植物群落应具备以下基本特征：最好是长期演替的结果，能适应当地的气候、土壤条件；立体结构，乔、灌、草有机结合，分布合理；能自我繁衍，生态功能强。客土喷播绿化，选择植物时，主要从生态学的角度出发，尽可能采用乡土植物种类，并且模拟自然群落，采取乔、灌、草合理配置。

植物生长基础的厚度要求　　表 5-13

分　类	生存最小厚度（cm）	生长最小厚度（cm）
草木	6	10
小灌木	30	45
大灌木	45	60
浅根系乔木	60	90
深根系乔木	90	150

（1）适用边坡状况

适用于开挖后的岩石坡面的植被恢复，尤其对不宜进行植被恢复的恶劣的地质环境，如砾石层、软岩、破碎岩及较硬的岩石，有比较明显的效果。

（2）施工季节

一般施工应在春季和秋季进行，应尽量避免在暴雨季节施工。

（3）施工方法

挖沟植草护坡施工工序为：边坡清理→测量放线→锚杆施工、挂网施工→材料搅拌→客土喷播→养护管理。

①边坡清理：尽可能将坡面平整，以利于客土喷播施工，同时增加坡面绿化效果。主要清理岩面碎石、松散层等，保证施工前坡面的凹凸度平均为 ±15cm，最大不超过 ±30cm；同时对于光滑岩面需要通过挖掘横沟等措施进行加糙处理，以免客土下滑。

②测量放线：使用水平仪及卷尺，首先按纵横间距 2m 放点，确定主锚杆钻孔位置，再在相邻的主锚杆之间中点上插补次要锚杆。锚杆间距 2.0m，次锚杆间距 1.0m，主次锚杆深度见表 5-14 和表 5-15，锚杆深度与长度换算公式如下：

$$L = \alpha h \tag{5-1}$$

式中：L——锚杆长度；

h——锚杆深度；

α——系数，即考虑锚杆外端弯钩部分长度折算系数，当 $h \leq 2.0$m 时，$\alpha = 1.05$。

主锚杆规格及其间距　　表 5-14

序　号	坡　比	锚杆直径（mm）	布置间距（m）		锚杆深度（m）		
			纵向	横向	强风化岩	中	弱
1	1 : 1.25	12 或 14	15.0	1.0	1.0	0.8	0.5

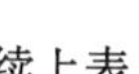

续上表

序号	坡比	锚杆直径（mm）	布置间距（m）		锚杆深度（m）		
			纵向	横向	强风化岩	中	弱
2	1:1.00	12或14	2.0	2.0	1.5	1.0	0.5
3	1:0.75	14	2.0	2.0	1.5	1.0	1.0
4	1:0.5	14	2.0	2.0	2.0	1.5	1.0

次锚杆规格及其间距 表5-15

序号	坡比	锚杆直径（mm）	布置间距（m）		锚杆深度（m）		
			纵向	横向	强风化岩	中	弱
1	1:1.25	10或12	15.0	1.0	1.0	0.5	0.5
2	1:1.00	10或12	2.0	2.0	1.0	0.5	0.5
3	1:0.75	12	2.0	2.0	1.0	0.5	0.5
4	1:0.5	10或12	2.0	2.0	1.5	1.0	1.0

③锚杆施工：锚杆施工的目的是对岩石表层进行加固，防止边坡表层发生局部崩塌，同时也可有效地固定用作客土喷播基础的钢丝网。锚杆深度计算公式根据锚杆分布及其间距可以计算出，主锚杆与次锚杆的数量之比为1:3，因此得到单位面积（m^2）锚杆深度计算公式如下：

$$h = h_1/4 + h_2 \times 3/4 \tag{5-2}$$

式中：h——单位面积锚杆深度；

h_1——主锚杆深度；

h_2——次锚杆深度。

锚杆施工流程如下：钻孔（$\phi 50$）→插入锚杆→注浆固定→外涂防锈剂→施工完成。

④挂网施工：挂网施工基本材料一般为镀锌低碳钢丝，菱形结构。挂网施工采用自上而下方法，相邻两卷钢丝网或塑料网分别用铁丝或尼龙连接，至少每隔1m间距须用锚杆或锚钉与岩面固定。

⑤材料搅拌：客土材料包括泥炭土、保水剂、长效复合绿化专用肥、混合草灌种子和当地肥土或熟土等，客土配合比如表5-16所示。

最小客土厚度 表5-16

岩面类型	最小客土厚度（cm）
强风化岩面	6
中风化岩面	8
弱风化岩面	10

从理论上讲，客土厚度除了与岩石硬度及岩缝密度相关外，还与坡比有关，而与岩石种类关系不大。

⑥客土喷播：将客土材料和植物种子加入客土喷播机，加水搅拌均匀即可进行喷播施工。选用专用客土喷播机，该喷播机料仓容积为5m^3，设备原理是发动机连接传动部位，将料仓内的材料搅拌均匀，然后采用挤压和空压方式输送到施工面，并均匀地喷播至边坡表层。该喷播机配备两种不同枪头，挤压式枪头打出的客土呈扇形，喷射时出料口距坡面1.5m左右；直射式枪头打出的客土呈柱状，喷射时最远可达40～50m。设备就位后，调节输送泵压力、出风量，使混合料均匀输送至喷枪口，持枪的工作人员注意根据输送压力、出料量、喷射坡面至枪口距离，适当调节出料孔口大小，使混合料均匀喷射至坡面，自上而下分两次实施喷播。第一次喷播厚3cm，待客土稳定后（10～20min），再喷播第二次至设计厚度。喷播时，在岩性破碎、岩质坚硬坡段喷层厚度可适当增加。

⑦养护管理：喷播之后及时加盖遮阳网或无纺布，30～45d后练苗揭布。由于选择了适合当地气候、土壤条件及高速公路粗放型管理的灌木种及草种，成坪后一般不需要人工养护管理，前期若天气长期持续干旱则应适当予以浇水管理。

客土喷播是将土木工程、环境工程、生态学工程及植物学等学科交叉综合运用，整治边坡以柔性防护的形式实现建“生态公路”的理念。我国是一个多山的国家，公路建设中土方工程量大，特别是西部地区高速公路建设，深挖高填现象普遍。以往对于石质的挖方边坡，由于缺乏植物生长的基础，无法绿化。西部地区则由于干旱少雨，植被恢复十分困难。客土喷播则很好地解决了这些难题，为建设生态绿色通道创造了条件。因此，客土喷播技术的研究和推广应用，必将促进我国公路绿化水平的提高，为国土绿化、生态保护和水土保持等做出一定的贡献。

5）喷混植生

石质边坡无植物生存条件，若采用普通挂网片喷草种植，肥力较差，草种难以附着在边坡上，无法生长。喷混植生技术是以工程力学和生物学理论为依据，将客土（生育基础材料）、纤维（生育基础材料）、侵蚀防止剂、缓效性肥料和种子等按一定比例配合，加入专用设备中充分混合后，通过泵、压缩空气喷射到坡面上，形成所需的基层厚度，从而实现绿化的目的。它是集岩石工程力学、生物学、土壤学、肥料学、园艺学、环境生态学等学科于一体的综合环保技术，其核心是通过成孔物质的合理配置，在岩石坡面上营造一个既能让植物生长发育，而种植基质又不被冲刷的多孔稳定结构，使建植层固、液、气三相物质保持平衡。该技术的突出优点在于：以土壤结构改良为突破口，力求简化公路植被养护管理。它是以经处理加工的树皮、纤维、养生材料、植物种子与少量当地优质土混合，添加营养剂、黏结剂和土壤稳定剂制成客土，借助喷播机均匀涂喷于坡面上；由于客土的应用，为灌木和树木根系提供了良好的生长基础，能够实现草、灌木合理的植物群落配比，达到建设后路域植被与自然植被融为一体的效果；喷播设备性能优良，使岩石坡面及不具植物生长条件的高大边坡完全可能实现绿化；灌木根系可扎入岩石缝隙，固土护坡效果比草本植物更可靠，可较大程度地减少边坡坍塌，节省维护费用，提高交通安全。

（1）适用边坡状况

该护坡方法适用于开挖后的岩石坡面的植被恢复，尤其对不宜进行植被恢复的恶劣的地质环境，如砾石层、软岩、破碎岩及较硬的岩石，有比较明显的效果。

（2）施工季节

一般施工应在春季和秋季进行，应尽量避免在暴雨季节施工。

（3）施工方法

喷混植生施工方法流程为：清理坡面——→挂铁丝网——→锚钉固网——→有机基材混合高压机械喷土——→混合料与种子拌和——→高压机械喷种——→盖遮阳网——→炼苗揭布——→养护。

①清理坡面：清理坡面应达到施工前坡面的凹凸度，平均为±10cm，最好不超过30cm；光滑坡面则需垫土块、竹片或挖掘横沟等进行加糙处理。

②挂铁丝网：可采用14号镀锌铁丝制成的双扭挂网，网的规格为宽×长：2m×20m，网孔尺寸5cm见方，网与网之间采用平行对接方式。

③锚钉固网：锚钉采用直径6~8mm的钢筋，长20~30cm。数量为4~5根/m^2。根据铁丝网与坡面的接触情况，对坡面不平整处，适当打入长15~20cm、直径6mm的辅助锚杆，以使镀锌网贴近坡面，也可以垫竹片或木块，保证坡面平顺。

④土料过筛：有机基质中的土壤选好后，进行筛选，筛网孔径以1～2cm为宜，把土壤中的杂物和石块筛去，大土块打碎过筛。

⑤有机基质材料混合：可利用机械混拌均匀。有机基质材料可以凝固胶结在铁丝网面，形成一层可供植物生长的基础。某喷混植生施工有机基质材料配比见表5-17。

某喷混植生施工有机基质材料配比表 表5-17

材　料		质　量　比
土壤	普通红土或黄土	54.0
	园土或肥土	20.0
有机质	蘑菇肥	6.2
	锯木屑	6.0
肥料	三元复合肥	0.5
	长效复合肥	0.5
黏合剂	普通硅酸岩水泥	10.0
保水剂	PR3005	1.0
	SAP 吸水王	1.0
pH 缓冲剂	碱性中和因子（石灰）	0.8

⑥高压机械喷土：通过喷射机把混合好的基质材料，自上而下分两次喷至岩面，共10cm厚。第一次喷基底材料为8cm厚，第二次喷草种2cm厚，为提高种子的发芽率及喷播均匀，需将材料在喷播机内先搅拌20min，混拌均匀后再喷。

⑦盖遮阳网：覆盖时，应扎紧边口（用U形钉，两头用土埋），布幅之间重叠10～15cm。注意不露边口，轻柔操作，保持布面完好。

⑧炼苗揭布：至草苗长到5～6cm或2～3片时，揭掉遮阳网。揭布之前应适当露苗锻炼，然后逐步揭布，禁止大晴天猛然揭布。

⑨养护管理：一定要根据天气情况及苗木生长情况进行浇水，不可过湿，过干。并进行一定的胁迫干旱，使根系向深处生长，有利于越夏。病虫害防治一定要设立植保巡视，坚持以防为主的方针。

喷混植生是快速生态治理岩石边坡的一个新技术，为了更好地运用推广喷混植生技术，必须对该项技术的材料、工艺、方法及设备等编制地方或国家技术标准和技术规程，使这项技术走上规范化、标准化和法制化管理轨道，从而保证施工技术质量和整体工程的安全性。对施工材料、工艺、方法以及设备纳入规范化和标准化管理，最终使喷混植生技术成为石质边坡环境生态修复的一项标准化技术。

6）植生带护坡

植生带是采用专用机械设备，依据特定的生产工艺，把草种、肥料、保水剂等按一定的密度定植在可自然降解的无纺布或其他材料上，并经过机器的滚压和针刺的复合定位工序，形成一定规格的产品。目前市场上有两种结构，即结构为双层胎基、中间夹草种、肥料层和一层胎基加草种、肥料黏结层的结构。植生带护坡是一项新技术，在国外应用较早。我国20世纪80年代开始试制和应用，近年来，在我国开发建设项目边坡防护中得到广泛推广。植生带护坡具有以下特点：植生带置草种与肥料于一体，播种施肥均匀，数量精确，草种、肥料不易移动；具有保水和避免水流冲失草种的性质；草种出苗率高、出苗整齐、建植成坪快；采用可自然降解的纸或无纺布等作为底布，与地表吸附作用强，腐烂后可转化为肥料；体积小、质量轻，便于储藏，可根据需要常年生产，生产速度快，产品成卷入库，储存容易，运输、搬运轻便灵活；施工省时、省工，操作简便，并可根据需要任意裁剪。

（1）适用边坡状况

类型：一般用于土质填方边坡，土石混合填方边坡经处理后可用，也可用于土质挖方边坡。

坡率：常用坡率1:1.5～1:2.0，坡率超过1:2.5时应结合其他方法使用。坡高：一般不超过10m。

稳定性：稳定边坡。

（2）施工季节

一般施工应在春季和秋季进行，应尽量避免在暴雨季节施工。

（3）施工方法

植生带护坡施工工序为：平整坡面→开挖沟槽→铺植生带→覆土、洒水→前期养护。

①平整坡面：清除直面所有石块及其他一切杂物，全面翻耕边坡，深耕20～25cm，并施入有机肥，可用腐熟牛粪或羊粪等，用量为0.3～0.5kg/m^2，打碎土块，耧细耙平，若土质不良，则需改良，对黏性较大的土壤，可增施锯末、泥炭等改良其结构。

②开挖沟槽：在坡顶及坡底沿边坡走向开挖一矩形沟槽，沟宽20cm，沟深不少于10cm。坡面顶沟离坡面20cm，用以固定植生带。

③铺植生带：铺装植生带前，在耧细耙平的直面，再次用木板条刮平坡面，把植生带自然地平铺在坡面上，将植生带拉直、放平，但不要加外力强拉。植生带的接头处，应重叠5～10cm，植生带上下两端应置于矩形沟槽，并填土压实。

用U形钉固定植生带，钉长为20～40cm，松土用长钉，钉的间距一般为90～150cm(包括塔接处)。

④覆土洒水：在铺好的植生带上，用筛子均匀地于直面筛准备好的细粒土，细粒土的覆盖厚度为0.3～0.5cm。

覆土完毕后，应及时洒水。第一次洒水一定要浇透，使植生带完全湿润。

⑤前期养护：植生带从铺装到出苗以后的幼苗期，都需要进行洒水，每天都需洒水。每次的洒水量以保持湿润为原则，每日洒水次数视土壤湿度而定，直至出苗成坪。在幼苗中期也要保持每天洒水一次，后期根据土壤湿度进行洒水。由于植生带上覆盖细土很薄，洒水时最好采用水滴细小的喷水设备，使洒水均匀，水的冲力减小。在草苗未出土前，如因洒水等原因露出植生带处，要及时补撒细土覆盖。

虽然植生带含有一定数量的肥料，但为了保证草苗能茁壮地生长，在有条件的情况下，可进行追肥。一般追肥两次，第一次追肥在草苗出苗后一个月左右，间隔20d再施第二次。追肥量为：第一次用尿素10g/m^2，第二次用尿素15g/m^2。用稀释水溶液喷洒，追肥后一定要用清水清洗叶面，以免烧伤幼苗。

植生带的幼苗茎都生长在边坡表面，而植生带铺装时覆土又很薄，为了有利于扎根，可以在幼苗开始分蘖时覆细粒土0.5～1cm。

当草苗发生病害时，应及时使用杀菌剂防治病害，常用的药剂有代森锰锌、多菌灵、百菌清、福美霜等。在使用杀菌剂时，应掌握适宜的喷洒浓度。为防止抗药菌丝的产生，使用杀菌剂时，可以用几种效果相似的杀菌剂交替或复合使用。对于常发生的虫害如地老虎、蝼蛄、蛴螬、草地螟虫、黏虫等，可以进行生物防治和药物相结合的防治方法。常用的杀虫剂是有机磷化合物杀虫剂。

7）挖沟植草护坡

挖沟植草护坡，指在坡面上按一定的行距人工开挖楔形沟，在沟内回填改良客土，并铺设三维植被网（或土工网、土工隔栅），然后进行喷播绿化的一种护坡技术。

挖沟植草护坡具有以下特点：适用范围广；固土性能优良、消能作用明显；成坪速度快、草坪覆盖度大，草坪均匀度大、质量高等。

（1）适用边坡状况

类型：泥岩、页岩及泥、页岩互层等易开挖沟槽的软质岩挖方边坡。

坡率：常用坡率 1∶1.0～1∶2.5，坡率超过 1∶1.0 时应结合坡面锚杆使用，坡率不得超过 1∶0.75。

坡高：每级高度不超过 10m。

稳定性：稳定边坡。

（2）施工季节

一般施工应在春季和秋季进行，应尽量避免在暴雨季节施工。

（3）施工方法

挖沟植草护坡施工工序为：平整坡面──→排水设施施工──→楔形沟施工──→回填客土──→三维植被网施工──→喷播施工──→盖无纺布──→前期养护。

①平整坡面：平整坡面至设计要求，并采用人工修坡，清除坡面浮石、危石等。

②排水设施施工：边坡排水系统的设置是否合理和完善，直接影响边坡植草的生长环境，对于长大边坡，坡顶、坡脚及平台均需设置排水沟，并应根据坡面水流量的大小，考虑是否设置坡面排水沟。一般坡面排水沟横向间距为 40～50m。

③楔形沟施工：在坡面上按设计行距挖楔形沟，楔形沟竖向保持直立，横向设置 5% 的倒坡以保证回填客土的稳定。楔形沟应开挖到位。

④回填客土：在楔形沟内回填改良客土，为保证回填客土的稳定，应将填土轻轻压实，并适量洒水润湿，润湿厚度 1～3cm。

⑤三维植被网施工：三维植被网的施工参见三维植被网护坡施工方法。

⑥喷播施工：按设计比例配合草种、木纤维、保水剂、黏合剂、肥料、染色剂及水的混合物料，并通过喷播机均匀喷射于坡面。

⑦盖无纺布：雨季施工，为使草种免受雨水冲蚀，并实现保温保湿，应加盖无纺布，促进草种的发芽生长。也可采用稻草、秸秆编织席覆盖。

⑧前期养护：洒水养护，用高压喷雾器使养护水成雾状均匀地湿润坡面，注意控制好喷头与坡面的距离和移动速度，保证无高压射流水冲击坡面形成径流。养护期限视坡面植被生长状况而定，一般不少于45d。

病虫害防治，应定期喷广谱药剂，及时预防各种病虫害的发生。

追肥，应根据植物生长需要及时追肥。

补播，草种发芽后，应及时对稀疏无草区进行补播。

8）藤蔓植物护坡

边坡、石壁土壤贫瘠，夏季高温灼烤造成的干热威胁，降雨对植被、坡面造成的严重冲刷等恶劣的生态环境，增大了水土保持、复垦绿化的难度，使植物的选择、应用更加重要。以往边坡的生态治理，常用播草种的方法覆盖坡体表面，以达到缓解雨水直接冲刷坡面及美化的目的。但在坡度大于55°的陡峭坡体上，喷播、植草常遭失败，即便是有三维网加固，雨水仍将网内土壤逐渐地冲刷殆尽，所剩无几。而藤本植物独具的牢固吸盘或气生根却无畏暴雨的摧残，紧密绞织覆盖在表面的枝叶也起到了缓冲的作用。因此，藤本植物已成为边坡水土保持的首选植物。

藤蔓植物护坡，也称垂直绿化，是指栽植攀缘性和垂吊性植物，以遮蔽硬质岩陡坡和挡土墙、锚定板墙等圬工砌体，美化环境的绿化方法。

（1）藤蔓植物选择原则

①较强的抗逆性和适应性：边坡绿化的藤本植物应抗逆性好、适应性强。边坡生态条件，突出表现在气候多变、土壤贫瘠等方面，必然要求边坡绿化藤本植物具备较强的抗逆性和适应性，能够适应边坡残酷的气候条件及干旱、贫瘠的土壤并且抗病虫害，而且对车辆尾气排放的一些有害气体有一定的抵抗力。

②生长速度快、生态功能强：虽然边坡特殊的立地条件不利于边坡绿化藤本植物的生存和发育，但在公路建设完成以后，又急需较快完成对边坡的绿化，以满足景观和生态防护功能的需要。这必然要求选择那些根系发达、扩展性强、生长速度较快、固坡保土能力强的藤本植物种类，能够较快地实现边坡的绿化，发挥其生态功能。

③具有一定的观赏价值：边坡绿化除满足生态功能的需要外，选择那

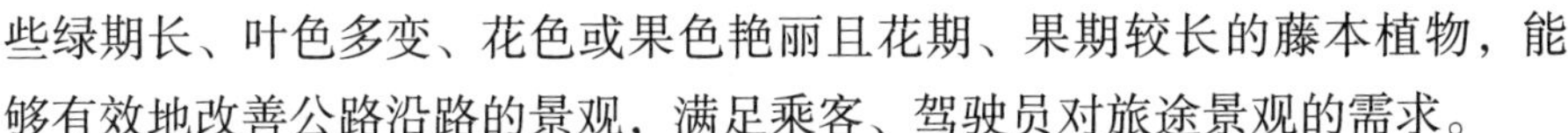

些绿期长、叶色多变、花色或果色艳丽且花期、果期较长的藤本植物，能够有效地改善公路沿路的景观，满足乘客、驾驶员对旅途景观的需求。

（2）藤蔓植物护坡的工程应用

各地均可应用藤蔓植物护坡，对边坡也没有限制。一般的，藤蔓植物护坡多用于以下工程：

①已修建的圬工砌体等构造物处，如挡土墙、抗滑桩挡土板、锚定板墙及声屏障等；

②路堑边坡平台，特别是采用挂网喷浆、护面墙等防护处理的边坡；

③坡率超过 1∶0.3 的岩石边坡。

（3）护坡藤蔓植物资源

我国攀缘植物种类丰富，大多具有较高的观赏价值，适用于边坡绿化。但目前在绿化工程中，尚未得到广泛应用。长江以北地区常用的有爬山虎、五叶地锦、紫藤、牵牛花、野蔷薇类等；长江以南地区除三角花、炮仗花、中华常春藤等几种以外，很多种类与北方差别不大。实际上，各地均有不少适于当地栽培并富有特色的种类，如东北地区的木通马兜铃、荷包藤，西北地区的大瓣铁线莲、刺山柑，华东地区的油麻藤，华南地区的买麻藤、常春油麻藤、西番莲等。通过种植这些优良的藤本植物，和其他施工手段结合起来，就能够达到“恢复植被，保护生态”的目的。边坡绿化应该顺应自然，该草则草，该藤则藤，等到本地植物一经“侵入”，就能形成稳定的自然群落，与周围环境融为一体。在护坡藤蔓植物应用时，要考虑到外来物种的入侵，如微甘菊、金钟藤，其超强的侵占性和绞杀性会造成生态灾害。因此，在选择藤本植物时，应避免这些外来物种的应用。

9）香根草篱护坡

（1）香根草的特征特性

香根草属禾本科多年生草本植物，根系发达，簇生密集，直立，植株高达 1.5m，植株无芒无毛，叶片狭长挺直，边缘呈锯齿状。圆锥花序长 15 ~ 35cm，紧密尖细无芒，两性同株。香根草具有适应性广、分蘖再生力强、易繁殖、生长快、耐旱涝、耐瘠薄、耐酸等特点。香根草技术在固土护坡、水土保持方面会产生相当理想的水土保持效果。

（2）护坡效果

香根草技术于 1988 年由国际香根草网络组织主席 Richard Grimshaw 先

生亲自传授到我国，如今已在南方近20个省区（包括四川、重庆）推广开来，它是一种易栽种、快长的禾本科草本植物，具有强盛的根系网络系统，具有加固和防护边坡的良好功能。试验表明，香根草根系的抗拉强度较大，而且随根数（集群度）成线性增大。种植6个月香根草，坡面覆盖率可达到80%；日降雨量在100mm时，对斜坡表土流失的拦截效率达50%；一年生草篱坡面覆盖率为90%以上，对斜坡表土流失的拦截效率为80%。降雨经草篱过滤后大大减弱，没有发生水土流失现象，径流沿香根草篱横向分散滞留，从而延长雨水渗透时间。径流携带的泥沙等沉积在草篱后面，减少坡面径流量，减弱的过滤径流流向下行草篱。经过多道草篱屏障的拦截，保护了边坡，使之免遭侵蚀危害。

①适用边坡状况

类型：一般用于土质边坡，包括填方和挖方边坡。

坡率：不陡于1∶1.0。

坡高：每级不超过10m。

稳定性：稳定边坡。

②施工季节

一般施工应在春季和秋季进行，以3月底至6月底及8月底至9月底施工为最佳。为了确保成活率和护坡效率，应避免在酷暑和严冬季节施工。

③施工方法

香根草篱护坡施工工序为：整理坡面⟶选择种苗⟶定植种苗⟶前期养护。

a. 整理坡面：清除坡面所有石块及其他一切杂物。根据边坡坡面的不同情况，结合草带的定位，因地制宜地进行整地。整地原则是要让准备种植香根草的草带位置有一定疏松的土壤。每条草带宽度40cm，深度15～20cm，种植两行香根草。

大面积的坡面需修建必要的排水设施，并考虑使形成的草带对坡面地表水有导流作用，从而使坡面径流不会冲刷坡面造成破坏。在整地时，切忌沿等高线方向整成两端高、中间低，使径流水积聚在草带中央而加剧破坏。

香根草虽然耐瘠薄、抗旱，由于边坡多为新垦土壤，养分含量极低，为促进苗期早生快发，应结合整地，施足基肥，采用复合肥，施肥量40～

$50g/m^2$。

b. 选择种苗：种苗质量直接影响香根草的成活与长势，因此，要选用优质种苗。选择种苗应注意以下事项。

苗龄：据观测，培育1～2年的壮苗，多数茎拔节坚硬，基部茎节长有多蘖芽，且根系发达较粗，蓄积养分充足，活力强，种植后生长分蘖快。因此，一般选择1～2年的壮苗。

刈割高度：为便于成活及运输，栽种方便，种苗应刈割。种苗刈割留高以20～25cm为宜。

苗根合理留长：种苗根系粗、活力强是保证其成活的关键。一般苗根应保持在5～10cm左右。

c. 定植种苗：定植前要做好分苗工作，分苗应注意整丛苗按1/2、1/4……依次分苗，直至每蔸2～3蘖，以提高种苗利用率，然后用种植土搅拌成泥浆沾根。

种植时要防止根系上翘，定植后踩实并浇足定根水。有条件的，最好结合定植培育一些容器苗作为补苗时的备用苗。容器苗是用塑料容器袋装上营养土，将草苗栽种在容器土内，装土前应在距袋底5cm处打若干小孔，以利排泄袋内多余水分，同时起通气作用。容器苗在补苗时应将容器袋剥掉，让根系迅速生长，能起到起苗的作用。

种植密度：每一草带种植两行，行距为20cm，株距15～20cm，上下行错开，定植穴位连线呈三角形，每穴种植2～4株，草带与草带之间的距离为1～1.2cm。

d. 前期养护：浇水、施肥。虽然香根草耐瘠薄、抗旱、生命力强，为保证香根草篱能尽快地形成，种植前期仍需浇水，根据苗情适当追肥，春季施复合肥，秋末施尿素，施用量$15g/m^2$，以利提高御寒能力，安全过冬。

查苗补蔸：栽植后月余或大、暴雨后，就检查并及时拦堵冲沟，填补坡面，修复排水设施，并趁土壤湿润时补栽缺蔸。

适度刈割：当多数茎蘖进入孕穗旺长期，宜刈割留高20～30cm，一般每年刈割1～2次，促进生长，加速分蘖。

10）高次团粒法

高次团粒法就是针对各种高陡岩石边坡（包括土质边坡、喷锚坡面、斜屋面等)，采用经特殊生产工艺制成的客土材料，加入植物的种子，并添加许多必要的其他材料，采用机械喷播或人工作业的方式制成最适于植物生长的土壤培养基，使边坡快速复绿。这项技术与传统的客土喷播不同，是一项从“制造土壤，从种子开始培育，形成植物群落本土化”的理念开始的新型技术。同传统客土喷播技术相比，具备以下优点：任意坡度可施工；适合于各种岩石；以乔、灌木为主、物种丰富；无人为开挖痕迹，和周边景观融和；无须后期养护；后期无须补种。

(1) 适用边坡

广泛适用于各种土质、岩质边坡的绿化施工。

(2) 施工季节

一般施工应在春季和秋季进行。

(3) 施工方法

高次团粒法施工工序为：铺设金属网——→打设锚固件——→加设为营养基盘——→制备营养基盘——→喷播营养基盘。

铺设金属网：在清理坡面上的浮石、危石及垃圾杂草后，将铁丝网由坡顶至坡底展开，拉挂于坡面，顶端用主锚固件固定。

打设锚固件：锚固件为主锚固件及次锚固件，依坡面形态打设，使金属网牢固定在坡面，锚固件用量上主锚固件的使用量每 100m^2 不少于 60 只，次锚固件使用量每 100m^2 不少于 180 只。

加设为营养基盘：在岩壁坡面上附着的基盘附着平台，每列基盘附着平台距离依据坡度在 30 ~ 50cm 调整，基盘附着平台的厚度设计喷播厚度，依据坡面的坡度调整其厚度。

制备营养基盘：营养基盘包括以下组分，各组分按照每平方米（m^2）施工面的质量为，纯天然纤维 1 000 ~ 1 600g，腐殖质 800 ~ 1 000g，高次团粒剂 25 ~ 35g，纯天然黏土剂 30 ~ 45g，种子 120 ~ 150g，肥料 150 ~ 200g；根据施工面面积，将足够分量的以上各组分与水搅拌成含种子的营养基盘，去掉种子，就是不含种子的营养基盘。

喷播营养基盘：喷播正面进行，避免直射，喷播厚度应尽可能均匀，但应有重点，在植生条件好的地方喷薄一些，在植生条件恶劣处喷厚一些；喷播应分两次进行，首先喷射不含种子的营养基盘，然后再喷射种子营养基盘，含种子层厚度为 2cm；喷播完成 50% ~ 70% 的金属网应被覆盖，允

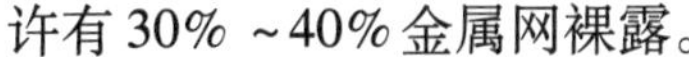
许有30%~40%金属网裸露。

11）厚层基材法

厚层基材法是将泥炭土、腐殖土、陶土、保水剂、黏结剂和长效复合肥、木纤维等混合，制成岩质陡坡植被生长所需要的大量和持续性较强、且具有较持久肥力的活性土（人工土），在岩坡上设置塑PVC树脂镀锌网或钢筋网，将配制好的活性土与草种、乡土草木种子及防止水土流失的土壤安定剂、黏合剂、保水剂等掺和后，经搅拌机拌匀，在干料状态用空压机和混凝土喷射泵输送，在喷射口前与水混合喷射到作业面，形成喷射厚度较大、黏稠度较高、能促进植物长期生长所需的基材。厚层基材法具有以下特点：相比客土吹附施工法，引入了“二次植造”的概念，具有较厚的植物生长基质，使植物在陡坡上也能持续自然生长；具有通气保水、保湿的优良性，促使种子早期发芽，使较陡岩坡的绿化变为可能；即使在冬、夏季节，也能将种子保存在发芽状态，可以植入发芽较晚的当地原有植物；它的绿化基础材料经改良后，具有较强的肥力，且厚度较大，所以无需追肥，就可以达到长期绿化的效果。

（1）适用边坡

广泛适用于各种土质、岩质边坡的绿化施工。

（2）施工季节

可以在一年四季施工。

（3）施工方法

厚层基材法施工工序为：作业面清理──→铺网、钉网──→喷播──→覆盖──→养护管理。

作业面清理：清除作业面杂物及松动岩块，对坡面转角处及坡顶的棱角进行修整，使之呈弧形，尽可能将作业面平整。保证施工前作业面的凹凸度平均为±15cm，最大不超过±30cm；对低洼处适当覆土夯实回填或以植生袋装土回填，以填至使反坡段消失为准，有条件的可在坡面上每隔一定高度开一横向槽，以增加坡面的粗糙度，使基质对坡面的附着力加大。截、排水沟施工时，作业面排水系统的设置是否恰当和合理直接关系到作业面植被的生长环境，对于长、大边坡，坡顶、坡脚以及平台均需要设置排水沟，并根据作业面水流量的大小考虑是否设置坡面排水沟。

铺网、钉网：石质边坡硬度大，必须用风机钻孔，孔向与坡面基本垂直。钢钉：用直径6mm、长度为30cm的L形铁钉（或钢钉）固定镀锌网，每平方米（m^2）为4～5根左右。对于个别不平顺的坡面，为保证铁网贴附坡面，可增设锚钉。网面不需紧贴坡面，可留8cm左右空隙。喷射混合土时，将晒干的泥炭土、腐殖土（过筛）和木（纸）纤维、黏结剂、保水剂，用搅拌机拌和均匀，然后用喷射泵和空压机将混合干料送到喷射管，在喷射管口与适量的水混合后喷射在坡面上，厚度为10cm。

喷播植物种子和营养液：对于选好的种子应进行催芽处理，而后用木纤维、黏合剂、保水剂、复合肥、缓释肥等，经过喷播机搅拌成喷播浆，在喷播泵的作用下，均匀地喷洒在岩面上。

覆盖：为保证多雨季节植物种子生根前免受雨水冲刷，寒冷季节，植物种子和幼苗免受冻伤害，以及正常施工季节的保温保湿，要求进行无纺布覆盖，并力求仔细。这样可防止早期无纺布被风吹跑，其目的一是预防成型后的作业面被雨冲刷；二是可保温保湿，促进植物的生长。

养护管理：植物种子从出芽至幼苗期间，必须浇水养护，保持土壤湿润。从开始坚持每天早晨浇一次水（炎热夏季早晚各浇水一次），浇水时应将水滴雾化（有条件的地方可以安装雾化喷头），随后随植物的生长可逐渐减少浇水次数，并根据降水情况调整。

在草坪草逐渐生长过程中，对其适时施肥和防治病虫害，施肥坚持“多次少量”的原则。喷播完成后一个月，应全面检查植草生长情况，对生长明显不均匀的位置予以补播。

第六章　水土保持

第一节　公路水土保持内容

一、基本概念

1. 土壤侵蚀

土壤侵蚀(Soil Erosion)是国际通用的土壤学学术用语，国际上有代表性的学术专著和机构对此定义大致相同，即水、风、重力等作用下土壤的流失。

1971 年，美国土壤保持学会把土壤侵蚀解释为："土壤侵蚀是水、风、冰或重力等营力对陆地表面的磨蚀，或者造成土壤、岩屑的分散与移动"。英国学者 N · W 哈德逊在《土壤保持》(Soil Conservation，1971)一书中定义为："就其本质而言，土壤侵蚀是一种夷平过程，使土壤和岩石颗粒在外营力的作用下发生转运、滚动或流失。风和水是使颗粒变松和破碎的主要营力"。可以看出，美、英学者对土壤侵蚀的定义，既包含了土壤及其母质，也包含了地表裸露岩石，但均忽略了沉积过程。

随着人们对环境与发展认识的深化，土壤侵蚀与生态环境变化联系日益紧密，土壤侵蚀定义更加广泛，即土壤侵蚀是土壤及其母质，和其他地面组成物质在水力、风力、冻融及重力等外营力作用下的破坏、剥蚀、搬运和沉积过程。

《中国大百科全书·水利卷》(1992)对土壤侵蚀(Soil Erosion)的定义为：土壤及其母质在水力、风力、冻融、重力等外营力作用下，被破坏、剥蚀、搬运和沉积的过程。同时该百科全书还指出：土壤在外营力作用下产生位移的物质量，称土壤侵蚀量(The Amount of Soil Erosion)。单位面积单位时间内的土壤侵蚀量成为土壤侵蚀速度(或土壤侵蚀速率)(The Rate of Soil Erosion)。在特定时段内通过小流域出口某一观测断面的泥沙总量，称为流域产沙量(Sediment Yield)。《中国农业百科全书·水利卷》(1987)、《中国水利百科全书·第一卷》(1990)和《中国大百科全书·农业卷》(1990)对土壤侵蚀也作了类似界定。土壤流失(Soil Loss)与土壤侵蚀基本上是同义语。土壤侵蚀侧重于过程，而土壤流失则重于结果。在国际学术文献中，目前更多地与水连用，称为水土流失(Soil and Water Losses)，形成一个新的复合用语。

2. 水土流失

水土流失(Water and Soil Losses)在《中国百科大辞典》的定义为："由水、重力和风等外界力引起的水土资源破坏和损失"；在《中国水利百科全书·第一卷》(1990)中定义为：在水力、重力、风力等外营力作用下，水土资源和土地生产力的破坏和损失，包括土地表层侵蚀及水的损失，亦称水土损失。土地表层侵蚀指在水力、风力、冻融、重力以及其他外营力作用下，土壤、土壤母质及岩屑、松软岩层被破坏、剥蚀、转运和沉积的全部过程。水土流失的形式除雨滴溅蚀、片蚀、细沟侵蚀、浅沟侵蚀、切沟侵蚀等典型的土壤侵蚀形式外，还包括河岸侵蚀、山洪侵蚀、泥石流侵蚀以及滑坡等侵蚀形式。有些国家的水土保持文献中水的损失是指植物截留损失、地面及水面蒸发损失、植物蒸腾损失、深层渗漏损失、坡地径流损失。在中国，水的损失主要是指坡地径流损失。判断水土流失有三条标准：一是水土流失发生的场所是陆地表面，除了海洋外的地球表面都有可能发生水土流失；二是水土流失产生的原因必须是外营力，最主要的外营力是水力、风力、重力和人为活动；三是水土流失产生的结果是水土资源和土地生产力的损失和破坏。

水土流失一词在中国早已被广泛使用。自从土壤侵蚀一词传入国内以后，从广义理解，常被用作水土流失的同义语。从土壤侵蚀和水土流失的定义中可以看出，两者虽然存在着共同点，即都包括了在外营力作用下土壤、母质及浅层基岩的剥蚀、搬运和沉积的全过程，但是也有明显差别，即水土流失中包括了在外营力作用下水资源和土地生产力的破坏与损失，而土壤侵蚀中则没有。

虽然水土流失与土壤侵蚀在定义上存在着明显差别，但应该看到，因水土流失一词源于我国，科研、教学和生产上使用较为普遍。而土壤侵蚀一词为传入我国的外来词，其含义显然狭于水土流失的内容。随着水土保持这一学科逐渐发展和成熟，在教学和科研方面，人们对二者的差异给予了越来越多的重视。而在生产上，人们常把水土流失和土壤侵蚀作为同一语来使用。

3. 土壤侵蚀类型

按外营力的不同，土壤侵蚀可分为水蚀、风蚀、重力侵蚀、冻融侵蚀和人为侵蚀等类型。

水蚀：指在降水、地表径流、地下径流作用下，土壤、土体或其他地面组成物质被破坏、搬运和沉积的过程。根据水力作用于地表物质形成不同的侵蚀形态，进一步分为溅蚀、面蚀、细沟侵蚀、浅沟侵蚀和切沟侵蚀等。水力侵蚀分布最广泛，在山区、丘陵区和一切有坡度的地面，暴雨时都会产生水力侵蚀。它的特点是以地面的水为动力，冲走土壤。

风蚀：指在气流冲击作用下，土粒、沙粒或岩石碎屑脱离地表，被搬运和堆积的过程。由于风速和地表组成物质的大小及质量不同，风力对土、沙、石粒的吹移搬运出现悬移、跃移和蠕移三种运动形式。风力侵蚀主要分布在我国西北、华北和东北的沙漠、沙地和丘陵盖沙地区，其次是东南沿海沙地，再次是河南、安徽、江苏几省的“黄泛区”(历史上由于黄河决口改道带出泥沙形成)。它的特点是由于风力扬起沙粒，离开原来的位置，随风移动到另外的地方降落。

重力侵蚀：地面岩体或土体物质在重力作用下失去平衡而产生位移的侵蚀过程。根据其形态可分为崩塌、崩岗、滑坡、泻溜等。重力侵蚀主要分布在山区、丘陵区的沟壑和陡坡上，在陡坡和沟的两岸沟壁，其中一部分被水流淘空，由于土壤及其成土母质自身的重力作用，不能继续保留在原来的位置，分散地或成片地塌落。

冻融侵蚀：在高寒区，由于寒冻和热融作用交替进行，使地表土体和松散物质发生蠕动、滑塌和泥流等现象。

人为侵蚀：指人们不合理地利用自然资源和经济开发中造成的新的土壤侵蚀现象。如开矿、采石、修路、建房及工程建设等产生的大量弃土、尾砂、矿渣等带来的泥沙流失。

4. 土壤侵蚀模数

土壤侵蚀模数表示单位面积和单位时段内的土壤侵蚀量，其单位名称和代号为吨每平方公里年[t/(km^2·a)]，或采用单位时段内的土壤侵蚀厚度，其单位名称为毫米每年(mm/a)。

各地可按当地土壤重度建立土壤侵蚀模数与土壤侵蚀厚度之间的换算关系。

土壤侵蚀厚度 = 土壤侵蚀模数/土壤密度

密度单位为 g/cm^3、t/cm^3。

河流输沙模数不能直接引用为侵蚀模数，必须用泥沙输移比加以换算。

$$输沙模数 = 输移比 \times 侵蚀模数$$

5. 土壤侵蚀强度

土壤侵蚀强度指地壳表层土壤在自然营力(水力、风力、重力及冻融等)和人类活动综合作用下，单位面积和单位时段内被剥蚀并发生位移的土壤侵蚀量，以土壤侵蚀模数表示，见表6-1。

土壤侵蚀强度分级标准 表6-1

级　别	平均侵蚀模数［t/(km^2·a)］	平均流失厚度(mm/a)
微度	<200，500，1 000	<0. 15，0. 37，0. 74
轻度	200，500，1 000 ~ 2 500	0. 15，0. 37，0. 74 ~ 1. 9
中度	2 500 ~ 5 000	1. 9 ~ 3. 7
强度	5 000 ~ 8 000	3. 7 ~ 5. 9
极强度	8 000 ~ 15 000	5. 9 ~ 11. 1
剧烈	>15 000	>11. 1

注：引自于水利部发布的土壤侵蚀分类分级标准(SL190-96)(表B-1a)，表中流失厚度系按土壤重度1. 35g/cm^3 折算，各地可按当地土壤重度计算之。

6. 正常侵蚀与土壤容许流失量

我国的环境问题是多方面的，如城市空气污染、河流水质污染、工业的废水、废气、废渣(三废)污染等。但是，分布最广泛、危害最严重的是水土流失。原全国人大环资委主任委员、国家环保局长曲格平先生曾生动地将水土流失看成中国的头号环境问题。我国山区、丘陵区面积约占国土总面积的2/3，大部分区域都有水土流失，据2002年水利部的遥感调查，全国的水土流失面积约占国土总面积的37%。

正常侵蚀指的是在不受人类活动影响下的自然环境中，所发生的土壤侵蚀速率小于或等于土壤形成速率的那部分土壤侵蚀。这种侵蚀不易被人们所察觉，实际上也不至于对土地资源造成危害。

土壤容许流失量（允许土壤侵蚀量）是指小于或等于成土速度的年土壤侵蚀量，即在长时期内能保持土壤肥力和维持土地生产力基本稳定的最大土壤流失量。也就是说，容许土壤流失量是不至于导致土地生产力降低而允许的年最大土壤流失量。由于不同地区的成土速度不同，因此，允许土壤侵蚀量也不同。小于允许土壤侵蚀量的侵蚀，属正常侵蚀（微度侵蚀）；大于或等于允许土壤侵蚀量的侵蚀，属加速侵蚀（水土流失），在土壤侵蚀强度上分为轻度侵蚀、中度侵蚀、强度侵蚀、极强度侵蚀、剧烈侵蚀。

确定容许土壤流失量值是一项较为复杂的工作，目前，各国确定的指标还有待完善，需要积累成土速度和土壤侵蚀对土壤生产能力影响等方面的资料。在美国，规定各类地区的容许土壤流失量值为400～1 120[$t/(km^2\cdot a)$]。我国也在不断积累资料的基础上，确定了不同地区的容许土壤流失量值为200～1 000[$t/(km^2\cdot a)$]。基于我国地域辽阔，自然条件复杂，各地区成土速率不同，所以，在各侵蚀类型区采用了不同的土壤容许流失量，见表6-2。

各侵蚀类型区土壤容许流失量　　表6-2

类型区	土壤容许流失量 [$t/(km^2\cdot a)$]	类型区	土壤容许流失量 [$t/(km^2\cdot a)$]
西北黄土高原区	1 000	南方红壤丘陵区	500
东北黑土区	200	西南土石山区	500
北方土石山区	200		

7. 土壤侵蚀程度

土壤侵蚀程度是指任何一种土壤侵蚀形式在特定外营力种类作用和一定环境条件影响下，自其发生开始，截至目前为止的发展状况。土壤遭受侵蚀的过程中所达到的不同阶段，并不直接反映现状侵蚀强度的大小。诊断侵蚀土壤的程度，是根据土壤剖面中A层（表土层）、B层（心土层）及C层（母质层）的丧失情况加以判别，土壤侵蚀程度分级见表6-3、表6-4。土壤侵蚀程度反映土壤肥力和土地生产力现状，为土地利用改良和防治土壤侵蚀提供科学依据。

按土壤发生层的侵蚀程度分级 表6-3

侵蚀程度分级	指标
无明显侵蚀	A、B、C三层剖面保持完整
轻度侵蚀	A层保留厚度大于1/2，B、C层完整
中度侵蚀	A层保留厚度小于1/2，B、C层完整
强度侵蚀	A层无保留，B层开始裸露，受到剥蚀
剧烈侵蚀	A、B层全部剥蚀，C层裸露，受到剥蚀

按活土层的侵蚀程度分级 表6-4

侵蚀程度分数	指标	侵蚀程度分数	指标
无明显侵蚀	活土层完整	强度侵蚀	活土层全部被蚀
轻度侵蚀	活土层小部分被蚀	剧烈侵蚀	母质层部分被蚀
中度侵蚀	活土层厚度50%被蚀		

8. 加速侵蚀与人为加速侵蚀

受自然因素如降水、大风、地形、坡度以及植被盖度等方面的影响，土壤侵蚀速率超过土壤形成速率时构成加速侵蚀。长期的加速侵蚀得不到根治，将导致土层变薄，甚至流失殆尽，形成石漠化、沙漠化现象。不利的自然条件主要是：地面坡度陡峭，土体的性质松软易蚀，高强度暴雨，地面没有林草等植被覆盖。

人为加速侵蚀是指由于人们不合理地利用自然资源和开发建设活动，如滥伐森林、陡坡开垦、过度放牧和过度樵采等，造成的加速侵蚀。如开矿、采石、修路、建房及其他工程建设等产生的大量弃土、尾砂、矿渣等带来的泥沙流失。人类不合理的开发建设活动，主要包括毁林毁草，陡坡开荒，草原上过度放牧，开矿、修路等生产建设，破坏地表植被后不及时防护，随意倾倒废土弃石，形成虚土陡坡，一旦遇到暴雨或大风，就产生大量的水土流失。

9. 土壤侵蚀潜在危险度

生态系统失衡后出现的土壤侵蚀危险程度，它首先用于评估、预测在无明显侵蚀区引起侵蚀和现状侵蚀区加剧侵蚀的可能性大小；其次，表示侵蚀区以当前侵蚀速率发展，该土壤层承受的侵蚀年限（抗蚀年限），以评估和预测侵蚀破坏土壤和土地资源的严重性。

10. 水土保持

水土保持(Water and Soil Conservation)是由我国科技工作者首先提出并被世界各国科学技术届所接受的。在《中国大百科全书·农业卷》(1990)中，水上保持的定义为：防治水土流失，保护、改良与合理利用山丘区和风沙区水土资源，维护和提高土地生产力，以利于充分发挥水土资源的经济效益和社会效益，建立良好生态环境的事业。水和土是人类赖以生存的基本物质，是发展农业生产的基本因素。水土保持工作对开发建设山区、丘陵区和风沙区，整治国土，治理江河，减少水、旱、风等灾害，维护生态平衡具有重要的作用。

显然，土壤侵蚀是水土保持的工作对象，水土保持就是在合理利用水土地资源基础上，组织运用水土保持林草措施、水土保持工程措施、水土保持农业措施、水土保持管理措施等构成水土保持综合措施体系，以达到保持水土、提高土地生产力、改善山丘区和风沙区生态环境的目的。因此，《中华人民共和国水土保持法》第二条规定："法所称水土保持，是指对自然因素和人为活动造成水土流失所采取的预防和治理措施。"

11. 公路水土流失

公路建设项目水土流失，是在区域自然地理因素即水土流失类型区的支配和制约下，由于各种自然因素，包括气候、地质、地形地貌、土壤植被等的潜在影响，通过人为生产建设活动的诱发、引发、触发作用而产生的一种特殊的水上流失类型，它既具有水土流失的共性，也具有自身的特性。因为公路水土流失是由于人为扰动地面或推置固体废弃物而造成的水资源和土地资源的破坏和损失。公路建设对水资源的损失和破坏，不仅表现在地表水的流失，而且也表现在深层地下水的破坏，这种破坏有时是不可逆的；而土地资源的破坏也不仅仅是表层土壤，往往破坏至深层土壤甚至岩层，水土流失形式往往表现为岩石、土壤、固体废弃物的混合搬运。公路作为线形建设项目，要穿越平原、丘陵、山地和湿地等不同的地形，在筑路过程中要开挖山体、削坡、修隧道、架桥、填土、取土、弃土等，其对土地资源的破坏不仅仅在土壤的表层，对于深层的土壤也产生强烈的扰动，其深度可以达地表以下几十米。因此，公路建设引起的水土流失是人为加速的水土流失，但和其他的人为水土流失如毁林开荒等是有区别的。主要表现在水土流失时空分布规律不同，公路建设引起的水土流失在时间上主要发生在施工建设过程中，在空间上主要在路域建设范围

(含影响区)，成线状或羽状分布。另外，公路水土流失具有突发性和灾难性的特点，如果不采取措施加以控制，水土流失往往非常剧烈，甚至引发滑坡、泥石流，造成灾难性后果，这与一般意义上的人为水土流失区别也很大。

二、公路水土保持的主要内容

1. 我国公路建设项目水土流失现状

近年来，随着我国经济社会的迅速发展和投资渠道的不断拓宽，公路建设展现出前所未有的勃勃生机，极大地改善了区域交通状况，加快了国民经济的发展。然而在公路项目建设和运营过程中，因扰动原地貌、损坏水土保持设施及产生弃土、弃渣，造成了较为严重的水土流失，在一定程度上引起了生态退化，对区域生态环境构成了一定威胁。现以“全国水土流失与生态安全综合科学考察项目”所获得的成果为基础，简要总结“十五”期间我国公路建设项目水土流失现状。

1）扰动破坏地表面积

扰动破坏地表，是公路建设项目破坏生态环境最直接的表现，据统计，“十五”期间我国公路工程建设共扰动破坏地表面积119.6万hm^2。

（1）不同地貌类型区公路工程扰动破坏地表面积

我国幅员辽阔，地貌类型复杂多样。不同地貌类型区公路工程建设过程中对生态环境的破坏程度不尽相同，恢复的方法与难易程度也有较大的差别。因此，准确了解我国不同类型区公路工程扰动破坏地表面积十分必要。

从图6-1可看出，“十五”期间我国公路工程建设扰动破坏地表主要集中在山区、丘陵区和平原区。其中山区和丘陵区共扰动破坏地表面积75.30万hm^2，占扰动破坏地表总面积的62.97%；风沙区较少，为11.87万hm^2，仅占9.93%。但对风沙区来讲，对地表的扰动和破坏往往对当地生态环境产生更为深远的影响，恢复的难度远远大于平原和山丘区。因此，在风沙区进行公路工程建设，一定要尽量减少对地表面积的扰动与破坏，在做好工程措施与植物措施的同时，还应加强工程建设过程中的临时防护。

（2）不同等级公路工程扰动破坏地表面积

20世纪90年代以前，我国的公路建设以普通等级公路和县乡级公路为主。1998 年以后，我国高速公路建设进入了快速发展阶段。由图 6-2 可看出，从不同等级公路来讲，“十五”期间，普通等级公路工程建设扰动破坏地表面积最大，为 61.29 万 hm^2，占扰动破坏地表总面积的 51.25%；高等级公路次之，为 37.97 万 hm^2，占 31.75%；县乡级最小，为 20.32 万 hm^2，占 16.99%。表明“十五”期间，公路工程建设对地表的扰动和破坏以普通级公路和高等级公路为主。

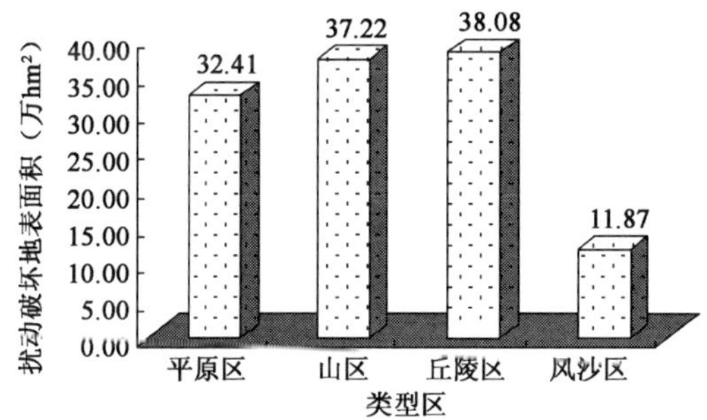

图 6-1　“十五”期间不同地貌类型区公路工程扰动破坏地表面积

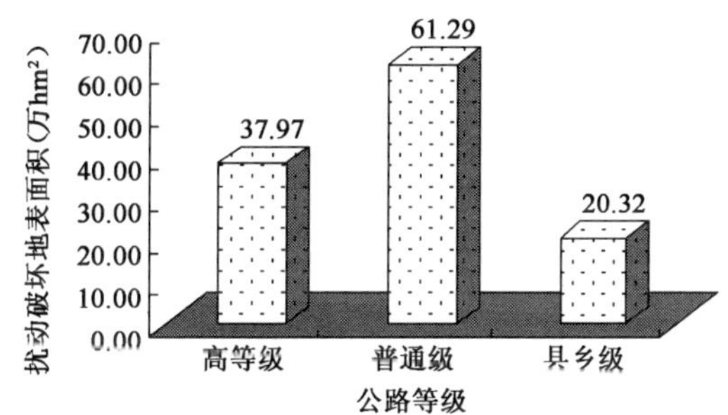

图 6-2　“十五”期间不同等级公路工程扰动破坏地表面积

（3）各年度公路工程扰动破坏地表面积

“十五”期间，公路工程建设扰动破坏地表面积年度间有较大的差别。由图 6-3 可看出，“十五”期间我国公路工程建设扰动地表面积，在前 4 年呈逐年增加的趋势，其中 2003 年增长幅度最大，总量达到 30.16 万 hm^2，较 2002 年增加了 70.11%。2005 年扰动破坏地表面积为 23.92 万 hm^2，较 2003 年和 2004 年有所下降。这一方面受国家宏观政策的影响，另一方面是因为近年来随着我国对开发建设项目环境保护意识的增强，在公路工程建设过程中，通过采取有效保护措施，在一定程度上减少了对地表的扰动与破坏。

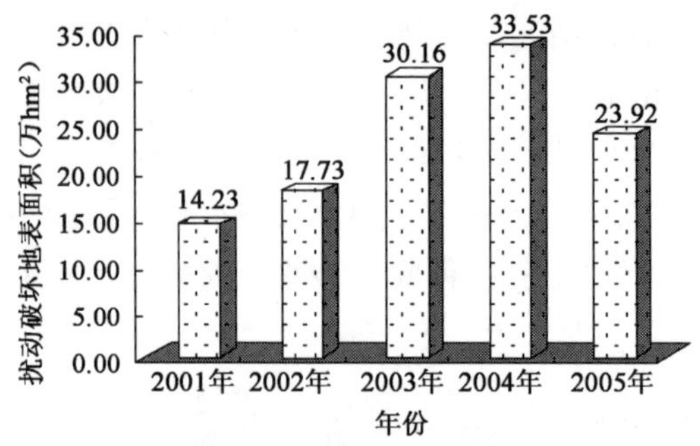

图6-3 “十五”期间各年度公路工程扰动破坏地表面积

（4）各等级公路工程建设单位里程扰动破坏地表面积

因公路建设等级不同，其建设单位里程扰动破坏的地表面积也有较大的差别。由于高速公路路基较宽，结构也较复杂，一般在建设过程中对地表的扰动与破坏较普通等级公路和县乡级公路大得多。从表6-5可看出，高等级公路建设单位里程扰动破坏地表面积为10.7 hm^2/km，普通级公路为4.2 hm^2/km，县乡级公路为1.8 hm^2/km。高等级公路建设单位里程扰动破坏地表面积分别是普通级公路和县乡级公路的2.55倍和5.94倍。表明高等级公路的大规模建设将对沿线地表造成严重破坏，其破坏程度远大于普通级公路和县乡级公路的建设。

不同等级公路建设项目扰动地表面积及相关特征值统计 表6-5

公路等级	建设单位里程扰动破坏地表面积（hm^2/km）	公路等级	建设单位里程扰动破坏地表面积（hm^2/km）
高等级	10.7	县乡级	1.8
普通级	4.2		

2）弃土弃渣量

弃土弃渣是公路建设项目水土流失的主要来源，公路工程是线形建设项目，沿线地貌类型多样，施工过程中需要高挖低填，往往产生大量的弃土弃渣。公路工程建设过程中产生的弃土弃渣主要包括：经调配平衡后产生的弃方，分标段建设产生的弃方，特殊路段地表剥离产生的弃方，隧道开挖产生的弃方，以及受其他因素影响产生的弃方。

经统计，“十五”期间，我国公路建设项目产生的弃土弃渣量达到42.4亿t，但各年度内差别较大。由图6-4可看出，2002～2003年间弃土弃渣量增长最快，2003 年较 2002 年增加了 69. 84%。2004 年弃土弃渣量最大，为 11. 9 亿 t，为 2001 年的 2. 38 倍。这与年度间扰动破坏地表面积的变化趋势相仿。

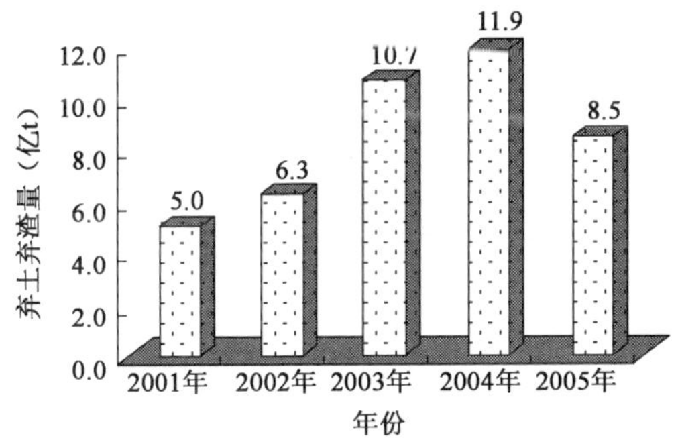

图 6-4 “十五”期间各年度公路工程造成的弃土弃渣量

3）水土流失量

公路工程路线长、占地多、施工周期长，对生态环境影响极大，公路工程建设对环境的影响，主要在于造成水土流失。水土流失量作为反映区域水土流失状况的量化指标，是评价公路工程建设对生态环境造成破坏的一项重要指标。经统计，“十五”期间，我国公路工程建设所造成的水土流失总量为 1. 43 亿 t。

由图 6-5 可看出，“十五”期间我国公路工程建设所造成的水土流失量变化趋势与各年度扰动破坏地表面积和弃土弃渣量基本一致，即在前 4 年呈逐年增加的趋势，其中 2003 年增长幅度最大，达到 3 594. 96 万 t，分别较 2001 年和 2002 年增加了 112. 01% 和 70. 08%。2004 年水土流失量最大，为 3 996. 79 万 t。

2. 公路建设项目水土流失危害

公路工程建设对生态环境的影响非常严重，其引起的水土流失主要来源于公路建设和使用过程中因扰动地表或岩石层或因弃渣处理不当等造成的水土资源破坏及损失，包括施工放样、场地清理、征地及拆迁安置、建立施工驻地等施工前期准备工作，和施工期间由于挖土填土、借土弃土、改移河道、清理表土、开采料场等活动造成的地表植被破坏、地形改变，这些破坏会加速地表侵蚀、增大地表径流、增加水土流失，严重时还会产生崩塌或滑坡，是一种典型的人为加速侵蚀。由于其流失强度大，影响面广，危害严重，公路水土流失问题已显得日益突出，对沿线生态环境造成了多方面的危害。

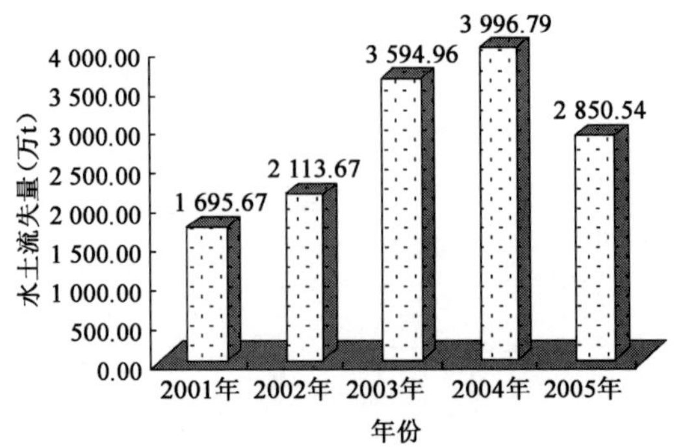

图6-5 “十五”期间各年度公路工程造成的水土流失量

1）破坏植被，加剧水土流失

公路对地表和植被的破坏主要体现在公路建设前期清理表土、土石方开挖、开采料场等活动对地表土层和植被的直接毁坏，建设过程中的废弃物(弃土、弃渣、弃石等)对堆置场原有植被的埋压，以及对公路沿线植被的机械碾压、人员踩踏等。地表缺少植被保护，极易发生水土流失，尤其是公路建设形成的大量裸露边坡 。

2）降低岩土稳定性，引发地质灾害

公路建设项目对环境的破坏主要表现为开挖路基、隧道施工、拓宽路面等活动，会严重影响建设区域的地质环境，降低其岩土稳定性，引发地质灾害。主要表现为地面塌陷、山体滑坡、泥石流等。

3）促进灾害性天气形成

在高速公路建设施工期，路基边坡、取土场、弃渣场、预制场等大量沙物质直接暴露，为风蚀准备了充分的沙物质，促进扬尘灾害性天气的发生。

4）侵占河道，加剧洪涝灾害

当公路沿河建设时，一般都会出现路基侵占河道的问题。路基侵占河道，一方面会影响河道行洪，加大对岸洪水威胁，另一方面也会造成洪水对路基本身的危害，加大公路被洪水冲坏的可能性，产生新的水土流失。另外，公路建设项目产生的弃土、弃石、弃渣没有妥善安置，直接倾倒于沟道、河流，直接导致河流泥沙含量增加，淤积抬高河道，影响航运，造成洪涝灾害，频繁出现“小洪水、高水位、多险情”的严峻局面。

5）改变土壤理化性质

土壤质地与土壤侵蚀及土壤退化关系非常密切，公路建设项目会在一定程度上破坏土壤质地，造成土壤侵蚀。土壤侵蚀又会影响土壤本身的很多特性，如透水性、抗蚀性、抗冲性，以及土壤中碳化合物的含量、表层土壤厚度、营养物质的状态、土壤形态和内部组织等。公路建设项日不仅会破坏土壤中抗侵蚀颗粒的物理特性，使土壤易遭受侵蚀，还会降低土壤保水性能和碳化合物含量、增加土壤重度。

3. 公路工程建设特点及造成水土流失原因的分析

公路建设项目为线形工程，具有战线长、跨越地貌类型多、扰动和破坏地表面积大、动用土石方工程量大、沿线取弃土场多、临时用地占地面积大等特点。我国公路建设项目对自身的安全一般要求较高，如路基边坡防护、排水工程、防洪工程、路面硬化等，但对由路基、桥涵、隧道施工形成的取土（石料）场、弃土（渣）场、施工场地和施工便道等的防护较为薄弱，易产生水土流失。若不采取水土保持措施，将极易造成较严重的水土流失危害。公路工程建设所造成的水土流失，是各种自然因素包括气候、地质、地形地貌、土壤植被等的潜在影响，通过人为公路建设活动的诱发、引发、触发作用而产生的一种特殊的水土流失类型，它既具有水土流失的共性，也具有自身的特点。

1）扰动和破坏地表面积大

公路建设项目具有线路长、穿越区域多、影响面大等特点，短则几十公里，长则几百公里、甚至上千公里。据统计，“十五”期间，我国共建成高速公路2.47万km，县乡公路约17.6万km，共扰动地表总面积119.6万hm^2，占我国开发建设项目扰动地表面积总量的21.6%。其中，山区和丘陵区共扰动破坏地表面积75.3万hm^2，占公路扰动破坏地表总面积的62.97%，这些区域的地表一旦被破坏，极难恢复。

2）临时用地占地面积大

在公路工程建设过程中，一般需占用较大面积的临时占地，主要包括临时施工场地、施工便道、预制加工厂、临时堆料场等，据统计，新建公路临时占地一般占工程总占地的30%左右。在工程施工过程中，对临时占地进行扰动，破坏原有地貌类型，重塑形成新的小地貌类型，将产生新的水土流失。

3）土石方搬运量大

公路工程由于地形、土质和投资等条件的限制，需要根据地形地貌条件进行开挖、高填等施工活动，再加上对地质条件的要求不同，开挖和高填施工等对土石方的特性有特殊要求，导致挖、填土石方量多数不平衡，在建设中产生大量的废弃土石。据统计，“十五”期间，我国公路建设项目产生的弃土弃渣量达到42.4亿t，如果这些废石废渣处理不当，则会产生严重的水土流失。

调查中发现，公路工程项目所产生的废渣主要包括两方面：一是开挖路堑、路基；二是开挖隧道。在工程建设过程中，有些施工单位缺乏水土保持意识，为了减少施工成本，没有很好地按照水土保持的工程要求将弃渣堆放在专门的场地，随意倾倒土石弃渣，更没有对弃渣采取相应的防护措施。由此产生了大量的水土流失，从而对周边环境造成极大影响。

4）取土（石）料量大

在公路工程路基填垫和边坡砌护中需要大量的土石料，因此取土场、采石场也是引发水土流失的重要部位。在开采土石料过程中，由于破坏原地貌和植被，开挖边坡不稳定及防排水设施不完善等，都会产生水土流失。

4. 公路水土保持主要内容

水土保持是指防治水土流失，保护、改良与合理利用水土资源，维护和提高土地生产力，以利于充分发挥水土资源的生态效益、经济效益和社会效益，建立良好生态环境的事业。而公路建设项目水土保持则是在公路施工过程中公路主体工程、取土场、弃土(渣)场、临时工程等范围内预防和治理水土流失的综合技术，是在公路工程建设区范围内，针对各种开挖、堆砌活动可能造成的水土流失而开展的预防和治理。由于公路建设工程量大、影响深，其引起的水土流失现象也比较严重，这不仅影响公路本身的运营安全，如引起边坡失稳、塌方等，同时也会对周边环境、村镇、城市、农田和公路设施等产生影响，并且对区域内的水土资源和生态环境也会产生强烈的干扰。因此，公路水土保持与传统的水土保持含义既有区别又有联系，防治的目标、防治措施、措施布设等方面显著不同。公路水土保持，要借鉴传统的水土保持如小流域综合治理等的治理经验，同时要结合公路建设自身的特点，对水土流失进行防治，从技术层面来说，它是对工程建设区和影响区造成的水土流失进行预防治理，充分保护和利用水资源，恢复和重建生态环境，改善和提高土地生产力的综合科学技术。它涉及道路、桥梁、隧道施工、废弃物排放、弃土弃渣植被恢复与重建、非稳定工程设计等多种水土保持技术，是一门与土壤、地质、生态、环保、农学、水利、林业以及交通工程等学科密切相关的交叉学科，属于区域环境保护和水土保持治理的一部分。

第二节　公路水土保持工程

一、取土场综合防治技术

根据取土方式不同，取土场可分为开槽取土和缓坡开挖取土两种类型。因两类取土场取土方式不同，产生水土流失的形式与特点不同，其防治措施亦不相同。

1. 平地开槽取土场综合防治技术

平地开槽取土所产生的水土流失以面蚀为主，局部地段可能会产生重力侵蚀，发生崩塌。水土流失防治，应以取土前期的临时性防护措施和取土后的平整绿化措施为主，取土期间应加强组织、监督、管理。

以北京市六环路(良乡～寨口段)工程刘太庄北偏东取土场为例，介绍平地开槽取土场综合防治技术。

刘太庄北偏东取土场占地类型为荒地，面积约 11.2m^2，取土深度为 2～3m，取土方式为开槽取土。

1）取土前临时防护措施

（1）表土剥离与集中堆置

在取土场前方整理一块场地存放剥离的表土，取土时，剥离一块取一块，采取循序渐进取土的方式，避免一次性剥离造成大面积的地表裸露，促发水土流失。

表土剥离厚度平均按 20cm 计。将剥离的表土进行集中堆放，表土堆放高度 3m，边坡 1∶1，雨季用土工布遮盖，作为取土场植被恢复用土。

（2）取土场的拦、排水措施

沿取土场边缘外扩 1m 填筑拦水土埂，土埂采用梯形断面，顶宽 0.3m，高 0.5m，边坡 1∶1；在拦水土埂外侧开挖临时截水沟，防止外来洪水入侵取土场，造成积水与坍塌。截水沟采用梯形断面，底宽 0.3m，高 0.3m，边坡1:1，素土拍实。

刘太庄北偏东取土场地形及临时防护措施典型设计见图6-6，临时防护措施工程量见表6-6。

平地开槽取土场水土保持临时措施及工程量 表6-6

工程名称	单 位	数 量	取土阶段
土工布遮盖	$100m^2$	10.27	取土前
拦挡土埂土方堆筑	$100m^3$	3.17	
临时截水沟土方开挖	$100m^3$	1.43	

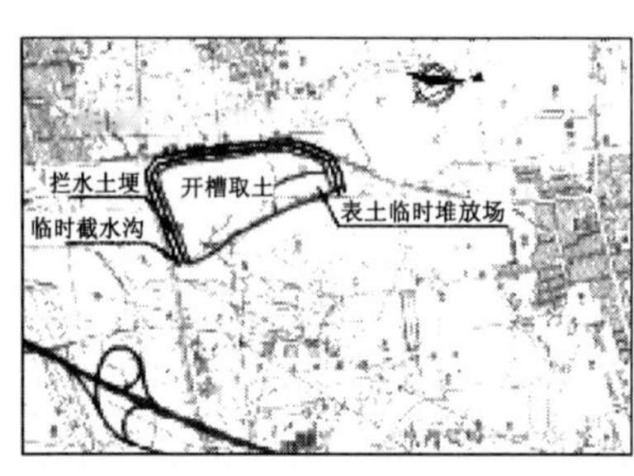

取土场地形 1:20 000

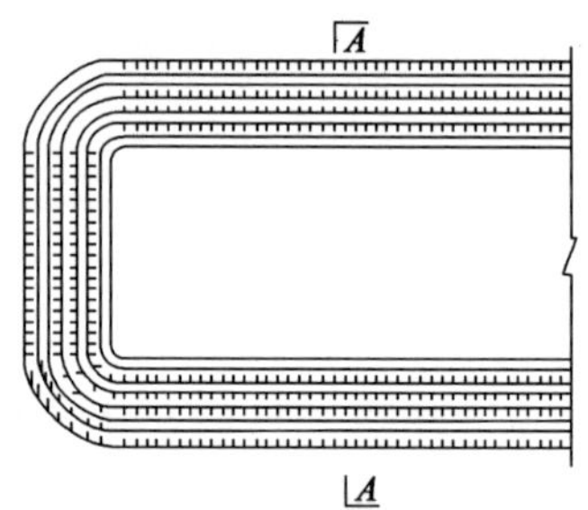

防护措施平面布置示意图

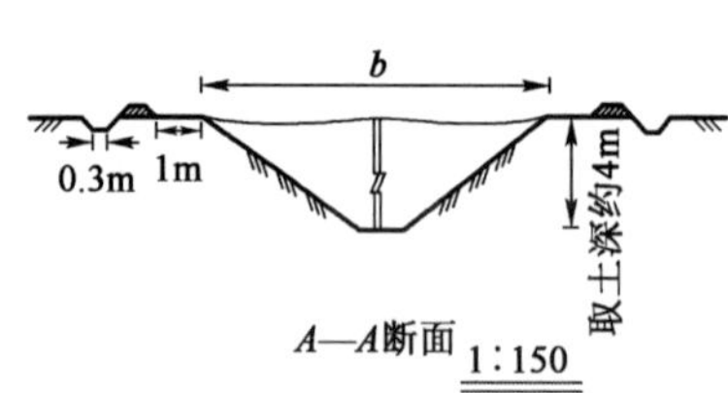

A—A断面 1:150

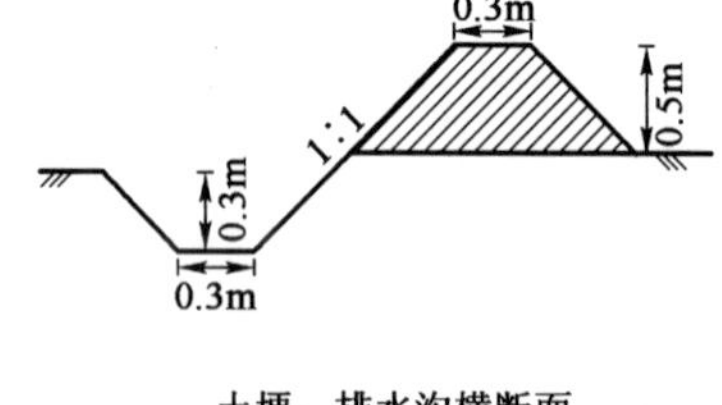

土埂、排水沟横断面 1:30

图6-6 取土场地形及临时防护设计典型设计图

2）取土期管理措施

（1）应严格按照设计划定的取料场进行取土、采料，禁止随处乱挖乱掘。

（2）为避免乱取乱挖，设计的取土场如不能满足施工填料要求，需另辟取土场时，设计方应按照水土保持要求并会同业主、地方水行政主管部门和施工单位进行设计变更，不得随意指定。

（3）施工承发包合同中，应明确料场管理规定，施工责任应落实到人。

（4）取土场开挖要自上至下、分层进行，分块推进，严禁乱掘乱挖。

3）取土后的治理措施

（1）工程措施

削坡、覆土：将取土坑边缘向外扩展约2m，进行切土削坡，使坑壁坡度≤45°，之后根据微地貌特征分块进行土地整理，整理后进行表土回填，采取整体薄层覆土和局部深层覆土相结合的方式进行，整体覆土厚度为20～30cm，局部植树穴深层覆土厚度为50cm左右。

取土场水土保持工程措施及工程量见表6-7。

平地开槽取土场水土保持工程措施及工程量　　表6-7

工程名称	规格	单位	数量	取土阶段
削坡	≤45°	$100m^3$	62	取土后
覆土	厚45cm	$100m^3$	504	

（2）植被恢复

坑边平地治理：坑边平地地势平坦，水分条件相对较好，且坑边也是取土场的外层屏障。故采用乔、灌、草混交方式营建外圈防护林带，乔木树种可选用刺槐、油松、火炬树等树种，灌木树种可选择紫穗槐、爬地柏等，草种可选用苇状羊茅、无芒雀麦等。

坑壁治理：坑壁坡度较陡、土层较薄，立地条件最差，植被恢复应选用耐旱、耐贫瘠的灌、草种进行配置，灌木树种可选用爬地柏、紫穗槐等，草本可用无芒雀麦、二月兰等，在坑壁底部可栽植爬藤植物爬山虎、地锦等。

坑底治理：取土坑底部地势低平，雨后容易积水，先期可考虑种植紫花苜蓿等豆科类牧草，待地力恢复2～3年后，根据需要，可继续种植牧草，或复耕。

取土场取土结束后植被恢复措施典型设计见图6-7，工程量见表6-8。

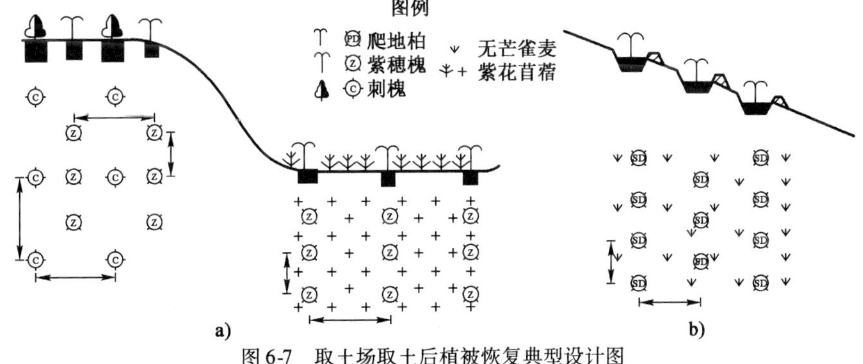

图6-7　取土场取土后植被恢复典型设计图

a）取土场坑边平地与坑底植被恢复模式布置图；b）坑壁植被恢复模式布置图

平地开槽取土场水土保持植物措施及数量　　表 6-8

地貌部位	树种	配置	株行距（m）	苗木规格	整地（cm）	工程量	造林时间
坑边平地	刺槐	行间混交	2×2	3 年生	穴状（50×50×50）	412 株	春季或雨季
	紫穗槐		1×2	3 年生	穴状（30×30×30）	412 株	
坑壁	爬山柏	灌木行间种草	1×1.5	5 年生	鱼鳞坑（50×30×30）	1 910 株	
	无芒雀麦			优种	条播	0.35hm^2	
	爬山虎			3 年生	穴播	1 280 株	
坑底	紫穗槐	灌木行间播草	1×2	3 年生	穴状（30×30×30）	17 653 株	
	紫花苜蓿			优种	条播	11.20hm^2	
	紫花苜蓿			优种	散播	18.00hm^2	

2. 缓坡开挖取土场综合防治技术

缓坡开挖取土，因有一定坡度，故水土流失形式除面蚀以外，兼有细沟侵蚀，局部地段因开挖还可能会发生重力侵蚀。因此，该取土场采用工程与植物综合防治措施。

以北京市六环路(良乡～寨口段)工程崇辛庄村东取土场为例，介绍缓坡开挖取土场综合防治技术。

崇辛庄村东取土场占地类型为荒地、林地，面积约 18.6m^2，取土深度为 4～5m，取土方式为缓坡开挖取土。

1）开挖前的临时防护措施

（1）表土剥离后集中堆置

在取土场边角处，整理一块场地，存放剥离的表土。取土时，剥离一块取一块，采取循序渐进取土的方式。

表土剥离厚度平均按 20cm 计。将剥离的表土进行集中堆放，表土堆放高度为 3m，边坡 1:1，雨季用土工布遮盖，作为取土场植被恢复用土。

（2）取土场的拦、排水措施

沿取土场边缘外扩 1m 填筑拦水土埂，土埂采用梯形断面，顶宽 0.3m，高 0.5m，边坡 1:1；在拦水土埂外侧开挖临时排水沟，防止外来洪水入侵取土场，造成积水与坍塌。对于缓坡取土场的排水设计，根据现行《灌溉与排水工程设计规范》（GB 50288—89），切削坡顶面的排水沟按以下步骤进行设计。

①设计流量计算

按 5～10 年一遇洪水设计，清水洪峰流量推荐公式为：

$$QB = 0.278 \cdot K \cdot i \cdot F \tag{6-1}$$

式中：QB——最大清水洪峰流量，m^3/s；

K——径流系数；

i——1h 降雨强度，mm/h；

F——山坡集水面积，km^2。

②排水沟纵横断面设计

根据地形地质条件，参照类似工程情况，根据经验初选排水沟纵坡为1∶1 000～1∶2 000，边坡为1∶1.25～1∶2.0，横断面设计首先按水力最优断面宽深比计算公式确定：

$$a = 2[(1 + m^2)0.5 - m] \tag{6-2}$$

式中：a——水力最优断面宽深比；

m——边坡系数。

然后根据明渠均匀流公式计算排水沟底宽和沟深，公式为：

$$Q = wC(Ri)1/2 \tag{6-3}$$

式中：Q——设计流量，m^3/s；

w——过水断面面积，m^2；

R——水力半径，m；

i——水力比降；

C——谢才系数。

经过对不同底宽、边坡、纵坡计算结果的分析比较，初选排水沟断面并确定尺寸为底宽0.5m，深0.5m，边坡1∶1。

取土场临时防护措施工程量见表6-9。

取土场临时水土保持措施工程量 表6-9

工程名称	单位	数量	取土阶段
土工布遮盖	$100m^2$	43.87	取土前
拦挡土埂土方堆筑	$100m^3$	5.31	
临时排水沟土方开挖	$100m^3$	7.26	

2）施工期施工管理措施

（1）应严格按照设计划定的取料场进行取土、采料，禁止随处乱挖乱掘。

（2）为避免乱取乱挖，设计的取土场如不能满足施工填料要求，需另辟取土场时，设计方应按照水土保持要求并会同业主、地方水行政主管部门和施工单位进行设计变更，不得随意指定。

(3) 施工承发包合同中，应明确料场管理规定，施工责任应落实到人。

(4) 取土场开挖要自上至下、分层进行，分块推进，严禁乱掘乱挖。

3）取土后的治理措施

(1) 工程措施

取土结束后，对取土场形成的陡立坡壁进行切削，使边坡坡度≤45°。对切削后的边坡进行水平带整地，对取土后形成的平地部分，覆表层剥离土35cm。

取土场水土保持工程措施及工程量见表6-10。

取土场水土保持工程措施及工程量 表6-10

工程名称	规格	单位	数量	取土阶段
削坡	≤45°	$100m^3$	20.13	取土后
水平带整地	宽60cm	0.52		
覆土	厚45cm	$100m^3$	837	

(2) 植物措施

边坡部分，进行水平带整地后，种植紫穗槐和爬地柏，发挥固坡保土功能。平地部分，经过覆土，立地条件转好，种植侧柏、刺槐带状混交林，使其形成片林，发挥乔木林地强大的生态功能。具体配置为：侧柏3行一带，株行距2.0m×3.0m，苗木选用5年生壮苗。刺槐3行一带，株行距2.0m×3.0m，苗木选用3年生壮苗。苗木栽植初期，行间空隙大，可条播4~5垄紫花苜蓿。

取土场地形及水土保持措施典型设计见图6-8，植物措施工程量见表6-11。

取土场水土保持植物措施工程 表6-11

措施名称	规格(m×m)	单位	数量	取土阶段
种植紫穗槐	1.0×1.5	100株	17.48	取土后
种植爬地柏	1.0×1.5	100株	17.48	
种植侧柏	2.0×3.0	100株	113.97	
种植刺槐	2.0×3.0	100株	113.97	
行间播种紫花苜蓿	行间条播5垄	hm^2	11.98	

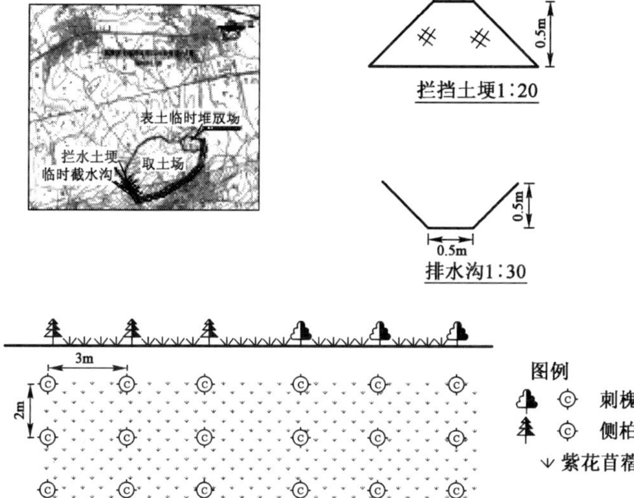

图6-8 取土场地形及水土保持措施典型设计图

二、弃土(渣)场综合防治技术

弃土(渣)场采用拦渣工程、截排水工程、渣面整治、弃土(渣)场坡面植被恢复工程等措施，对其进行综合防护及生态恢复。

1. 拦渣工程

1）挡土(渣)墙设计的一般规定

(1）挡土(渣)墙设计要求

①墙址及走向选择的规定：

a. 沿弃土、弃石、弃渣坡脚或相对较高的坡面上布置挡土(渣)墙，有效降低挡渣墙的高度。地基应为新鲜不易风化的岩石或密实土层。

b. 挡土(渣)墙沿线地基土层中的含水率和密度应均匀单一，避免地基不均匀沉陷引起墙基和墙体断裂等形式的变形。

c. 挡土(渣)墙的长度应尽量与水流方向一致，避免截断沟谷和水流。若无法避免则应修建排水建筑物。

d. 挡土(渣)墙线应尽量顺直，转折处采用平滑曲线连接。

②渣体及上方与周边来水处理：

a. 当挡土(渣)墙及渣体上游集流面积较小，坡面径流或洪水对渣体及挡土(渣)墙冲刷较轻时，可采取排洪渠、暗管、导洪堤等排洪工程，将洪水排泄至挡土(渣)墙下游。

b. 排洪渠、暗管、涵洞、导洪堤等排洪工程设计与施工技术要求参照现行《开发建设项目水土保持技术规范》(SL 204—98) 附录C确定。

c. 当挡土(渣)墙及渣体上游集流面积较大，坡面径流或洪水对渣体及挡土(渣)墙造成较大冲刷时，应采取引洪渠、拦洪坝等蓄洪引洪工程，将洪水排泄至挡渣墙下游或拦蓄在坝内有控制地下泄。引洪渠、拦洪坝等工程设计与施工技术要求参照现行《开发建设项目水土保持技术规范》(SL 204—98)附录C确定。

(2) 墙型选择

①总体要求：挡土(渣)墙按结构形式分为重力式、悬臂式和扶臂式三种形式。根据拦渣数量、渣体岩性、地形地质条件、建筑材料等因素选择确定墙形。选择墙形应在防止水土流失、保证墙体安全的基础上，按照经济、可靠、合理、美观的原则，进行多种设计方案分析比较，选择确定最佳墙型。

②重力式挡土(渣)墙：重力式挡土(渣)墙用浆砌块石砌筑或混凝土浇筑而成，依靠自重与基底摩擦力维持墙身的稳定。适用于墙高小于5m，地基土质较好的情况。重力式挡渣墙构造由墙背、墙面、墙顶、护栏等组成。

a. 墙背：重力式挡土(渣)墙墙背有仰斜式、垂直式、俯斜式、凸形折线、衡重式等形式（图6-9）。仰斜式墙背通体与渣体边坡贴合，所受土压力小，开挖回填量较小，故墙身断面面积小。但在设计与施工中，应注意仰斜墙背的坡度不得缓于1:0.3，以便于施工。在地面横坡陡峻，俯斜式挡渣墙墙背所受的土压力较大时，俯斜式挡土(渣)墙采用陡直墙面，以减小墙高。俯斜墙背可砌筑成台阶形，从而增加墙背与渣体间的摩擦力。垂直墙背介于两者之间。凸形折线墙背是仰斜式挡渣墙，上部墙背改为俯斜形，以减小上部断面尺寸，多用于较长斜坡坡脚地段的陡坎处，如路堑。衡重式挡渣墙上下墙之间设置衡重台，采用陡直的墙面，适用于山区地形陡峻处的边坡，上墙俯斜墙背的坡度1:0.25～1:0.45，下墙仰斜墙背坡度1:0.25，上下墙高之比采用2:3。

b. 墙面：一般墙面均为平面，其坡度与墙背协调一致，墙面坡度直接影响挡渣墙的高度。因此，在地面横坡较陡时，墙面坡度一般为1∶0.05～1∶0.2；矮墙采用陡直墙面，地面平缓时一般采用1∶0.2～1∶0.35。

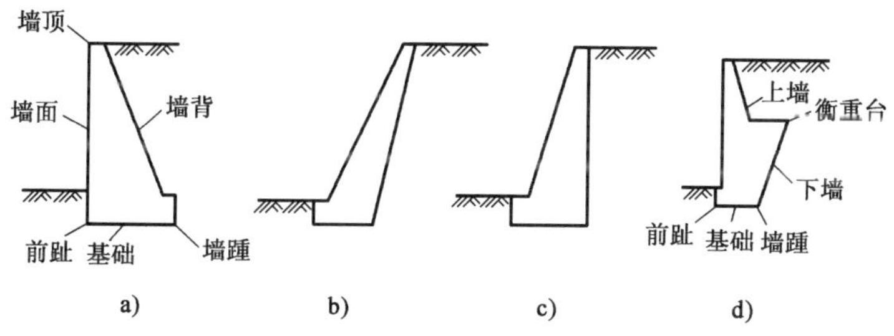

图6-9　重力式挡墙墙背类型

a）俯斜式；b）仰斜式；c）直立式；d）衡重式

c．墙顶：浆砌块石挡墙墙顶宽不小于0.5m，另需砌筑厚度≥0.4m的顶帽，若不砌筑顶帽，墙顶应以大块石砌筑，并用砂浆勾缝。

d．护栏：在交通要道、地势陡峻地段的挡渣墙应设置护栏。

③悬臂式挡渣墙：当墙高超过5m，地基土质较差，当地石料缺乏，在堆渣体下游有重要工程时，采用悬臂式钢筋混凝土挡渣墙。悬臂式挡渣墙由立壁、底板组成，具有三个悬壁，即立壁、趾板和踵板（图6-10）。其特点是：主要依靠踵板上的填土质量维持结构稳定性，墙身断面面积小，自重轻，节省材料，适用于墙身较高的情况。

④扶壁式挡渣墙：适用于防护要求高、墙高大于10m的情况。扶壁式挡渣墙的主体是悬壁式挡渣墙，沿墙长度方向每隔0.8～1.0m布置一与墙高等高的扶壁，以保持挡渣墙的整体性，增加挡渣量。墙体为钢筋混凝土结构（图6-11）。扶壁式挡渣墙在维持结构稳定、断面面积等方面与悬臂式挡渣墙基本相似。

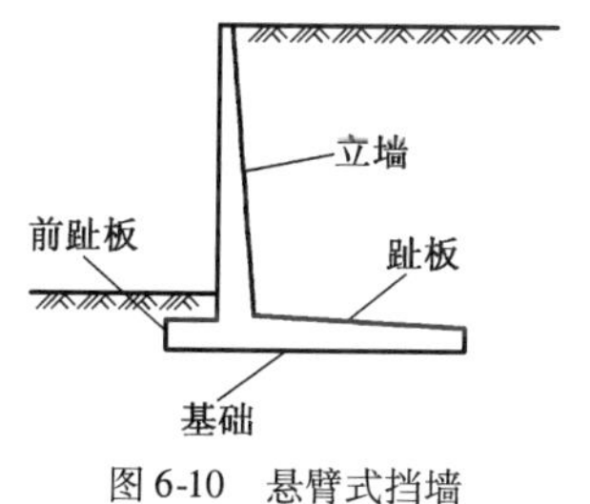

图6-10　悬臂式挡墙

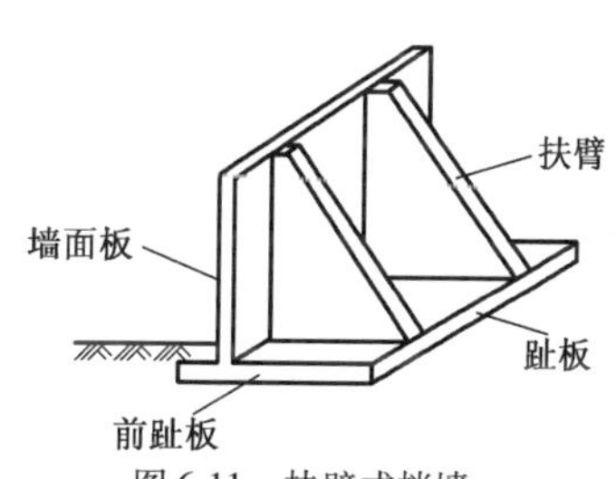

图6-11　扶壁式挡墙

2）土压力计算

（1）土压力选用

由于挡土墙的阻挡，迫使墙后填土保持稳定，而填土对挡土墙的墙背产生一种压力，该压力称之为土压力。根据墙身的位移以及墙后填土所处的应力状态，土压力可分为静止土压力、主动土压力、被动土压力三种。

静止土压力：若挡土墙静止不动，墙后填土将处于弹性平衡状态，此时墙背土压力称为静止土压力。

主动土压力：当挡土墙向前发生移动，使墙后填土的应力达到主动极限平衡状态时，作用于墙背上的土压力称为主动土压力。

被动土压力：当挡土墙向后发生移动，使墙后填土的应力达到主动极限平衡状态时，作用于墙背上的土压力称为被动土压力。

在实际工作中，挡土墙上的土压力很少按静止土压力计算的。这是由于完全静止或不变形的挡土墙在实际上并不存在。根据试验研究，当挡土墙向前移动的位移量达到墙高的1‰～3‰时，墙后填土即可达到主动极限平衡状态。对于这样的位移量，在实际工作中是可能产生的。因此，对于挡土墙的土压力，一般均应按主动土压力计算。而被动极限平衡状态的到达，一般要在墙向填土方向的位移量达到墙高的2%～5%左右才能出现，这样大的位移量在实际工程中是不可能也不允许出现的。因此，挡土墙上的土压力一般不按被动土压力计算。

（2）朗肯土压力理论

①朗肯土压力理论是以半无限弹性体内的应力状态并结合极限平衡条件来推导土压力计算公式的。

②假设条件：墙背垂直而且光滑、填土表面水平并延伸至无穷远。

③主动土压力计算公式

a. 无黏性土的主动土压力：

$$P_a = (1/2)\gamma H^2 K_a \tag{6-4}$$

式中：主动土压力系数 $K_a = \tan^2(45° - \varphi/2)$

γ——填土重度；

H——墙高；

φ——土的内摩擦角。

b. 黏性土的主动土压力：

$$P_a = (1/2)\gamma(H - z_0)^2 K_a \tag{6-5}$$

式中：$z_0 = 2C/\gamma K_a^{1/2}$

C——土的凝聚力。

其他符号意义同上。

（3）库伦土压力理论

①假定条件：墙背与填土之间有摩擦力，并且墙背与填土表面均可以是任意倾斜的平面。

②主动土压力计算公式：

$$P_a = (1/2)\gamma H^2 K_a \tag{6-6}$$

式中：K_a——主动土压力系数，K_a 是 ε、a、φ 和 φ_0 的函数，一般情况下可查表获得；

$$K_a = \cos^2(\varphi - \varepsilon)/\cos^2\varepsilon \cdot \cos(\varepsilon + \varphi_0)\{1 + [\sin(\varphi + \varphi_0)$$

$$\sin(\varphi - a)]/[\cos(\varepsilon + \varphi_0)\cos(\varepsilon - a)]^{1/2}\}^2$$

ε——墙背面与竖直面的倾角；

a——填土面与竖直面的倾角；

φ——填土的内摩擦角；

φ_0——墙背面与填土之间的摩擦角，可参考下列数据。

仰斜的混凝土墙或砌体墙背　$\varphi_0 = 1/2\varphi \sim 2/3\varphi$；

竖直的混凝土墙或砌体墙背　$\varphi_0 = 1/3\varphi \sim 1/2\varphi$；

阶梯形墙背　$\varphi_0 = 2/3\varphi$；

俯斜的混凝土墙或砌体墙背　$\varphi_0 = (1/3)\varphi$。

3）挡土(渣)墙设计

（1）挡土(渣)墙设计要求

①抗滑稳定系数 $K_c \geq 1.3$；

②抗倾覆稳定系数 $K_0 \geq 1.5$；

③偏心距 e，土质地基 $e \leq B/6$；岩石地基 $e \leq B/4$。

（2）挡土(渣)墙断面的试算轮廓尺寸挡土墙断面的设计轮廓尺寸见图 6-12。

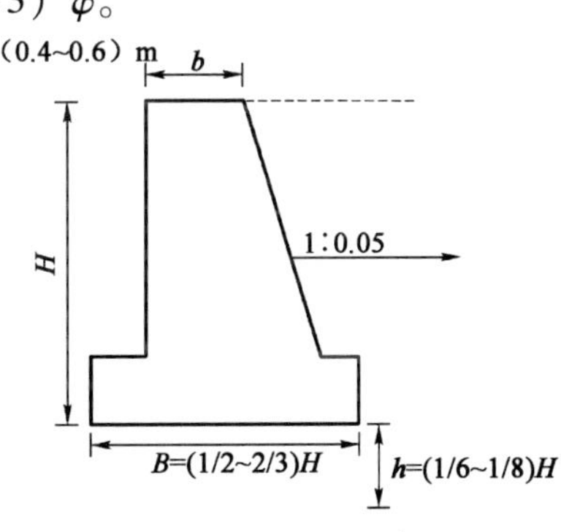

图 6-12　挡土墙断面的轮廓与尺寸

（3）稳定计算

①抗滑稳定系数 K_c：

$$K_c = (W + F_{垂})f/F_{水} \tag{6-7}$$

式中：W——墙体自重；

$F_{垂}$——主动土压力的垂直分力；

$F_{水}$——主动土压力的水平分力；

f——地基摩擦系数。

②抗倾覆稳定系数 K_0：

$$K_0 = (WZ_W + F_{垂} Z_{垂})/F_{水} Z_{水} \tag{6-8}$$

式中：Z_W——W 的力臂；

$Z_{垂}$——主动土压力的垂直分力的力臂；

$Z_{水}$——主动土压力的水平分力的力臂。

（4）基底合力的偏心距和地基承载力计算

①地基合力的偏心距 e：

$$e = B/2 - (WZ_W + F_{垂} Z_{垂} - F_{水} Z_{水})/(W + F_{垂}) \tag{6-9}$$

②地基承载力计算：

当 $e \leqslant B/6$ 时，地基应力 $\sigma_{1,2} = (W + F_{垂})/B(1 \pm \sigma e/B) \leqslant [\sigma]$ (6-10)

（5）基础处理及其他

①基础埋置深度：根据地质条件确定基础埋置深度，一般应在冻土层深度以下，且不小于0.25m。当地质条件复杂时，通过挖探或钻探确定基础埋置深度。埋置最小深度见表6-12。

重力式挡渣墙基础最小埋置深度 表6-12

地层类别	埋入深度（m）	距斜坡地面水平距离(m)
较完整的硬质岩层	0.25	0.25～0.5
一般硬质岩层	0.6	0.6～1.5
软质岩层	1.0	1.0～2.0
土层	≥1.0	1.5～2.5

②伸缩沉陷缝：根据地形地质条件、气候条件、墙高及断面尺寸等，设置伸缩缝和沉陷缝，防止因地基不均匀沉陷和温度变化引起墙体裂缝。设计和施工时，一般将两者合并设置，沿墙线方向每隔10～15m设置一道缝宽2～3cm的伸缩沉陷缝，缝内填塞沥青麻絮、沥青木板、胶泥或其他止水材料。

③清基：施工过程中必须将基础范围内风化严重的岩石、杂草、树根、表层腐殖土、淤泥等杂物清除。基底应开挖成1% ~2%的倒坡，以增加基底摩擦力。

④墙后排水：当墙后水位较高时，为将渣体中出露的地下水以及由降水形成的渗透水流及时排除，有效降低墙后水位，减小墙身水压力，增加墙体稳定性，应设置排水孔等排水设施。排水孔径5 ~10cm，间距2 ~3m，排水孔出口应高于墙前水位。排水孔的设计参照现行《水工挡土墙设计规范》（SL 379—2007）确定。

2. 截排水工程

1）排水沟尺寸的确定原则

（1）明确采用的设计标准。

（2）选择适当的断面形式。

（3）选择适用的材料。

（4）选择适合当地条件的底坡降。

（5）断面尺寸的初定。

（6）断面的合理性分析(水深、流速、超高等）。

（7）排水沟纵断面的确定(从地形图上量取并留有余量，应将水送到天然沟道)。

（8）应满足施工的要求。

（9）应符合规范中对截排水沟设计的一般规定。

2）设计标准的采用

（1）防洪标准

弃土(渣)场区域的截排水设施可按现行《灌溉与排水工程设计规范》(GB 50299—99)确定，见表6-13。

灌溉排水渠道设计防洪标准　　表6-13

建筑物级别	一	二	三	四	五
防洪标准(重现期 *a*)	100 ~50	50 ~30	30 ~20	20 ~10	10

（2）设计流量的确定

①清水洪峰流量。根据各地水文手册中有关参数按下式计算：

$$Q_B = 0.278kiF \tag{6-11}$$

式中：Q_B——最大清水流量，m^3/s；

k——径流系数(取0.65~0.7);

i——设计频率的平均1h降雨强度，mm/h;

F——山坡集水面积，km^2。

②高含沙洪峰流量，洪水重度1.1~1.5t/m^3，采用下式计算：

$$Q_S = Q_B(1 + \phi) \tag{6-12}$$

式中：Q_S——高含沙洪水洪峰流量，m^3/s;

Q_B——最大清水流量，m^3/s;

ϕ——修正系数。

$$\phi = (\gamma_C - 1)/(\gamma_h - \gamma_C)$$

γ_C——高含沙洪水重度;

γ_h——高含沙洪水中固体物质重度。

3）截排水沟断面设计

（1）断面形式的选择

设计流量确定以后，就应根据地形和地质情况确定断面形式，常用的断面形式有梯形和矩形等。

（2）蓄水型截水沟断面设计

①每道截水沟的容量(V)按下式计算：

$$V = V_W + V_S \tag{6-13}$$

式中：V——截水沟容量，m^3;

V_W——一次暴雨径流量，m^3;

V_S——1~3年土壤侵蚀量，m^3。

V_S的计量单位，根据各地土壤的重度，由吨折算为m^3(下同)。

②V_W和V_S值计算：

$$V_W = M_W \times F \tag{6-14}$$

$$V_S = 3M_S \times F \tag{6-15}$$

式中：F——截水沟的集水面积，hm^2;

M_W——一次暴雨径流模数，m^3/hm^2;

M_S——一年土壤侵蚀模数，m^3/hm^2。

据V值计算截水沟断面面积(A_1)：

$$A_1 = V/L$$

式中：A_1——截水沟断面面积，m^2;

L——截水沟长度，m。

③截水沟断面要素的确定：截水沟由半挖半填作成梯形断面，其断面要素、常用数值，如表 6-14 所示。

截水沟断面要素常用数值 表 6-14

沟底宽 B_d（m）	沟底宽 H（m）	内坡比 m	外坡比 m
0.3～0.5	0.4～0.5	1:1	1:1.5

（3）排水型截水沟断面设计

排水型截水沟断面设计有两种情况，分别采取不同断面进行设计。

①多蓄少排型：暴雨产生的坡面流大部蓄于沟中，只排除不能容蓄的小部分。断面尺寸基本上参照蓄水型截水沟，沟底应取 1% 左右的比降。

②少蓄多排型：暴雨产生的坡面径流小部排于沟中，大部分排入蓄水池。断面尺寸基本上参照排水沟的断面设计，同时应取 2% 左右的比降。

（4）材料的选择

断面形式确定后，还要根据当地的建筑材料情况确定采用的材料，并依照材料的类型确定渠床的糙率。

（5）底坡降的选择

渠道的底坡降一般是由渠道的大小并结合地形条件确定。

（6）断面尺寸的初步确定

①渠道断面计算一般按照明渠均匀流公式进行：

$$A = \frac{Q}{C\sqrt{Ri}} \tag{6-16}$$

式中：A——排水沟断面面积，m^2；

Q——设计坡面最大径流量，m^3/s；

C——谢才系数；

R——水力半径，m；

i——排水沟比降。

②Q 值的计算：

$$Q = \frac{F}{6}(I_r - I_p) \tag{6-17}$$

式中：Q——设计最大流量，m^3/s；

I_r——设计频率 10min 最大降雨强度，mm/min；

I_p——相应时段土壤平均入渗强度，mm/min；

F——坡面汇水面积，hm^2。

③R 值的计算：

$$R = A/x \tag{6-18}$$

式中：R——水力半径，m；

A——排水沟断面面积，m^2；

x——排水沟断面湿周，m。

④C 值的计算：

$$C = \frac{1}{n}R^{1/6} \tag{6-19}$$

式中：n——糙率，土质排水沟一般取 0.025 左右。

断面尺寸的确定包括渠道断面的边坡系数 m、渠道底宽 b 和渠中水深 h。在渠道底坡 i、渠床糙率 n 和断面形状确定的情况下，水力计算的任务就是确定通过设计流量的断面尺寸——底宽 b 和水深 h。一般可分为以下三种情况计算：

a. 已知渠道的设计流量 Q、底坡 i、水深 h、边坡系数 m 和糙率 n，求设计底宽 b 。

b. 已知渠道的设计流量 Q、底坡 i、底宽 b、边坡系数 m 和糙率 n，求设计水深 h。

c. 已知渠道的设计流量 Q、底坡 i、边坡系数 m、糙率 n 和渠道宽深比 $\beta = b/h$，求设计水深 h 和渠道底宽 b。

（7）断面合理性分析

通过水力计算确定了过水断面尺寸后，需根据安全超高的规定，增加安全超高，还要考虑施工最小断面和材料的要求，调整设计断面。

①安全超高：排水渠道的安全超高一般不小于 20cm。

②施工最小断面的要求：例如，有的临时土质排水沟经计算，过水断面底宽只需 15cm 即可，但考虑施工的需要，其底宽至少应为 20cm 以上，可根据施工需要确定其底宽为 20cm。

③考虑材料的要求：根据渠床的情况确定采用的衬砌材料，有的需要加设碎石垫层。

（8）纵断面的确定

纵断面确定得合理与否，直接影响工程量计算的准确性，应从

1/10 000（或更大比例）的地形图上量取纵断面，并应留有一定余量。要注意陡坡、消力池及衔接段的布设，要将水流送到原有沟道当中去。

4）消能设施设计

（1）陡坡、跌水设置的一般规定

①排水沟经过陡峻的地段时，可设置跌水或陡坡。

②跌水或陡坡形式应根据跌差和地形、地质等条件确定。跌差小于 5m 时，可采用单级跌水或单级陡坡；跌差大于 5m 时，采用单级跌水或单级陡坡不经济时，可采用多级跌水或多级陡坡。

③跌口前应设与上游排水沟连接的收缩段或扩散段，其长度 L_e 应根据排水沟上游底宽 B 和水深 h 的比值确定。B/h 小于 2 时，L_e 可取 $2.5h$；B/h 等于 2～2.5 时，L_e 可取 $3h$；B/h 大于 2.5 时，L_e 可取 $3.5h$。收缩段或扩散段底部边线与排水沟中心线的夹角不宜大于 45°。

④多级跌水可按水面落差相等或台阶跌差相等的原则分级，每级高度不宜大于 5m。

⑤陡坡宜采用等底宽式；受地质或其他条件限制时，可采用陡槽末端底部扩散或收缩的变底宽式；跌差为 2.5～5m，采用变底宽式陡坡消能效果不佳时，也可采用陡槽上段底部扩散、下段底部收缩的菱形陡坡。陡槽底部扩散角宜取 5°～7°，收缩角宜取 10°～15°。

⑥陡槽槽底坡降可取 1/2.5～1/5，但陡坡倾角必须小于或等于地基土壤的内摩擦角。

⑦陡槽横断面宜采用矩形，陡槽边墙较高时可采用梯形。梯形横断面边坡坡度应陡于 1:1。

陡坡消力池可采用等底宽式或逐渐扩散的变底宽式，横断面可采用矩形、梯形或折线形。

⑧陡坡坡度较大、陡槽内流速大于 10m/s 时，陡槽边墙高度的确定应考虑掺气对水深的影响。

（2）消能设施的水力计算

在小型工程中底流式消能是最常见的消能措施，对其计算要分步骤进行：

①判别建筑物下游的水流衔接情况，是否能形成淹没水跃，能形成则无需建消能设施；若形不成淹没水跃，则需要采取消能措施。

②对需建消能设施的，再通过水力计算确定消力池的形式（降低护坦

式、设置消力坎式）和尺寸（消力池深或消力坎高和池长）。

③单级跌水过水能力可按下列公式计算：

跌口为矩形或台堰形时，

$$Q = mb_c\sqrt{2g}H_0^{3/2} \tag{6-20}$$

跌口为梯形时，

$$Q = \varepsilon m_1[b_{CB} + 0.8m_{CB}H_0]\sqrt{2g}H_0^{3/2} \tag{6-21}$$

进口为扭曲面连接时，

$$m = 0.474 - 0.018b_c/H_0 \tag{6-22}$$

进口为八字墙连接时，

$$m = 0.470 - 0.017b_c/H_0 \tag{6-23}$$

进口为横隔墙连接时，

$$m = 0.402 - 0.008b_c/H_0 \tag{6-24}$$

$$H_0 = h + \frac{\alpha v_1^{\ 2}}{2g}$$

$$m_1 = 0.508 - 0.034(b_{CB} + 0.8m_{CB}H_0)/h_1$$

式中：Q——单级跌水设计流量，m^3/s；

m——矩形或台堰形跌口流量系数；

b_c——矩形或台堰形跌口宽度；

g——重力加速度，m/s^2；

H_0——计及堰前流速水头的堰上水头，m；

ε——边界收缩系数，可取1.0；

m_1——梯形跌口流量系数，当上游渠道系数 $m_0 = 0.25 \sim 1.0$，连接段长度 $L_1 \geq 3h_{max}$（上游渠道最大水深）时，按式 $m_1 = 0.508 - 0.034(b_{CB} + 0.8m_{CB}H_0)/h_1$ 计算；

b_{CB}——梯形跌口底宽，m；

m_{CB}——梯形跌口边坡系数；

h_1——堰前渠道水深，m；

α——流速分布系数，可取1.05～1.10；

v_1——堰前渠道断面平均流速，m/s。

④单级跌水的消力池宽度可按下列公式计算：

单一跌口为矩形或台堰形时，

$$b_S = 0.1L_1 + b_c \tag{6-25}$$

单一跌口为梯形时，

$$b_S = 0.1L_1 + b_{CB} + 0.8m_{CB}H_0 \tag{6-26}$$

$$L_1 = 1.64\sqrt{H_0(P + 0.24H_0)}$$

式中：b_S——消力池宽度，m；

L_1——水舌抛射长度，m；

P——水流跌差，m。

其余符号意义同前。

⑤有多个跌口时，应计入跌口之间的隔墩厚度。单级跌水消力池宽度可按下列公式计算：

多个跌口为矩形或台堰形时，

$$b_S = 0.1L_1 + nb_c + (n-1)b_g \tag{6-27}$$

多个跌口为梯形时，

$$b_S = 0.1L_1 + n(b_{CB} + 0.8m_{CB}H_0) + (n-1)b_g \tag{6-28}$$

式中：n——跌口个数；

b_g——隔墩厚度，m。

⑥单级跌水的消力池长度可按下列公式计算：

$$L_g = L_1 + (3.2 \sim 4.3)h_c'' \tag{6-29}$$

$$h_c'' = 0.5h_c''\left[\sqrt{1 + 8\alpha q^2/gh_c'^3} - 1\right]$$

$$h_c' = q/\varphi\sqrt{2gZ_0}$$

单一跌口为矩形或台堰形时，

$$q = Q/b_c$$

单一跌口为梯形时，

$$q = Q/(b_{CB} + 0.8m_{CB}H_0)$$

多个跌口为矩形或台堰形时，

$$q = Q/nb_c$$

多个跌口为梯形时，

$$q = Q/n\ (b_{CB} + 0.8m_{CB}H_0)$$

式中：L_g——消力池长度，m；

L_1——消力池斜坡段投影长度，m；

h_c''——水跃跃后共轭水深，m；

h_c'——水舌跌落处的收缩断面水深，m，消力池断面为矩形时按公式 $q = Q/n(b_{CB} + 0.8m_{CB}H_0)$ 计算；

q——水舌跌落处的单宽流量，$m^3/s \cdot m$；

φ——流速系数，可取0.9～0.95；

Z_0——计及流速水头的上、下游水位差。

⑦单级跌水的消力池深度可按下式计算：

$$d_S \geqslant (1.10 \sim 1.15)h_c'' - h_S \tag{6-30}$$

式中：d_S——消力池深度，m；

h_S——池后渠道水深，m。

⑧单级等底宽陡坡过水能力可按以下公式计算：

$$Q = mb_d\sqrt{2g}H_0^{3/2} \tag{6-31}$$

⑨单级等底宽陡坡采用矩形断面消力池时，消力池宽度即陡坡底宽 b_d，消力池长度 $L_d = 4.5h_c'$，消力池深度 $d_d \geqslant (1.10 \sim 1.15)h_c'' - h_S$；单级等底宽陡坡采用梯形断面消力池，且进口水流跌差 $P \leqslant 20$m 时，水跃共轭水深应分别按下列公式计算：

$$h_c' = 0.385Pq'^{4/3}/\varphi' E_0^2 \tag{6-32}$$

$$h_c'' = [1.741g(\varphi' E_0/q'^{2/3}) + 0.28]h_c'$$

$$\varphi' = 0.832(m'q'^{2/3}/P)^{0.1}$$

$$E_0 = P + h_{CB} + v_{CB}^2/2g$$

式中：h_c'——陡槽末端的收缩断面水深，m；

h_c''——水跃跃后共轭水深，m；

P——进口水流跌差，m；

q'——陡槽末端的单宽流量，$m^3/s \cdot m$；

φ'——流速系数；

E_0——消力池进口控制断面处于下游渠道底的总能头，m；

m'——消力池进口控制断面处边坡系数；

h_{CB}——消力池进口控制断面处水深，m；

v_{CB}——消力池进口控制断面处流速，m/s。

$m'q'^{2/3}/P = 6$ 时，$\varphi' \approx 1.0$，消力池长度 $L_d = (6 \sim 7)h_c''$；消力池深度 $d_d \geqslant (1.10 \sim 1.15)h_c'' - h_S$。

⑩单级跌水或单级等底宽陡坡增设分流墩、消级墩、尾槛等辅助消能工的消力池，其长度可缩短20%～30%，其深度仍按无辅助消能工的消力池深度采用。单级跌水设计图见图6-13。

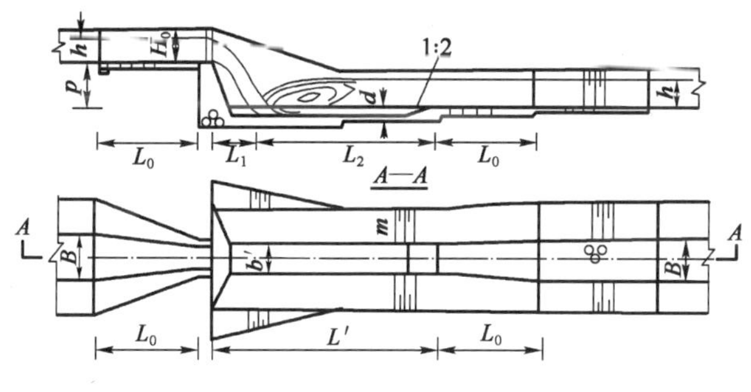

图6-13 单级跌水设计图

（3）陡坡跌水的构造要求

①陡槽应每隔5～20m设一道伸缩缝，伸缩缝处底板下应设齿墙，缝内应设防渗止水材料。

②跌水消力池、陡坡陡槽的消力池的侧墙（边墙）后以及底板下有较大的渗透压力时，在底板下和侧墙（边墙）的后半部位均应设排水设施。

③跌水与陡坡的消力池出口处均应设1∶3～1∶5的仰坡，并采用连接段和整流段与下游排水沟连接。连接段边墙的收缩角宜为20°～40°；整流段长度不应小于下游排水沟水深的3倍，其断面应与下游排水沟断面一致。

3. 弃土（渣）场坡面植被恢复工程

1）立地条件分析评价

立地条件是指待恢复植被场所所有与植被生长发育有关的环境因子的综合。包括气候条件（太阳辐射、日照时数、无霜期、年气温、年降水量、年蒸发量、风向和风速等），地形条件（海拔高度、坡向、坡度、坡位、坡型等）和地表组成物质的性质（粒级、结构、水分、养分、温度、酸碱度、毒性物质等）。立地条件的分析与评价，可为植物生长限制性因子的克服和制订相应的措施提供科学依据。公路建设项目弃土（渣）场形成过程中常常彻底扰动原地表形态和地面物质组成，带来比原地貌立地条件更加恶劣、限制性因子更加复杂化的问题。因此，进行植被恢复难度大、技术性强，要求对立地条件分析要比原地貌的更具体和更具针对性。因此，在弃渣场植被恢复方案设计之前，必须注重植被恢复场所的立地条件分析评价，这已成为公路建设项目弃土(渣)场植被恢复技术的重要组成部分。

2）植物种选择

植物种选择是弃土(渣)场坡面植被恢复技术的关键环节，要从生态适应性、和谐性、抗逆性和自我维持性等方面选择适合于当地生长的植物种。

(1) 生态适应性

用于公路建设项目弃土(渣)场植被恢复的植物种要具有生态适应性。主要是指植物品种的生物学、生态学特性适应于自然环境。用于公路建设项目弃土(渣)场植被恢复的植物应为当地的乡土植物或适应当地气候、土壤特征的外来植物品种，只有该植物种对当地的气候、土壤能够适应才能在项目区顺利成活，并健康生长，最终形成稳定的植物群落，达到植被恢复的目的。因此，植物的生态适应性是衡量一个植物种是否适宜于弃土(渣)场植被恢复的重要指标。

(2) 和谐性

所选择的植物品种应该与项目区周边的植被群落和谐统一，在群落形态、植物品种构成等方面和周围的植物群落相近；在水文效应、护坡固土、生态恢复等功能上与周边植物群落相一致。在植被破坏区域进行植被修复后，形成的植被群落尽可能与周边生态环境相协调，实现生态和谐的目标。

(3) 抗逆性和自我维持性

由于弃土(渣)场弃土（渣）堆放过程中人为破坏原地表的区域，一般立地条件相对比较恶劣，根据项目区的具体情况，要求植物品种要具有一定的抗旱性、抗寒性、耐瘠薄、耐高温等特性，只有具有一定抗逆性的植物在后期无人为养护的条件下，才能够实现自我维持，具有较强的生命力。因此，植物的抗逆性和自我维持性也是衡量一个植物种是否适宜于弃土(渣)场植被恢复的重要指标。

3）植物护坡工程技术

(1) 铺草皮护坡

铺草皮是较常用的一种护坡绿化技术，是将培育的生长优良的健壮的草坪，用平板铲或起草皮机铲起，运至需绿化的坡面，按照一定的大小规格重新铺植，使坡面迅速形成草坪的护坡绿化技术。

铺草皮护坡具有以下特点：成坪时间短；护坡功能见效快；施工季节限制少；前期管理难度大。

①适用条件：

a. 应用地区：各地区均可应用，但在干旱、半干旱地区应保证养护用水的持续供给。

b. 边坡状况：

类型，各类土质边坡均可应用。

坡率，一般不超过1∶1.0，局部可不陡于1∶0.75。

坡高，一般不超过10m。

稳定性，稳定坡面。

c. 施工季节：春季、夏季和秋季均可施工，适宜施工季节为春秋两季。

②施工方法：

铺草皮护坡施工工序为：平整坡面→准备草皮→铺草皮→前期养护。

a. 平整坡面：清除坡面所有石块及其他一切杂物，翻耕20~30cm，若土质不良，则需改良，增施有机肥，耙平坡面，形成草皮生长床，铺草皮前应轻镇1~2次坡面，将松软土层压实，并洒水润湿坡面，理想的铺草皮的土壤应湿润而不是潮湿。

b. 准备草皮：在草皮生产基地起草皮。起草皮前一天需浇水，一方面有利于起卷作业，同时也保证草皮卷中有足够的水分，不易破损，并防止在运输过程中失水。草皮切成长宽各为30cm×30cm大小的方块，或宽30cm、长2m的长条形，草皮块厚度为2~3cm。为保证土壤和草皮不破损，起出的草皮块放在用30cm×30cm的胶合板制成的托板上，装车至施工地。长条形的草皮可卷成地毯卷，装车运输。有条件的地方，起草皮可采用起草皮机进行起草皮，草皮块的质量将会大大提高，起草皮机作业，不仅速度快，而且所起的草皮厚度均一，容易铺装。

c. 铺草皮：铺草皮时，把运来的草皮块顺次平铺于坡面上，草皮块与块之间应保留5mm的间隙，以防止草皮块在运输途中失水干缩，遇水浸泡后出现边缘膨胀，块与块间的间隙填入细土。铺草皮时应尽量避免过分地伸展和撕裂。若是随起随铺的草皮块，则可紧密相接。铺好的草皮在每块草皮的四角用尖桩固定，尖桩为木质或竹质，长 20 ~ 30cm，粗 1 ~ 2cm。钉尖桩时，应使尖桩与坡面垂直，尖桩露出草皮表面不超过 2cm。待铺草皮告一段落时，要用木槌把草皮全面拍一遍，以使草皮与坡面密贴。在坡顶及坡边缘铺草皮时，草皮应嵌入坡面内，与边缘衔接处应平顺，以防止水流沿草皮与坡面间隙渗入使草皮下滑。草皮应铺过坡顶肩部 100cm 或铺至天沟，坡脚应采用砂浆抹面等作处理。

d. 前期养护：

洒水，草皮从铺装到适应坡面环境健壮生长期间都需及时进行洒水，每天都需洒水，每次的洒水量以保持土壤湿润为原则，每日洒水次数视土壤湿度而定，直至出苗成坪。

病虫害防治，当草苗发生病害时，应及时使用杀菌剂防治病害，常用的药剂有代森锰锌、多菌灵、百菌清、福美霜等。在使用杀菌剂时，应掌握适宜的喷洒浓度。为防止抗药菌丝的产生，使用杀菌剂时，可以用几种效果相似的杀菌剂交替或复合使用。对于常发生的虫害如地老虎、蝼蛄、蛴螬、草地螟虫、黏虫等，可以进行生物防治和药物相结合的防治方法。常用的杀虫剂是有机磷化合物杀虫剂。

追肥，为了保证草苗能茁壮地生长，在有条件的情况下，可根据草皮生长需要及时追肥。

（2）植生带护坡

植生带是采用专用机械设备，依据特定的生产工艺，把草种、肥料、保水剂等按一定的密度定植在可自然降解的无纺布或其他材料上，并经过机器的滚压和针刺的复合定位工序，形成的一定规格的产品。植生带护坡是一项新技术，在国外应用较早。我国 20 世纪 80 年代开始试制和应用，近年来，在我国开发建设项目坡面防护中得到广泛推广。

植生带护坡具有以下特点：植生带置草种与肥料于一体，播种施肥均匀，数量精确，草种、肥料不易移动；具有保水和避免水流冲失草种的性质；草种出苗率高、出苗整齐、建植成坪快；采用可自然降解的纸或无纺布等作为底布，与地表吸附作用强，腐烂后可转化为肥料；体积小、质量轻，便于储藏，可根据需要常年生产，生产速度快，产品成卷入库，储存容易，运输、搬运轻便灵活；施工省时、省工，操作简便，并可根据需要任意裁剪。

①适用条件：

a. 应用地区：各地区均可应用，但在干旱、半干旱地区应保证养护用水的持续供给。

b. 边坡状况：

类型，一般用于土质边坡。

坡率，常用坡率1:1.5～1:2.0，坡率超过1:2.5时，应结合其他方法使用。

坡高，一般不超过10m。

稳定性，稳定边坡。

c. 施工季节：一般施工应在春季和秋季进行，应尽量避免在暴雨季节施工。

②施工方法：植生带护坡施工工序为：平整坡面──→开挖沟槽──→铺植生带──→覆土、洒水──→前期养护。

a. 平整坡面：清除直面所有石块及其他一切杂物，全面翻耕坡面，深耕20～25cm，并施入有机肥，可用腐熟牛粪或羊粪等，用量为0.3～0.5kg/m^2，打碎土块，耧细耙平。若土质不良，则需改良，对黏性较大的土壤，可增施锯末、泥炭等改良其结构。

b. 开挖沟槽：在坡顶及坡底沿边坡走向开挖一矩形沟槽，沟宽20cm，沟深不少于10cm。坡面顶沟离坡面20cm，用以固定植生带。

c. 铺植生带：铺装植生带前，在耧细耙平的直面，再次用木板条刮平坡面，把植生带自然地平铺在坡面上，将植生带拉直、放平，但不要加外力强拉。植生带的接头处，应重叠5～10cm，植生带上下两端应置于矩形沟槽，并填土压实。

用U形钉固定植生带，钉长为20～40cm，松土用长钉，钉的间距一般为90～150cm（包括搭接处）。

d. 覆土洒水：在铺好的植生带上，将用直面筛准备好的细粒土均匀地覆盖其上，细粒土的覆盖厚度为0.3～0.5cm。

覆土完毕后，应及时洒水。第一次洒水一定要浇透，使植生带完全湿润。

e. 前期养护：

洒水，植生带从铺装到出苗以后的幼苗期，都需要进行洒水，每天都需洒水，每次的洒水量以保持土湿润为原则，每日洒水次数视土壤湿度而定，直至出苗成坪。在幼苗中期也要保持每天洒水一次，后期根据土壤湿度进行洒水。由于植生带上覆盖细土很薄，洒水时最好采用水滴细小的喷水设备，使洒水均匀，水的冲力减小。在草苗未出土前，如因洒水等原因露出植生带处，要及时补撒细土覆盖。

追肥，虽然植生带含有一定数量的肥料，但为了保证草苗能茁壮地生长，在有条件的情况下，可进行追肥。一般追肥二次，第一次追肥在草苗出苗后一个月左右，间隔 20d 再施第二次。追肥量为：第一次用尿素 $10g/m^2$,第二次用尿素 $15g/m^2$。用稀释水溶液喷洒，追肥后一定要用清水清洗叶面，以免烧伤幼苗。

覆土，植生带的幼苗茎都生长在边坡表面，而植生带铺装时覆土又很薄，为了有利于细菌匍匐多茎的扎根，可以在幼苗开始分蘖时，覆细粒土 0.5 ~ 1cm。

（3）液压喷播植草护坡

液压喷播植草护坡是国外近十多年新开发的一项机械化植草边坡防护技术，近年来，在我国开发建设项目坡面防护中得到推广应用。该技术是将草种、木纤维、保水剂、黏合剂、肥料、染色剂等与水的混合物通过专用喷播机喷射到边坡坡面而完成植草施工的护坡技术。

液压喷播植草护坡具有以下特点：施工简单、速度快；施工质量高，草籽喷播均匀、发芽快，整齐一致；防护效果好，正常情况下，喷播一个月后坡面植被覆盖率可达 70% 以上，两个月后形成防护功能；适用性广，工程造价低。

①适用条件：

a. 应用地区：各地区均可应用，但在干旱、半干旱地区应保证养护用水的持续供给。

b. 边坡状况：

类型，一般用于土质边坡。

坡率，常用坡率 1∶1.5 ~ 1∶2.0，坡率超过 1∶2.5 时，应结合其他方法使用。

坡高，一般不超过 10m。

稳定性，稳定边坡。

c. 施工季节：一般施工应在春季和秋季进行，应尽量避免在暴雨季节施工。

②施工方法：液压喷播植草护坡施工工序为：平整坡面──→排水设施施工──→喷播施工──→盖无纺布──→前期养护。

a. 平整坡面：交验后的坡面，采用人工细致整平，清除所有的岩石、碎泥块、植物、垃圾。对路堤填土土质条件差、不利于草种生长的坡面采用回填改良客土，回填客土厚度为 50 ~ 70cm，并用水润湿，让坡面自然沉降至稳定。若 pH 值不适宜，尚需改良其酸碱度，一般改良土壤 pH 值应于播种前一个月进行，以增加改良效果。

b. 排水设施施工：边坡排水系统的设置是否合理和完善，直接影响边坡植草的生长环境。对于长大边坡，坡顶、坡脚及平台均需设置排水沟，并应根据坡面水流量的大小，考虑是否设置坡面排水沟。一般坡面排水沟横向间距为 40 ~ 50m。

c. 喷播施工：按设计比例配合草种、木纤维、保水剂、黏合剂、肥料、染色剂及水的混合物料，并通过喷播机均匀喷射于坡面。

d. 盖无纺布：雨季施工，为使草种免受雨水冲失，并实现保温保湿，应加盖无纺布，促进草种的发芽生长。也可采用稻草、秸秆纺织席覆盖。

e. 前期养护：

洒水养护，用高压喷雾器使养护水成雾状均匀地湿润直面，注意控制好喷头与直面的距离和移动速度，保证无高压射流水冲击直面形成径流。养护期限视坡面植被生长状况而定，一般不少于 45d。

病虫害防治，应定期喷广谱药剂，及时预防各种病虫害的发生。

追肥，应根据植物生长需要及时追肥。

及时补播，草种发芽后，应及时对稀疏无草区进行补播。

（4）三维植被网护坡

三维植被网护坡是指利用活性植物并结合土工合成材料等工程材料，在坡面构建一个具有自身生长能力的防护系统，通过植物的生长对边坡进行加固的一门新技术，可以根据边坡地形、土质和区域气候特点，在边坡表面覆盖一层土工合成材料，并按一定的配比组合与间距种植多种植物。

三维植被网护坡具有以下特点：固土性能优良；消能作用明显；网络加筋突出；保温功能良好。

①适用条件：

a. 应用地区：各地区均可应用，但在干旱、半干旱地区应保证养护用水的持续供给。

b. 边坡状况：

类型，各类土质边坡均可应用，土石混合边坡经处理后可用。

坡率，常用坡率1∶1.5，一般都超过1∶1.0，坡率大于1∶1.0时慎用。

坡高，每级高度不超过10m。

稳定性，稳定边坡。

c. 施工季节：一般施工应在春季和秋季进行，应尽量避免在暴雨季节施工。

②施工方法：三维植被网护坡施工工序为：准备工作——→铺网——→覆土——→播种——→前期养护。

a. 准备工作：

平整坡面。为保证三维植被网与坡面的紧密结合，交验后的坡面，采用人工细致整平，清除所有的岩石、碎泥块、植物、垃圾和其他可能引起网在地面被顶起的阻碍物。

客土改良。对与弃土(渣)场土质条件差，不利于草种生长的坡面，采用回填改良客土，回填客土厚度为50～70mm，并用水润湿让坡面自然沉降至稳定。若pH值不适宜，尚需改良其酸碱度。一般改良土壤pH值应于播种前一个月进行，以增加改良效果。

开挖沟槽。在坡顶及坡底沿边坡走向开挖一矩形沟槽，沟宽30cm，沟深不少于20cm。坡面顶沟离坡面30cm，用以固定三维植被网。

排水设施。三维植被网护坡作为一种浅层护坡的措施来讲，能否最终发挥出效果，受很多因素的制约。而边坡排水系统的设置是否合理和完善，直接影响边坡植草的生长环境。对于长大边坡，坡顶、坡脚及平台均需设置排水沟，并应根据坡面水流量的大小，考虑是否设置坡面排水沟。一般坡面排水沟横向间距为40～50m。

b. 铺网工作：

铺网。三维网的剪裁长度比坡面长130cm，顺坡铺设。铺网时，应让网尽量与坡面贴附紧实，防止悬空。铺设时，应使网保持平整，不产生褶皱，网之间要重叠搭接，搭接宽度10cm。

固定。建设采用U形钉或聚乙烯塑料钉，也可用钢钉，但需配以垫圈。钉长为20～45cm，松土用长钉。钉的间距一般为90～150cm（包括搭接处），在沟槽内也应按约75cm的间距设钉。

c. 覆土工作：

覆土组成。覆土以肥沃表土为宜，对于瘠薄土应填有机肥、泥炭、化肥等提高其肥力。

覆土。为保证覆土充满网包，且不压包，应分层多次填土，且洒水浸润，至网包层不外露为止。

d. 播种工作：

草种选择。根据气候区划进行草种选型，草种具有优良的抗逆性，并采用两种以上的草种（含同种、不同品种）进行混播。

播种方法。可采用人工撒播，也可采用液压喷播。采用人工撒播后，应撒5～10mm细粒土。

盖无纺布。雨季施工，为使草种免受雨水冲失，并实现保温保湿，应加盖无纺布，促进草种的发芽生长。也可采用稻草、秸秆编织席覆盖。

e. 前期养护：

洒水。用高压喷雾器使养护水成雾状均匀地湿润坡面，注意控制好喷头与坡面的距离和移动速度，保证无高压射流水冲击坡面形成径流。养护期限视坡面植被生长状况而定，一般不少于45d。

病虫害防治。应定期喷广谱药剂，及时预防各种病虫害的发生。

及时补播。草种发芽后，应及时对稀疏无草区进行补播。

（5）挖沟植草护坡

挖沟植草护坡是指在坡面上按一定的行距人工开挖楔形沟，在沟内回填改良客土，并铺设三维植被网（或土工网、土工隔栅），然后进行喷播绿化的一种护坡技术。

挖沟植草护坡具有以下特点：适用范围广；固土性能优良、消能作用明显；成坪速度快、草坪覆盖度大，草坪均匀度大、质量高等。

①适用条件：

a. 应用地区：各地区均可应用，但在干旱、半干旱地区应保证养护用水的持续供给。

b. 边坡状况：

类型，泥岩、页岩及泥、页岩互层等易开挖沟槽的边坡。

坡率，常用坡率1∶1.0～1∶2.5，坡率超过1∶1.0时，应结合坡面锚杆使用，坡率不得超过1∶0.75。

坡高，每级高度不超过10m。

稳定性，稳定边坡。

c. 施工季节：一般施工应在春季和秋季进行，应尽量避免在暴雨季节施工。

②施工方法：挖沟植草护坡施工工序为：平整坡面→排水设施施工→楔形沟施工→回填客土→三维植被网施工→喷播施工→盖无纺布→前期养护。

a. 平整坡面：平整坡面至设计要求，并采用人工修坡，清除坡面浮石、危石等。

b. 排水设施施工：边坡排水系统的设置是否合理和完善，直接影响边坡植草的生长环境，对于长大边坡，坡顶、坡脚及平台均需设置排水沟。并应根据坡面水流量的大小，考虑是否设置坡面排水沟。一般坡面排水沟横向间距为40～50m。

c. 楔形沟施工：在坡面上按设计行距挖楔形沟，楔形沟竖向保持直立，横向设置5%的倒坡以保证回填客土的稳定。楔形沟应开挖到位。

d. 回填客土：在楔形沟内回填改良客土，为保证回填客土的稳定，应将填土轻轻压实，并适量洒水润湿，润湿厚度1～3cm。

e. 三维植被网施工：三维植被网的施工参见三维植被网护坡施工方法。

f. 喷播施工：按设计比例配合草种、木纤维、保水剂、黏合剂、肥料、染色剂及水的混合物料，并通过喷播机均匀喷射于坡面。

g. 盖无纺布：雨季施工，为使草种免受雨水冲失，并实现保温保湿，应加盖无纺布，促进草种的发芽生长。也可采用稻草、秸秆编织席覆盖。

h. 前期养护：

洒水养护，用高压喷雾器使养护水成雾状均匀地湿润坡面，注意控制好喷头与坡面的距离和移动速度，保证无高压射流水冲击坡面形成径流。养护期限视坡面植被生长状况而定，一般不少于45d。

病虫害防治，应定期喷广谱药剂，及时预防各种病虫害的发生。

追肥，应根据植物生长需要及时追肥。

补播，草种发芽后，应及时对稀疏无草区进行补播。

（6）喷混植生护坡

喷混植生护坡，是一种将含草种、有机质的混凝土喷在石质坡面上的边坡绿化方法。

①适用条件：该护坡方法适用于石质弃渣场坡面的植被恢复，尤其对不宜进行植被恢复的恶劣的地质环境，有比较明显的效果。

②施工方法：挖沟植草护坡施工工序为：平整坡面──→测量放线──→安装锚杆──→固定植生袋──→固定铁丝网──→喷布有机基材──→喷播草种──→盖无纺布──→炼苗揭布──→前期养护。

a. 平整坡面：按照设计的坡率，刷顺坡面，将坡面松散层的浮土、碎石等清除，要求坡面平整，线形顺畅。对于光滑坡面，需要通过挖掘横沟等措施进行加糙处理，以免有机基材下滑。对凹陷处，人工垫土修平，对于土质松软的坡面适当人工夯实。

b. 测量放线：测量定位主次锚杆在坡面的具体位置。主锚杆与次锚杆相间排列，纵向间距 1m，横向间距 2m。使用水平仪及卷尺首先按纵横间距 2m 放点，确定主锚杆钻孔位置，再在相邻的主锚杆之间点补钻次锚杆。

c. 安装锚杆：安装前，锚杆要经防锈处理。用钻头钻孔，插入锚杆后用 M10 水泥砂浆灌注固定，注意灌满灌实，灌好后锚杆伸出坡面 6 ~ 8cm。

d. 固定植生袋：植生袋以土工布包裹植物纤维、细砂，也可放置少量固型较长效性肥料，在坡面上以纵向间距 1m，横向布置一条植生带，将其固定。

e. 固定铁丝网：用 ϕ2. 6mm 镀锌铁丝网从上至下披复在坡面，坡顶应伸出 50cm，坡底伸出 20cm，埋置于平台填土中。要求平顺舒展，用 ϕ2. 2mm 铁丝锁紧在锚杆上。铁丝网与坡面间用混凝土垫块使之悬空 3 ~ 5cm，网与网之间搭接 10cm。

f. 喷布有机基材：由植生砂壤土、水泥、锯末、有机肥、复合肥组成，按一定比例将植生混合料拌匀后，用喷浆机将其喷布在已挂好镀锌机编网及植生袋的岩石坡面上，使植生混合料全面包覆整个坡面和植生袋外表面，平均厚度10cm，保证铁丝网上有3~5cm。

g. 喷播草种：在喷混有机基材后自然风干4~12h，即可进行常规的喷播草籽工序。此次要求在喷播时以灌木种子为主，灌木种子一定要经催芽处理。将草籽、灌木种子、纸浆纤维、胶粉、保水剂、色素、复合肥料等按一定比例混合加水搅拌，依据机械液压传递原理，将其喷播附着在坡面。

h. 盖无纺布：规格每平方米12g，轻轻覆盖作业面，布幅间重叠5~10cm。防止雨水冲刷种子，减少水分蒸发，保湿保温。

i. 炼苗揭布：当草苗长至5~6cm或2~3片叶时揭掉无纺布。揭布前适当露苗锻炼，宜在阴天或傍晚揭布，禁止晴天猛然揭布。

j. 前期养护：包括浇水、施肥、防病、治虫、清除杂草、补喷补苗、修剪等，根据苗情灵活掌握，促使早日成坪。

（7）其他植物护坡

①藤蔓植物护坡。也称垂直绿化，是指栽植攀缘性和垂吊性植物，以遮蔽硬质岩陡坡和挡土墙、锚定板墙等圬工砌体，美化环境的绿化方法。

藤蔓植物护坡各地均可应用，对边坡也没有限制。弃渣场坡面植被恢复适用于坡率超过1:0.3的石质弃渣场边坡。

常用攀缘性藤蔓植物有：爬山虎(别名爬墙虎、地锦)、美国爬山虎(别名五叶地锦)、常春藤(别名洋常春藤、常春藤)。

②香根草篱护坡。香根草篱护坡是在坡面上按一定间距并大致沿等高线密植香根草带，依靠香根草的植被覆盖及其根系的力学加固来防护边坡的技术。香根草具有适应性广、易繁殖、根系发达、耐旱、耐湿、耐瘠薄等特性，因此成为保持水土流失、固土护坡的首推环保植物，在水土保持、护坡等方面具有广泛的应用价值。

a. 适用条件：

应用地区：南方温暖湿润地区，包括江西、福建、江苏、浙江、上海、安徽、云南、广西、广东、贵州、湖南等。

边坡状况：

类型，一般用于土质边坡。

坡率，不陡于 1∶1.0。

坡高，每级不超过 10m。

稳定性，稳定边坡。

施工季节：一般施工应在春季和秋季进行，以 3 月底至 6 月底及 8 月底至 9 月底施工为最佳。为了确保成活率和护坡效率，应避免在酷暑和严冬季节施工。

b. 施工方法：

香根草篱护坡施工工序为：整理坡面⟶选择种苗⟶定植种苗⟶前期养护。

• 整理坡面：清除坡面所有石块及其他一切杂物。根据边坡坡面的不同情况，结合草带的定位，因地制宜地进行整地。整地原则是要让准备种植香根草的草带位置有一定疏松的土壤。每条草带宽度 40cm，深度 15 ~ 20cm，种植 2 行香根草。

大面积的坡面需修建必要的排水设施，并考虑使形成的草带对坡面地表水有导流作用，从而使坡面径流不会冲刷坡面造成破坏。在整地时，切忌沿等高线方向整成两端高、中间低，使径流水积聚在草带中央而加剧破坏。

香根草虽然耐瘠薄、抗旱，由于边坡多为新垦土壤，养分含量极低，为促进苗期早生快发，应结合整地，施足基肥，采用复合肥，施肥量 40 ~ 50g/m^2。

• 选择种苗：种苗质量直接影响香根草的成活与长势，因此，要选用优质种苗。选择种苗应注意以下事项。

苗龄，据观测培育 1 ~ 2 年的壮苗，多数茎拔节坚硬，基部茎节长有多蘖芽，且根系发达较粗，蓄积养分充足，活力强，种植后生长分蘖快。因此，一般选择 1 ~ 2 年的壮苗。

刈割高度，为便于成活及运输，栽种方便，种苗应刈割。种苗刈割留高以 20 ~ 25cm 为宜。

苗根合理留长，种苗根系粗、活力强是保证其成活的关键。一般苗根应保持在 5 ~ 10cm 左右。

• 定植种苗：定植前要做好分苗工作，分苗应注意整丛苗按 1/2、1/4、……、依次分苗，直至每蔸 2 ~ 3 蘖，以提高种苗利用率，然后用种植土搅拌成泥浆沾根。

种植时要防止根系上翘，定植后踩实并浇足定根水。有条件的，最好结合定植培育一些容器苗，作为补苗时的备用苗。容器苗指用塑料容器袋装上营养土，将草苗栽种在容器土内。装土前应在距袋底5cm处打若干小孔，以利排泄袋内多余水分，同时起通气作用。容器苗在补苗时应将容器袋剥掉，让根系迅速生长，能起到起苗的作用。

种植密度。每一草带种植两行，行距为20cm，株距15～20cm，上下行错开，定植穴位连线呈三角形，每穴种植2～4株，草带与草带之间的距离为1～1.2cm。

● 前期养护：

浇水、施肥，虽然香根草耐瘠薄、抗旱、生命力强，为保证香根草篱能尽快地形成，种植前期仍需浇水，根据苗情适当追肥，春季施复合肥，秋末施尿素，施用量15g/m^2，以利提高御寒能力，安全过冬。

查苗补蔸，栽植后月余或大、暴雨后，就应检查并及时拦堵冲沟，填补坡面，修复排水设施，并趁土壤湿润时补栽缺蔸。

适度刈割，当多数茎蘖进入孕穗旺长期，宜刈割留高20～30cm，一般每年刈割1～2次，促进生长，加速分蘖。

③栽植木本植物护坡。栽植灌木、小乔木等木本植物进行边坡防护是较常用的一种方法。以上所述的植被护坡方法，在适宜的条件下均可以结合栽植木本植物进行，实现草灌的有机结合，充分发挥两者的作用，以促进多样性的、稳定的坡面植物群落的迅速建立，起到植物防护边坡的功能。高大树木不宜种植在坡面或窄小的平台上，因高大树木加重了坡体负荷，遇大风时，树木易倾倒，从而造成坡体失稳。

三、径流蓄积工程

1. 沉沙池

1）一般规定

（1）位置

沉沙池一般布置在蓄水池进水口上游，排水沟(或排水型截水沟)排出水流中泥沙经沉沙池沉淀之后，将清水排入蓄水池中。

（2）作用

它的作用为分散泥石流，停积和调节细颗粒泥沙的移动。

（3）容量

根据流域地形地质、降雨时泥沙径流量，确定一年内水流搬运1~2次堆积泥沙的数量。沉沙池的宽度应为泥石流流动宽度的5~6倍，护岸高度应大于泥石流或洪水的波高，沉沙池的容量就能使泥石流或洪水中泥沙充分沉积。

（4）构造

沉沙工程应扩大流路，采用沟岸砌石或混凝土护岸作防护。沉沙池的进出口均采用沟床铺砌工程，既作为间墙，又保护沟床。沉沙池进口扩散角应为18.5°~22.5°，避免急剧扩宽后使泥沙沉积，并向上游堆积堵塞进口。

2）沉沙池的设计

根据《灌溉与排水工程设计规范》（GB 50288—99），沉沙池设计步骤如下：

（1）沉沙池进口段宜采用两侧均匀扩散的对称布置，受条件限制时，也可单侧扩散布置，但需设置与池箱潜没隔墙相对应的导流墩（墙）。进口段长度可取15~30m。

（2）池箱深度可取2.5~3.5m。

（3）池箱横断面宜取矩形或梯形。池箱分段应设伸缩沉降缝，缝距可取10~20m，缝内应设防渗止水。矩形沉沙池，其池箱平面形状为长方形。为使水流均匀分布，池箱宽度最好不超过其长度的1/3，若池箱过宽时，可用潜没式隔墙将其分区。

（4）池箱工作宽度可按下式计算确定：

$$B_p = Q_p/(H_p v)$$

式中：B_p——池箱工作宽度，m；

Q_p——通过池箱的工作流量，m^3/s；

H_p——池箱工作水深，m，可取用池箱深度的70%~75%；

v——池箱平均流速，m/s，可根据沉沙池内可能沉淀的泥沙粒径按表6-15采用。

沉沙池池箱平均流速　　表6-15

泥沙粒径（mm）	<0.25	0.25~0.40	0.40~0.70	>0.70
池箱平均流速（m/s）	<0.20	0.20~0.50	0.50~0.75	>0.75

（5）池箱工作长度可按下式计算确定：

$$L_p = 10^3 \zeta H_p v / \omega$$

式中：L_p——池箱工作长度，m；

ζ——安全系数，可取1.5；

H_p——池箱工作水深，m，可取用池箱深度的70%～75%；

v——池箱平均流速，m/s；

ω——泥沙沉降速度，mm/s，可根据水泥沙粒径、水温，由相关表查得。

（6）沉沙池出口段，宜采用两侧均匀收缩的对称布置。出口段长度可取10～20m，水流收缩角宜为10°～20°。

（7）沉沙池出口含沙量可按下式计算：

$$S = S_0 e - \alpha z$$

$$z = \omega L / vh$$

式中：S——沉沙池出口含沙量，kg/m^3；

S_0——沉沙池进口含沙量，kg/m^3；

e——常数，可取$e = 2.71828$；

α——与泥沙粒径、水力要素有关的系数，取$\alpha < 0.5$；

z——泥沙悬浮指数；

L——沉沙池总长度，m；

v——池箱平均流速，m/s；

h——沉沙池平均水深，m；

ω——泥沙沉降速度，mm/s。

单厢沉沙池的平面布置见图6-14。

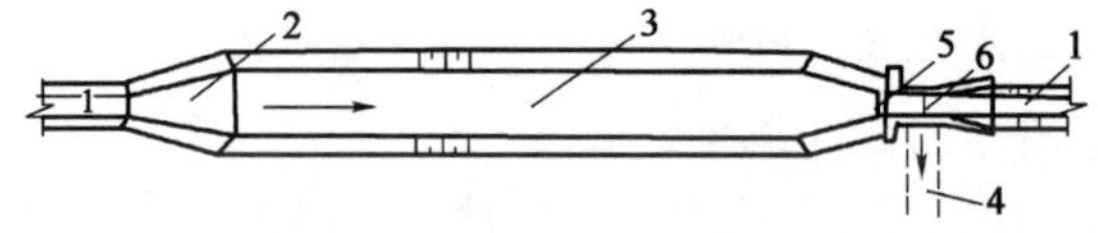

图6-14　单厢沉沙池平面示意图

1-渠道；2-进口部分；3-池厢；4-排沙口；5-冲沙廊道闸门；6-进水闸闸门

2. 集雨工程

雨水集蓄利用是解决缺水地区用水困难的有效措施，在缺水地区开发建设项目的水土保持工作中占有重要地位。

集雨工程设计包括集流工程和蓄水工程的设计内容。

设计与施工可参照《雨水集蓄利用工程技术规范》(SL 267—2001)的规定进行。

1）集流工程

集流工程由集流面和截流输水工程组成。

(1) 集流面

雨水集流面及修筑材料的选择是确定雨水集流效率大小的关键。常见集流面处理方法有利用自然坡面、自然植被管理、地表处理和化学材料处理等，修筑材料有柏油、混凝土、铁皮、塑料薄膜、水泥土夯实、三七灰土夯实、原土夯实、化学材料等。集流效率随修筑材料的不同而有所不同(表6-16)。近年来，钠盐、石蜡、沥青、有机硅和土壤固化剂与防蚀剂等化学材料也开始用于集流面处理。目前，雨水集流材料研制虽取得较大进展，但仍存在诸多问题，如现有集流材料主要还是水泥、硬地面等，新型高效低成本绿色环保集流材料的研究与应用推广相对薄弱，人工修筑的各类集流面多限于庭院或试验区，亟待大规模推广应用。根据其利用类型不同，可以将雨水集流面分为天然坡面集流工程、人工建造的基本农田集流工程、基础设施集流工程和人工建造的专门集流工程。

不同材料集流面的集流效率　　表6-16

多年平均降水(mm)	保证率(%)	混凝土(%)	水泥瓦(%)	水泥土(%)	塑膜覆砂(%)	机瓦(%)	青瓦(%)	黄土夯实(%)	沥青路面(%)	自然土坡(%)
200~300	50	77.8	71.0	47.5	42.3	42.2	34.2	20.1	66.2	6.0
	75	75.1	66.2	41.8	34.2	34.1	29.3	17.0	64.3	5.0
	90	73.5	62.7	35.2	30.1	30.5	25.1	13.4	63.1	4.0
300~400	50	79.6	74.8	52.3	45.8	49.3	41.1	26.1	68.1	8.0
	75	78.0	71.9	45.7	41.1	42.5	35.3	21.5	66.2	7.0
	90	75.8	68.1	40.9	35.3	38.1	30.5	18.4	64.3	5.0
400~500	50	80.0	75.3	53.5	46.1	50.0	41.3	25.0	68.2	8.0
	75	78.8	74.0	50.8	44.9	47.9	38.2	23.1	66.9	7.0
	90	76.4	71.0	43.2	41.1	39.6	32.4	20.2	65.5	6.0
500~600	50	80.6	75.7	55.0	46.9	51.1	42.5	25.8	68.5	8.3
	75	79.3	73.4	52.4	45.2	49.3	39.9	23.6	67.0	7.2
	90	76.9	71.2	49.1	37.5	47.2	34.2	18.7	65.8	6.1

①对于开发建设项目，可利用硬化的地面、路面、屋面作为集流面。

②一种用途雨水集蓄利用工程的集流面面积按下式计算：

$$\sum_{i=1}^{n} S_i \cdot K_i \geqslant \frac{1\,000W}{P_p} \tag{6-33}$$

式中：W——一种用途的年供水量，m^3；

S_i——第 i 种材料的集流面面积，m^2；

P_p——保证率为 p 时的年降水量，mm；

K_i——第 i 种材料的年集流效率,%；

i——材料种类。

③集流面规模设计：在集流面材料确定后，通过用水分析计算，依据集水、用水平衡的原则可确定集流面尺寸，具体操作如下。

a. 全年单位集水面积可集水量，可按下式计算（不含导引过程的输水损失）：

$$F_P = E_y \cdot R_p / 1\,000 \tag{6-34}$$

式中：F_P——保证率等于 P 的年份单位集水面积上全年可集水量，m^3/m^2；

E_y——某种材料集流面全年集流效率；

R_p——保证率等于 p 的全年降雨量，mm，可按下式计算；

$$R_P = K \cdot P_p$$

K——全年降雨量与降水量之比值，可根据气象资料选取；

P_P——保证率等于 p 的年降水量，mm，按下式计算。

$$P_P = K_P \cdot P_0$$

K_P——根据保证率及 C_V 值确定的系数，可从水文气象部门查得；

P_0——多年平均降水量，mm，由气象资料确定。

b. 集流场面积的确定：在每个蓄水工程的周围要有足够的集水面积，以保证蓄水设施的正常蓄水和利用。蓄水体的容积应能拦蓄集水面一年内所产生的径流。若已知蓄水体的容积 W，则可按下式计算不同容积蓄水体所需的集水面积。

$$S = W/F_P = 1000W/E_y R_P \tag{6-35}$$

式中：S——集水面积；

W——蓄水体的容积；

F_P——保证率等于 p 的年份单位集水面积上全年可集水量，m^3/m^2；

E_y——某种材料集流面全年集流效率；

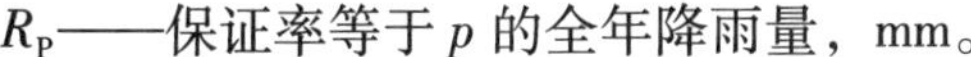

R_P——保证率等于 p 的全年降雨量，mm。

（2）截流输水工程

截流输水工程，指输水沟(渠)和截流沟，其作用是将集流面来水汇集起来，导引至蓄水设施。输水沟(渠)的断面形式可采用U形、半圆形、梯形和矩形等，断面尺寸根据集流量及沟(渠)底坡等因素按明渠均匀流公式进行确定。

2）雨水存蓄工程

蓄水工程是蓄积雨水的储水主体，是集雨窖灌工程的主要建筑之一，蓄水工程有水窖、塘坝、涝池等。由于水窖建筑容易、使用方便、蒸发渗漏少、水质基本不受污染，因而在干旱、半干旱地区公路建设项目中得到了广泛应用。

（1）蓄水工程分类

蓄水工程分类情况见图6-15。

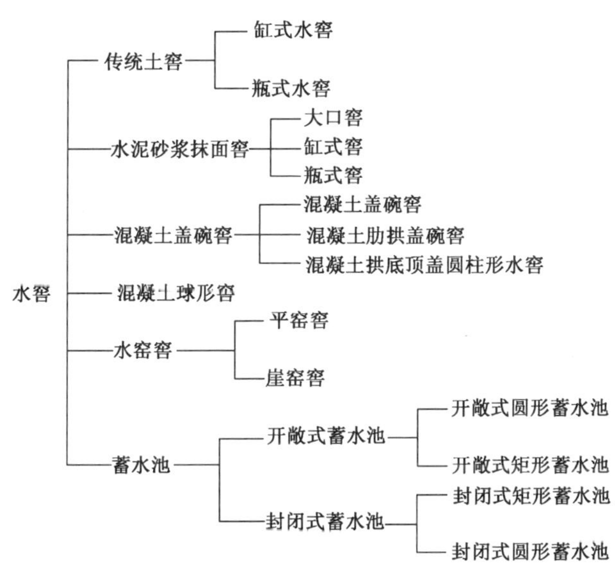

图6-15 蓄水工程分类

①水窖（平窑窖）：一种地下埋藏式蓄水工程。在土质地区修建的水窖，形状一般为口小内腔大，断面多为圆形，深度与最大直径之比一般为1.5～2。在岩石地区修建的水窖，形状一般为宽浅形，其全部或大部分系开挖而成，也有在地面上砌筑小部分窖身，加顶盖，并在顶盖以上覆土以

及在地面上的墙体周围堆土石以隔温。

水窖分为井式、窖式两类。

一般来水量不大的路旁修井式水窖，水窖容积一般为30~50m^3。

土质坚硬且蓄水量需求较大的地方，修筑窑式水窖，容积为100~200m^3。

②水窖（崖窖窑）：指在崖面上水平开挖进去的蓄水工程。在土崖上开挖的形状为窑洞状。在岩石崖面上开挖的形状为隧洞状。

③涝池：在土质坚硬且渗透性较小、低于路面的路旁（或道路附近），布置涝池拦蓄道路径流，防止道路冲刷与沟头前进，同时供项目区植被绿化灌溉、用水。

一般涝池容积100~500m^3，通常沿一条道路多处布置。

大型涝池容积在500m^{3}至数万立方米之间，用于容蓄项目区内及周边大量来水。

路壕蓄水堰。在路面低于两侧地面开成1~2m的路壕处，将道路改在较高一侧的地面上，而在路壕中分段修筑小土坝作为蓄水堰，拦蓄暴雨径流。单堰容积随路壕的宽度和深度、土坝的高度、道路坡度而定，一般为500~1 000m^3。

④蓄水池：

a. 开敞式蓄水池：开敞式蓄水池不设顶盖，可修建较大的容积。按其形状特点可分为矩形和圆形两种，圆形池受力条件好，材料用量省、投资少，矩形池在拐角处需加固处理，对地形适应性强。按建筑材料分为砖砌池、浆砌石池和混凝土池。

b. 封闭式蓄水池：封闭式蓄水池大部分结构位于地下，增设了顶盖，投资加大，容积受到限制，具有防冻保温功效，蓄水量多为30~45m^3。圆形池顶盖常用混凝土薄壳结构，而矩形池顶盖多用混凝土空心板或肋拱板。

蓄水池一般布置在坡脚或坡面局部低凹处，与排水沟（或排水型截水沟）末端相连，以容蓄坡面径流。根据坡面径流总量、蓄排关系、施工条件、使用条件，确定蓄水池的分布与容量。

（2）蓄水工程设计

①蓄水工程位置的选择：选择蓄水工程位置时应综合考虑集流、灌溉和地质三个方面，一般应具备下列条件。

蓄水工程位置要选择在有较大来水面积和径流集中的地方；蓄水工程

位置应在引水、取水都比较方便的位置。山区应充分利用地形高差大的特点，多建自流灌溉的蓄水工程；要有深厚坚硬的土层，以质地坚硬、均一、黏结性强的胶土最好，硬黄土次之；要有良好的地形和环境条件。

②蓄水工程容积确定的一般要求：影响蓄水工程容积的主要因素有地形、土质条件、使用要求以及当地经济水平和技术能力等。应当根据设计年降雨量、集水面积、集流效率确定蓄水工程容积。容积过大造成浪费，过小则使收集的雨水盛不下而排弃，同样是浪费。

a. 根据地形土质条件确定水窖容积。水窖作为地下集水建筑物，其容积大小直接受当地地形条件和土质条件制约，当土质为质地密实，坚硬的红胶土、硬黄土时，其容积可适当大一些；当土质比较疏松时，如砂土、黄绵土等，水窖容积不宜过大，一些地方因土质过差，甚至不宜建窖。

b. 根据使用要求选择窖形和容积。人畜饮水的水窖大都采用传统的缸式窖、瓶式窖，其容积一般为15～30m^3。一般尺寸为：水窖深 = 旱窖深 = 水旱窖连接处的直径，这种水窖称为“三头停窖”，经久耐用，防渗性能好。

用于农田灌溉的蓄水工程，一般要求容积较大，窖身需要采取加固措施。常用的窖形为水泥薄壳窖和蓄水池，其容积一般为50～100m^3。对于土质条件好的崖面可挖窑窖，这种窖施工方便，投资省，容积一般为50～100m^3，个别容积可达数百方。

c. 根据当地经济水平和投入能力确定蓄水工程容积。蓄水工程的形式和容积不同，建设成本差异很大。各地的建筑材料价格各异，不同蓄水工程其建材用量又各不相等。因此，修建蓄水工程既要考虑适宜的形式和容积，又要考虑当地政府的投入和农户经济状况。蓄水工程容积的确定可参考表6-17。

不同土质条件适宜的蓄水工程形式和容积 表6-17

土质条件	适宜窖形	建窖容积(m^3)
土质条件好的红土、硬黄土地区	传统土窖	20～40
	水泥薄壳窖	40～80
	窑窖	50～100
土质条件一般的壤质土区	水泥薄壳窖	30～50
土质疏松的砂质土区	不宜建窖，宜建蓄水池	50～100

d. 蓄水工程容积采用下式确定：

$$V = \frac{KW}{1 - \alpha}$$

式中：V——蓄水容积，m^3；

W——全年供水量，m^3；

α——蓄水工程蒸发、渗漏损失系数，取 $\alpha = 0.05 \sim 0.1$；

K——容积系数，半干旱地区，灌溉供水工程可取 0.6 ~ 0.9；湿润、半湿润地区可取 0.25 ~ 0.4。

e. 蓄水工程安全超高的规定。顶拱采用混凝土支护的水窖水位距地面的高度应大于 1.0m，并符合防冻要求；

顶拱采用薄壁水泥砂浆或黏土防渗的水窖水位应低于起拱线 0.2m；水池超高应符合表 6-18 的规定。

水池超高值 表 6-18

蓄水容积（m^3）	<100	100 ~ 200	200 ~ 500
超高（cm）	30	40	50

f. 其他说明：

● 蓄水容积及防渗系数是蓄水设施建设中两个重要参数，涉及土壤、地形、降雨、水文、技术经济等诸多因子，其设计、规划与布局都关系到有限雨水资源的最优开发利用问题。目前蓄水设施的容积及防渗系数确定大多采用经验估算法，如可用日用水量乘以连旱天数求出蓄水设施容积等，缺乏科学性和合理性，尚无相对成熟的实用技术规范可供参考利用。

● 蓄水池设计应尽量采用标准设计，或按五级建筑物根据有关规范进行设计。

● 标准图可参照国家节水灌溉杨陵工程技术研究中心的《新型高效雨水利用工程技术图》。

四、公路沙害防治工程

风沙危害的防治始于海岸沙丘的固定。16 世纪 40 年代，丹麦开始海岸沙丘治理以来，德国、英国、荷兰以及波罗的海沿岸国家都对海岸沙丘的危害进行了防治。19 世纪 80 年代，中亚地区的卡拉库姆沙漠在修筑铁路时，使用了草方格、碎石、黏土，喷洒石油海水防止铁路沙埋，使用芦苇、旧枕木防止路基风蚀。十月革命后，原苏联学者设计了多种机械沙障在中亚的沙漠和里海北部地低阿斯特拉汗沙漠的铁路防沙中应用，特别是半隐蔽式沙障，都取得了很好的效果。为了防止苏丹港的铁路沙害，在线路有流沙的一侧，设计了木制的带有下风口的输沙导板取得了很好的防沙效果。澳大利亚在维多利亚的铁路沙害防治中也使用过类似的输沙板。印度在修建铁路时，使用了植物活沙障和立式沙障固定流沙。美国为了防止铁路沙害，在修建密西西比至太平洋铁路时，在铁路的迎风一侧修筑挡沙墙，效果也很好。20 世纪 30 年代，西亚和北非沙漠地区大规模地进行石油、天然气开发，在撒哈拉、内夫德等地区修建了公路，曾采用了高立式塑料网方格、水泥条沙障、喷洒石油、乳化沥青、高分子聚合物来固定沙丘。

20 世纪 50 年代末，我国修筑了世界上第一条穿越沙漠的铁路，为了防止铁路风沙危害，采用工程措施和植物措施，构建了“五带一体”的铁路防沙体系。中国科学院兰州沙漠研究所在沙坡头建立了试验站，对各种固沙技术进行了长期的研究，发表了大量的研究论文，出版了《腾格里沙漠沙坡头地区流沙治理研究》，这一时期的研究工作主要是对草方格沙障、黏土沙障的固沙效益、合理间距进行了深入的研究，取得了显著的成果。在植物固沙方面，研究了固沙植物种的选择、引种、植物的配置，建立了人工固沙植被带，取得了显著的成果，确保了通过沙漠铁路段的行车安全。

20 世纪 90 年代，随着塔克拉玛干沙漠石油开发的需要，我国修建了第一条穿越沙漠的石油公路。为了防止风沙对公路的危害，使用芦苇及尼龙网结合化学固沙措施，在公路两侧建立了阻固型工程防沙体系。

目前，国内外学者对防治公路风沙危害的措施，依据其作用方式的不同有不同的划分，但大体上分为三大类：第一类是植物措施，第二类是机械措施，第三类是化学措施。机械措施可分为高立式沙障、立式沙障、半隐蔽式沙障和隐蔽沙障。吴正和朱振达综合前人的工作，结合自己的研究，把治沙措施的作用分为降低风速、削弱风沙流强度、固结沙面和控制沙面风蚀过程发展，划分为植物治沙措施、工程防沙措施、化学固沙措施。每一类措施又细分为几种治沙方法。

1. 公路沙害的成因及危害方式

1）公路沙害的成因

公路沙害的成因主要有两个方面，即自然因素和人为因素。首先，线路所经地段公路两侧的沙质土地地表松散，多以活动、半活动沙丘为主，在干旱多风的气候条件下产生扬沙，对公路路基、边坡和路面造成风蚀和埋压。其次，沙漠公路地段是人为活动较频繁的区域，人为活动的增加和人类对自然资源的不合理利用，干扰了正常的自然生态系统，造成土地沙化。同时，修筑公路时，自然植被大量破坏，引起土壤风蚀沙化，产生新的沙源。另外，筑路时的废弃物堆积，使风沙遇到障碍后风速减小，携沙能力降低而沉积公路路肩路面，形成片状积沙，从而危及公路正常交通运输。具体因素包括：

（1）路基断面结构不合理，风沙流不易通过而引起路面积沙。

（2）路基较低，容易积沙而造成沙埋。

（3）路侧有障碍物，风沙流遇到障碍后下沉堆积在公路上。

（4）高大沙丘在强风作用下向前移动，整体埋压路面。

（5）公路两侧原来固定的沙生植被遭到破坏后，沙丘活化，很快演变成流动或半流动状态，使流沙面积迅速扩大而埋压公路。

（6）机械沙障受损后失去阻沙作用，形成公路沙害。

（7）公路的改建、扩建，破坏了原有植被，造成草地沙化、固定沙丘活化，形成新的沙源。

（8）筑路时的弃土堆积在路边形成障碍物，使风沙流受阻。

（9）大范围的草地、农田沙化风蚀后构成丰富的沙源，在风力的作用下发生强烈的风蚀、搬运和堆积，给公路造成沙害。

2）公路沙害危害方式

（1）路基风蚀

公路路基风蚀是沙区公路沙害最为普遍的形式。沙区的一个重要特征是气候干旱、风大沙多，而公路路基主要由当地的风沙土填筑而成，路基结构松散、固结性差，受到风力作用，沙粒很容易被风吹走，产生路基、边坡、路肩的风蚀或因过境风沙流的冲击、磨蚀，导致路肩或路面底层被掏空而塌陷。

（2）路面沙埋

沙埋路面是沙区公路最为严重的风沙危害形式。当公路穿越密集的流动沙丘群时，则易造成沙丘整体前移上路，阻碍交通，尤其是沙丘群低矮，主风向单一且与路基垂直时，沙丘移动迅速，造成大量沙子堆积，路面形成堆状积沙。当过境饱和风沙流在运行过程中遇到路基阻碍时，由于地形

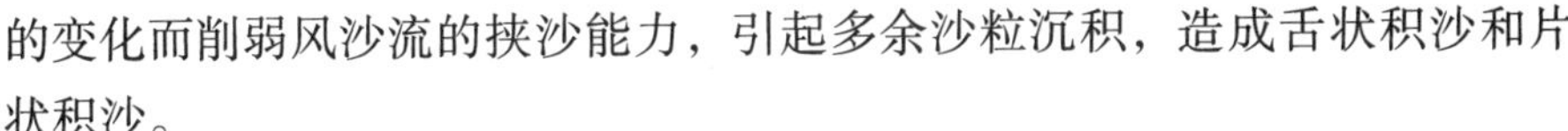

的变化而削弱风沙流的挟沙能力，引起多余沙粒沉积，造成舌状积沙和片状积沙。

2. 我国公路沙害特点

湿润区，主要以草地沙化后风沙流侵袭路面为主。

半湿润区，主要是内蒙古科尔沁沙地以草地沙化、固定沙丘活化后风沙流侵袭路面为主，表现为风沙流过境或遇阻堆积。半干旱区则在平缓沙丘区，以饱和风沙流遇阻堆积为主，易形成舌状、片状沙埋在高大沙丘密集区，以沙丘整体前移埋压公路路面为主。

干旱区，公路风沙为害的主要特点是流动沙丘密布，沙丘移动速度快，沙害以风沙流遇阻堆积和沙丘整体前移埋压路面为主。

极干旱区，公路两侧流动沙丘高大且密布，沙丘移动速度极快，沙害以堆积埋压和沙丘整体前移埋压路面为主。

3. 公路沙害防治原则

公路沙害防治，应坚持以防为主，防治结合，因地制宜，即依照“阻、固、导、输”的原则，把公路沙害防治从公路建设之初的选线、设计、施工抓起，全面、综合、立体防治。

（1）湿润区、半湿润区，应以封育公路两侧天然植被为主，增加植被盖度，从而达到根治公路沙害的目的。

（2）半干旱区，以工程措施为先导，工程措施与生物措施相结合，近期以工程措施阻、固流沙，在工程措施的保护下逐步建设和恢复植被，达到治理公路沙害的目的。

（3）干旱区、极干旱区，以工程措施为主，生物措施为辅，或完全是工程措施控制流沙上路，把沙害降低到最低程度，确保公路畅通。

4. 公路沙害防治技术

1）公路沙害植物防治技术

由于沙漠公路中风蚀和沙埋对路基的危害极大，因此，选择适宜沙区生长的树种、草种进行植物固沙防护，有着重要的现实意义和作用。由于植物固沙防护具有施工期短、易施工、造价低、耐久性好、固沙效果好、生态效益明显、减噪效果显著、能调节公路沿线气候、外观美的诸多优点，因此，在沙漠公路路基边坡坡面防护中，提倡优先采用植物固沙防护，使公路建设与环境保护协调发展，从而营造出一个舒适、优美的交通运输环境。将公路建设所带来的对环境的负面影响减小到最低程度，同时发挥其最大的生态效益。

（1）植苗固沙造林

①一般苗栽植：一般栽植用的苗木，主要是在苗圃中培育的播种苗或营养繁殖苗，有些植物种亦采用野生苗。由于本身已具有完整的根系和生长健壮的地上部分，因此，植物的适应性和抗性较强，受植物种和立地条件限制较少，是建立沙地人工植被中应用最广泛的种植方法。其主要缺点是从起苗到栽植，需要经过多道工序，不但苗木根系会受到损伤，并会因风吹日晒而失水，使植株需要一个较长的缓苗期，而且各工序的质量难以控制，致使干旱的沙漠地区，植苗的成活率得不到保障。但这些不足并没有影响到它被广泛应用。

a. 沙地植苗主要技术要求：

• 苗木质量：苗木质量是影响成活率的重要因素，必须要求选用健壮苗木，一般固沙灌木多采用 1 年生苗，一些乔木树种采用 2 年生苗，而樟子松和油松采用 2 ~ 4 年生苗。

• 苗木的保护：苗木选定后，从起苗开始至苗木定植以前，主要工作是对苗木的保护，即起苗时尽量减少对苗木根系的损伤，为此，在起苗前 1 ~ 2d，应进行最后一次灌溉，既使苗木吸足水分，以增强抵抗随之而来的失水，又可软化根部土壤，以利取苗。取时必须按操作规程进行，保证苗木根一定的长度。固沙灌木的根系通常机械组织较发达不易切断，必须小心操作以防主根劈裂，还应做到边起、边拣、边假植，然后立即分级，除掉不合格的小苗、病苗、废苗后，妥善地包装运输，使苗根保持湿润。

• 苗木的定植：苗木定植是植苗的最后一道工序，主要是将健壮的，失水少的苗木根部舒展地植于湿润的沙层内，并使根系与沙粒紧密接触，以利吸收水分，迅速恢复活力。为此，需要根据苗木的大小确定栽植坑的规格，使根系能够舒展，并能伸进双脚周转踏实。一般苗木，坑的直径通常不应小于 40m，坑的深度，也就是苗木的定植深度一般大于 40cm。

• 植苗季节：植苗主要在春季和秋季进行，春季植苗一般在解冻时进行，通常在 3 月中、下旬 ~ 4 月中、下旬。秋季植苗期限较长，自苗木开始落叶起至土壤解冻前均能进行，通常在10月中旬~11月，但以苗木落叶后立即进行为好，有利于根系愈合生长，为避免茎干干枯和受害，可采取截干栽植。

b. 提高植苗成活率的措施：

• 认真实行选苗、护苗、定植各项操作要求，严格把好以下三关：始终保持苗根湿润、苗根植于湿沙层内和植坑埋土紧实。

• 在荒漠、半荒漠地区，植苗后应争取灌水，每穴5~10kg。

• 在流动沙丘迎风坡，一般植苗应有沙障保护。

②容器苗栽植：容器苗是在一定的容器内培育苗木，栽植时苗木根系保持完整无损的自然状态，成活率较高。

a. 容器苗栽植的优点：

• 节省育苗的土地和劳力。容器育苗对选择圃地要求不严，而且育苗占用土地面积小，也不需要大面积的土壤改良、除草、松土等工作。

• 节省种子。用容器育苗能严格控制播种量，播下的种子都能得到较好的发芽条件，种子耗量少。

• 节省起苗、假植等作业，有利于实现育苗到栽植的全过程机械化，可大大减小劳动强度，提高劳动生产率。

• 用容器苗栽植可延长栽植时间。

• 容器育苗可缩短育苗周期，一般4~10周即可移植。

• 栽植技术简单而质量容易控制。

• 成活率较高。

b. 容器的种类：

• 与苗木一起栽植入土的容器：主要有纸质营养杯、黏土营养杯、泥炭容器、塑料薄膜容器和纸浆容器等。

• 取出苗木后进行栽植的容器：这种容器可重复使用，如泡沫营养砖和硬质塑料营养杯等。

容器的形状有圆形、四方形、六角形等，其中以无底的六角形较为理想。

容器的规格，为运输方便，以小型为宜，通常直径多为2~5cm，长9~20cm。

c. 育苗技术

培育沙生灌木的容器苗，育苗技术比较简单。容器内可直接装沙培育，也可加入一定比例的黏土、肥料配成营养土，但黏土比重不宜过大，一般以小于20%为宜。

③大苗深植：大苗深植是针对流动沙丘上的干旱和流沙的活动性两个主要限制因子而设计的一种固沙造林方法。沙地植苗，深植是有益的，深植增加了与湿润沙层的接触，犹如增加了供水。一般植深1m，适宜于地下水位较浅，根系有可能达到，以及风蚀处于弱度和中度范围内的沙地，植物种应选择生长迅速，丛生性强，萌发不定根能力强的植物。

（2）扦插固沙造林

①插穗选取：从生长健壮无病虫害的优良母株上，选择1~3年生的枝条或萌发条，插穗长度40~70cm，在水分条件较好，风蚀很轻或无风蚀的沙地上，可用短插穗；在干沙层比较厚或有一定风蚀的沙地上，应用长插穗。穗粗乔木3~4cm，灌木1~2cm，于生长季结束后至翌年早春树液萌动前采取，用快切刀一次切成，上端齐平，下端斜形，切口光滑。

②插穗处理：插穗采下以后，通常做以下处理：

a. 立即扦插。插穗采下后失水较少时立即扦插，能收到较好的效果。

b. 浸水处理。采下的插穗浸水处理后再进行扦插，有利于提高成活率。

c. 插穗如需存放较长时间，可用湿沙埋藏处理。

d. 刺激素催根处理。生长刺激对大多数植物能起到良好的作用，它可以加速根系的形成，提高苗木的成活率，并促进嫩枝的生长。

③扦插季节与方法：扦插一般在春秋两季进行。插时多用“倒坑”栽植，随挖随放入插条（不可倒置），然后挖取第二坑填入前坑内，分层踏实，接着第三坑土植入第二坑内，以此继进，工效较高。插深多与地平，秋季应低于地表3~5cm。

④高秆造林：高秆造林通常用于有适度沙埋的背风坡下部至丘间地，其具体做法是：选3~4年生，长2~4cm，小头直径3~4cm的壮秆，于清明前10~15d砍下，将大头浸泡水中，到清明前后天气转暖，再将全秆浸入水中充分吸水，约25~35d后树皮出现白色或浅黄色凸起，便可取出栽植，植深0.8~1.2m，坑径0.4~0.5m，分层踩踏捣实。

（3）直播固沙造林

直播是用种子做材料，直接播于沙地的一种建立植被的方法。由于干旱和沙的活动性，沙地的直播成功几率比较低，但是沙地直播的可能性还是存在的，沙漠地区的数百种植物，绝大多数是由种子自然繁殖起来的。因此，直播仍是一项重要技术，并有很大的发展潜力。

①直播时期：直播的季节性限制较小，春、夏、秋、冬皆可进行，因此，选择幅度较大，这是它比植苗、扦插优越的地方，必须充分利用。适宜的直播期应是水分条件比较好，有利于发芽和保苗，同时风蚀、沙埋比较轻，鼠虫危害率比较低的时期。我国西北地区全年降雨量多集中在7、8、9三个月，雨季明显，同时，雨季中，风蚀、沙埋及鼠害、虫害比较轻，对直播和保苗十分有利。

雨季直播虽然获得比较高的成活率，但当年生长较矮小，苗木木质化程度低，对次年早春中的危害抗性较弱，不利于第二年的保苗，为了延长生长期，多提至雨季前5月下旬~6月直播。在这段时间内，播后能得到及时的较大降雨，效果较好。

②直播方式：主要分条播、穴播和撒播三种。条播按一定的距离开沟播种，然后覆土。穴播，按所设置的播种点掘穴播种，然后覆土。撒播是把种子均匀地撒在沙土表面，不覆土。条播和穴播，因有覆土，种子比较稳定，不易发生位移，同时在一定的覆土厚度范围内可以调节土壤湿度，使种子处于湿沙层内，但这种调节有限，因为一般植物种子覆土深度为3~5cm,过厚不易出苗。条播和穴播按一定的株行距进行规划，二者不同点在于条播提供了增加密度的合适条件。因此，条播量一般高于穴播量，抗风蚀作用也相应的比穴播高。风蚀严重时，并可由条播组成带播，即3~5行行距较小的条播形成带，带间距较大，多在2~3m以外。撒播，由于不覆土，种子会在风的作用下发生位移，稳定性差，也失去了对土壤的调节作用，成效更难控制。通常选用比重较大，形状扁平的种子以增加稳定，或对某些易发生位移的种子采用滚泥丸后，促进种子稳定和发芽，提高发芽面积率。

③覆土厚度：覆土厚度及直播深度，通常根据种子大小而定。沙蒿、梭梭等小粒种子，覆土厚一般1~2cm；花棒、杨柴、沙拐枣、柠条等较大粒种子，覆土深度3~5cm，在疏松的沙地上，最大不超过7cm。

④播种量：直播的播种量也是一个有较大调节范围的因子。在一定数

量的鼠、虫害等危害下，播种量越大，保存的种子数和幼苗数量必然增多。就风蚀而言，在弱度和一些中度风蚀区(即近地表风不太强的地区)较大密度的幼苗，降低地表风速的作用较大，因此，有利于防止风蚀。植物在幼苗期，根系扎入稳定的湿沙层以后，水分已不成为植物的限制性因子。威胁幼苗生存的主要因子是风蚀、沙埋和病、虫、兽害。在这一时期，密度越大，保存率便会越高。但第三年以后(指花棒、杨柴等大型植物)随着植物增大，耗水量的增加，沙层水分又成了限制性因素，密度越大时，生长发育越差，保存率也会随之降低。

此外，成本也是选择播种量的主要考虑因素。直播量，通常小粒种子每亩0.25～0.35kg，较大种子每亩0.35～0.75kg。

2）矮立式沙障固沙技术

公路作为现代化的物流、能流、信息流的运输、传递通道和纽带，在区域经济发展中发挥了重要的作用。但在沙漠地区，公路遭受风蚀和沙埋的影响较为普遍，特别是流沙前移而造成的沙埋公路危害形式，阻断交通，威胁公路正常运营和交通安全。流沙固定技术主要包括生物措施和工程措施，其中生物措施可分为封沙育草、防护林带等；工程措施可分为机械沙障、化学固沙等。生物措施是固定流沙最为有效的措施，但其建设周期长，发挥效益慢，不能满足公路对沙害迅速控制的要求，因而常与机械沙障共同使用。机械沙障作为固定流沙的先行措施或作为植物难以生长的重沙害区独立的固沙措施，在我国广大沙区被广泛应用。

从理论与实践上来讲，较为合理且又大规模推广应用的固沙措施为矮立式沙障，亦称半隐藏式沙障，实际上是一种高度较低（露出沙面的高度一般为0.05～0.6m）且以一定形式或形状较为均匀地布设在固沙带中的沙障。

矮立式沙障的种类很多，其中较常见的有格状半隐蔽式沙障(俗称固沙方格或草方格)和行列半隐蔽式沙障(俗称条带状沙障)。因其对制作材料要求很低，从现有资料来看，按其制作方式可分为下列三类。

第一类，如利用黏性土、砂砾、盐壳等为材料制作的，其中也包括袋中装沙这样的形式。其特点是材料自身比重较大，且可在受力运动时表现为较大的块状，因而可抵御较强的风力。有此基础，这种沙障可以直接在沙质地表上制作。

第二类，如利用麦草、稻草、芨芨草、芦苇、灌木枝条、竹片、塑料板、薄木板、金属板等为材料制作的。因其材料自身比重较小或者为板状，易被风吹起或吹倒，现常采取的办法主要是将其部分埋入沙中，埋入沙中的深度约为其露出沙面高度的0.5倍左右，靠沙层的阻力及材料自身的强度来保持稳定，当然也有为其专门设小护桩的。

第三类，是近十几年来在国内逐渐得到推广应用的土工合成材料，有土工网、三维网、土—纤维混合体等。从已有的相关报道来看，其主要用于沙质路基边坡的风沙害防治，并在使用时埋置在沙中。当然也有专门用于防沙的，如在内蒙古月亮湖旅游公路上进行试验的防沙土工格室，在塔中路上进行试验的塑料固沙网、固沙嵌合件等。

3）沙袋沙障防治技术

随着西部大开发进程的开展，我国中短期内沙漠地区将修建大量的公路，而筑路的同时必须建立相应的防沙体系，否则，已建成的公路将受到风沙的严重威胁，轻则影响公路正常的通行，降低公路的使用效率，重则彻底阻断公路，使公路建设的效益大大降低，起不到公路是沙漠地区经济大动脉的作用。而现有的工程固沙所使用的固沙材料大多以柴草、黏土、砾石等材料为主，而柴草沙障由于光、热、微生物的降解作用，使用期很短，在光、热、水充足的地区，使用这些材料设置的沙障一年内就会失去防护作用。而一些地区黏土沙砾相当缺乏，况且，这些材料的使用需要大量的人工，特别是将这些材料运到沙丘上非人工肩挑不可，目前，还无法进行机械化作业，而且沙障设置的效率非常低，单位材料设置的延米数很小，因此，这些材料设置的沙障综合成本非常高。而如何利用风积沙作为固沙材料构建公路防沙体系，从而达到“以沙治沙”，是我们重点研究的方向。随着科学技术突飞猛进的发展，大量的新材料如雨后春笋般地涌现出来，加上社会、经济的高速发展、公路建设标准的提高，以前在价格上人们难以承受的新材料现在也能使用了。另一方面，在建立公路防沙体系过程中，固沙材料也需更新换代，为此，急需开发一种高效、防护作用持续时间长、抗老化、抗腐烂、耐高温、低造价、施工简便的材料用于公路防沙体系的建设。土工合成材料包括土工编织布、土工格栅、土工网垫具有耐腐蚀、耐高温、抗老化、使用期长的特点，应用土工材料作为载体，制成不同规格的沙袋沙障用于固沙、阻沙是今后防沙体系建立的一个发展方向。

4）土工方格沙障防治技术

目前，用于公路沙害防治的材料主要是柴草类、黏土类和沙砾石，由于沙漠地区固沙材料的配置很不平衡，个别沙漠除了流沙以外没有任何其他材料，如塔克拉玛干沙漠，地表被大面积的流沙覆盖，塔中沙漠石油公路防沙体系设置所用固沙芦苇是从几百公里以外的博斯腾湖运来的。针对这种情况，利用土工方格沙障控制公路沙害，可以弥补沙漠地区固沙材料的不足。土工方格沙障的基本材料是聚丙烯薄板，板的厚度根据沙漠地区的平均风速而定。根据防护对象需要防护的时间来确定材料中添加的抗老化剂的量，设计出不同抗老化年龄的土工方格沙障。依据防护地区沙丘的平缓程度，确定每一固沙单元的尺寸。每一固沙单元都可以张合，有和其他单元连接的固定点，张开时为一定面积的方格状，闭合时每一块具有一定宽度的薄板叠放在一起，少占用空间。每一块薄板上打有小孔，单位面积上形成一定的透风系数。这种沙障使用寿命长，可拆卸重复使用。在流沙上设置方便的固沙装置，该装置还可以和植物固沙结合起来使用。因为植物的幼苗、种子很难在流沙上定居、成活，使用土工沙障后，可以保护幼苗、种子不被流沙风蚀、埋压，而且，当植物完全将流沙固定后，就可以把土工沙障拆下来重新使用，固定其他地方的流沙。

5）沙埂沙障防治技术

国内外有关化学固沙的历史已有半个多世纪了，纵观这些研究工作的特点，就是把化学材料直接喷洒在流沙上，用以隔断风对沙子的作用。这种固沙方法用在构建公路输沙断面时，效果很好，它可以降低下垫面粗糙度，为风沙流通过路基创造一个光滑的表面而不发生附面层分离。当公路断面是路堑时，直接把固化材料喷洒在流沙上，只能固定有限面积的流沙，当沙源没有被切断时，反而会加快流沙在路堑的堆积。因而，这种固沙方法具有一定的局限性。沙子的最大特点是在风的作用下发生流动，设置各种类型的沙障的作用，是增加地表粗糙度。地表粗糙度是指地表以上风速为零的高度，因此，设沙障后的沙面上就会形成一个风速廓面，在廓面下的风速接近于零，保护流沙不再流动，这就是沙障固定流沙的基本原理。沙埂沙障的设计思路，就是用农民晒粮用的刮耙，将流沙堆成各种规格的沙埂。沙埂的规格一般是底宽一，高一，截面为等腰三角形，然后用土壤凝结剂喷洒固结。这种沙障的最大特点，是把过去化学固沙单一的隔离作用和其他沙障类型增加地表粗糙度的作用巧妙地结合在一起，发挥固沙作用，充分利用风积沙设置沙障，最大限度地体现“就地取材”、“以沙治沙”的思想；另一方面，还可和植物固沙结合起来使用，在所设置的沙埂沙障中种植各种固沙植物。

6）化学固沙防治技术

国外化学工程固沙研究始于20世纪30年代，到20世纪50年代有了较大发展，国内也有30余年的研究历史。半个多世纪的研究与实践，使化学工程固沙技术在流沙固定、沙地改造、人工绿洲建立、沙地作物产量提高等方面，均取得良好效果。以往研究和实践表明，化学工程固沙技术应用于流动性沙漠地区公路沙害防治，具有较好适宜性，不失为一种有效固沙措施。加之天然材料日益紧缺，研制适宜于塔里木沙漠公路沙害防治的人工替代材料已势在必行。

利用化学工程方法在流沙表面形成一层具有一定结构和强度、能够防止风力吹蚀、又可保持下层水分的固结层，可以达到控制流沙和改善沙害环境的目的。固结层一般分为刚性壳层、柔软黏结层和弹性黏结层，均为光滑表面，能使沙丘表面形成保护层，隔绝气流对松散沙层直接作用，以防止风沙流对沙粒的吹蚀，且能形成输沙面，使沙粒不易堆积。化学工程固沙与生物固沙、半隐蔽沙障、高立式沙障多种防沙措施相互结合，是防治沙害的最佳措施。

化学工程固沙剂一般都具有黏结性。沙粒之间虽然是紧密堆积体，但仍存在微小通道(8μm以上)。一旦固沙液喷至流沙表面，小于8μm的液滴便渗入沙体，与沙粒胶结。而大于8μm的液滴则在流沙表面形成结皮，待其固化后，流沙得以固定。这一过程很快，可认为是瞬间过程。除了简单黏结作用外，还存在一些复杂的固结因素，如固沙剂颗粒存在电性或含有一定功能团，它们与沙粒之间会产生电荷作用、分子内力作用，形成连续或非连续网状结构，将沙粒牢固地黏结在一起。

化学工程固沙可机械化施工，简单快速，尤为适宜于缺乏工程固沙材料和环境恶劣、降雨稀少、不易建立植被的地区。

第七章　公路污染控制

第一节　公路水污染控制

一、公路水污染的来源

水是经济发展和社会可持续发展的一个重要因素，而污水排放是目前我国江河湖泊水域污染的最主要原因，也是制约国家可持续发展的主要原因之一，污水处理率已成为一个地区文明与否的一个重要标志。

从公路的建设时期来划分，公路水污染可以划分为施工期水污染、营运期水污染。

其中，施工期水污染又可以划分为建筑材料堆放及施工废料倾倒影响、隧道及跨越河流的桥梁施工影响、临近河流的施工营地施工人员生活污水及垃圾排放影响三类；营运期的公路水污染类型，可划分为高速公路附属区生活污水污染、路面桥面径流水污染以及特殊危险品运输事故水污染三类。

1. 公路施工期水污染

公路施工中，直接在河道挖泥或建筑材料冲洗等引起水质浑浊，而施工材料如水泥、砂石、油料、沥青等保管不善被暴雨冲刷进入水体引起水体浑浊，施工废渣废料随意倾倒进入河道，施工机械施工过程中的油料或含油废水的泄露进入水体后引起油污染。

在中小型桥梁及涵洞施工时，桥墩施工在河底挖泥或建筑材料冲洗等环节可能会引起水质浑浊；隧道和大桥施工中，钻爆施工、冷却钻头、水幕除尘以及开挖隧道渗出的夹带泥浆的地下水等，是水污染的主要来源。

项目施工期，沿线施工营地是施工人员的主要聚居点，为了取水及清洁卫生等生活方便，如果有条件，这些施工营地大都临近河流，那么人员聚集所产生的可降解垃圾、不可降解垃圾以及生活污水的随意排放很有可能会污染河流。

施工期水体污染全部发生在公路工程施工期，大都具有持续时间短，污染强度小，分散性、临时性的特点，其污染的控制主要在于采取加强管理的措施。例如，对于施工营地的污染，可以采取将施工营地的设置避开水环境敏感河流河岸 100m 范围内，施工营地的生活垃圾，设置垃圾箱全部收集、定期清运等措施；桥体及隧道工程量较大的工程，选择枯水季节施工，或者采用围堰钻孔施工，可大大减少底泥悬浮，不会明显影响河流水质；对于施工材料和施工废渣，则应严格管理，避免有意或无意的情况下，污染河流水质。

2. 公路营运期水污染

1）高速公路附属区污水

2008 年底，我国高速公路通车里程超过 6 万 km，为了对高速公路进行管理，几乎每一条高速公路都建有管理区、服务区、养护区、收费站等附属小区。高速公路附属区的水污染由此成为公路交通行业最重要的水污染来源。

根据多条高速公路调查结果，高速公路附属设施污水，主要包括汽车维修站污水、加油站污水、生活污水及洗车污水四种污水，其污水主要污染因子见表 7-1。

高速公路运营期水污染源及主要污染因子　　表 7-1

产污场所	污水产生来源	污水类别	主要污染因子
服务区、收费站、养护区、管理所、停车区、加油站等	常驻及流动人员生活污水	生活污水	SS、COD、BOD、氨氮、动植物油
服务区、养护区、停车区等	洗车废水、机修废水等	生产废水	SS、COD、石油类

按照单因子指数评价法，以上污水主要污染因子浓度值及其超标倍数见表 7-2。

服务区各类未经处理污水主要污染因子浓度值及其超标倍数　表 7-2

项　目		汽车维修站	汽车加油站	生活污水	洗车污水
污染因子	SS	180 ~ 240	35 ~ 50	100 ~ 350	500 ~ 4 000
	油脂	25 ~ 68	24 ~ 57	3 ~ 7	10 ~ 30
	COD_{cr}	100 ~ 180	< 150	250 ~ 1 000	25 ~ 200
	BOD_5	—	—	110 ~ 400	—
超标倍数	SS	2. 57 ~ 2. 43	0. 5 ~ 0. 71	1. 43 ~ 5. 00	7. 14 ~ 57. 13
	油脂	2. 50 ~ 6. 80	2. 40 ~ 5. 70	0. 30 ~ 0. 70	1. 00 ~ 3. 00
	COD_{cr}	1. 00 ~ 1. 80	< 1. 50	2. 50 ~ 10. 00	0. 25 ~ 2. 00
	BOD_5	—	—	5. 50 ~ 20. 00	—

在表 7-1 中，根据国家有关法律规定，洗车废水、机修废水必须沉淀后进行回用，不得直接排入水体，而收费站污水排放量极小，基本上可不必特殊处理。所以综合来看，高速公路运营中综合性的服务区和管理区的污水排放量最大，污染物构成也较复杂，处理起来难度也是最大。

高速公路附属区及停车区的规模与高速公路车流量密切相关，所产生的生活污水则与服务区常住人口及流动人口数量有关。根据有关规定，所有区域生活污水必须经处理达标后排放，不得直接进入水体。

2）路面及桥面径流污水

降落到公路路面和桥面上的雨水，在接触路面之前，含有的杂质主要是空气中的尘埃和大气中的微量杂质。雨水径流经过对道路的路面冲洗，将带走路面由于机动车辆的磨损而形成的大量金属、碳氢化合物、橡胶和燃油等对环境危害大的污染物质。同时，道路交通事故、污染物，道路运输有毒有害化学品时的洒、冒、滴、漏，以及汽车排放废气中的大部分污染物，最终也都将在自然沉降或雨水淋洗作用下迁移至周边水环境中形成污染。

根据赵剑强对西安部分城市道路以及高速公路的研究结果，城市道路路面径流雨水中的 COD 浓度与典型生活污水值相近，SS 值是典型生活污水的 3 ~ 4 倍，COD、BOD_5、SS 及石油类浓度远高于污水排放标准，而重金属含量则低于污水排放标准值。吴长年等对沪宁高速公路镇江段的重金属污染的形态特征研究表明，公路两侧 60m 范围内土壤环境中 Pb、Co、Cr 达到了轻 ~ 中等程度污染，而 Cu、Ni、Mn 等金属含量在镇江出口离公路

20m 处也达到了一级污染。根据李波等对沪宁高速公路两侧土壤和小麦重金属污染状况的研究表明，两侧距路肩 250m 范围内土壤和小麦均已受到一定程度的铅污染。

无论路面径流还是桥面径流，径流中污染物的浓度与雨水冲刷时间之间存在明显的前高后低的规律。韩志强、许志鸿则根据北京市的实测数据统计，对降雨量小于 10mm 的降雨，地面径流污染物总量的 70% 以上包含于 2mm 降雨量的初期径流中。当降雨量大于 15mm 时，污染物总量的 30% ~40% 包含于 2mm 降雨量的初期径流中(图 7-1)。

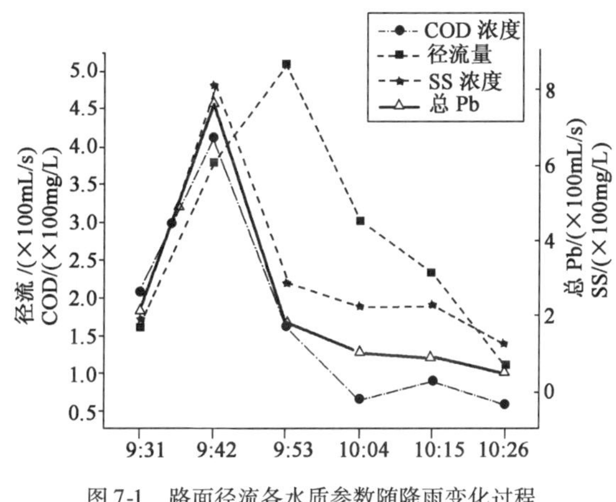

图 7-1 路面径流各水质参数随降雨变化过程

（韩志强，许志鸿等，2005）

3）危险品运输事故污染

公路水污染的另外一个隐患，是危险品运输，在其运输中发生较为严重的泄漏或者发生交通事故，都会污染水体。尽管危险品运输交通事故的几率较小，但其一旦发生，可能对事发点附近水体造成严重影响。危险品运输事故发生的原因，主要是因为车辆相撞、倾覆而引起爆炸，或部分有毒气体污染环境空气，或有毒有害物质泄漏污染河流水质。

公路的不同路段对危险品运输环境风险危害的敏感性不同，一般而言，跨敏感水体或者紧邻敏感水体如，居民水源地、水源保护区等的桥梁、路段上，危险品运输发生事故所造成的后果最为严重，所以某些跨敏感水体的桥梁或盘山公路上，公路路面狭窄，在环境影响评价中有必要对其后果进行相关的环境风险评价。

根据国家有关法律规定，危险物品分为九类，其中有些类别又分为若干项，其中与公路水污染相关的危险品，主要包括有毒物质、感染性物质、腐蚀品、放射性物质等。

二、公路水污染防治生态工程技术

公路施工期的水污染控制主要体现在管理措施上，营运期中涉及公路生态工程措施的，主要是针对高速公路附属区的污水处理工艺、路面桥面径流处理技术两类。

1. 高速公路附属区生活污水生态处理工艺

1）我国高速公路附属区污水处理发展

早期，我国高速公路附属区如收费站、服务区等，对生活污水多采用旱厕和化粪池处理。旱厕多用于干旱或半干旱地区的服务区内，化粪池多用于有一定卫生要求的水冲式厕所。旱厕和化粪池投资低、管理方便，都是因地制宜的环保措施，但其出水及沉积物除用于农田灌溉外，一般难以达到有关污水排放标准的要求。

在我国近几年建成的高速公路沿线设施生活污水处理中，有不少高速公路附属区采用了一体化生活污水处理器来进行生活污水处理。例如，京珠高速公路粤境北段一收费站，采用将一体化生活污水处理器设备建于地下的方法，既节约了用地又满足了出水达到相关环境标准的要求。由于高速公路附属区生活污水除 COD、BOD 外，氨、氮、磷的浓度也比较高，而且较难去除，于是孙杰等（2004）、亓化亮等（2005）在采用一体化生活污水处理器的基础上，分别采用厌氧水解—ICEAS 工艺、厌氧—微氧工艺对氮、磷的去除作了进一步的试验研究。而董磊、宋红艳（2008）则在安徽省沿江高速公路中，对一体化设备污水生化处理的产物——沼气的利用进行了进一步的研究。

根据交通运输部公布的《中国公路水路交通环境保护状况报告》，截至 2006 年底，全国高速公路污水处理设施数量达到 3 857 台，污水处理总量达到 2 234. 82 万 t，污水达标排放率为 85. 91%。

2）生态型的污水处理技术

就生态型生活污水处理技术的发展来看，自 1990 年代以来，除城镇及工业企业的污水处理厂中最普遍采用的活性污泥法(CAS，Convertional Activated Sludge)之外，各国学者相继研发了多种生物处理新工艺，主要包括如下10种：

(1)AB工艺(吸附—生物降解,Adsorption-Biodegradation)。

(2)ABR工艺(厌氧折流板反应器,Anaerobic Baffled Reactor)。

(3)BAF工艺(曝气生物滤池,Biological Aerated Filter)。

(4)$BN_U R$工艺(生物脱氮除磷,Biological Nutrient Removal)。

(5)CW工艺(人工湿地,Construct Wetland)。

(6)MBBR工艺(移动床生物膜反应器,Moving Bed Biofilm Reactor)。

(7)MBR工艺(生物膜反应器,Membrane Bio-Reactor)。

(8)OD工艺(氧化沟,Oxidation Ditch),也被称为氧化塘、氧化渠等。

(9)SBR工艺(序批式反应器,Sequencing Batch Rector)。

(10)UASB工艺(升流式厌氧污泥床,Upflow Anaerobic Sludge Blanket)。

以上每一种技术工艺又包括了多种多样的形式,例如,CW工艺具体可分为地表流湿地(SFCW)、潜流湿地(SSFCW)、垂直流湿地(VFCW)三种;MBR工艺又包括分离膜生物反应器(BSMBR)、无泡曝气膜生物反应器(MABR)、萃取膜生物反应器(EMBR)等工艺;SBR又包括ICEAS、CASS、MS-BR、UNITANK、IDEA、DAT-IAT等多种形式。

这些技术当中,应用最为广泛的就是在活性污泥法基础上发展起来的BAF工艺。

将以上两种或三种乃至更多种基本的生物处理方式组合,例如CW + BAF,CAS + SBR等,又可产生多种新的组合生物处理方法。即使同一种生物污水处理的技术工艺结合,由于所采用过滤材料、滤床布置、渗虑时间、膜生成方式、动力供应等各工艺环节的不同,又可以分为好几种方式。

就我国高速公路附属区已有应用、正在应用或者即将应用的生活污水防治生态工程技术,总体而言,可以分为有动力处理工艺和无动力处理工艺两类。

在绝大多数污水处理系统中,无论是反应器还是曝气池,都需要不断地利用动力来实现曝气、水解、降解、提升等相关环节。电力耗费是污水系统运营管理中最主要的成本,所以被称为有动力处理工艺,在我国高速公路附属区污水处理领域,得到应用的有动力生活污水处理工艺,主要包括一体化污水处理设备(Integrated Equipment For Sewage Treatment)、人工快速渗虑(Constructed Rapid Infiltration System, CRI)、序批式活性污泥法(也称为

“间歇式循环延时曝气活性污泥法”，Intermittent Cycle Extended Aeration Sludge Technology，ICEAS）、工程菌—生物曝气池法（Effective Microorganisms-Biological Aerated Filter，EM-BAF 工艺）等，有动力系统在当前我国高速公路附属区污水处理中占有主导地位。

相比较最传统的一体化设备处理，新开发的有动力高速公路附属区生活污水处理工艺，因为其占地面积小、可建于地下、维护管养方便、运行成本较低、处理效果显著等优点，近年来得到了一些高速公路业主的青睐，得到了较多的应用。例如，安徽广祠高速公路、合淮阜高速公路都应用了 CRI 系统，而云南思小路等则应用了 ICEAS 工艺。

无动力水处理技术最早起源于英格兰人运用的厌氧生物滤池，当时仅用于处理私人住宅(10 人左右)排放的生活污水。后来经美国、加拿大等国的不断改进，将生物滤池中的单一过滤层改为复合过滤层，并对出水进行回流，较大程度地提高了处理能力与效果，从而也使得该技术的推广、应用范围逐渐扩大。

无动力生活污水处理系统均属于污水分散式处理工艺中的土地处理系统，如，人工湿地、土壤槽技术等，主要是利用污水处理区域的高程差，建造分级的渗滤池，最终实现对生活污水的处理。土地处理系统是无动力处理技术的主要表现形式，其表现形式有地表漫流系统（Over Flow Land Treatment System，简称 OF）、慢速渗滤系统（Slow Rate Land Treatment System，简称 SR）、快速渗滤系统（Rapid Infiltration Land Treatment System，简称 RI）以及地下渗滤系统（Subsurface Infiltration Land Treatment System，简称 SI）四种。不同渗滤池存在一定的高程差，通过利用土壤—微生物—植物组成的生态系统所具有的天然去污功能，通过有意识的人工调控机制来实现对污水中污染物的一系列物理、化学和生物净化过程。

3）一体化设备工艺

一体化设备也称一体式净化槽、一体化污水处理器等。其原理是将污水处理系统设备化、装置化的一种分散型生活污水净化装置，相当于小型污水处理厂。

一体化设备通常采用较为成熟的生化处理工艺，如生物曝气滤池工艺（BAF）。污水进入净化槽进行沉淀、分离、生物净化、消毒杀菌后，最终实现污水达标排放。

一体式净化槽设备是日本分散型污水处理的代表性技术，设备精巧、工艺成熟、流程严格、全电力运行，系统除每半年要清理一次外，基本能够实现自动化处理。在日本，对于一体式净化槽的技术检测有严格的技术标准，任何投产使用的一体式净化槽都要经过专业认证，再经过一系列的严格检测和一定期限的实际污水处理试验，才能投入使用。

图 7-2 是典型的一体式净化槽结构示意图。

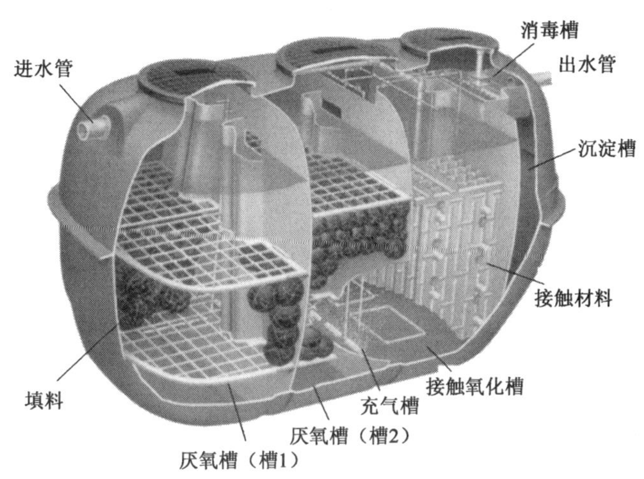

图 7-2 一体化净化槽处理工艺流程图

一体式净化槽在运行期内需要一定的运行费用，主要为设备运行耗电所产生的电费和少量药剂费用，污水处理成本为 0.8 ~ 1.0 元/t，其技术特点如下：

（1）设备采用全密闭结构，可埋入地表下，占地少、安装简易。

（2）加配脱臭设施后，可达到基本无异味。

（3）采用全自动电气控制系统及设备损坏报警系统，无须专人管理。

由于一体式净化槽设备昂贵、技术精巧，而其药剂和某些材料只有日本本国才能生产，而且 0.8 ~ 1.0 元/t 污水的处理成本也远远超出我国国情。因此，国内部分科研单位根据中国国情将其进行改进，比如，用水泥混凝土结构替代整体的不锈钢框架、将设备建于地表、不使用药剂、将其内部电器元件用国产材料代替等。如果能够配合严格的管理措施，经过改进后的一体化设备污水处理效果与原来相差不大，但设备造价及吨水处理成本却能大大降低。

一体化设备最初适用于无法排入城市污水处理厂的小规模集中住宅区

以及厂矿生活区的生活污水处理，后来这种技术逐渐被引入高速公路服务区及收费站的污水处理，尤其是进行过“中国式”改造的一体化设备，被最广泛地应用于我国高速公路附属区的生活污水处理中。

然而，根据近10年来多个高速公路服务区一体化设备的运行情况来看，由于缺乏专门的技术标准，没有专门的检测和认证机构，再加上部分设计、施工单位技术力量薄弱，材料选取和电器元件选择上没有经过严格的科学试验或以次充好，管养维护单位不能保证电力供应等原因，经过“中国式”改造后的一体化设备运行效果并不理想，达不到相关环境标准，不少设备在建成后，一两年就需要重建，造成了严重的投资浪费现象。

其中，设备不能应对污水冲击负荷变化，管养维护单位为降低成本经常中断电力供应，是一体化设备损坏的最主要原因。除此之外，一体化设备还存在着不能应对污水量变化、运行费用高、景观视觉效果差、氮磷处理效果差而导致出水水质不理想等众多问题。

为了解决一体化设备在高速公路服务区污水处理中存在的问题，人工快速渗滤系统(CRI)、间歇式循环延时曝气活性污泥法(ICEAS)、工程菌—曝气生物滤池(EM—BAF)等一系列可用于高速公路服务区污水处理的有动力系统相继被开发出来。

4）人工快速渗滤系统(CRI系统)

快速渗滤系统(Rapid Infiltration System，简称RI系统)是污水土地处理系统的一种，在我国的新疆、河北、山东等地已有应用。但传统的RI系统，主要是利用天然的砂土地，由于场地土层的不均一性导致水力负荷很低。人工快速渗滤系统(Constructed Rapid Infiltration System，简称CRI系统)将传统的天然土地或沙地渗滤池改为人工填充的天然介质，介质选用一定的颗粒级配，并掺入一定量的特殊填料，以保证有较高的水力负荷，在占地较少(处理能力200m^3/d，占地少于400m^2)的情况下能够满足出水的处理目标。

CRI系统本质上是RI+BAF的技术，采用干湿交替的运转方式，落干期渗池大部分为好氧环境，淹水期渗池为厌氧环境，所以渗池内经常是好氧和厌氧相互交替。有机污染物通过好氧生物降解和厌氧生物降解被去除，过滤作用去除水中的SS，废水中的磷与渗池内的特殊填料形成羟基磷酸钙沉淀而去除。

经过了大量的室内模拟试验和工程实践，CRI 系统已经被广泛应用于广西桂林阳朔旅游区、广东多个高尔夫区、北京北小河区、安徽广祠高速公路及合徐北高速公路附属区等地的污水处理工程。通过工程实例应用，CRI 系统近几年不仅处理能力不断攀升，其处理工艺上也不断革新和完善。2006 年，CRI 系统代表中国地质大学(北京)参加了于上海举办的中国国际工业博览会，获得中国高校展区二等奖第一名。

经在多个实际工程证明，CRI 系统日水力负荷可达 $2m^3/d$ 以上，在正常运转条件下，出水质量一般优于二级处理出水标准，COD_{cr} 一般在 50mg/L 以下，最低小于 20mg/L；BOD_5 一般在 10mg/L 以下。

正常运行的情况下，CRI 系统使用寿命可达 20 年以上。

5）工程菌—生物曝气滤池工艺(EM—BAF 工艺)

EM—BAF 工艺也是在改进、优化传统的 BAF 工艺的基础上发展而来，它具有普通曝气生物滤池的优点，即集生物氧化于过滤悬浮固体于一体，省去了后续的污泥沉淀工序，简化了污水处理工艺流程。同时，EM—BAF 技术通过应用级配填料、工程菌等新技术，克服了 BAF 工艺的技术瓶颈，解决了 BAF 中布水布气不均的问题，提高了传质效率和容积负荷率，提高了对难降解污染物的去除效率。

EM—BAF 工艺中的级配填料为亲水性高分子材料加工而成，空间结构呈网状，表面积比大于 $10 \times 10^4 m^2/m^3$，孔隙率大于 85%，化学性能稳定，表面含有一定数量的活性基团；工程菌则是从自然界的微生物中通过筛选、培养和驯化，定向选育的、用于实际废水生物处理装置中高活性优势微生物种群，具体见图 7-3、图 7-4。

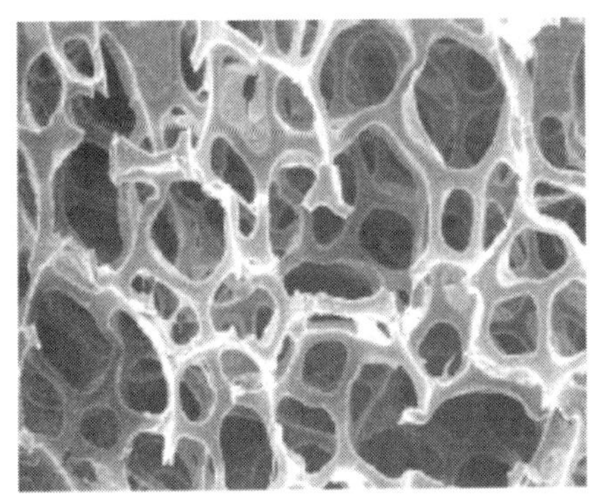

图 7-3 EM-BAF 工艺级配填料电镜照片

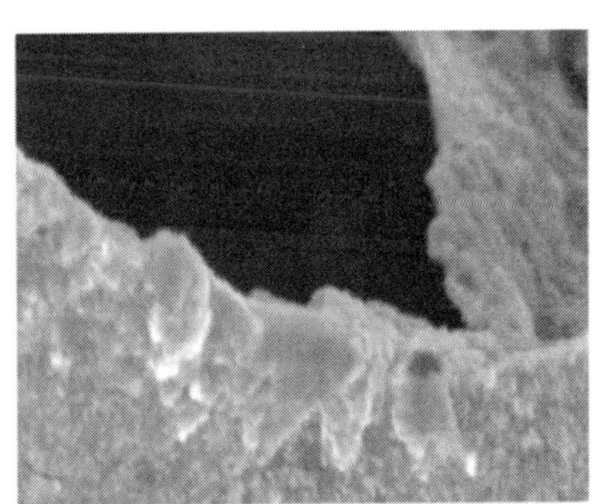

图 7-4 EM-BAF 工艺填料表面工程菌

在结构上，EM-BAF 工艺的曝气池沿高度方向一般分为三个区域，即池体下部的配水曝气区，中部的填料区和上部的稳水保护区(图 7-5)。在填料区中装填高比表面积的级配填料，在滤池下部鼓风曝气为微生物提供氧。污水中的有机物与填料表面的生物膜接触后被吸附、分解后，转化为较稳定的无机物质，填料同时起到物理过滤作用。

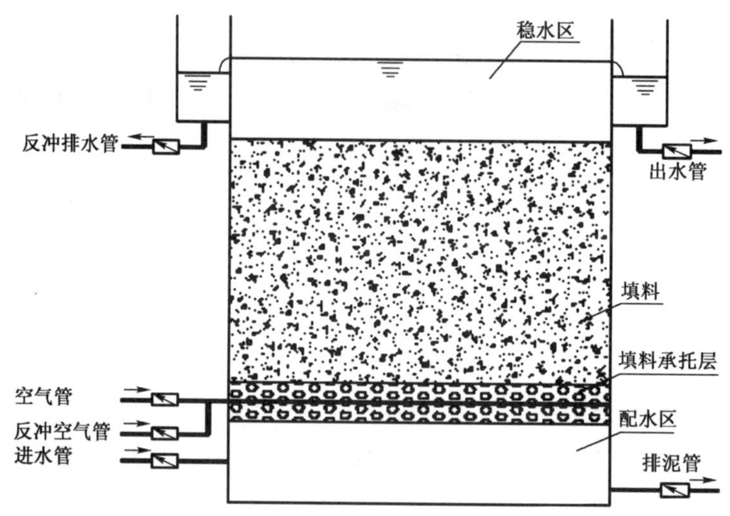

图 7-5　EM-BAF 工艺曝气池设计

在 EM—BAF 池体下部区域的填料表面，生物膜中的微生物种群以异养菌为主。废水中的大部分有机污染物，主要在此处被各种好氧菌和兼氧菌吸附、氧化分解而去除。在上部填料表面，逐渐出现自氧菌、真菌和原生、后生等微型动物等，一些特定污染物以及死亡的细菌被微生物去除。

对于 EM—BAF 工艺而言，填料表面存在氨基、羟基、羧基等活性基团，能够与硝化菌形成化学键，将硝化菌吸附在微生物表面，这种化学键力较强且与废水的水质无关，因此，EM-BAF 工艺对传统 BAF 工艺很难去除的氨氮成分的去除效率很高。

6）土壤净化槽技术

土壤净化槽技术，是在引进日本专利技术的基础上，由中国环境科学研究院、上海交通大学污水处理研究人员依据我国国情改进的新技术，是一种典型的无动力污水处理工艺。2005 年以来，在广东渝湛高速公路、云南的罗富高速公路和安楚高速公路服务区的生活污水处理中都得到了应用，取得了良好的效果。

土壤净化槽系统主要由四部分所构成，由上到下依次为配水系统、厌氧层、好氧层和集水系统。其中，配水系统由干管、支管、生态填料和专用尼龙网所组成；厌氧层是由生态砂、厌氧生物菌种组成的，具有表面张力作用的厌氧性砂盘系统；好氧层是由生态土壤中的特殊菌种，通气性材料和经过调整通气性的填料组成的好氧性生物滤料层；集水系统由集水干管和支管组成。

土壤净化槽污水处理的基本原理如下：将污水引入铺设于土壤表层以下的散水管，通过散水管将污水均匀渗入厌氧的土壤滤料，污水下渗到厌氧层底部之后，再通过虹吸作用向下层土壤渗透；在污水向土壤渗透的过程中，水与污染物分离，污染物被截留在土壤中，由微生物分解或转化为土壤肥料；微生物分解加上植物吸收，实现生活污水的有效处理。

本技术在运行中无须电力、机械设备的情况下，即可获得中水以上水质，土壤净化槽处理系统的表层土可以种植草坪、花卉以及小灌木进行绿化。根据国内已有的多处工程应用实例总结，土壤净化槽处理工艺的技术特点如下：

（1）处理效果好，其出水主要水质指标可达到《城镇污水处理厂污染物排放标准》（GB 18918—2002）中的一级 B 标准。

（2）整个系统无须曝气、投加药剂，为无动力运行系统，运转费用极低。

（3）相比较其他土地处理系统，存在植物吸收作用，氮、磷去除效果较好。

（4）由于滤料全部位于地下，表层土可进行正常的绿化设计与种植。

（5）无污泥排出，不产生二次污染，污水中的污染物成为植物的肥料。

（6）整个装置设在地下，受季节变更带来的温差影响小，不会散发恶臭气味。

由于土壤净化槽主体内部不需要任何动力，不涉及需要使用电极的精密仪器设备，因此，其运行过程中，不会由于机械仪器问题而产生故障进而需要返修。而且其维护费用，主要是污水输送入系统水头提升产生的电费和对化粪池、调节池、沉淀池定期清理产生的人工费，因此，其运行过程中的维护成本非常低。

熟化后的土壤滤料，可以连续使用 20 年以上。

7）生态渗滤床技术

生态渗滤床污水处理技术即所谓的人工湿地技术（Constructed Wetland，CW），它是通过利用工程手段模拟自然湿地系统进行污水处理的一个系统。污水从特殊土壤渗滤床表面纵向流入填料床底（或者由床底流向表面），床体处于不饱和状态，氧通过大气扩散与植物根传输进入湿地，进而实现污水的地下处理。

生态渗滤床水处理系统利用基质—微生物—植物这一复合生态系统中物理、化学和生物的三重协同作用，通过过滤、吸附、沉淀、离子交换、植物吸收和微生物分解，实现对废水的高效净化，同时通过营养物质和水分的生物地球化学循环，促进绿色植物生长，实现废水的资源化与无害化。

生态渗滤床水处理系统可以进行模块化设计，使整个渗滤床系统划分为若干个单元，各个单元之间串联或并联运行，降低滤料缝隙堵塞情况。以2 000m^2 土壤渗滤床为例，可以将其划分为4个单元，每个单元的尺寸可以为25m×20m。

与传统的有动力生活污水处理系统相比，生态渗滤床技术具有净化效果好，去除N、P能力强，工艺设备简单，运转维护管理方便，能耗低，系统配置可塑性强，对负荷变化适应性强，运行费用低，生态环境效益显著，可实现废水资源化等优点。本技术已经承担的污水处理工程包括北京市清河（京包闸段）水体修复工程、山东微山湖水质净化工程、奥林匹克森林公园生态展示温室工程等。江西省九阳高速公路中应用这种技术，取得了较好效果。

与土壤槽处理技术类似，本技术工艺运行中无须动力或需要极少动力，成本低廉，适合在高速公路附属区领域应用。根据具体的工艺情况，生态滤床水处理系统又可分为上行式生态滤床、下行式生态滤床（图7-6、图7-7）及复合式生态滤床三种。

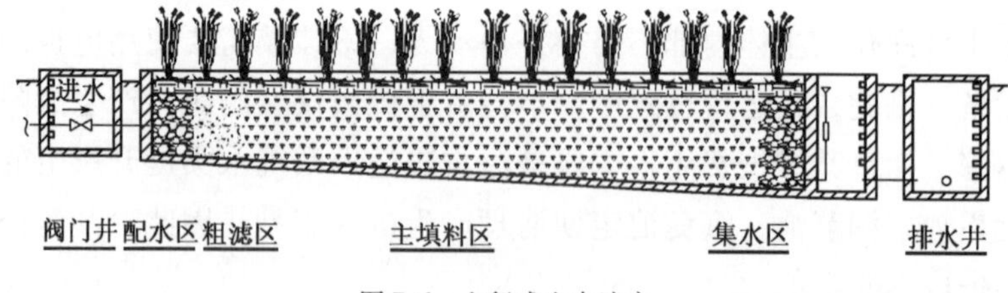

图7-6　上行式生态滤床

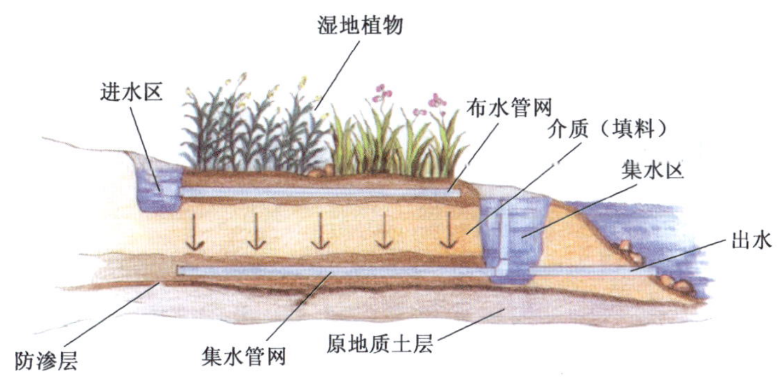

图 7-7　下行式生态滤床

2. 路面及桥面径流生态处理技术

早在 20 世纪 70 年代初期，美国国家环保部门就开始了对大规模的公路路面径流污染调查和研究，开发了许多适用于公路面源污染防治的技术及方法。概括起来主要有以下四种：植被控制（Vegetation Control）、湿式滞留池（Wet detention Basins）、渗滤盆（Infiltration Basins）及湿地（Wetlands）。2000 年美国实施《新清洁水法案》后，又对公路路域排出水的质量指标提出明确要求，鼓励那些低廉的小型生物工程技术的应用，强调发挥植物在表面防护和清洁水方面的功能。

根据我国现阶段环境保护的有关要求，对于公路路面和桥面径流污水，一般情况下，并不需要进行特别处理即可排放。然而，根据水环境污染防治要求，如果公路路侧或桥梁所跨越河流为一级饮用水源保护区，则路面及桥面径流污水也不能直接排放。

随着水污染的加剧，为了寻找高效低耗的水污染处理技术和工艺，水生植物开始受到人们的关注，许多耐污及治污能力较强的植物被发现，多种以大型水生植物为核心的污水处理和水体修复生态工程技术也相继被开发。

路面及桥面径流的收集，需要根据相关规范和经验公式确定相关设计参数，加上现场的雨水收集试验检验系统的收集效果和相关规律，据此设计桥面径流收集系统。

对于污染负荷较低的路面及桥面径流来说，在径流进行收集之后，采用种植水生植物的人工湿地处理系统进行集中处理这种较为合适的处理方法。人工湿地对污水的净化机理，主要是通过人工基质、水生植物和微生物共同完成的。人工基质为微生物的生长提供稳定的依附表面，为水生植物提供载体和营养物质，并通过一些物理和化学途径净化污水；水生植物主要作用是吸收利用污水中的营养物质以及吸附、富集一些有毒有害物质；微生物的代谢作用是污水中有机污染物降解的主要机制。

人工湿地处理污水，最关键的是对水生植物的选择，当前国内外研究认为，大型水生植物比较适宜污水处理。大型水生植物是一个生态学范畴上的类群，是不同分类群植物通过长期适应水环境而形成的趋同性适应类型，主要包括水生维管束植物和高等藻类。

可用于径流污水人工湿地系统的大型水生植物大都具有发达的机械组织，植物个体比较高大，通常具有四种生活型：挺水（Emergent）、漂浮（Free drifting）、浮叶（Floating leaved）和沉水（Submergent）。不同植物的生活特点见表7-3。

大型水生植物的四种生活型 表7-3

生活型	生长特点	代表种类
挺水植物	根茎生于底泥中，植物体上部挺出水面	芦苇、香蒲
漂浮植物	植物体完全漂浮于水面，具有特化的适应漂浮生活的组织结构	凤眼莲、浮萍
浮叶植物	根茎生于底泥，叶漂浮于水面	睡莲、荇菜
沉水植物	植物体完全沉于水汽界面以下，根扎于底泥或漂浮于水中	狐尾藻、金鱼藻

图7-8是国内某高速公路跨越敏感水质路段的桥面径流处理系统，这是一个典型的人工湿地处理系统。

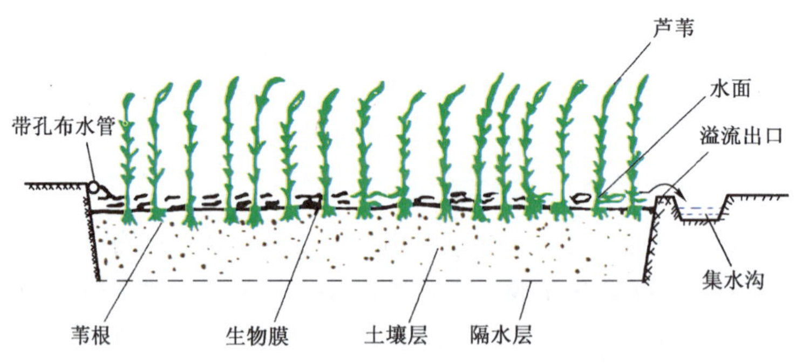

图7-8　人工湿地桥面径流处理系统示意图

除采用人工湿地来集中处理路面及桥面径流之外，也可以考虑采用生态水沟的方式进行处理。所谓生态水沟，就是采用植草的边沟来降解和消纳路面径流中的污染物，图 7-9 是国外某公路生态型水沟设计图，它起到了排水和路面径流处理的双重作用。

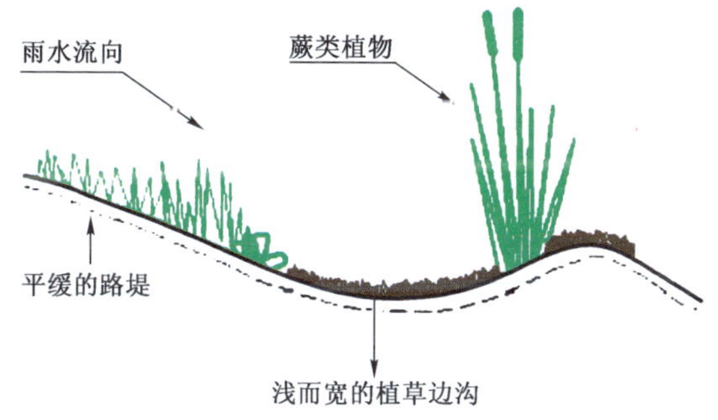

图 7-9　起排水与路面径流处理双重作用的国外某公路生态水沟

对于跨敏感水体桥面，危险品运输事故可能造成的污染，关键在于设计合理的污染物收集系统，将其导出桥体之外之后，再根据相应的化学性质进行沉淀及相应的处理。

三、渝湛高速公路（粤境段）水污染防治生态工程实例

1. 附属区生活污水处理工程

渝湛高速公路（粤境段）起自廉江市的高桥镇，接广西境内已建成的合浦至山口高速公路，沿东南方向先后经过廉江市、遂溪县，终点位于湛江市麻章区东坡岭镇，连接广州至湛江高速公路徐闻段，全长约 73km。

渝湛高速公路（粤境段）是广东省第一条以生态为主题的高速公路，“生态高速公路”的建设理念，意味着高速公路附属区的污水处理应该采用生态型的污水处理工艺，实现污水资源化和中水回用，节约能源和资源，同时，还应保证污水处理系统运行平稳，维护管养方便。

经过前期多次试验研究，综合各方面因素，渝湛高速公路的建设者最终决定在全线附属区采用土壤净化槽工艺处理生活污水。

1）前期研究

污水处理研究课题组采用室内模拟试验对即将在渝湛高速公路附属区应用的土壤净化槽工艺进行改进和优化，在两种实际工程用土和两种水力负荷条件下，考察了土壤处理系统对生活污水主要污染指标的去除效果及其各自的启动周期。

前期研究的室内试验模拟装置见图 7-10。

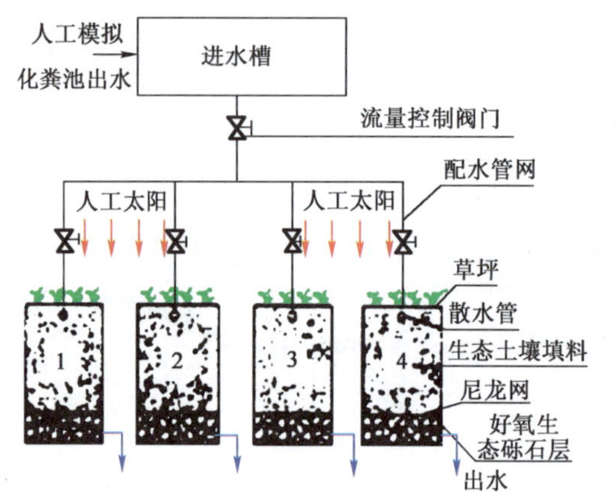

图 7-10 土壤净化槽处理技术试验装置图

土壤净化槽污水处理工艺中,土壤是关系到工艺成败和处理效果好坏的关键因素。经现场取样分析,渝湛高速公路(粤境段)沿线土壤多为砖红壤和高岭土,其粒径组成中,<0.002mm 的粒子占粒子总数的 38.3% 以上,且渗透率为 5.37×10^{-5}cm/s,接近地下渗滤系统要求所需土壤的渗透性必须在 4.167×10^{-5}cm/s 和 1.389×10^{-3}cm/s 的下限。所以土壤黏度较大,透水性和透气性差,极易造成堵塞,不适合作为生态土壤深度处理装置的填料。

从安铺镇出发,往廉江方向行进 10km 处,土壤为粉沙土,较砖红壤和高岭土,透气性和透水性较好,但氨氮和磷的吸附能力差,需要进行改良后才能使用。

土壤改良材料选用稻壳、粉煤灰、炉渣、蛭石、沙子、木炭、沸石、炭化稻壳等,按一定比例混合均匀后,按照设计要求填入装置中。相对原有的土壤,添加各种材料后,改良了系统的粒径组成比例、渗透性、氨氮吸附能力、磷吸附能力以及硝化强度。

土壤改良材料试验结果表明,各种材料对土壤的改良能力从大到小依次为:

(1)稻壳>炭化稻壳>沸石>炉渣>木炭>沙子>蛭石>粉煤灰。除粉煤灰外,各种材料在添加量占改良后混合土质量 5% 左右时,都可以使得混合土的渗透率处于地下渗滤所要求的渗透率范围之内。

（2）各种磷吸附能力从大到小依次为：粉煤灰 > 炭化稻壳 > 夜潮土 > 炉渣 > 蛭石 > 沙子 > 沸石 > 木炭 > 稻壳，粉煤灰和炭化稻壳的加入可以极大提高土壤的磷吸附容量，提高系统的磷吸附饱和年限。

（3）各种改良材料的氨氮吸附能力从大到小依次为：沸石 > 蛭石 > 炭化稻壳 > 粉煤灰 > 木炭 > 夜潮土 > 炉渣 > 沙子 > 稻壳。当考虑提高土壤净化槽渗滤系统的抗氨氮冲击能力时，可以考虑添加部分沸石和蛭石。

（4）各种改性材料的硝化强度从大到小依次为：木炭 > 稻壳 > 炭化稻壳 > 沙子 > 沸石 > 夜潮土 > 蛭石 > 炉渣 > 粉煤灰。当添加木炭、稻壳、炭化稻壳、沙子、沸石等材料时，有利于提高土壤净化槽渗滤系统中的硝化菌数目。

前期研究结果表明：渝湛高速公路改良型土壤净化槽处理系统的 TP、COD_{cr}和氨氮的去除启动周期分别为 15 ~ 20d、23 ~ 34d 和 32 ~ 37d，系统的启动周期为 37d 左右。

2）工艺流程设计及参数确定

采用生态工程学思路，以 2000 年取得的日本专利（专利号：特开 2001-70982）“污水深度处理方法与装置”为基础，结合前期的试验研究，采用以人工强化的特殊好氧土壤滤床、厌氧土壤滤床结构为技术核心，揉进现代厌氧、好氧人工强化处理技术，采用“生活污水收集系统→厌氧发酵池→土壤槽处理系统→中水回用（绿化浇洒）”的集成技术路线。

根据相关经验公式估算附属区各场区的污水量极大值，根据生态土壤处理部分的常规处理负荷 $1m^3/(8m^2 \times 天)$ 设计参数，选取适当处理场地作为系统的渗滤处理区。各场区设计负荷及渗滤处理区面积如表 7-4 所示。

各场区生活污水设计负荷及渗滤处理区面积 表 7-4

场区名称	设计负荷（m^3/d）	渗滤处理区面积（m）
高桥居住区	100	20 × 40
沙坡管理中心	150	24 × 50
仰塘服务区（右）	200	25 × 64
仰塘服务区（左）	150	25 × 48

续上表

场 区 名 称	设计负荷（m^3/d）	渗滤处理区面积（m）
安铺养护工区	25	10×20
匝道收费站(6个)	12(×6)	6×16(×6)

土壤净化槽渗滤处理区两头修建配水井和出水井，分别连接调节池和中水池。对于服务区、管理中心、高桥居住区和安铺养护工区等5处场区，由于水量相对较大，在化粪池和配水井中间设调节池，污水通过重力作用从化粪池流入调节池，利用泵将预处理过的污水从调节池打入配水井中，污水再通过重力作用，进入渗滤处理装置。

对于6个匝道收费站，则不设调节池。污水通过重力流直接从化粪池流入配水井，然后再进入渗滤处理装置，处理出水流入中水池，留作绿化浇洒。

生态土壤处理装置的平面图和剖面图如图7-11和图7-12所示。

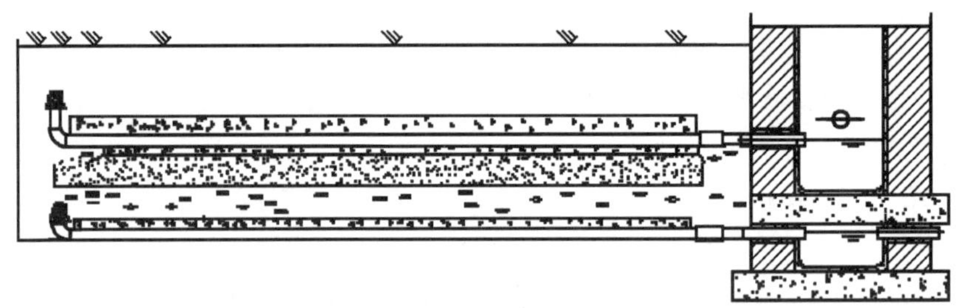

图7-11　土壤净化槽处理系统剖面正视图

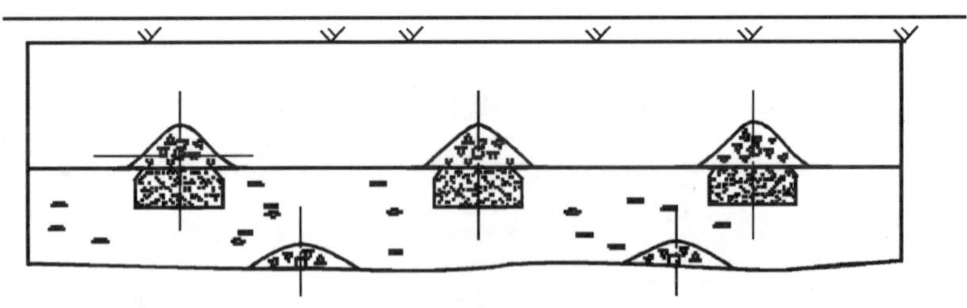

图7-12　土壤净化槽处理系统剖面侧视图

3）生态工程效果分析

示范工程于2005年12月中旬开始运行，研究人员分别于2006年3月

8号、8月2号和8月8号先后对水质进行了3次监测。

处理系统运营8个月后，从仰塘服务区的8次样品监测结果平均值来看，在污染物高负荷情况下，出水水质除pH值基本无变化外，其他污染物都有显著的去除效果，污水处理前后，各类污染物浓度对比具体情况见图7 13～图7-18。

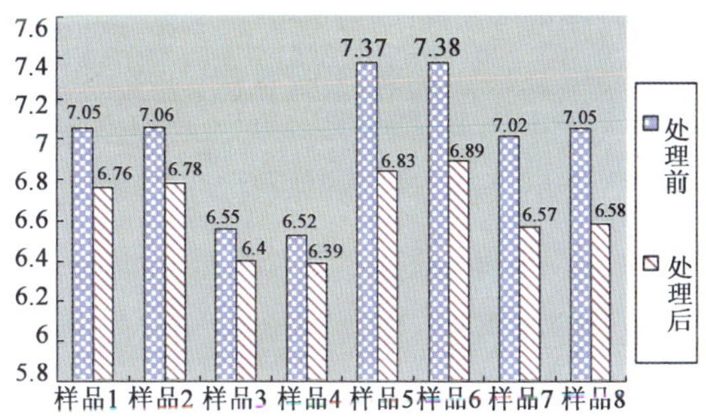

图7-13　污水处理前后pH值对比

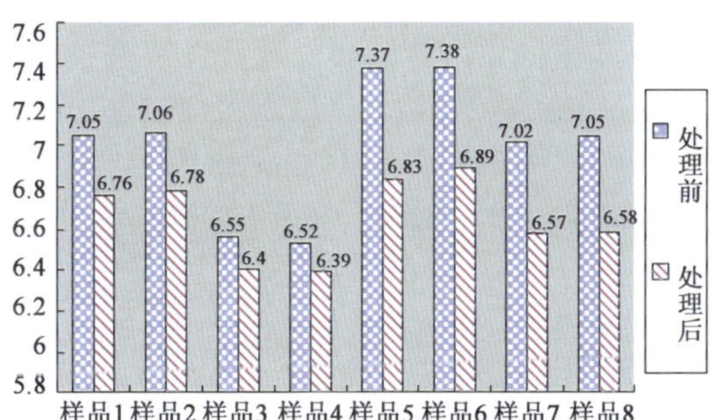

图7-14　污水处理前后BOD_5浓度对比(单位:mg/L)

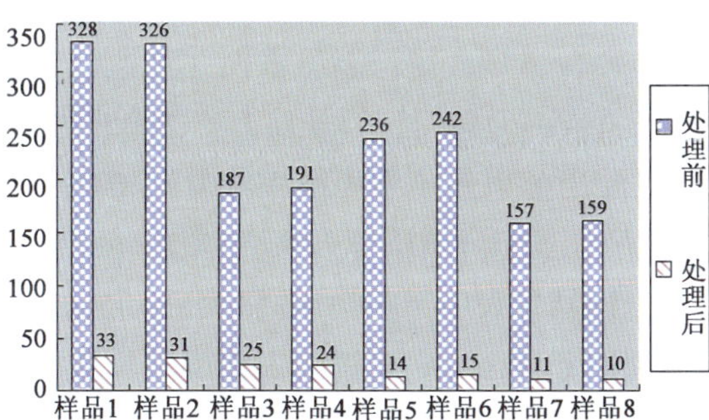

图7-15　污水处理前后COD浓度对比(单位:mg/L)

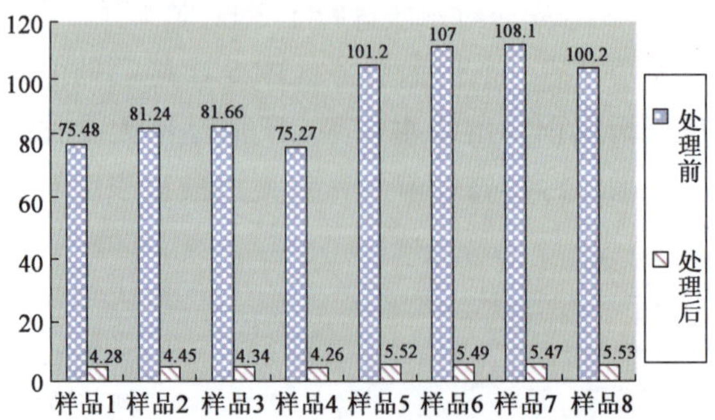

图 7-16 污水处理前后氨氮浓度对比(单位:mg/L)

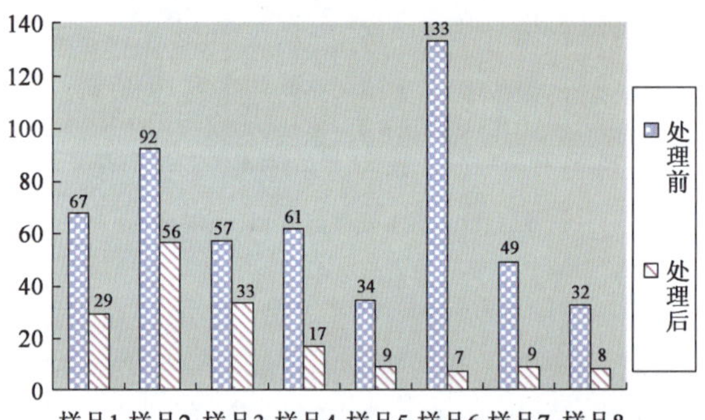

图 7-17 污水处理前后 SS 浓度对比(单位:mg/L)

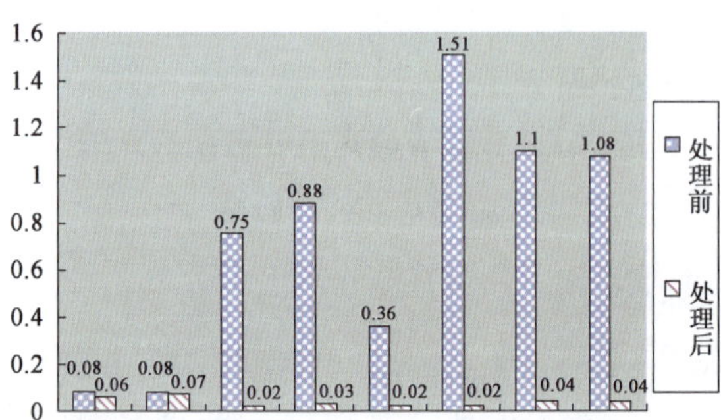

图 7-18 污水处理前后石油类浓度对比(单位:mg/L)

最终的污水处理结果表明,在渝湛高速公路上采用土壤净化槽处理工艺来处理高速公路服务区污水,有机物去除率平均在 90% 以上,氨氮去除率平均在 95% 左右,SS 和石油类的去除率变化较大,但一般也在 60% 以上。出水水质相关项目均优于国家《污水综合排放标准》二级标准,完全达到了实现中水回用的目标。

在本次试验中，也发现了部分不够理想的情况，主要表现在土壤净化槽系统在运行初期(2006 年 3 月份)，SS 的去除效果只有 10% ~50%，而氨氮的去除率也是从 10% ~70% 不等，各试验点数据差异很大。

据推测，早期 SS 去除效果较差，主要是由于服务区污水中的 SS 主要以有机性的 SS 为主，系统的开始阶段 SS 的去除仅依赖于物理截留，而不是微生物的物化吸附或植物根系及分泌物的吸附、吸收、吞噬，而系统正式运行后，这一问题就会逐渐消失。

早期氨氮去除率较低的原因比较复杂。氮的去除包括有机氮氨化、硝化等，必须依赖于微生物作用。系统初始运行阶段，土壤滤床中的微生物尚未驯化、植物根系吸收作用尚未完善、土壤团粒结构改变、有机碳优先降解等原因，都有可能影响早期氨氮的去除效率。对于污染物负荷较低的装置来说，系统较早进入稳定期，处理效果相对较好；对污染物负荷较高的装置，超出设计进水的氨氮浓度，厌氧处理不够充分，导致氨氮的处理效果不够理想。

渝湛高速公路应用土壤净化槽处理工艺处理服务区污水，是属于典型的生态工程技术，除投资较少、运行中无需电力机械设备、处理效果明显等优点外，还将污水处理后的中水用于草坪绿化和公厕冲洗，取得了良好的生态效益和景观效果。

图 7-19 和图 7-20 是沙坭管理中心与仰塘服务区土壤净化槽处理装置建成后的情况。

图 7-19　沙坭管理中心生活污水处理工程

图 7-20　仰塘服务区生活污水处理工程

2. 桥面径流的人工湿地处理工程

1）桥面径流收集

渝湛高速公路粤境段路线跨越青年运河和西海西运河，需修建洋青跨线桥和安铺跨线桥。青年运河是我国建国以后建设的最大的人工运河，运河由南至北经过廉江市、遂溪县、湛江市及雷州市，总长271km，于1960年5月14日建成通水，是上游鹤地水库的配套工程，最高功能为饮用水。西海西运河属于青年运河水系，为青年运河主要支流。

洋青跨线桥和安铺跨线桥跨越的两个运河水为饮用水源，根据《中华人民共和国水污染防治法》(1996年5月15日修正)第二十条规定："禁止在生活饮用水地表水源一级保护区内新建、扩建与供水设施和保护水源无关的建设项目"。又根据《湛江市环保规划》(2001年修订)规定，"青年运河主干渠两侧50m处设立铁丝网，禁止任何与维护运河和自来水厂供水无关的人员进入该铁丝网所围区域内"。根据法规规定，一级保护区水域两岸河堤外坡脚向陆地纵深50m内的陆域范围内禁止排放污水。因此，应将桥面径流污水引到水源区50m以外进行处理和排放。

在分析湛江市近年来的降雨资料分析(选取了三个典型年，2001年为丰水年，2004年为平水年，2005年为枯水年)的基础上，设计相应的集水管管径。桥面收集范围内的径流由泄水管全部汇集到横管中(通过铁环将此横管悬于桥底板,具体见图7-21)，顺岸边引桥桥墩往下引，将其引入地下已埋设的横管中进行收集(图7-22)，最后利用一个三通管在地下将左右幅的径流汇集到总管之中，导出饮用水水源地50m以外进行处置。

图7-21　桥面下部雨水收集横管

图7-22　沿桥墩而下的收集竖管

2）人工湿地设计

大量工程实践表明，对于低污染负荷污水来说，人工湿地技术具有低投资、低能耗等优点，尤其是大型的湿地植物，具有富集重金属及有毒物质的作用，特别适合用来处理路面径流污水。因此，采用人工湿地技术来处理本项目桥面径流污水。

水在人工湿地中的停留时间是影响去除效率的关键因素，由于路面污染物的浓度集中在降水初期，一般在降水15～30min内，污染物随降水时间的增加，其浓度增大，随后污染物浓度逐渐减少。因此，可将污水在湿地中的滞留时间设为0.5h。当降雨历时低于0.5h时，人工湿地能够容纳所有的雨水径流，所蓄积的雨水在人工湿地中逐渐降解和处理；当降雨历时高于0.5h时，湿地已经蓄满，此时继续流入的雨水径流可以让它溢出直接进入排水沟，并将湿地出水管设在湿地的有效高度之上，其管径和流速同入水管。

根据渝湛路洋青跨线桥的设计资料，可计算得出人工湿地有效容积V为504m^3，有效高度1.5m，缓冲高度0.3m，总高度为1.8m。为体现其天然性，人工湿地底面设置为不规则圆弧形，底面积S为336m^2。

为了保证进出水的顺畅与底部布水均匀，湿地床底设置1%的坡度。为了防止污水的渗漏对地下水以及其他湿地系统造成影响，在湿地床的底部铺设1mm厚聚乙烯卷材，并对人工湿地的边坡与池底进行夯实，其边坡用30mm水泥砂浆镶嵌粒径为60～80mm的豆砾石，在镶嵌的豆砾石上面再间隙干铺10mm厚的粒径10～60mm豆砾石（卵石），以使边坡稳固。

由于设计是采取最大暴雨公式计算的，一般情况下，湿地内水位不会超过有效高度，这样，能保证污水在湿地内有足够的停留时间，从而也能保证处理效果。但污水也不能长时间一直停留在湿地内，因此，应在距湿地底部较浅处设一穿孔细管，使污水缓慢地从湿地中排出，穿孔细管中排出的水直接导入生态水沟之中。而湿地中水位在穿孔细管高度以下的水，最后将保留在湿地之中，保证水生植物的生长条件。

不同的生长环境，适宜的湿地植物是不同的。但一般说来，湿地植物选择通常应考虑下列特性：能忍受较大变化范围内的水位、含盐量、温度和pH值；在本地适应性较好，最好是本地原有植物；被证实对污染物有较好的去除效果；有广泛用途或一定经济价值。

人工湿地中使用最多的水生植物为芦苇和千屈菜，在广东地区，芦苇和千屈菜亦为常见植物。因此，设计人工湿地内种植芦苇和千屈菜。美人蕉和荷花也有较好的处理效果，分别种植一片，作为配合植物，另外，种植一些其他漂浮植物作为点缀，具体见表7-5。

人工湿地植物配置表 表 7-5

名称	类　别	特点及功能
芦苇	挺水植物	根系发达，生长量大，对有机物的吸收利用率高，能直接摄取污水中的营养物质，吸收污水中的重金属等有毒有害物质；挺水植物可输送氧气到根区，提供根区微生物生长，促进对难分解化学有机物的分解
千屈菜		
美人蕉		
水葱		
荷花	沉水植物	耐淤能力较好，具有发达的地下块根，其根茎对有机物元素的需求较多，故可作为有机物去除的优势植物应用
睡莲		
水花生	漂浮植物	生命力强，对环境适应性好，根系发达；生长迅速，主要以营养生长为主，对有机物的需求量较高
羽毛草		

3）人工湿地处理效果分析

采用化学需氧量 COD_{Mn}（方法：酸性高锰酸钾法）、五日生化需氧量 BOD_5（方法：20℃，5 天培养法）、固体悬浮物 SS（方法：固体残渣称重法）、石油类（方法：红外分光光度法）等污染物浓度指标来分析人工湿地处理效果。

由于桥面径流污染物浓度在径流形成初期与后期有很大不同，因此，设计了 0 ~ 5min、5 ~ 10min、10 ~ 15min、15 ~ 20min、20 ~ 25min、25 ~ 30min 六个阶段的污染物监测，具体监测结果见表 7-6。

桥面径流相关水样采样测试记录表 表 7-6

观测指标 / 水样	COD_{Mn}（mg/L）	BOD_5（mg/L）	SS（mg/L）	石油类（mg/L）
水样 1A1	15.9	22.8	62	1.05
水样 1A2	31.3	26.4	89	0.93
水样 1A3	25.3	13.4	32	0.93
水样 1A4	14.3	15.2	39	1.05
水样 1A5	21.2	20.5	40	1.20
水样 1A6	26.5	18.6	50	0.94
水样 1B1	3.8	2.2	8	<0.02
水样 1B2	3.5	2.5	13	0.07
水样 1B3	3.7	<2	8	<0.02

续上表

观测指标 / 水样	COD_{Mn}（mg/L）	BOD_5（mg/L）	SS（mg/L）	石油类（mg/L）
水样 1B4	3.8	<2	11	<0.02
水样 1B5	3.7	<2	17	0.06
水样 1B6	3.9	2.5	14	<0.02
水样 2A1	3.6	2.7	23	0.74
水样 2A2	3.9	2.2	18	0.74
水样 2A3	3.4	2.1	6	0.59
水样 2A4	3.6	2.1	49	0.74
水样 2A5	3.9	2.0	8	0.74
水样 2A6	3.5	<2	11	0.66
水样 2B1	3.4	2.4	11	<0.02
水样 2B2	3.7	2.7	12	<0.02
水样 2B3	3.2	2.5	9	<0.02
水样 2B4	3.5	2.2	12	<0.02
水样 2B5	3.3	2.1	9	<0.02
水样 2B6	3.4	2.2	6	<0.02

通过表 7-6 水质监测数据可以看出，渝湛高速公路桥面径流污染并不十分显著，而且具有较大的偶然性。一般情况下，其数据都低于排放标准。但偶然时段也会出现一定的污染，部分指标略有超标，如 COD_{Mn}、BOD_5 和 SS。（依据标准为广东省《水污染物排放限值》（DB 44/26—2001）中第二时段的一级标准，适用于饮用水源）。石油类数值很低，远未超标，而出水水质的石油类指标基本未能检出，因此，石油类的处理率基本可以看作 99%。其他 BOD_5 出水水质也有部分未检出，其处理率也看作 99%。

污染不大的原因主要有两条，一是由于高速公路加上刚通车不久，交通量很小，所以造成污染很小。但随着运营时间逐渐增长，交通量逐渐增大，污染将会有所加重；二是处于雨季时期，雨水冲刷较多，所以导致路面径流污染也很小。

监测数据中有一次污染相对较大，本研究选取此次数据（1A 和 1B 数据）比较进口和出口的水质，从而得出人工湿地的处理率。

由以上数据计算可知，整个降雨过程中，COD_{Mn}处理率达到82%，BOD_5处理率达到94%，SS处理率达到75%，石油类处理率达到97%（取六个时段处理率的平均值）。表7-7计算出了降雨不同时段的各个指标的处理率情况，而图7-23则表现了单次降雨不同时段（用累积降雨量表示）桥面径流各个指标平均处理率的变化情况。

降雨不同时段桥面径流处理率数据表　　表7-7

时间(min)	累积降雨量(mm)	COD_{Mn}处理率(%)	BOD_5处理率(%)	SS处理率(%)	石油类处理率(%)
0~5	1.6	76	90	87	99
5~10	3.7	89	91	85	93
10~15	6.1	85	99	75	99
15~20	7.6	73	99	72	99
20~25	8.4	83	99	58	95
25~30	8.9	85	87	72	99

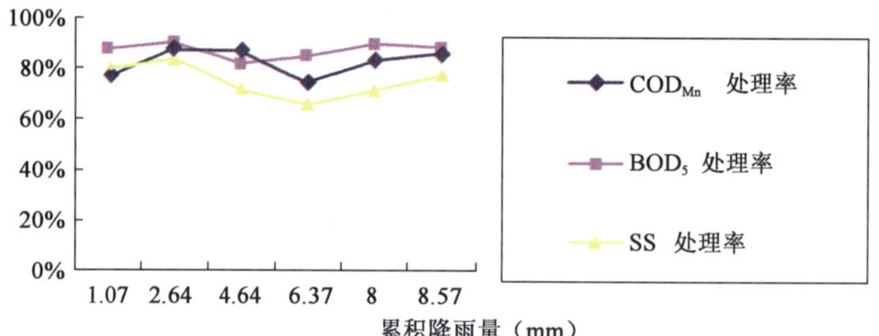

图7-23　降雨不同时段桥面径流各个指标处理率变化图

降雨不同时段桥面径流各个指标处理率是有变化的。同一场降雨中，处理率首先升高，到一定时候又降低，但到后来又有升高的趋势。主要原因在于：人工湿地出水水质基本接近，所以处理率就主要取决于进水水质。降雨初期，污染物尚未完全冲刷出来，此时进水浓度是不断增大的，导致处理率也在不断增大。随着降雨逐渐增多，当冲刷到一定程度，污染物浓度开始减小，导致处理率也开始减小。但是到后期，降雨逐渐减少，稀释的水少了，污染物浓度又有增加的趋势，因此，处理率也有增加的趋势。

从水生植物数据和生长情况来看，千屈菜和荷花长势很好，基本达到了设计的景观效果，但是芦苇暂时未能生长到预期效果。

图7-24~图7-27分别是各桥面径流人工湿地处理工程的现场照片。

图 7-24　沙坭立交桥人工湿地总体效果

图 7-25　洋青跨线桥人工湿地总体效果

图 7-26　沙坭立交桥人工湿地荷花和浮萍生长

图 7-27　洋青跨线桥人工湿地千屈菜和水花生生长

3. 路面径流的生态水沟处理

1）生态水沟理念

有关调查结果显示，我国目前的边沟设计主要是从公路使用功能和安全的角度出发，断面主要有梯形、三角形、矩形和流线型等几种形式。主要的防护类型有土沟夯实加固、三合土或四合土加固、单层栽砌卵石加固、浆砌片石加固、水泥混凝土预制块防护等，基本没有考虑过路面径流处理以及生态和景观问题。

能够综合起到排水、路面径流处理以及生态景观效果的生态水沟应满足如下设计原则：

（1）与公路线形及周围环境的配合：生态水沟设计必须充分考虑与沿线的地形地貌、自然环境相协调，在考虑排水功能和安全的同时，必须优先考虑绿化效果和景观效果，尽量采用流线型设计，模糊公路和自然的边界，使得公路和自然融为一体。

（2）采用乡土植物和乡土材料吸收净化路面径流：净化路面径流最有效的办法就是采用低矮的乡土植物和乡土材料，乡土植物能够适应当地的环境，吸收路面径流中的污染物，并保证生态水沟的寿命和公路相同，而乡土材料既亲近自然、吸附污染物，又经济可行。

(3) 保证路基安全及水沟安全：对于路面径流，排水沟能够做到及时疏散、就近分流，以保证路基的安全，而由于生态边沟的强度低于砌体结构的强度，因此，考虑边沟设计应对沟壁和沟底采用加强措施，以防止水沟被水冲毁。

(4) 保证排水能力的同时减少占地：生态水沟本身占用面积较大，为了减少占地，必须根据实际需要，因地制宜设计边沟的尺寸，并适当容许在最大暴雨期边沟短时间的积水，从而减少生态水沟和土地的矛盾，并降低造价。

2) 生态水沟设计

公路排水边沟设计最主要取决于排水能力，而排水能力主要取决于水沟的横截面面积。排水沟断面的设计主要考虑排水沟的水力坡度、排水沟的截面尺寸、排水沟的形状以及排水沟的粗糙度等几个因素，同时排水能力还受出水口设计形式、基底处理和与其他构造物的衔接方式等其他因素的影响。

在根据湛江地区最大降雨量计算出水沟需要的面积基础上，汲取欧美国家的经验，采用浅碟形作为排水沟的主要断面形式，这种断面形式和自然更加融合；参考一般坡地排水设计要求，考虑和路基线形的配合，渝湛高速公路生态水沟设计纵坡采用 0.5%，对沟底加固的浅碟形生态水沟断面形状见图 7-28。

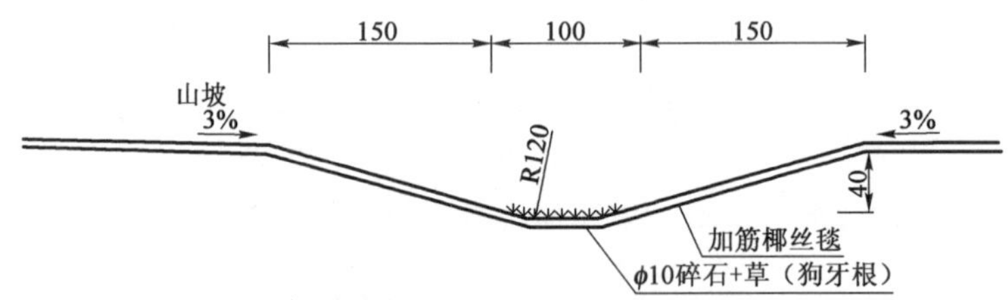

图 7-28 沟底加固的浅碟形生态水沟断面（尺寸单位：cm）

生态水沟的强度是排水工程最为关注的问题之一，它不仅涉及边沟本身的安全，也关系到整个路基的安全，本次生态水沟从如下几个方面考虑其强度及抗冲刷能力：

(1) 降低纵坡坡度，减少水的势能，从而减少水对边沟的冲击力。

(2) 沟底和沟壁均采用植草防护，采用低矮的乡土草本植物狗牙根形成致密的草皮，降低沟底和沟壁冲刷，植物同时起到吸收路面径流中的污染物的作用。

(3) 对汇水面积较大的路段，沟底采用湛江随处可见的火山石作为沟底加固的材料。火山石块加固，能消减水流的动能，减少水流对沟底的冲刷并吸附污染物。

3）生态水沟效果分析

渝湛路挖方边坡的坡面形态与自然山坡坡面相似，为设置生态水沟创造了条件，而渝湛高速公路的生态水沟也为渝湛生态高速公路的建设实现了排水、路面径流生态处理及景观美化的重要作用。施工尚未收尾的生态水沟和施工 30d 后的生态水沟分别见图 7-29 和图 7-30。

图 7-29　施工尚未收尾的生态水沟

图 7-30　施工 30d 后的生态水沟

通过采用客土喷播种植乡土植物狗牙根，并且将雷州半岛特有的火山石——多孔的玄武岩作为沟底加固材料，不仅实现了对路面径流的截留及初步处理，并且有效防止雨水对沟底的冲刷，妙趣横生，成为渝湛高速公路路侧的一道原生态景观。生态水沟的最终效果和可截留并吸附少量污染物的多孔灿石分别见图 7-31 和图 7-32。

图 7-31　生态水沟的最终效果

图 7-32　可截留并吸附少量污染物的多孔火山石

更为重要的是，浅碟形的生态边沟模糊了公路与自然的界限(图7-33)，好像是公路向自然界的延伸，使得公路的景观与自然非常和谐，实现了生态公路源于自然、融入自然的目标(图7-34)。

图7-33　生态水沟模糊了公路与自然的界限

图7-34　生态公路融入自然

第二节　公路噪声控制

一、公路噪声污染状况

20世纪90年代以来，随着我国公路交通事业的迅速发展，交通环境的污染问题也越来越严重。在人口密集地区，交通噪声扰民的问题日益突出，严重影响了人们的生活和健康。根据全国的环境监测结果表明：目前全国城市噪声超标路段平均达60%以上，受交通噪声污染的面积已超过30%。

交通噪声作为公路两侧的居民住宅、文教机关区和医院的主要污染源，已发展成为一种污染公害。因此，缓解公路交通噪声已刻不容缓。

1. 公路噪声污染现状

早在1992年，联合国环境保护署(UNEP)发表的报告《环境状况——拯救我们的地球》，关于噪声污染方面指出：“与10年前相比，噪声已经成为一个更加严重的问题，特别是在许多发展中国家，噪声污染日趋严重。在马尼拉、曼谷、开罗和许多其他城市，它已成为一个主要的环境问题”。

根据世界各国交通噪声污染的统计数据，可得知世界各国在交通噪声污染方面都受到不同程度的影响，特别是西班牙和德国，影响更为严重。

20 世纪末，发达国家空气污染、水污染有了很大的改善，而噪声污染改善并不明显。现在看来，距离 30 多年前制订的户外环境噪声为 40 ~ 50dB 的理想目标仍然非常遥远，交通噪声仍有日趋严重之势。可以预见，噪声污染将成为 21 世纪环境污染控制的主要问题，交通噪声治理将是噪声污染治理的重中之重。据调查，全国 80% 左右的高速公路两侧离路中心线 200m 范围内，环境噪声超过了《城市区域环境噪声标准》(GB 3096—93)4 类标准和 2 类标准，超标现象严重。可见，治理公路噪声污染已到了刻不容缓的地步。

2. 公路噪声污染危害

正常的环境声音是 40dB，一般 40dB 作为噪声的卫生标准。当声强超过此界限时便会产生一定的影响。虽然噪声污染属物理污染，在环境中只造成空气物理性质暂时变化，噪声源停止后，污染立刻消失，不留任何残余污染物质，但是噪声的危害却不容忽视。

1）损伤听力

噪声在听觉方面的危害最为严重，噪声可以造成暂时性或持久性的听力损伤，后者即为耳聋。统计资料表明，噪声级在 80dB 以下，方能保证人们长期工作不致耳聋。长期工作在 80dB 以上的环境，每增 5dB，噪声性耳聋发病率增加 10%。

2）干扰睡眠

噪声会影响人的睡眠质量和数量。一般 40dB 的连续噪声可使 10% 的人受影响；70dB 时可使 50% 的人受影响；突发噪声达 40dB，使 10% 的人惊醒；60dB 时，使 70% 的人惊醒。

3）对人体健康的影响

噪声对人的神经、心血管、消化系统、视力和记忆力等诸多方面也有明显影响。研究表明，75dB 的噪声对长时记忆的保持有显著的影响，使长时记忆效果降低 20% ~40%。噪声对视力也会造成相当的损害，当噪声强度达到 90dB 时，视觉细胞敏感性下降，识别弱光反应时间延长；当噪声值增至 115dB 时，眼睛对光亮的适应性可降低 20%；同时，噪声还会使色觉、视野发生异常，对红、蓝、白三色的视野缩小 80%，这更是潜伏着交通安全方面的危险。有关文献表明，人在噪声作业环境中容易出现紧张、忧虑、愤怒、疲劳情绪，从而降低工作效率，打断思维的整体性，使人注意力不易集中，以至于造成各种事故。

4）对动物的影响

强噪声会使鸟类羽毛脱落，不产卵，甚至内出血，最终死亡。美国20世纪60年代曾发生因喷气式飞机飞行试验致使鸡场的鸡被噪声杀死的记载。

5）对经济的影响

交通噪声还会严重影响高速公路沿线的经济发展，受噪声影响严重的房地产、工厂、商厦等的经济效益和生产效益都有不同程度下降，噪声还直接影响公路周围土地的使用价值。有关资料表明，交通噪声每升高1dB（A），土地的价格就会平均下降0.9%左右。据研究推算，中国每年因公路交通噪声污染导致的经济损失约合人民币216亿元。

二、公路主要的噪声污染控制技术

1. 合理设计公路线位

1）合理选线

公路交通噪声的防治，应采取“主动式”防治，在建设项目立项时，应充分考虑公路线位的走向。公路选线时，应尽量避开环境噪声敏感点，使需保护的环境噪声敏感建筑物（包括居住区、文教机关、医院和养老院等）所处的环境不受公路交通噪声污染。如遇到对噪声敏感点干扰的问题，应将线位尽量调至噪声污染的安全距离，在土方调配设计时，可将废弃土方堆筑在公路与受噪点之间，并在表体作绿化设计，以将环境的噪声污染减小到最低。

2）调整纵坡

公路的坡度如果过大，将导致大货车爬坡时产生较大噪声。大货车因爬坡还将导致延长噪声影响时间，故公路线位设计时，应当注意坡度和坡长的选择。根据实测，公路坡度每增加1%，中型载货汽车的声级增加0.7dB；小客车的声级增加0.8dB；轻型汽车的声级增加0.5dB。因此，设计路面纵坡时，应从环保角度来尽量降低纵坡的数值，涉及噪声敏感环境处的路线纵坡不应大于3%。

2. 改善路面结构

对于中小型汽车，随着行驶速度的提高，轮胎噪声在汽车产生的噪声中的比例越来越大。一般当车速超过 50 km/h 时，轮胎与路面接触产生的噪声，就成为交通噪声的主要组成部分，而企图简单地采用限制车速的办法来降低噪声是行不通的。由于行驶噪声的产生与路面结构形式的选择又有着紧密的联系，因此，直接修建低噪声路面就显得很有意义。20 世纪 80 年代起，欧洲的比利时、荷兰、德国、法国和奥地利等国，开始研究并采用低噪声路面。由于低噪声路面与其他降噪措施(如声屏障)相比，具有经济合理、保持环境原有风貌、降噪效果好和行车安全等特点，目前，国际上发达国家已广泛开展应用研究。如 1993 年欧洲共同体要求其所有路桥公司能修筑“净化”路面，掌握铺筑低噪声路面的技术。

所谓低噪声路面，是在普通的沥青路面或水泥混凝土路面或其他路面结构层上铺筑一层具有很高空隙率的沥青混合料，利用面层互通的孔隙网和路面良好的平整度降低车辆的冲击噪声、附着噪声、气泵噪声。低噪声路面是一种新的沥青路面结构，在降低交通噪声的同时，还具有排水和防滑功能。该路面混合料的组成结构为骨架空隙结构，其集料采用间断集配，粗集料含量大且粒径单一，细集料含量少，结构空隙率很大，通常在 15% ~25%。它能通过较大的空隙率迅速排除路表降水，减少路表水膜厚度，有效地改善雨天和雨后的能见度，提高行车的安全性。

低噪声路面的降噪量因路面结构形式、路面层混合料的成分、面层孔隙率、路面平整度和粗糙度、表面层厚度、使用时间、使用条件及养护状况的不同而不同。试验研究表明，当沥青混凝土面层宏观粗糙度较大，尤其路面潮湿时，行车声响较大。而当路面粗糙深度范围为 0.5 ~0.8mm 时，车轮滚动产生的噪声最小。一般而言，与普通的沥青混凝土路面相比，低噪声路面对降低公路噪声具有明显的作用，如轿车行驶时，可降低噪声 1 ~7dB;轻型卡车可降低 3 ~4dB；重型卡车可降低 4 ~6dB。所以，采用这种路面是降低道路噪声、保护环境的一项重要措施。

对于刚性水泥混凝土路面，可采用露石混凝土和无细级料混凝土技术来降低路面的行车噪声。英国和丹麦等国家的研究结果表明，露石混凝土路面比一般混凝土路面降低噪声至少 3dB，同时还具有较好的抗滑性能。还可在路面上采用刻槽的方法来减少行车噪声。目前已研制出专门用于水泥混凝土路面刻槽的机械设备。

3. 建造声屏障

用建立声屏障的方法治理交通噪声，在国外起步较早。日本修建声屏障始于20世纪60~70年代，早在1983年，日本高速公路中声屏障设置率就占总里程的12%，城市道路声屏障设置率则高达80%。国内正规的公路声屏障的建设则始于20世纪80年代末贵黄公路的百余米圬工结构的声屏障。设置声屏障已逐渐被视为当前在改善声环境质量方面最经济、最有效的降噪工程设施。

所谓声屏障，是指在声源与敏感点之间，插入一个有足够面密度的密实材料板或墙，通过阻挡声的传播从而形成一个"声影区"，从而使波在声影区的声级比在相应的自由区有一个显著的附加衰减量，从而达到降低噪声的目的。

1）声屏障的平面位置

根据公路与噪声敏感点之间的相对位置、周边的地形地貌，可以选择几个声屏障的位置设置方案进行优化选择。选择的原则或是使声屏障靠近声源，或者靠近受声点，或者利用土坡、堤坝等障碍物，力求以最小的工程量达到设计目标所需的降噪量。

2）声屏障的形式

（1）直立形

直立形声屏障是公路声屏障中最常见的形式，整个声屏障墙体为上下竖直，多用混凝土或砌块、砖、石、金属板及复合轻型板等材料构筑而成，用钢筋混凝土柱或金属柱来保持稳定性，其高度取决于所要达到的降噪量及防护对象的高度。直立形声屏障分为厚壁式（以混凝土砌块或砖石类为主）和薄屏式（以金属板、木板、轻型复合板为主）两种形式。受地形限制小，在填方路段、挖方路段、平路堤段及高架桥处等均可使用。直立形声屏障用材简易，施工方便，造价较低，与环境有较好的融合性，是众多种类的声屏障中形式最简单的一种，在国内外有广泛的应用。

（2）折板形

在公路施工中，受公路交通工程设施所需净空的限制或风荷载的限制，直立式声屏障的上部可做成向内弯曲或倾斜的形状，以间接增大其有效高度，屏障内侧加衬吸声材料，改善屏障的降噪效果，这种声屏障称为折板形声屏障。该声屏障的降噪效果与直立式相比要大一些，一般用于降噪要求较高但声屏障的高度又有一定限制的场合，包括逆L形、Y形、圆弧形、箭形、鹿角形、水车形等。为降低风荷载，使声屏障安全，一般大于5m

的声屏障都采用折板形。这种声屏障可增加声程差，提高降噪效果，但材料有一定要求，施工技术高。

Y 形和逆 L 形相比较，是在逆 L 形上部结构中增加了一个分支而成，其目的是增加噪声的衰减量，Y 形结构在采用刚性材料和吸声材料时均有好的降噪效果。而目前，最新形的鹿角形结构是在 Y 形声屏障的基础上发展起来的，在 Y 形的上部内侧再设计出两个分支，能够对噪声再次进行屏蔽，因此，降噪效果要优于 Y 形。鹿角形结构在日本得到了广泛的应用，并已取得了显著的成效，鹿角形结构比 Y 形大约降噪 3 ~ 5dB 左右。有研究表明，结构形式的改变对声屏障的声学性能的改善并不十分显著，但 T 形结构的降噪效果明显较好。我国目前以直立形和逆 L 形为主。

常见声屏障结构形式见图 7-35，直立形声屏障和折板形声屏障分别见图 7-36 和图 7-37。

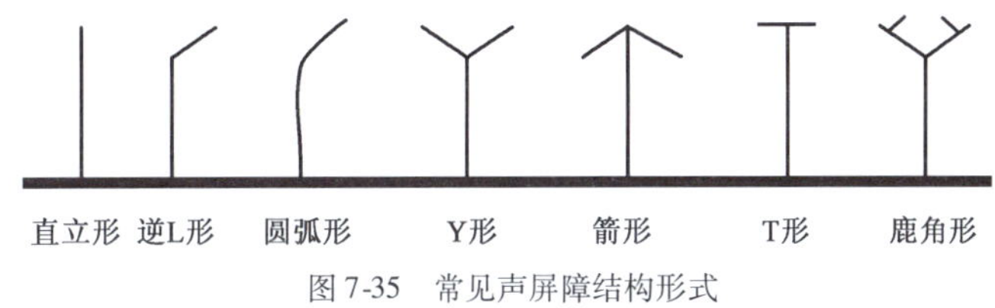

图 7-35　常见声屏障结构形式

图 7-36　直立形声屏障

图 7-37　折板形声屏障

（3）封闭型

对于封闭型声屏障，降噪效果好，但存在造价高、汽车废气不易扩散等问题，一般只在高密度建筑区或噪声敏感区才采用。封闭型声屏障又分为半封闭型和全封闭型。封闭型声屏障见图 7-38。

对于直立式声屏障，为了提高其有效高度，在屏障上端出挑一个有 2 ~ 3m的大“雨篷”，或者做成出挑很大的弧形延伸段，便形成一个半封闭式的屏障。宜设置于人口稠密区域的挖方路段和噪声敏感的地区，如，住宅、医院、学校等，一般配合有绿化带设计。

在通过向空间发展的居民区、穿越高层建筑群的高速公路上，采用全封闭形式更为有效，这种又称为“隧道式”的隔声设施除了要增加隧道内通风、照明、防火等安全设施外，还要注意隧道口噪声增大所带来的干扰。因此，须延伸到离开受保护建筑物相当距离处。全封闭式的声屏障保护面积可以覆盖整个居民区，隔声效果可高达25dB，但造价较高。

（4）混合型

混合型声屏障(图7-39)，是将不同材料结合使用的综合体，多出于景观和生态的考虑，形式设计较为灵活。如常见的有彩色轻质材料砌块砖与水泥混凝土板结合攀缘植物的声屏障，这种形式每隔一定距离设为一个单元。其中一部分为彩色轻质材料砌块砖，另一部分为水泥混凝土预制墙体，表面粗糙，沿墙体纵向，在地面种植常绿形爬藤攀缘类植物，或为水泥混凝土预制槽体，预制槽按照一定的形式，一层一层地砌筑起来，在槽内填充种植土，然后种植常绿灌木以及草本类植物，呈现生态绿墙的外观。还有吸声和隔声混合型声屏障，可对公路噪声的产生和传播有针对性地加以控制。如，汽车与公路的摩擦声和汽车的发动机声均产生在声屏障下部，但声音具有通过屏体上部绕射的特征。设计时，上、下部采用吸声结构的屏体，中间部位设计成透明体，开阔视野的同时，增加了景观效果。

图7-38　封闭型声屏障

图7-39　混合型声屏障

3）声屏障的结构和材料

声屏障的结构设计和材料选择除符合《建筑结构设计统一标准》外，还应满足规定材料的声学性能和物理性能要求。声学性能主要规定材料的吸声、隔声性能，物理性能主要规定材料的防潮、防尘、防腐、防老化、防火要求等。根据降噪原理，声屏障的材料分为隔声材料和吸声材料。隔声材料不仅要求在声源频率范围内具有足够的密度、厚度，而且还要有一定的强度和耐久性。目前，我国多采用造价较低的水泥板、加气混凝土墙及黏土空心砖墙等；吸声材料可以减弱声屏障与本体之间声波的多次反射，构造精细、美观，结构自重轻，吸声性能好。常用的吸声材料有纤维类、泡沫类和颗粒类吸声材料，国内多采用无机的多孔吸声材料。对于两种材料的应用，主要从景观要求、声场的特点、保护对象的环境要求进行综合考虑，进行合理的选择或组合。根据材料组合成不同的造型，使之不仅是一种环保设施，而且是一种景观设施，与周围环境达到协调统一。

从声屏障材料质地的角度，可分为混凝土类、砖石类、木料类、塑料有机玻璃类、金属板类（钢或铝钢混合结构、铝），其中以混凝土类材料为主。声屏障材料类型的特点见表7-8。

声屏障的材料类形及特点 表7-8

<table>
<tr><th>材料</th><th colspan="2">特点</th><th>主要类型</th><th>降噪效果</th></tr>
<tr><td rowspan="2">混凝土声屏障</td><td colspan="2" rowspan="2">适用于郊区和农村区域，易与周围自然环境相协调，成本低、便于施工与维护。坚固、耐候性好，色彩、形状、形式和文理装饰方面有很大自由度</td><td>普通反射式声屏障</td><td>5dB</td></tr>
<tr><td>混凝土木屑复合、纤维水泥复合以及混凝土橡胶颗粒复合型</td><td>10～13dB</td></tr>
<tr><td>砖墙式声屏障</td><td colspan="2">结构及材料尺寸受限制，可塑性不佳，但有时可配合景观及造型上的设计，结合垂直绿化，来增加景观效果</td><td>花池型砖墙式声屏障</td><td>较好</td></tr>
<tr><td>木质声屏障</td><td colspan="2">适用于农村、郊区个人住宅或院落，且木材资源比较丰富的地区。较易与当地自然景观融为一体。木料的耐候性不良，且易着火，需涂防腐、阻燃材料</td><td></td><td>6～14dB</td></tr>
<tr><td rowspan="2">金属声屏障</td><td rowspan="2">易于加工，形式多样，安装简便，易于景观设计。另外，金属结构的隔声屏单元连接也较困难，且容易产生噪声泄漏</td><td>易遭受腐蚀，尤其在氯盐环境下与基础连接的部位，往往会招致破坏，因此，必须定期检查</td><td>普通钢结构声屏障</td><td>较好</td></tr>
<tr><td>吸声性能优异，环保，美观，耐候、耐高温性能好，特别适宜室外露天使用。但成本太高，无法在我国大量推广使用</td><td>泡沫铝合纤维铝声屏障</td><td>很好</td></tr>
</table>

4）声屏障的景观设计

美国纽约沃尔默协会(Vollmer Associates)的会员杰弗瑞.W. 格鲁伯(Jeffery W Grob)认为：声屏障能降低公路噪声，而同时它们必须美观。

声屏障除了要满足声学设计和结构设计之外，还要考虑景观效果。声屏障景观设计，要求声屏障作为人工构造物，要与周围自然环境有机融合，在达到降噪目标值要求的同时，还要与公路路域景观相协调。

在公路两侧平行建有声屏障时，驾驶员和乘客会有不同程度的压抑、紧张和容易疲劳等不适感觉，较长的声屏障容易引起“廊道效应”。因此，在景观设计中，应尽量增大声屏障与公路之间的距离，减少连续声屏障的长度(声屏障长度大于1km时,应设紧急疏散口)；并结合周围景观风貌特征，将屏体的平、纵线形采用曲线或规则变化的形式，减少视觉上的单调感；在条件允许的情况下，在公路两侧栽种低矮植物或爬藤植物于屏体上，使硬质声屏障景观得到柔化；在路域自然景观效果良好的区域，尽量采用透明或局部透明的材料，将路域景观充分展现到行人的视野中；在色彩搭配上，采用与环境相协调的自然色，在声屏障表面实现质感的凹凸变化和图案的自然流畅，使声屏障的组成单元协调而又富有变化。

4. 修建路堑路基

日本东京都的研究资料表明，公路路堑形式能起到很好的降噪效果。在路堑或挖方地区，从公路上辐射的交通噪声可能被路堑边坡所遮拦、吸收或反射，产生一定的衰减。从控制交通噪声传播角度来说，这样的公路结构就相当于在公路沿线架设了声屏障，使公路附近一定区域内形成无直达声的声影区，从而使该区域的噪声大大降低。所以，对于环境敏感路段，应尽可能利用现有地貌地物(如土丘、山岗等)作为自然声障，或修筑防噪堤，以便在最小降噪费用及充分利用土地资源的条件下达到降噪目的。

在路堑或有挖方的丘陵地区，开挖路堑的弃方或废弃物不必运走而直接绿化恢复后堆成防噪堤，既可保证景观协调、减少工程费用，又能得到较好的防噪效果。防噪堤的堆筑高度、长度设计与普通声障墙尺寸设计相同，边坡坡度按公路所在地区土质条件确定。另外，防噪堤也可由混凝土板、槽、箱式构件叠落构成陡堤支撑结构，内部形成可容纳大量种植土的腔室，内部设置集水、保水、灌溉系统，在填充种植土后可形成大面积的植物种植面，由于其土壤厚度充足，可以种植包括小型乔木在内的各种植物进行垂直绿化，可采用常绿小灌木为主、草皮为辅的灌草结合方式，形成常绿生态外观，或利用植物色叶组合成不同的图案，增加声屏障的立体感和层次感。根据地形需要，可通过调整土堤的线形和高度，形成倾斜式或弧形式，充分与周围地形环境相适应。修建路堑路基，除了消减噪声外，由于公路两侧的地物屏障或防噪堤往往与周围自然环境可以非常好地结合，避免了人工隔音设备的入侵干扰，并带来开阔的视野，不会给驾乘人员造成视觉上的压抑感，同时倾斜式的结构利于植物的存活，阳光和雨水充足，有利于植物的生长，从而增加了公路景观的可视性和美观性。路堑路基的交通噪声传播对建筑物的影响见图7-40。

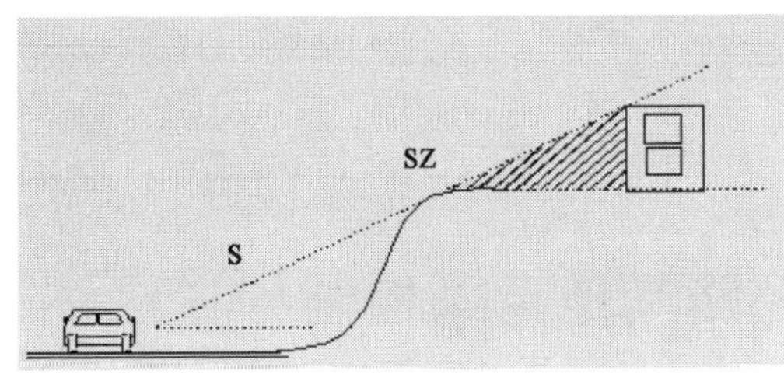

图7-40 路堑路基的交通噪声传播对建筑物的影响

注：S-直达声；SZ-声影区

5. 栽植隔声绿化带

隔声绿化带，也称隔声林带，是公路两旁人工栽植的成行列分布、以乔灌木为主的林带，是降低公路交通噪声的主要手段之一。同时，隔声绿化带还可以起到吸收二氧化碳等有害气体、吸附微尘、改善小气候、防风固沙、净化地表径流等作用，是人们借用自然力量改造自然的最环保的噪声防护方法。隔声绿化带一般适用于公路与保护对象之间有足够的空间、公路营运中远期噪声超标及受保护的敏感点超标量较小的情况。

隔声绿化带的降噪效果，因树种类型、植株的密度、林带的宽度而异。由于树叶的吸声作用是在树叶的周长接近或大于声波波长时，才有较大的效果，所以，宽而密的绿带比窄而稀的绿带降噪效果好；在相同宽度的不同绿地类型组合中，由于乔、灌、花、草型片林枝下高度要低于乔木片林枝下高度，对声波具有较好的吸收作用，并有花、草减弱地面的声波反射，所以，以乔、灌、花、草组合降噪效果最好，乔、灌型次之，单纯乔木型较弱。但是，绿化带具有季节性，特别是我国北方冬季树木落叶后防噪效果甚微，因此，隔声绿化带的位置应尽量靠近公路，以乔、灌、花、草有机结合，选用树冠矮、分支低、枝叶茂密的灌木与乔木上下搭配，尽量选用常绿植物，在宽度、高度、位置上合理配置，高中低多层次结合。一般林带宽度不宜小于15m，一般在20~30m才可起到较好的降噪效果。林带高度宜在10m之上，长度应不小于敏感点沿公路方向的长度，保证形成一道四季“绿墙”。不同宽度绿化林带降噪值见表7-9。

不同宽度绿化林带降噪值　　表7-9

绿化林带宽度（m）	10~15	16~20	21~30
降噪值［dB（A）］	3~5	6~8	9~12

第三节　公路其他污染控制

一、公路空气污染

1. 公路空气污染的内容

1）施工期空气污染

公路施工期对大气的污染，主要来自施工扬尘、沥青烟气以及施工人员燃料使用污染。

施工扬尘主要产生在平整土地、打桩、铺浇路面、材料运输与装卸、材料搅拌等环节，其中，以材料运输扬尘和材料搅拌扬尘为主。

沥青烟气主要产生于沥青熬炼、搅拌和路面铺设中，其中熬炼中排放的烟气量最大，污染危害也最为严重。据有关资料，在风速介于2~3m/s之间时，沥青铺浇路面时所排放的烟气污染物影响距离约为下风向100m左右。

2）营运期空气污染影响

公路营运期空气污染主要来自汽车尾气和地面扬尘。

汽车尾气主要污染成分为CO、NO_2、THC（总碳氢化合物）等，其污染程度深浅，主要受尾气排放量和天气状况影响。有关研究表明，在车流量保持不变的情况下，平均车速增加，CO、THC的排放量减少，NO_2排放量增加。

不同车型的CO、THC、NO_x的排放系数推荐值见图7-41~图7-43。

相关研究成果显示，98%以上的CO和NO_2、60%以上的HC经过尾气排放管进入大气；约有 20% ~25% 的 HC、1% ~2% 的 CO 和 NO_2 经曲轴箱通气孔泄漏；约有 15% ~20% 的 HC 是从汽油箱和汽化器蒸发进入大气。

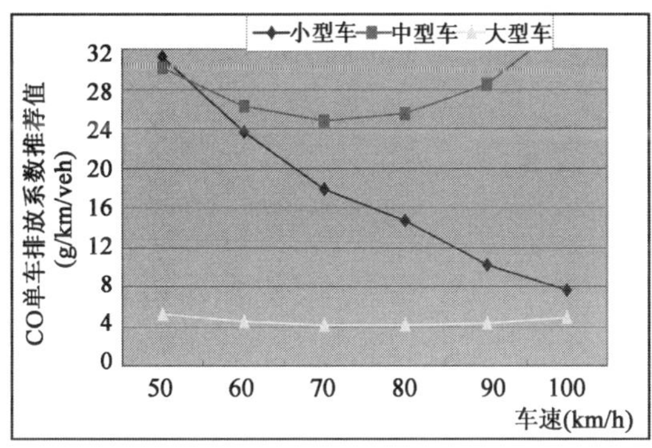

图 7-41 不同车型的 CO 排放系数推荐值

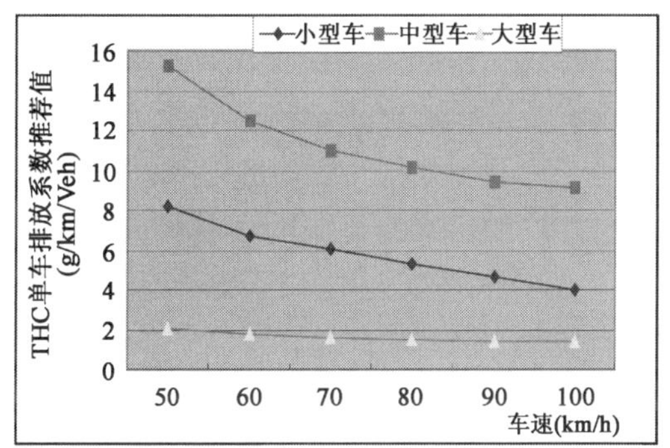

图 7-42 不同车型的 THC 排放系数推荐值

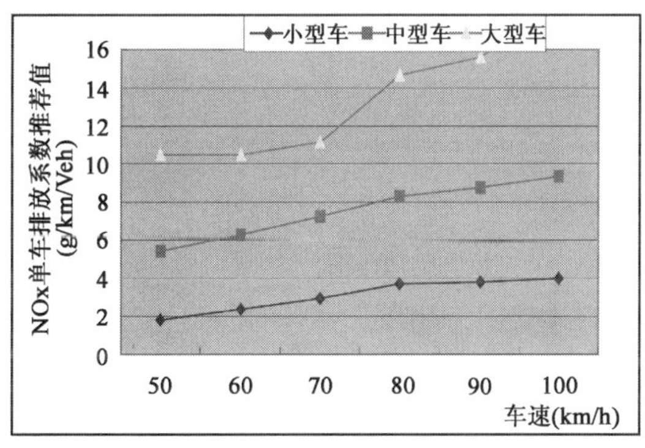

图 7-43 不同车型的 NOx 排放系数推荐值

我国多条已建成的高速公路沿线环境监测结果表明，在不存在其他污染源的情况下，在距离公路中心线 10 ~50m 以外，各类公路交通运输类环境空气污染特征因子均能满足国家《环境空气质量标准》(GB 3095—1996)二级标准。

公路营运期地面扬尘产生的主要原因，在于公路路面存在较多尘源，一般只存在于低等级路面，对于铺装了高级、次高级路面的公路而言，扬尘问题并不严重。

2. 公路空气污染防治

对于公路建设过程中的工程活动所造成的空气污染防治，关键在于加强施工管理。例如，施工车辆运输应需要科学选择运输路线；施工期间干燥、多尘的便道及时洒水；粉状材料应罐装或袋装密封运输，水泥、土、石灰等材料运输过程中要盖棚布；沥青拌和与灰土拌和站应配有除尘设施、沥青烟净化和排放设施。

为了避免施工期间空气污染影响周围群众，沥青和灰土应集中拌和。拌和站不得设置在村庄、医院、学校等人口密集区上风口附近，作业尽量选择在无风或风速较小时段进行。

对于公路营运中机动车大气污染物的排放，一般采用源头控制的方法，由国家及地方出台相应的机动车污染物强制排放标准，所以不在公路上进行防治。

二、公路固体废弃物处理

施工固体废弃物主要包括施工营地生活固体废弃物和生产废料，前者是公路施工人员生活所产生的，而后者主要来自路面开挖以及施工物料的洒落、废料的丢弃。

营运期的固体废弃物主要来源于经过公路车辆的驾乘人员以及公路沿线服务人员。一般来讲，服务人员生活垃圾可按照0. 5kg/d、驾乘人员可按照0. 1kg/d来计算。

随着公路客流量的增加，公路沿线的工作服务人员也将增加，其产生的生活垃圾量也不容忽视。因此，应加强对公路沿线不可降解垃圾的收集，避免产生白色污染带。

运输业服务区及养护工区应设立垃圾回收箱，做好垃圾收集工作。

参 考 文 献

[1] 毛文碧，段昌群，等．公路路域生态学[M]．北京:人民交通出版社，2009.

[2] 王志国，张云龙，刘徐师，等．林业生态工程学[M]．北京:中国林业出版社，2005.

[3] 沈毅，晏晓林．公路路域生态工程技术[M]．北京:人民交通出版社，2009.

[4] 杨京平．生态工程学导论[M]．北京:化学工业出版社，2005.

[5] 云正明，刘金铜．生态工程[M]．北京:气象出版社，1998.

[6] 江玉林，张洪江．公路水土保持[M]．北京：科学出版社，2008.

[7] 赵永军．开发建设项目水土保持方案编制技术[M]．北京：中国大地出版社，2007.

[8] 周德培，张俊云．植被护坡工程技术[M]．北京：人民交通出版社，2007.

[9] 赵剑强．公路交通与环境保护[M]．北京：人民交通出版社，2002.

[10] 高拯民，李宪法．城市污水土地处理利用设计手册[M]．北京：中国标准出版社，1991.

[11] 国家环境保护总局环境影响评价管理司．公路建设项目生态环境保护研究与实践 [M] ．北京：中国环境科学出版社，2007.

[12] F. A. El-Gohary. 分散式污水处理和再利用——概念、系统和实施 [M] ．王晓昌，等译．北京：化学工业出版社，2004.

[13] 李爱国，杨海峰．植物固沙防护在沙漠公路中的应用[J]．路面机械与施工技术，2005，4.

[14] 韩致文，胡英娣，陈广庭，等．化学工程固沙在塔里木沙漠公路沙害防治中的适宜性[J]．环境科学，2000，4.

[15] 陈赟．沙漠公路防风固沙技术应用研究[J]．内蒙古公路与运输，2007，2.

[16] 赵芳莹，等．采石边坡生态修复技术组合模式研究[J]．水土保持，2006，6.

[17] 曹子龙，郑翠玲．我国公路建设项目水土流失现状[J]．山西建筑，2009，11.

[18] 辛伟．目前高速公路养护体制存在问题及对策研究[J]．公路，2007，9.

[19] 梁勇旗，张昊，司青梅．高速公路建设工程水土保持监测[J]．交通节能与环保，2006，2.

[20] 曹子龙，董恩革．公路建设项目水土流失危害与原因分析[J]．山西建筑，2008，10.

[21] 马少杰，刘国东．高速公路建设水土流失分析及水土保持研究[J]．公路，2006，10.

[22] 郑国相．高速公路水土保持方案编制的探索[J]．水土保持科技情报，2000，2

[23] 胥晓刚，杨冬生，胡庭兴．公路区域生态破坏及植被恢复技术应用与研究进展[J]．中国园林，2005，1.

[24] 赵海云，赵迁乔，宋夫才，等．公路建设的水土流失及防治[J]．西部探矿工程，2005，7.

[25] 劳辉．关于公路大桥施工期的防止水污染问题[J]．交通环保，1997，2：1-11.

[26] 刘衍君．人工湿地在污水处理中的应用及其展望[J]．云南环境科学，2003，22（4）：42-45.

[27] 韩志强，许志鸿．初期路面径流的收集与处理[J]．公路，2004，10：33-37.

[28] 王一斌，邵坚达，桂炎德，等．公路交通水环境污染防治技术的研究[J]．公路，2004，1：136-138.

[29] 于少鹏，王海霞，万忠娟，等．人工湿地污水处理技术及其在我国发展的现状与前景[J]．地理科学进展，2004，23（1）：22-29.

[30] 赵剑强，刘珊，邱立萍，等．高速公路路面径流水质特性及排污规律[J]．中国环境科学，2001，21（5）：445-448.

[31] 赵剑强，王春生．山区高速公路环境影响及减缓措施探讨[J]．公路环境保护，2005，4：35-42.

[32] 赵剑强，闫敏，刘珊，等．城市路面径流污染的调查[J]．中国给水排水，2001，17（1）：33-35.

[33] 甄晓云，金丹越，陶磅．高速公路服务区污水生态处理及回用技术研究[J]．公路环境保护，2005，2：25-28.

[34] 庞跃辉，曹顺发．试析交通基础设施建设对环境影响的评估[J]．公路环境保护，2005（专刊），3.

[35] 贾宏宇，孙铁珩，等．污水土地处理技术研究的最新进展[J]，环境污染治理技术与设备，2001，2（1）：62-65.

[36] 胡湛波，严立，郑向勇，等．生态草坪深度处理系统的工程实践[J]．贵州环保科技，2004，2：28-32.

[37] 杨丽萍，田宁宁，等．土壤毛管渗滤污水净化绿地利用研究[J]．城市环境与城市生态，1999，12（3）：4-7.

[38] 郭玮．国外水资源开发利用战略综述[J]．农业经济问题，2001，1：58-62.

[39] 张建，黄霞，刘超翔，等．地下渗滤处理村镇生活污水的中试[J]．环境科学，2002，23（6）：57-61.

[40] 张建，黄霞，等．地下渗滤污水处理系统的氮磷去除机理[J]．中国环境科学，2002，22（5）：438-441.

[41] 孙铁珩．污水生态处理技术体系及发展趋势[J]．水土保持研究，2004，11（3）：1-3.

[42] 台培东，水落元之，等．地下渗滤污水土地处理系统主要温室气体 CH_4 和 N_2 的排放和控制研究[J]．应用生态学报，2000，11（增）.

[43] 高建峰．高速公路服务区污水处理施工工艺[J]．科技情报开发与经济，2004，14（1）：255-256.

[44] 孙杰，蔡泽武．厌氧水解——ICEAS 工艺处理高速公路服务区高浓度生活污水[J]．武汉科技学院学报，2004（5）：35-38.

[45] 亓化亮，陈学民，王夕伟．厌氧/微氧工艺处理高速公路服务区污水[J]．中国给水排水，2005，21（6）：25-37.

[46] 张少强，李小明，杨麒，等．气浮＋水解酸化——接触氧化处理高速公路服务区污水[J]．工业水处理，2006，26（9）：81-82.

[47] 宋夫才，田伟平，赵迁桥．思小高速公路附属设施污水处理工艺的选择[J]．公路，2005（8）：152-155.

[48] 陈肖飞，林新斌．高速公路服务区污水处理现状与对策[J]．现代交通技术，2007（1）：88-91.

[49] 刘珊，袁春学．氧化塘处理高速公路服务区污水技术初探[J]．交通环保，2000，21（4）：25-27.

[50] 李立新．生态土壤深度处理技术应用于高速公路附属区生活污水处理[J]．公路，2006，(07B)．245-248.

[51] 张建，黄霞，施汉昌，等．滇池流域村镇生活污水地下渗滤系统设计[J]．给水排水，2004，30（7）：34-36.

[52] 董泽琴，孙铁珩，李培军，等．悬浮填料床/地下渗滤系统深度处理生活污水[J]．给水排水，2006，22（8）：70-73.

[53] 董磊，宋红艳．沼气技术在沿江高速公路服务区生活污水处理中的应用[J]．科技信息，2008，(35)：427.

[54] 罗俊宝．我国不同沙漠类型区公路沙害防治技术与机理研究[D]．北京：北京林业大学，2007.

[55] Adachi A., Okiayu M., Nishikawa A. and Kobayashi T., Metal Level in Rain Water from Kobe City in Japan. Bull[J]. Environ. Contam. Toxical., 1998, 60: 892-897.

[56] A. S. Al-Homoud, G. Prior, A. Awad. Modelling the effect of rainfall on instabilities of slopes along highways[J]. Springer Berlin / Heidelberg, 2002, 37 (4): 317-325.

[57] Barrett M E, Jr Irish L B, Jr Malina J F, et al. Characteristics of highway runoff in Austin, Texas, area[J]. J. of Envir. Engrg. ASCE, 1998, 124 (2): 131-137.

[58] David S. Buckley, Thomas R. Crow, Elizabeth A. Nauertz, et al. Influence of skid trails and haul roads on understory plant richness and composition in managed forest landscapes in Upper Michigan, USA [J]. Forest Ecology and Management, 2003, 175: 509-520.

[59] Dilek G. Turer, J. Barry Maynard. Heavy metal contamination in highway soils. Comparison of Corpus Christi, Texas and Cincinnati, Ohio shows organic matter is key to mobility[J]. Clean Techn Environ Policy, 2003, 4: 235 -245.

[60] Deletic A B, Maksimovic C T. Evaluation of Water Quality Factors in Storm Runoff from Paved Areas [J]. Journal of Environment, ASCE, 1998, 124 (9): 869-879.

[61] D. O. Rosenberry et al. Movement of road salt to a small new Hampshire lake[J]. Water, Air and Soil Pollution , 1999, 109: 179 - 206.

[62] Giovanna Mangani, et al. EValuation of the Pollutant Content in Road Runoff First Flushwaters[J]. Water, Air and Soil Pollution, 2005, 160: 213-228.

[63] H. D. Van Bohemen, W. H. Janssen. The Influence of Road Infrastructure and Traffic on Soil, Water, and Air Quality[J]. Environmental Management, 2003, 31 (1): 50-68.

[64] Herricks E. E.. Stormwater runoff and receiving system-impact, monitoring and assessment[J]. USA: Lewis Publishers, 1995: 177-186.

[65] Kinza Cusic. The effects of roads on wetlands, with some mitigation alternatives[J]. Wetlands, 2000, 12: 20-28.

[66] M. B. Green. Constructer reed beds: A cost effective way to polish waste water effluents for small communities[J]. Water Environment Research, 1994, 66 (3): 188-192.

[67] Millar R. G. Analytical determination of pollutant wash-off parameters. J. of Envir. Engrg[J]. ASCE, 1999, 125 (10): 989-992.

[68] Peter Starzec, BOB. Lind, Anders Lanngren, et al. Technical and Environmental Functioning of Detention Ponds for the Treatment of Highway and Road Runoff[J]. Water, Air, & Soil Pollution, 2001, 163 (1): 153-167.

[69] Pitt R. and Field R.. Water-quality Effects from Urban Runoff [J]. Journal AWWA, 1997, 8: 432-436.

[70] R. S. King, K. T. Nunnery & C. J. Richardson. Macroinvertebrate assemblageresponse to highway crossings in forestedwetlands: implications for biological assessment[J]. Wetlands Ecology and Management, 2000, 8: 243-256.

[71] Sansalone J. J. and Buchberger S. G. Partitioning and First Flush of Met-

als in Urban Roadway Storm Water. J. of Envir Engrg [J]. ASCE, 1997, 123 (2): 134-143.

[72] Shaw L. Yu et al. Water management for eco-friendly urban and highway construction[J]. Journal of Ecotechnology, 2005, 1: 1-8.

[73] Wu J. S. Allan C. J. et al. Characterization and Pollutant Loading Estimation for Highway Runoff. J. Envir. Engrg [J]. ASCE, 1998, 124 (7): 584-592.

[74] Youself Y A, Hvitved-Jacobsen T, et al. Removal of contaminants in highway runoff flowing through swales [J]. The Science of the Total Environment, 1987, 59: 391-399.

[75] A. Tank B. Comakoglu. Nutrient removal from domestic wastewater by rapid infi ltration system[J]. Journal of Arid Environments, 1996, 34: 379-390.

[76] Schudel P., Boller M.. Onsite wastewater treatment with intermittent buriedfilters[J]. Wat. Sci. Tech., 1990, 22 (314): 93-100.

[77] Butler D, Friedler E, Gatt K. Characterising the quantity and quality of domestic wastewater inflows[J]. Wat. Sci. Tech. 1995, 1 (7): 13-24.

[78] Czemiel J.. Phosphorus and nitrogen in sanitary systems in Kalmar[J]. Urban Water, 2000, 2: 63-69.

[79] GunnI. On-site wastewater disposal from households and institutions [J]. The New Zealand Manual of Alternative Wastewater Treatment and Disnosal. 1994, Systems 2A.

[80] Hainan Kong, Yuzuru Kimochi, Motoyuki Mizuochi. Study of the characteristics of CH_4 and N_2O emission and methods of controlling their emission in the soil-trenchwastewater treatment process [J]. The Science of the Total Environment, 2002, 290: 59-67.

[81] Sun T. H, On Z. Q. Strategy for Continuous Development of EcologicalEngineering Land Treatment System in China[J]. In Proceeding of 4th International Conference on Wetland Systems for Water Pollution Control Guangzhou, China, 1994, 48-57.

[82] USEPA, Wastewater treatment/disposal for small communities, EPA 625 892005.

[83] HellstromD, JonssonL. Evaluation of small wastewater treatment systems [J]. Water Science and Technology, 2003, 48 (11-12): 61-68.

[84] B. Douglas. the decentralized approach-An innovative solution to community wastewater management[J]. WQI. 1998. January/February: 29-31.

[85] US Environmental Protection Agency. Design manual-constructed wetlands and aquatic plant system for municipal wastewater treatment[M]. 1992, EPA/625/1-88/022.

[86] Viklander M.. Particle Size Distribution and Metal Content in Street Sediments. J. of Envir. Engrg[J]. ASCE, 1998, 124: 761-766.